한국 현대문학의 이해

권영민

서울대학교 인문대학 국어국문학과 명예교수.
저서로 『한국현대문학사 1·2』, 『한국 현대소설의 이해』, 『한국 계급문학 운동 연구』,
『한국 민족문학론 연구』, 『한국현대문학대사전』, 『이상전집』, 『이상연구』,
『문학사와 문학비평』 외 다수가 있다.

한국 현대문학의 이해

초판 1쇄 발행 | 2010년 7월 20일
초판 10쇄 발행 | 2025년 3월 20일

지은이 | 권영민

펴낸곳 | (주)태학사
등록 | 제406-2020-000008호
주소 | 경기도 파주시 광인사길 217
전화 | 031-955-7580
전송 | 031-955-0910
전자우편 | thspub@daum.net
홈페이지 | www.thaehaksa.com

ⓒ 권영민, 2010. Printed in Korea.

값 18,000원
ISBN 978-89-5966-377-4 03810

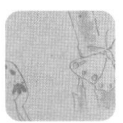

한국
현대문학의
이해

권영민

태학사

머리말

　한국 현대문학은 19세기 중반 이후 전통 사회가 붕괴되고 새로운 근대적인 사회가 확립되는 격변의 상황 속에서 성립된다. 그리고 개화계몽시대에서 식민지시대로 이어지는 정치적 격변과 분단시대의 고통 속에서 공동체의 정신적 산물로서 문화적 자기 정체성의 가장 중요한 징표로 자리잡게 된다.
　한국 현대문학은 한국문학사의 전체적 체계 내에서 전근대문학으로서의 고전문학에 이어지는 연속성을 지니는 역사적 실체로 존재한다. 물론 여기서 말하는 한국문학사의 전체적 체계라는 개념은 문학적 사실에 대한 역사적 기록을 통해 수립되는 것은 아니다. 이것은 문학에 대한 역사적 해석을 통해 구축되는 논리의 문제에 해당하기 때문이다. 한국 현대문학에 대한 역사적 접근은 문학 텍스트의 존재 방식과 그 시대적 의미에 관심을 기울인다. 여기서 문학의 역사적 변화를 중시하게 되는 것은 물론이지만 그 변화는 적어도 그 일부가 한국인의 의식 또는 정신 활동의 결과로 나타나는 것이어야 함은 물론이다.
　이 책에서는 한국 현대문학의 역사적 전개 양상을 개화계몽시대의 문학, 일본 식민지시대의 문학, 분단시대의 문학이라는 세 개의 단계로 구분한다.

문학의 역사적 전개 양상을 놓고 시간적 휴지부를 어떻게 찍느냐를 결정해야 하는 것은 하나의 논리적 가설에 속한다. 문학사 연구에서 시대구분은 문학 텍스트에 대한 심미적 해석과 역사적 이해가 동시에 필요하다. 이것은 문학 텍스트의 시대적 순서 개념과 그 문학적 본질 개념을 상대적으로 통합하는 일종의 역사적 인식 행위라고 할 수 있다.

　이 책은 그동안 한국 현대문학의 역사적 체계화를 위해 필자가 수행해온 연구 작업을 요약 정리한 결과라고 할 수 있다. 이 책이 한국 현대문학의 전반적인 성격과 그 역사적 전개양상을 이해하는 데에 하나의 지침으로 활용될 수 있기를 기대한다. 이 책의 출간을 허락해주신 태학사의 지현구 사장님께 감사드린다. 본문의 교정과 색인 작업을 도와준 서울대학교 현대문학교실의 황종민, 안서현, 서여진에게도 고마움을 표한다.

2010년 초여름 관악에서
권 영 민

차례 contents

머리말 4

제1부 | 한국 현대문학의 성격   011

1. 한국문학의 영역 …………………………………… 013
한국문학의 범주 …………………………………… 013
한국의 고전문학 …………………………………… 015
한국의 현대문학 …………………………………… 022

2. 한국 현대문학의 성격 …………………………… 027
언어와 문체 ………………………………………… 027
양식과 제도 ………………………………………… 031
이념과 가치 ………………………………………… 036

3. 현대문학의 양식 ………………………………… 038
소설과 경험적 상상력 ……………………………… 038
발견으로서의 시적 형식 …………………………… 042

제2부 | 개화계몽운동과 현대문학의 성립   047

1. 문명개화와 사회 변혁 …………………………… 049
개화계몽시대의 사회 변혁 운동 …………………… 049
문명개화와 민족 주체의 인식 ……………………… 053
일본의 세력 확대와 식민주의 담론 ……………… 057

2. 국어국문운동과 국문 글쓰기 …………………… 061
국어국문운동의 전개 ……………………………… 061
국문 글쓰기와 문인 계층 …………………………… 069
국문 글쓰기 양식의 분화 …………………………… 072
국문 글쓰기와 한자 혼용 …………………………… 079

3. 현대소설의 등장 ····················· 085
신문과 소설 ························· 085
소설의 양식 개념 ···················· 088
계몽과 오락의 형식 ·················· 090
전기 양식과 영웅적 인간상의 창조 ······ 097
우화와 풍자의 비판정신 ··············· 100
신소설과 개인의 운명 ················ 105

4. 현대시의 형성 ····················· 109
국문 글쓰기와 시가 개혁 ·············· 109
전통 시가 형식의 붕괴 ················ 112
신시의 형식적 모색 ·················· 113
전통 율격의 변화와 시 형식 ··········· 117

5. 연희 형태의 변화와 신파극 ·········· 121
전통 연희의 성격 ···················· 121
연희 방식의 변혁 ···················· 123
신파극의 등장 ······················ 124

제3부 | 일본 식민지시대의 문학   129

1. 식민지 지배와 민족의 문화적 대응 ······ 131
일본의 식민지 문화정책 ·············· 131
반식민운동으로서의 문화 운동 ········· 132
한국문학과 식민지 민족어로서의 '조선어' ····· 138

2. 일본 식민지시대의 소설 ············· 141
식민지 상황과 신소설의 해체 ·········· 141
이광수와 현대소설 ·················· 144
소설과 식민지 현실 인식 ·············· 147
계급문학운동과 계급소설 ············· 154
현대소설의 모더니즘적 경향 ··········· 159
현대소설의 사실주의적 성과 ··········· 172
여성소설의 성장 ···················· 178

3. 일본 식민지시대의 현대시 ·· 181
시적 형식의 실험과 자유시의 정착 ································ 181
민족 정서의 시적 발견 ·· 184
계급시의 등장과 경향성 ·· 191
시 정신과 감수성의 변화 ··· 196
시적 저항의 의지와 자기희생 ······································· 208

4. 연극운동과 희곡 문학 ··· 211
연극운동과 희곡 문학의 정착 ······································· 211
계급 문단의 연극운동 ·· 216
사실주의 극의 확립과 연극의 대중성 ···························· 219

제4부 | 한국 분단시대의 문학   225

1. 한국문학과 민족 분단 ··· 227
민족 분단시대의 문학 ·· 227
분단 문학의 정신적 지표 ··· 230

2. 분단시대의 소설 ·· 232
민족 해방과 국토 분단 ··· 232
현대소설과 산업화와 민주화 과정 ································ 241
여성소설의 확대 ·· 253

3. 분단시대의 현대시 ··· 257
민족 분단 상황과 현대시 ·· 257
순수와 서정의 세계 ··· 258
시의 현실 참여 ··· 270
민중시와 민중적 상상력 ··· 272
시적 기법과 서정성 ··· 279

4. 분단시대의 희곡 문학 ··· 283
민족 분단과 극문학의 분열 ··· 283
민속극의 현대적 변용 ·· 287

5. 문학비평의 논리와 형태 ········· 290
비평의 방법과 논리 ········· 290
민족문학의 이념적 갈등 ········· 291
참여론과 순수론 ········· 294
민족문학과 민중론 ········· 297
순수론과 분석주의 비평 ········· 301
역사주의 비평과 문학사 연구 ········· 303

제5부 | 북한의 문학   307

1. 북한 문학의 성격 ········· 309
민족 분단과 북한 문학 ········· 309
문인 월북과 북한 문단의 형성 ········· 311
북한 문학의 역사적 변화 ········· 315

2. 북한 문학의 전개 양상 ········· 320
문학과 사회주의 국가건설 ········· 321
전후의 북한 문학 ········· 325
주체시대의 문학 ········· 327

3. 북한 문학의 문예 정책과 문예이론 ········· 338
북한 문예 정책의 성격 ········· 338
주체사상과 이념적 요건 ········· 345
북한 문학과 혁명성의 전통 ········· 350

찾아보기 359
   인명 359
   작품 364
   매체 375

1

한국 현대문학의 성격

1. 한국문학의 영역
한국문학의 범주 | 한국의 고전문학 | 한국의 현대문학

2. 한국 현대문학의 성격
언어와 문체 | 양식과 제도 | 이념과 가치

3. 현대문학의 양식
소설과 경험적 상상력 | 발견으로서의 시적 형식

1. 한국문학의 영역

한국문학의 범주

　한국문학은 한국 민족이 한국어를 기반으로 유지 발전시켜 온 문학을 지칭하는 말이다. 한국문학이라는 말에는 문학의 창조적 주체로서의 한국 민족, 문학 매체로서의 한국어, 문학의 배경으로서의 한국 역사, 그리고 여러 가지 문학 양식의 요건이 함축되어 있다.
　한국문학의 창조적 주체는 한국 민족이다. 한국 민족의 기원은 고조선 또는 단군조선 시대로 거슬러 올라간다. 한민족이 한반도에 정착하기 시작한 선사시대에서부터 고대국가의 형성기에 이르기까지는 한국문학의 성립기에 해당한다. 이 시기에 한국 민족은 중앙아시아 지역에서부터 동쪽으로 이동하여 만주 지역과 한반도에 정착한다. 그리고 여러 부족이 통합되면서 삼국시대를 거쳐 통일신라시대, 고려시대, 조선시대로 이어져 온 것이다. 한국문학은 이러한 수천 년의 역사 속에서 한국 민족의 생활공간이 변모되는 가운데, 그 삶의 양상을 표현해 온 것이다.
　한국문학의 표현 매체는 한국어이다. 한국어는 한국문학을 구성하는 유일한 재료이며 매개물이다. 한국문학을 대한다는 것은 결국 구체적으로 한국어로 이루어진 언어예술을 대하는 일이 된다. 한국 민족은 한국어를 표기할 수 있는 문자를 가지지 못하였기 때문에 한국문학은 오랫동안 구비문학의 형태로 전승된다. 그러나 한국인들은 중국의 한자를 차용하면서 중국의 사상과 문물을 적극 수용하고 한국 한문학을 크게 발전시킨다. 15세기에 한글이 창제되고 한자 차용시대가 끝나지만, 한문학은 국문 문학과 함께 그 전통이 지속된다. 19세기 후반부터 한국문학은 한문학과 국문 문학이라는 이원적인 문학 세계를 청산하고 한국어와 한글이라는 단일한 언어 문자를 기반으로 하는 국문 문학으로 새롭게 창조된다.

한국문학은 오랜 역사적 전통을 지니고 있기 때문에, 매우 다양한 문학의 형태들이 존재해 왔다. 문학의 갈래는 매우 다양하다. 각 민족마다 문학의 갈래가 다르고, 언어에 따라서도 다르다. 그리고 시대에 따라서도 갈래가 달라지기도 한다. 문학의 갈래는 고정되어 불변하는 것이 아니라, 새롭게 형성되어 어느 일정한 기간 동안 존속하다가 다른 형태로 변모하거나 소멸된다. 문학은 그 형태적 특성에 따라 여러 영역으로 나누어 볼 수 있다. 언어를 사용하는 방법에 따라 운문문학과 산문문학으로 나눌 수도 있고, 말과 글 중 어느 것을 택하였느냐에 따라 구비문학과 기록문학으로 갈라 볼 수도 있다. 또 작품이 창작된 시간적 배경에 따라 고전문학과 현대문학을 구분하기도 한다. 이 밖에도 창작의 동기나 목적, 작품의 제재, 작가와 독자와의 관계 등등, 문학의 갈래 설정 기준이 될 수 있는 요소는 다양하다.

한국문학은 각각의 영역별로 일정한 규범에 의해 문학의 여러 갈래가 구분된다. 구비문학은 구비문학의 전승 방식과 문학적 행위 자체의 특질에 의해 구분되는 설화, 민요, 무가 등의 작은 갈래를 상정해 볼 수 있고, 한문문학은 한문문학대로 시문의 고유한 갈래 체계를 인정할 수 있을 것이다. 그런데 문학의 큰 갈래를 서정적인 것, 서사적인 것, 극적인 것으로 구분하고자 할 경우, 각각의 영역에 속하는 여러 문학 형태들을 이 세 가지의 큰 갈래 속에 포함시킬 수 있을 것이다.

한국문학의 갈래를 제대로 이해하기 위해서는 다음과 같은 몇 가지 사실을 주목할 필요가 있다. 한국문학은 문자로 기록되기 이전 구전에 의해 이루어진 구비문학과 문자로 기록된 기록문학으로 크게 구분된다. 구비문학은 비록 문자로 기록된 것은 아니라 하더라도, 그 자체의 독특한 표현 방식을 구비 전승에 힘입어 발전시켜 온 예술 형태이다. 구비문학과 기록문학은 문자에 의한 기록성 여부에 의해 구별되는 것이지만, 문학 행위 자체의 본질적인 특징이 다르다고 할 수 있다. 오늘날까지 구전으로 전해 내려오고 있는 이야기나 민요 등이 지니는 여러 가지 특징에서 이를 쉽게 확인할 수 있다. 그런데 기록문학의 경우에는 다시 한문문학과 국문 문학으로 나누어지고 있다. 한문은 중국의 문자이기 때문에, 한문문학은 한국문학의 범주에서 제외해야 한다는 주장도 있었던 적이 있다. 그러나 한문의 사용 자체가 고유 문자를 가지기 전부터 문자 생활의 관습으로 굳어져 있었고, 조선시대 이전까지 한문이 지배 계층의 문자 생활의 주류를 이루었던 점을 고려해 볼 때, 한문으로 된 모든 문학적인 기록을 한국문학의 범주에서 배제하는 것은 부당하다. 물론 한문문학은 중국의 그것이 지켜 내려온 문학적 관습과 무관하지는 않지만, 한국인들의 정서와 사상을 대변했던 것임을 부인할 수는 없는 일이다. 한국문학은 일반적으로 고전문학과 현대문학으로 구분된다. 고전문학은 고대의 문학에서부터 19세기 중반 이전의 문학을 말한다. 19세기 중반 이후의 문학은 현대문학이라고 한다. 고전문학과 현대문학은 문학의 역사적 전개 과정을 시대적 특성을 기준 삼아 구분한 것이다. 그러나 이 구분은 단순한 시기상의 문제만을 의미하는 것이 아니라 문학의 창조적 기반과 향수 방식, 문학의 기법과 정신 등의 본질적인 차이를 드러낸다.

한국의 고전문학

한국 고전문학은 한국문학의 초기 성립 단계에서부터 19세기 중반 이전까지 봉건적인 사회 제도와 인습이 지배하던 시대에 형성 발전해 온 문학을 통칭한다. 이 시대는 절대 군주가 권력을 행사하던 봉건사회에 해당하며, 사회적 계급 구분이 엄격하게 시행된 신분사회에 속한다. 그리고 가부장제의 질서가 가족사회를 지배한 전근대적 시대이기도 하다. 고전문학은 이러한 시대적 조건을 배경으로 동양적 전통 위에서 성립 발전한 것이기 때문에 초기 단계에서부터 불교의 사상적 영향을 받아들이고 있으며, 고려시대 이후에는 유학의 이념이 정신적 기반을 형성하게 된다. 그리고 한국 민족의 고유한 정서와 삶의 가치를 발견하고 이를 문학적 형식으로 구현하는 데에 주력한다. 그러므로 고전문학은 한국 민족의 전통적인 삶의 방식과 그 미의식을 가장 특징적으로 보여주고 있는 것이다.

고전문학은 현실 속의 인간의 삶과 그것을 초월하는 신성의 세계를 하나로 연결시켜 그려낸다. 인간의 삶은 이 신성의 세계에 의해 규제되고 그 가치가 부여된다. 고전문학의 세계에는 성스러운 것과 속된 것이 함께 드러나는 경우가 많다. 거기에는 언제나 자연과 초자연이 함께 공존하고, 인간적인 것과 초인간적인 것이 공존하며, 인간과 세계, 주체와 대상에 대한 엄격한 구별이 존재하지 않는다. 인간과 신의 상호 작용, 자연적인 세계와 초자연적인 세계의 상호 작용은 고전소설의 세계에서 흔히 볼 수 있는 일이다. 이러한 특징은 고전문학이 세속의 인간 세계와 초인간적 신성의 세계를 하나의 전체로 통합하여 이해하려는 신화적 세계관에 의해 구성되는 것임을 말해준다. 고전문학은 문학의 향수 방법 자체가 문자에 의한 경우보다 구술성에 의존하는 경우가 많다. 고전문학의 대표적인 양식인 고전소설이나 고전시가는 대개 구전되는 설화나 민요에 기원을 두고 있다. 그렇기 때문에 이들 양식이 지니고 있는 문학적 특징 가운데 구술성과 관련된 요소들이 적지 않다. 고전소설은 그 문체 자체가 율문적 성격이 강하다. 시조나 가사는 창곡에 따라 가창되고, 판소리는 창의 방식으로 구전된다. 이들 문학 양식은 문자 생활에서 소외된 평민층에서도 구술성에 의존하여 향수할 수 있었음을 말해준다.

한국 고전문학에서 구비문학은 매우 중요한 비중을 차지하고 있다. 구비문학은 한국인들의 생활 속에서 문자 문명 이전의 예술 활동의 양상을 보여주는 유일한 근거가 된다. 그리고 문자 생활이 시작된 뒤에도 여기서 소외되어 있던 대다수의 하층민들은 구비문학을 통해 그들의 문학적인 욕구를 표현하게 된다. 구비문학은 기록문학의 원천에 해당한다는 점에서도 그 의미가 깊다. 구비문학의 역사는 먼 상고시대부터 근세에 이르기까지 지속된다. 한문이 유입되기 전에는 기록의 수단이 없었기 때문에, 구비문학이 예술 활동의 중심을 이루었으리라는 것은 쉽게 짐작할 수 있는 일이다. 구비문학은 개인적 창작에 의해 성립된 문학이 아니다. 그것은 집단 속에서 형성되어 입에서 입으로 전해져 내려오면서 그 형태가 변형된다. 구비문학의 여러 가지 형태는 기억에 의존하여 입으로 전승되면서 그 자체의 독특한 표현 방식을 발전시켜 왔다. 그러나 이러한 구비문학의 특징들은 구연되는 순간 소멸하기 때문에 문자로 채록되어야만 그 형태를 알 수 있게 된다. 구비문학은 고정적인 형태를 갖추고 있는 것이 아니라 유동적이며 개방적이다. 구비문학은 구연성을 특징으로 한다. 여기서 중요한 것은 구연의 상황 또는 현장이다. 구연의 상황이 바뀌면 구비문학의 내용이나 형식도 바뀔 수밖에 없다. 구비문학은 한문 문화가 융성하기 시작한 고려시대 이후부터 조선시대에 이르기까지 그 전통이 이어졌지만, 국문 글쓰기가 대중화되면서 그 영역이 축소된다. 물론 구비문학은 그 구비 전승의 방식이 불안정하기는 하지만 여전히 살아 있는 문학이다. 한국 민족의 고유한 생활양식과 미의식이 구비문학을 통해 집단적으로 표현되고 있다는 사실은 부인할 수 없는 일이다.

한국 고전문학은 한문학이 그 중심을 차지하고 있다. 한문학은 중국의 한문이 한국에 유입되면서 만들어진 문학으로, 삼국시대부터 성행한 것을 알 수 있다. 고려시대에는 과거제도가 한문에 기초하여 시행됨으로써 한문 글쓰기가 더욱 발전하고 한문으로 이루어진 시와 문이 두루 발전하였다. 조선왕조는 유학, 특히 성리학을 국가의 지도 이념으로 내세웠기 때문에 한문학의 시문만이 아니라 경서에 대한 논의도 활발하게 전개된다. 조선시대 한글의 창제 이후에도 국가의 모든 공적 문서는 한문 글쓰기에 의존한다. 그리고 사대부 층에서는 한글의 가치를 '언문'이라고 폄하하고 한문만을 '진서'라고 주장하기도 한다. 한문을 이루는 표기 수단으로서의 한자는 중국의 문자이다. 그리고 한문학 양식의 기법과 정신도 중국의 것으로부터 비롯된 것이다. 이러한 이유로 인하여 한때 한국문학 연구자들 가운데에서는 한문학을 한국문학의 범위에서 배제시키고자 했던 일도 있다. 그렇지만 한문을 중심으로 하는 문자 생활을 영위했던 고려시대나 조선시대의 경우, 지배계층의 문자 활동이 한문을 통해 이루어졌다는 사실을 간과할 수 없는 일이다. 한국의 한문학은 삼국시대 이후 조선시대에 이르기까지 한국 사회의 지배계층이 추구하던 삶의 가치와 이념을 대변하고 정서와 취향을 표현함으로써 전통적인 고급문화의 핵심을 이루게 된다. 한문학은 중국을 중심으로 하는 동아시아 문화권의 보편적인 이념과 가치를 담고 있으면서도, 한국 민족의 고유한 삶의 경험과 사고방식을 표현하고 있다. 물론 한국 한문학은 19세기 중반 이후 국문 글쓰기에 기초한 현대문학의 성립과 함께 그 문화적 의미를 잃어버리게 된다.

한국문학의 새로운 형식과 기법과 정신은 조선시대 '훈민정음'이라고 명명된 한글의 창제(1443)와 함께 그 전통이 이어지기 시작한다. 그러나 한국 민족이 한국어로 문학 작품을 창작하고자 했던 것은 멀리 신라시대의 향가로부터 그 기원을 찾아볼 수 있다. 향가는 한자를 이용하여 만들어낸 향찰문자로 기록된 것이다. 향찰문자는 독자적인 문자를 가지지 못했던 신라인들이 한자의 음과 뜻을 이용하여 자국어를 기록하기 위해 창안해낸 문자이다. 향찰문자는 현재 기록에 남아 있는 향가를 통해 그 운용 방식의 체계를 일부 확인할 수 있지만, 그것이 일상적인 글쓰기에 얼마나 활용되었는지를 확인할 수는 없다. 향찰문자는 한문 문화가 유입되기 시작한 시기에 그 영향권에서 벗어나 독자적인 문자 생활을 시도했다는 사실을 말해준다. 그리고 이 같은 노력이 결국 한글의 창제로 이어졌다고 할 수 있다. 한글의 창제는 한국문학사의 중대한 전환점이 된다. 한문학이 지배층을 중심으로 그 계층이 한정되어 있었던 점에 비하면, 국문 문학은 지배층에서부터 부녀자 층과 평민계층에 이르기까지 널리 향유된 문학이다. 그렇기 때문에 국문 문학은 그 사회적 기반을 대중적으로 확대하고 그 양식적인 확산을 이룰 수 있게 된다.

한국 고전문학의 성립 과정은 분명하게 드러나 있지 않다. 한국 민족이 부족국가의 형태를 유지하면서 생활하고 있던 BC 2세기경에는 부여의 '영고', 고구려의 '동맹', 동예의 '무천'이라는 제천의식이 있었다고 한다. 그리고 이 의식에서 백성들이 노래 부르고 춤추기를 즐겨하였다는 것이다. 이것은 당시에 시와 노래와 춤이 결합된 원시종합예술의 형태가 존재했다는 사실과 함께 아직 문학이 독자적인 예술의 형태로 분화되기 이전의 상태에 놓여 있다는 사실을 말해준다.

상고시대의 집단적인 원시종합예술은 중앙집권적 귀족국가의 등장으로 시작된 삼국시대(A.D 1~7세기)에 들어서 문학, 음악, 무용 등으로 분화되면서 커다란 변화를 거치게 된다. 삼국시대에 이루어진 불교의 전래와 한자의 보급이 큰 영향을 끼친 결과라고 하겠다. 특히 신라의 경우는 8세기경에 고구려와 백제를 차례로 병합하여 통일국가를 성립시켰으며, 한문을 통해 세련된 중국 문화를 섭취하고, 불교를 발전시켜 국민의 정신생활을 더욱 풍부하게 만든다. 신라시대에는 한자의 음과 훈을 빌려 한국어를 표기하는 향찰문자를 창안하였는데, 이 시기에 향찰문자로 표기된 향가는 한국문학에서 고유한 시가 양식의 본격적인 출현을 의미한다.

고려시대의 문학은 한문학의 성장, 향가 문학의 소멸, 조선시대까지 구비문학으로 전승된 고려가요의 등장을 주목할 수 있다. 고려 왕조에서는 건국 직후인 10세기 중반부터 관리 등용 방식으로 한문 중심의 과거제도를 실시하게 된다. 이 과거제도에서 중국의 경서를 중심으로 시문의 창작에 이르기까지 한문 글쓰기를 폭넓게 요구하자, 한문은 귀족층과 신흥 사대부 층의 필수적인 교양물이 된다. 그 결과로 고려시대에는 한시와 문장의 창작이 왕성하게 이루어져서 우수한 작품이 많이 남아 있다. 고려시대의 사대부 층에서 한문 투를 많이 써서 노래로 지어 부른 '경기체가'라는 독특한 시가 형태가 있다. 이 새로운 시가 양식은 사대부 층이 한문으로 문자 생활을 해 오면서 한문만으로 표현하기 어려운 실생활의 감정을 그려내기 위해 창안해낸 것으로 생각된다. 한문 서사 양식으로 등장한 가전문학도 주목된다. 이 부류의 작품들은 어떤 사물을 역사상 생존하였던 인간처럼 의인화시켜 그 생애를 기록하고 있기 때문에 의인체문학이라고도 한다. 조선시대에 등장한 한문소설의 기원을 이 가전문학에서 찾기도 한다. 고려시대의 시가 양식으로는 별곡이라고도 지칭하는 고려가요가 있다. 고려가요는 각각의 작품들이 여러 개의 연으로 구성되고, 각 연마다 여음구가 붙어 하나의 양식으로 굳어졌다. 고려가요는 문자에 정착되지 못한 채 구전되면서 한편으로 민중들 속으로 흘러들어가서 민요로 변한 것도 있고, 일부는 궁중악으로 전승되기도 하였다. 고려가요는 조선시대에 궁중악의 정리 과정에서 한글로 정착되면서 그 형태가 고정되었다.

　조선시대에 들어서면서 15세기 세종이 훈민정음을 창제한 것은 한국문학의 역사에서 하나의 분수령이 되고 있다. 한글의 등장과 함께 모든 글쓰기 활동이 한문과 국문 글쓰기로 분화된다. 물론 조선시대에도 고려시대와 마찬가지로 한문이 공적인 글쓰기 영역을 담당한다. 그러나 조선시대의 사대부 층에서는 한문 중심의 문화를 지키면서도 시조, 가사, 국문소설 등과 같은 여러 가지 형태의 국문 문학 양식을 창안하여 발전시키게 된다. 한국문학은 한글의 창제로 말미암아 비로소 온전한 문학 형태를 갖출 수 있게 된 것이다.

　조선시대 문학을 대표하는 국문 시가 양식으로는 시조를 손꼽을 수 있다. 시조는 그 시적 형식이 고려 후기에 성립되었으며, 조선시대에는 새로운 지도이념으로 자리 잡은 성리학을 기반으로 더욱 융성한다. 시조는 음악과 결부되어 창으로 노래한다. 시조의 시적 형식은 초장, 중장, 종장이라는 3장으로 구성되는 3행시 형식의 단순 구조를 지니고 있다. 시조는 각 장이 3·4음절로 된 시구가 4구씩 이어지면서 4음보격의 일정한 리듬을 형성하게 된다. 이러한 형식의 단순성에도 불구하고 시적 정서의 표현과 그 미적인 완결성을 유지할 수 있기 때문에, 시조는 사대부 층은 물론 서민층까지도 널리 애호하는 문학 형식이 되었다고 할 수 있다. 조선 후기에는 사설시조가 발전되어 평민들의 꾸밈없는 감정을 소박하게 형상화하는 그릇이 되었다. 사설시조는 일반적인 평시조의 3장 형식에서 중장 또는 종장이 정제된 4구의 형식을 벗어나 장형화한 것을 특징으로 한다. 그러므로 사설시조는 평시조의 절제된 형식을 파괴하고 있는 셈인데, 자유분방한 시 형식에 서민층의 삶의 애환, 현실에 대한 풍자와 해학 등을 담아내고 있다. 가사는 시조와 더불어 조선시대 시가 문학의 쌍벽으로 일컫는다. 가사의 형식은 운문 문학에 속하지만, 그 내용이 개인적인 정서의 표현만이 아니라, 교훈적인 훈계, 여정의 체험과 감상 등을 담고 있는 경우도 많다. 가사의 형식은 3·4음절의 시구가 앞뒤로 짝을 이루어 4구씩 반복되는 단순한 운문의 구조를 나타낸다. 조선 초기의 가사는 자연에 묻혀 안빈낙도하는 군자의 미덕을 읊은 것, 군신 간의 충의를 남녀 간의 애정에 비유하여 읊은 것 등이 주류를 이루었다. 조선 후기의 가사는 전란, 유배, 외국 여행 등의 새로운 제재를 발굴하고 현실적인 문제에 대한 관심을 확대한다. 그리고 여성 및 평민도 가사의 창작에 참여하면서 주제와 표현 방식의 다양화를 보여주게 된다.

　조선시대에 등장한 국문소설은 한글 글쓰기로 이루어진 대표적인 산문 양식이다. 허균의 「홍길동전」은 국문소설의 효시를 이룬다. 17세기에 들어서면서 국문소설의 창작이 한층 활발해지자, 그 주제 영역이 크게 넓어진다. 임진왜란과 병자호란을 겪은 뒤 전란의 극복 과정을 영웅적 인물의 활동을 통해 보여주는 작품들이 등장하였으며, 가족 구성원의 갈등을 통해 윤리적 규범을 제시한 가정소설이 널리 읽혀진다. 그리고 궁정 안의 사건을 이야기로 만든 소설도 등장한다. 조선 후기에는 판소리의 사설을 바탕으로 이야기를 만들어낸 판소리계 소설들이 널리 읽힌다. 현실적인 삶의 고통과 마주선 인간의 생생한 모습을 구수한 해학과 신랄한 풍자를 수반하여 서술함으로써 조선 후기 사회의 생활상을 폭넓게 형상화하고 있다.

　조선 사회의 한문학은 주자학의 이념을 강조하는 효용적 관점이 주류를 이루면서 시와 문장에서도 도학적 경향이 널리 자리 잡는다. 김시습의 「금오신화」는 한문소설의 효시에 해당한다. 조선시대 한문 서사 가운데 '몽유록'은 인간의 현실적인 삶의 문제를 꿈이라는 환상적인 비전을 통해 새로이 해석하고 있는 우화적 양식이며, '전'은 개인의 생애를 평설을 곁들여 약술하는 단편 서사이다. 조선 후기를 대표하는 박지원의 한문소설은 전통사회의 모순된 삶의 구조를 풍자 비판하고 있다. 이 시기에는 전환기적 사회 상황을 배경으로 '한문단편'이라고 지칭되고 있는 독특한 서사 양식이 등장한다. 한문단편은 시정의 이야기를 옮겨놓은 것으로, 조선 후기 사회상의 변화를 다양한 시각에서 소박하게 그려놓고 있다. 조선시대 한시는 교훈적인 작품들이 많다. 그러나 후기에 이르러서는 현실주의적 상상력에 근거하여 서민들의 생활과 정서를 폭넓게 형상화하고 있는 작품들이 많이 등장한다. 그리고 중인 계층의 지식인들에 의해 창작된 이른바 '위항문학'이 한문학의 새로운 영역을 담당하게 된다. 그러나 한문학은 19세기 개화계몽시대 국어국문운동이 사회적으로 확대되면서 그 영역이 축소되고 문화적 기능도 점차 소멸된다. 한문 자체가 중국의 글이라는 점, 새로운 지식과 정보를 효율적으로 전달하지 못한다는 점, 양반 사대부 층이 독점해 온 폐쇄적인 계급문화를 만들어 왔다는 점 등은 근대화 과정에서 한문학이 소멸될 수밖에 없었던 이유에 해당한다.

한국의 현대문학

한국 현대문학은 19세기 중반 이후부터 오늘에 이르기까지의 문학을 말한다. 한국 현대문학은 한국 사회의 근대화 과정을 배경으로 하여 성립된다. 고전문학이 기반하고 있던 봉건적인 사회 제도와 관습이 붕괴된 자리에 새롭게 자리 잡은 것이 현대문학이다. 현대문학에는 한문학의 경우와 같이 지배계층의 이념을 대변하고 그 정서를 표현하는 독점적이면서도 폐쇄적인 문학이 존재하지 않는다. 현대문학은 국문 글쓰기에 의해 그 양식이 확립되고, 국문을 통해 대중적으로 확산된다. 그리고 대중 매체로 새롭게 각광을 받게 된 신문과 잡지를 통해 폭넓은 독자층과 만난다. 현대문학에서 볼 수 있는 이러한 양식적 개방성은 현대문학이 추구하고 있는 현대성의 중요한 특징이라고 할 수 있다.

19세기 후반부터 한국 사회는 봉건적인 사회체제의 모순 극복을 위한 개혁운동이 각 방면에서 활발하게 전개되었고, 침략적인 외세의 위협에 대응하기 위한 자주 독립 운동이 지식층을 중심으로 점차 확대된 바 있다. 정치적인 차원에서는 갑오개혁(1894)의 근대화 작업이 시도된 바 있으며, 동학농민혁명(1894)을 통해 민중적인 의식의 성장도 분명하게 드러나게 된다. 그리고 독립협회(1896)와 같은 사회단체가 결성되어 민권운동이 전개되기도 하였으며, 국권 회복을 위한 애국계몽운동이 많은 지식인들에 의해 추진되기도 하였다. 한국 현대문학은 이러한 사회적 변동 속에서 새로운 국문 글쓰기를 통해 다양한 양식들을 정착시킨다. 고전문학은 문학의 향수 방식 자체가 바뀌면서 근대적 변혁과정을 거친다. 문학의 가치와 이념과 정신이 모두 새롭게 전환되고 문학의 양식과 기법도 변화를 추구한다. 개화계몽시대에 새롭게 등장한 신문과 잡지 등을 통해 문학의 대중적 기반이 확대되자, 새로운 문학 양식들이 시대적 요구에 부합되는 주제를 담고 국문 문학의 형태로 등장한다. 신소설이 대중적인 문학 양식으로 자리 잡고, 새로운 자유시 형식이 실험되기 시작한다. 그리고 근대적인 연극 공연이 처음으로 무대 위에서 이루어지기도 한다.

한국 현대문학은 그 형성 단계에서 일본의 침략으로 말미암아 결정적인 한계에 부딪히게 된다. 1910년부터 1945년까지 지속된 일본의 식민지 통치는 한국 민족의 모든 권한과 소유를 박탈하는 것으로부터 시작되어 민족의 존재와 그 정신마저 말살시키고자 하는 방향으로 전개된다. 그렇기 때문에 한국 사회에는 모방과 굴종, 창조와 저항이라는 양가적인 속성을 지니는 독특한 식민지 문화가 성립된다. 한국 현대문학은 식민지 현실 문제에 대한 비판적 인식을 바탕으로 다양한 문학 양식을 정착시키면서 민족적 주체의 확립에 힘을 기울인다. 그 결과 개인과 사회, 민족과 계급의 문제에 관심을 기울이는 다양한 주제의 장편소설이 출현하고 소설적 기법과 서사의 미학을 여러 각도에서 실험하는 단편소설이 등장하여 소설 문단을 주도한다. 한국인의 정서와 호흡을 바탕으로 형성된 자유시는 그 형식적 개방성을 독특한 시적 개성으로 발전시킨다. 새로운 희곡 문학이 등장하여 무대 공연을 실현함으로써 공연예술로서 연극의 대중화가 가능해진다. 한국문학은 일본어라는 제국의 언어에 대응하는 식민지 민족어의 보루로서 문화적 자기 정체성을 지켜 나갈 수 있는 정신적 근거가 된다.

한국문학은 1919년 3·1운동을 거치면서 식민지 현실에 대한 비판적인 인식을 주축으로 그 시야를 확대한다. 이 시기에 한국 민중의 궁핍한 생활상을 총체적으로 형상화하고 그 모순을 비판하는 현실주의적 문학의 경향이 마르크스주의와 결합하면서 조직적인 계급문학운동으로 전개된다. 계급문학운동은 조선프롤레타리아예술동맹을 기반으로 노동자 농민들에게 계급투쟁 의식을 고양하고 식민지 현실의 계급적 모순을 극복하기 위해 정치 투쟁으로 진출할 것을 촉구한다. 이 같은 정치적 경향성으로 인해 계급문학운동은 일본의 혹독한 탄압을 받았지만, 식민지 상황으로 왜곡된 한국 사회의 현대화 과정에서 드러나고 있는 사회적 모순에 가장 치열하게 대응하는 탈식민주의적 담론을 생산하게 된다. 그 결과로 노동자 농민들의 의식 수준과 생활 방식에 관련되는 이른바 노동소설, 농민소설, 계급시 등의 형식을 창안하여 문학을 통한 계급적 이데올로기의 구현에 치중하게 된다. 한국문학은 1935년 조선프로예맹의 강제 해체 이후 집단적 이념 추구의 경향이 사라지고, 개인적 정서에 기초한 문학의 다양한 경향이 뚜렷하게 드러난다. 이 시기의 모더니즘 문학은 계급 문단의 붕괴와 리얼리즘적 경향의 퇴조에 뒤이어 등장하고 있다는 점에서 문학적 순수주의 또는 순수문학의 경향으로 평가되기도 한다. 이 새로운 문학에서는 그 주제 의식에서 일상성의 의미가 강조되고 있으며, 문학의 기법과 언어와 문체를 중시하고 있다. 시 정신의 건강성을 강조하면서 인간의 원초적인 생명력을 관능적으로 표현하는 시적 경향이 확대되면서 삶의 허무를 극복하고자 하는 의지의 표상들이 시 속에 많이 등장한다. 식민지 말기에는 일본의 황민화 정책에 대응하면서 전통론이 새롭게 제기된다. 고전적 전통론은 한국 민족 문화의 정체성 확립을 지향하면서 자연의 발견이라는 문학적 주제와 짝을 이루어 한국 현대문학의 중요한 정신적 기반을 형성하게 된다.

  1945년 한국의 해방은 민족문학의 방향과 그 지표를 재정립하고자 하는 새로운 계기가 되고 있다. 식민지시대의 모든 반민족적인 문화 잔재를 청산하고 새로운 민족국가의 수립과 함께 참다운 민족문학을 건설해야 한다는 것은 당연한 시대적 요청이었던 것이다. 그러나 한국 민족은 국토의 분단에 이어 1950년 한국전쟁의 비극을 체험하게 된다. 이 전쟁으로 인하여 한국 사회는 이념적 분열을 심각히 드러낸 채 분단 논리에 빠져들게 되고, 민족 전체의 삶에 대한 총체적인 전망이 불가능한 상태가 된다.

  1960년 4·19 학생혁명은 민족 분단과 전쟁으로 인한 한국 민족의 피해 의식과 정신적 위축을 현실적으로 극복할 수 있는 계기가 된다. 한국 현대문학은 이 시기부터 새로운 감수성의 변화를 겪으면서 개인적인 삶과 사회적 현실에 대한 관심을 폭넓게 제기한다. 특히 한국 사회가 1970년대 군사독재의 폭력적인 정치상황 속에서 급격한 산업화 과정을 겪게 되자 문학은 이러한 시대적인 상황에 첨예하게 대립하면서 사회적 민주화를 지향하게 된다. 한국문학의 성격을 민족문학이라는 개념 속에서 새롭게 논의하는 가운데 민중문학론이 대두되어 군사 독재에 저항하는 반체제 문화 운동을 선도한다. 시의 경우 일상적 경험의 진실성을 중시하고, 소설은 분단의 현실과 상황 문제를 포괄하면서 창조적 확대를 가능하게 하고 있다. 한국 사회는 1990년대에 이르러 정치사회적 민주화를 완성하였으며 산업화의 과정에서 겪어야 했던 혼란을 수습한다. 한국 사회의 민주화 과정에서 문학을 통해 추구했던 치열한 역사의식이나 비판정신 대신에 문학 자체의 예술적 가치를 고양하고자 하는 움직임이 뚜렷하게 나타난다. 오늘의 한국문학은 한국적 특수성의 울타리 안에서 벗어나 세계화의 변화를 포섭하고 인류적 보편성의 가치 구현에 더 큰 관심을 기울이고 있다.

이와 같은 한국 현대문학의 전개 과정은 그 시대적 순서 개념을 따른다면 개화계몽시대 문학→식민지시대 문학→분단시대 문학이라는 세 단계로 구분된다. 개화계몽시대 문학이 주체적인 근대지향 의식의 문학적 형상화라는 점에서 그 문학사적 의미를 인정받을 수 있다면, 식민지시대 문학은 식민지 현실의 인식과 그 정신적 극복 의지의 문학적 구현에 문학사적 의미가 부여될 것이다. 마찬가지로, 분단시대의 문학은 분단의 극복과 민족 전체의 삶에 대한 총체적인 인식을 문제 삼는 경우 더욱 의미 있는 문학적 현상으로 평가될 수 있을 것이다. 그러므로 한국의 현대문학은 문학을 통해 민족 전체의 역사적 삶을 새롭게 인식해야 한다는 과제를 안고 있다. 한국문학은 민족의 현실과 역사적 조건에 대한 문학적 자기 인식과 그 확대를 통해서 문학의 가능성을 더욱 크게 열어갈 수 있어야 한다. 물론, 여기서 말하는 문학의 새로운 가능성은 민족의식의 문학적 형상성이라는 문제를 우선적으로 손꼽을 수 있지만, 민족 전체의 가치 있는 삶에 대한 총체적 인식을 추구하는 방향을 의미하는 것이다. 그리고 한국인들의 독자적인 문화적 창의성을 바탕으로, 세계문학의 보편적인 가치를 추구하는 데에까지 나아갈 수 있어야 함을 강조하는 것이다.

2. 현대문학의 성격

언어와 문체

한국의 현대문학은 19세기 중반 이후 전통사회가 붕괴되고 새로운 현대적인 사회로 변모되기 시작하는 상황 속에서 성립된다. 이 변혁의 시대에 전통적인 한문 글쓰기가 주도권을 상실하고 국어와 국문이라는 단일한 언어 문자를 기반으로 하는 국문 글쓰기가 자리 잡는다. 그러므로 한국문학사에서 현대문학의 성립은 한문의 쇠퇴와 국문 글쓰기의 새로운 탄생을 의미하는 것으로 이해할 수 있다.

동아시아의 한자 문화권에 속해 있는 한국에서는 전통적으로 한문 중심의 글쓰기가 지배문화의 주류를 이루어 왔다. 조선시대 이전에 시를 쓴다는 것은 한문으로 한시를 짓는다는 것을 뜻한다. 자기주장을 내세워 어떤 문제를 논하거나 어떤 사실을 설명하는 경우에도 한문으로 글을 쓸 수밖에 없었다. 그러므로 한문은 지배층의 이념과 사상을 대변해 온 문화적 기표로 자리하게 되었고, 중화적 사상의 근거로서 지배층이 필요로 하는 지식과 이념을 생산하고 그것을 대변해 왔다. 한국인들이 자기 고유의 언어를 사용하고 있었음에도 불구하고, 중국의 한문을 유일한 진리의 언어로 부각시키고 있는 것은 이 때문이다.

조선 초기에 훈민정음이 창제되면서 구술언어와 문자언어가 국어와 국문이라는 단일한 언어 문자 체계로 일원화할 수 있는 가능성을 확보하였지만, 오히려 조선 사회의 문화적 특수성으로 인하여 문자 생활의 이중성은 더욱 강화되었다. 조선시대 지배층은 국문 사용을 거부하고 그 지위를 언문이라는 이름으로 격하시켜 놓았기 때문이다. 국문은 한문을 번역하는 수단으로 이용되거나, 아녀자들의 의사전달 수단으로 고정되었으며, 시조, 가사, 소설과 같은 문학 양식에서 '언문체'라는 고유의 문체로 남아 있게 되었을 뿐이다. 조선시대에 국문 글쓰기를 공식적으로 활용한 것은 경서의 언해 작업에서이다. 경서의 번역 문체로 널리 이용된 '언문체'는 인간의 삶의 규범과 이념의 제시를 목표로 하는 장중한 문체로 고정되어 있어서, 언어의 실제적인 가치를 규정해 주는 대화적 공간을 제대로 유지하지 못하고 있다. 아녀자들이 주고받는 편지 역시 '언문체'가 주종을 이루었지만, 편지글이라는 격식을 지키기 위해 어조의 단일성을 유지하고 있다. 시조나 가사의 경우 국문 글쓰기는 시조와 가사의 형식적 요건에 따라 이루어진 것이므로 일상적인 '언문체'의 가장 확실한 기반이 되었던 고전소설의 경우에도 어조의 단일성이 강하다. 고전소설은 서술자의 어조가 작가의 단일한 목소리로 고정되어 있기 때문에 일상어의 다양성을 제대로 반영하지 못하는 한계를 드러내고 있다.

그런데 19세기 중반에 이르러 개화계몽운동의 일환으로 국어국문운동[1]이 대중적으로 확산된다. 국어국문운동은 조선시대 한문/언문으로 이원화된 전통적인 글쓰기의 방식에서 벗어나 한문을 배격하고 국문이라는 하나의 언어체를 통해 언문일치의 이상을 실현한 문체변혁운동이다. 국어국문운동은 민족의 주체적 인식이 사회적으로 확대되는 과정에서 자연스럽게 촉발된 하나의 사회 문화 운동으로서, 문자 생활의 새로운 변혁을 통해 지식과 정보의 대중화를 가능하게 한다. 그리고 출판 인쇄물의 증가, 사회 활동과 교육의 확대 등을 통해 언어 문자의 사용에 대한 새로운 질서를 확립하게 된다. 특히 이 시기에 한국 사회의 현대적 변혁을 주도했던 개화계몽운동 가운데 국문 글쓰기의 확대와 한문의 배격이라는 신/구의 구획을 가장 구체적으로 실천한 계몽 담론으로 자리하고 있다.

개화계몽시대 국어국문운동은 갑오개혁 이후 과거제도가 폐지되고 정부의 공문서에 국문 글쓰기가 공식적으로 등장한 후 사회 각 방면으로 빠르게 확대되었다. 우선 새로운 교육제도가 시행되면서 신식 학교가 설립되자, 서구 문물과 지식을 전달하기 위한 교과용 도서의 국문 출판이 널리 이루어졌다. 그 결과로 국문 독자층이 확대되었고, 문자 생활에서 한문의 제약성을 벗어나 국문 사용이 폭넓게 확대된 것이다. 국어국문운동을 통해 국문이 확대되자, 한문의 절대적인 권위가 무너지기 시작하면서, 조선시대 지배층의 전유물이었던 한문은 더 이상 참된 글자라는 뜻의 진서(眞書)로서의 가치를 인정받을 수 없게 되었다. 한문이 한낱 중국의 글에 불과하다는 타자성(他者性)에 대한 인식은 엄청난 문화적 파장을 불러일으켰다. 신성하고 유일한 의미와 진리의 상징물로 인식되어 왔던 한문이 쇠퇴하면서 모든 가치 개념을 중화주의적 세계관에 근거하여 내세웠던 조선시대 지배층의 태도가 새로운 지식층에 의해 비판 부정되기에 이르렀다. 결국 국어국문운동은 민족어로서의 국어와 국문의 재발견을 통해 한문 중심의 세계에서 벗어나고자 하는 언어적 의미론적 탈중심화의 지향을 분명하게 드러내게 되었다.

개화계몽시대의 국어국문운동은 언어 의미론적인 면에서나 사회 문화적인 면에서 단일하고 일원적인 언어체였던 한문의 지배로부터 모든 담론을 근본적으로 해방시켜 놓고 있다는 점에서 그 문화적 민주주의의 지향을 확인할 수 있다. 국문은 누구나 쉽게 배울 수 있으며, 국문을 통해 새로운 지식과 정보를 누구나 쉽게 접할 수 있게 된다. 이러한 국문의 대중적 실용성은 한문을 중심으로 한 지배층의 문자 생활이 보여주었던 문화의 계급적 폐쇄성의 파괴를 겨냥한다. 한문 중심의 관리 등용제도였던 과거제도가 폐지되고 신식 교육이 실시되자, 한문은 오랜 역사 속에서 지켜 내려온 지배층의 문자로서의 지위를 잃고, 그 교육 문화적 기능과 정보 기능도 현저하게 약화된다. 그 대신에, 국문 교육이 제도화되고 국문의 활용이 사회적으로 확대되면서, 개화계몽시대의 새로운 지식과 정보, 문화와 교양은 모두 국문을 통해 수용되고 다시 재창조되어 계급적 차별 없이 대중적으로 확산된다. 한국의 민중들은 자신들을 억압했던 한문 중심의 낡은 사고와 가치를 모두 벗어버리고 국문을 통해 새로운 서구의 문물과 제도와 가치를 받아들인다. 낡은 것들이 모두 무너지고 새로운 것들이 그 자리에 대신 들어서는 변혁의 과정을 겪으면서, 한국의 민중들은 한국 사회가 '낡은 조선'에서 벗어나 새롭게 변화할 수 있다는 신념을 키울 수 있게 된다. 그리고 그들의 삶을 새롭게 변화시키는 것이 권력이 아니라 지식이라는 새로운 힘임을 국문을 통해 인식하게 된다. 특히 언어 문자 생활에서 사회적으로 확대된 국문 글쓰기는 현실 속에서 살아 있는 모든 사회적인 담론의 유형을 포괄하며, 일반 대중의 일상적인 언어의 모순적이면서도 다층적인 목소리를 하나의 표현 구조로 담론화한다.

개화계몽시대의 국어국문운동은 문자 생활에서 국문 사용을 보편화하게 되면서 국문을 통한 여러 가지 새로운 글쓰기 방식을 가능하게 한다. 당시 새로운 대중적인 매체로 관심의 대상이 되었던 신문이나 잡지를 보면, 시문(詩文)과 사장(詞章)을 중심으로 발전했던 한문과는 달리, 국문을 이용한 여러 가지의 새로운 글쓰기 방법이 등장하고 있다. 신문 잡지를 통해 다양한 계몽적 담론을 일반화시킨 국문 논설은 조선시대에는 유례를 찾기 어려운 새로운 글쓰기 양식으로서, 그 자체가 지니고 있는 관점, 접근 방법, 어조 등에 의해 담론의 성격이 규정된다. 국문 산문 양식은 논증·설명·묘사·서사 등의 일반적인 기술 방식에서부터 대화·토론·연설·풍자 등의 여러 가지 글쓰기 방식을 함께 활용함으로써 다양한 형태로 확대되고 있다. 더구나 신소설을 비롯한 서사 양식도 다채롭게 분화한다. 이것은 국문 글쓰기의 표현 구조 자체가 글쓰기 양식의 분화를 가능하게 하였으며 그만큼 주체 구현에 기능적이라는 점과도 관련된다고 할 수 있다. 국문 글쓰기는 언어와 문자를 통한 사물에 대한 인식 방법을 통합시켜 줌으로써, 언어체의 변혁이라는 문화적 기호의 전환이 한 사회의 사상과 이념과 가치를 혁명적으로 전환시킬 수 있음을 보여준다. 국문을 통해 삶의 세계에 존재하는 말의 다양성을 그대로 문자로 구현할 수 있게 되자, 국문 글쓰기는 일상의 언어에 담겨 있는 사건, 의미, 이념, 감정 등을 구체적인 담론의 형태로 산출하면서 사물에 대한 사고와 인식의 체계를 전환시켜 놓게 된 것이다. 그 결과로 한국 사회는 국문 글쓰기를 통해 현대적 의미의 문화적 민주주의의 기반을 확립할 수 있게 되는 것이다. 개화계몽시대 이후 국문 글쓰기가 한국 사회의 문화적 변혁의 현대성을 말해주는 핵심적인 징표가 되는 까닭이 바로 여기에 있다.

양식과 제도

개화계몽시대 국어국문운동의 대중적 확대를 통해 드러나고 있는 가장 중요한 문화적 현상은 국문 중심의 새로운 글쓰기를 기반으로 새로운 현대문학의 성립이 가능해졌다는 점이다. 국문 글쓰기의 개방적이며 대중적인 속성으로 인하여 다양한 글쓰기 양식이 등장했기 때문이다. 특히 '문학'이라는 새로운 용어도 이 시기부터 쓰이기 시작한다. 한문에 근거한 전통적인 글쓰기에는 문학이라는 말이 없다. 일반적인 글을 가리키는 문(文)이라는 말이 이것을 대신한다. 글쓰기 또는 글 읽기를 모두 포괄하는 이 '문'이라는 말은 넓은 뜻으로 교양과 지식을 의미한다. 글을 읽고 쓴다는 것은 인간의 삶의 도리를 익히는 하나의 수양의 과정이다. 글은 인간의 감성이나 취향의 영역에 속하는 것이 아니라, 본질적인 가치의 영역에 속하는 '인간의 삶의 도리를 담아놓는 그릇(載道之器)'에 해당한다. 그러므로 조선시대의 지배계층은 글이라는 것이 인간의 삶의 도리를 배우는 것이라는 전통적인 효용론적 관점을 바탕으로 한문의 권위와 품격을 지키기 위해 노력하였던 것이다. 그런데 이광수는 '문학'이라는 용어를 일본을 통해 수용한다. 그는 일찍이 서양의 '문학literature'과 일치시켜 그 개념을 '정적 분자를 포함한 문장'이라고 한정한 바 있다.[2] 이것은 문학이라는 말이 전통적인 글 또는 '문'의 개념을 벗어나 새로운 정서적 영역의 글쓰기로 규정되고 있음을 말한다. 이광수가 전통적인 '문'의 개념과는 다른 '문학'의 가치를 강조하고 있는 것은 일본에서 습득한 서구적 지식에 근거하는 것이지만, 이 같은 관점의 변화를 통해 가치와 윤리의 영역까지 포괄하고 있던 문의 개념이 정서와 취향의 영역에 자리하고 있는 새로운 문학 개념으로 전환되고 있음을 확인할 수 있다. 여기서 문학의 개념을 '정의 분자를 포함한 문장'이라고 한정한 것은 전통적인 글 또는 '문'의 개념에서 정서 영역의 예술적 글쓰기를 별도로 분리해 놓고 있음을 말하는 것이다. 이 같은 태도는 문학을 예술의 차원으로 독립시켜 그 독자성을 인식하기 시작했음을 뜻한다. 국문 글쓰기의 일반화 과정 속에서 이루어진 실용적 글쓰기와 예술적 글쓰기의 구분은 문(文), 사(史), 철(哲)의 개념을 포괄하고 있었던 전통적인 글의 개념이 새로운 담론의 분화 과정 속에서 각각 독자적인 영역으로 분화되고 있음을 의미한다.

개화계몽시대 국문 글쓰기를 통해 다양하게 분화한 글쓰기 양식은 민간 신문과 잡지를 매체로 하여 광범위하게 전개된다. 대중적 매체로 여론의 중심에 자리 잡은 신문과 잡지는 새로운 지식과 교양, 흥미와 오락에 관련되는 많은 읽을거리를 기사로 싣고 있다. 대부분의 신문들은 '사조'란이나 '학예'란을 두어 한시, 시조, 가사, 창가 등을 싣고, '소설'란을 고정시켜서 다양한 서사문학 양식을 발표할 수 있게 한다. 《독립신문》의 경우 국문 논설 양식의 새로운 가능성을 보여주는 다양한 기사와 논설을 수록하면서, 독자 투고 형식으로 여러 가지 형태의 시가를 싣고 있다. 《독립신문》 이후 등장한 민간 신문들은 대부분 소설과 시가 형식의 문예물을 신문 기사의 가장 중요한 부분의 하나로 취급한다. 개화계몽시대의 신문이나 잡지들이 제공하고 있는 기사 가운데 가장 보편적인 것이 서사이다. 신문 잡지의 사건 기사는 모두 짤막한 서사이며, 사건에 대한 해설 기사도 서사가 주축을 이룬다. 심지어는 논설 기사도 서사적 성격이 강하다. 《대한매일신보》의 경우 '사회등(社會燈)'이라는 고정란에 실린 개화가사조차도 그 내용에 서사적 요소가 지배적인 것을 볼 수 있다. 신소설, 우화, 전기 등은 문학적 형상성을 추구하는 서사 양식의 대표적인 형태로서 이 시기 대중 독자에 가장 근접해 있다.

그런데 이와 같은 국문 글쓰기의 확대는 문학의 양식적 분화와 그 존재 방식에 있어서도 매우 중요한 두 가지의 변화를 드러내고 있다. 하나는 구술문학의 설화성으로부터 기록문학의 문자성으로의 전환 과정이며, 다른 하나는 양식의 고정성으로부터 개방성으로의 변화 과정이다. 이 두 가지의 변화는 현대문학의 형성을 가능하게 한 일종의 문학사적 전환에 해당한다고 할 수 있다. 조선시대의 시조는 창곡과 결부되어 대중적으로 확대된 것이며, 가사의 경우에도 부분적으로 가창되었던 양식이다. 그러나 개화계몽시대에 들어서면서는 시가문학의 향수 방식이 변화된다. 시가문학의 중요한 요소가 되었던 창곡이 문학의 영역과 분리되어 독자적인 예술의 한 영역인 음악으로 정착되기 시작한 것이다. 개화계몽시대의 시가문학은 흔히 창가라고 불리는 시가 형태를 제외하고는 노래로 가창되는 방식에 의해 향수된 것이 아니다. 시와 음악이 분리되고 있기 때문에 가사의 형식이든 시조의 형식이든 개화계몽시대의 시가 양식은 모두 글로 읽히거나 읊조리는 방식으로 존재한다. 이 같은 변화는 설화성에 근거하여 이야기 형태로 발전한 고전소설이 이 시기에 이르러 그 설화성을 벗어나 현대적인 산문 문학의 형태로 자리 잡기 시작한 것과도 상통한다. 현대문학의 성립 단계에서 등장한 새로운 시적 형식은 국문 글쓰기를 통해 전통 시가 형태의 형식적인 고정성을 파괴하고 개방적인 형식을 추구하는 특징을 보여준다. 여기서 말하는 형식의 개방성은 시적 율격의 문제라기보다는 시적 형식의 문제에 해당하는 것이다. 이 시기에 가장 많이 발표된 시조는 율격의 규칙성을 어느 정도 고수하면서도 형식의 개방성을 추구하여 연작형태를 일반화시키고 있으며, 가사의 경우에도 율격적인 패턴을 유지하면서 산문적인 확장을 보여주고 있다. 이 같은 형식의 개방성은 개화계몽시대의 다양한 이념과 사상을 포괄하는 새로운 시적 형식의 추구를 의미하는 것으로 이해할 수 있다.

개화계몽시대 국문 글쓰기에서 대중적인 지지 기반을 일찍이 확보한 것이 신소설을 비롯한 서사 양식이다. 신문이나 잡지들이 제공하고 있는 기사들은 대체로 논설 양식과 서사 양식의 범주에 속하는 것들이 많다. 신문 잡지의 사건 기사는 모두 짤막한 서사이며, 사건에 대한 해설 기사도 서사가 주축을 이룬다. 심지어는 논설까지도 서사적 성격이 강하다. 어떤 경우는 운문으로 이루어진 가사 형식의 짤막한 글조차도 서사적 요소가 지배적인 것을 볼 수 있다. 소설이나 우화나 전기도 모두 서사가 중심을 이룬다. 신소설은 문학적 형상성을 추구하는 본격적인 서사 양식에 해당한다. 이 시기의 서사 양식은 이야기와 화자의 존재로서 그 기본 구조가 규정되는데, 각각의 양식이 추구하는 가치에 따라 다양한 기술 방법이 수용된다. 설명, 묘사 등의 일반적인 산문 형태에서부터 논설, 대화, 토론, 연설, 풍자 등의 방식이 함께 어우러지고 있다. 이러한 일상적인 언어현상에서 가능한 모든 담론의 형식이 국문체를 통해 구현됨으로써, 서사 양식에서 다양한 소리를 강화하고 있다. 이것은 당대의 현실 속에서 확인할 수 있는 사회적인 담론 형식의 다양성을 뜻하는 것이기도 하다. 바로 그러한 다양한 언어 형식의 분출이 서사 양식의 다채로운 전개를 가능하게 하였다고 할 수 있다.

　문학이 예술적 글쓰기의 양식으로서 그 개념을 새롭게 정립하는 과정은 현대문학의 성립 과정과 그대로 일치한다. 예술적 글쓰기는 학식과 교양과 덕망 대신에 개인의 예술적 창조력과 그 재능을 강조한다. 글쓰기의 영역을 개인의 예술적 창조력과 상상력과 연관시켜 규정하게 되는 과정은 매우 복잡하다. 서구적인 의미에서의 현대라는 것은 새로운 사회적인 질서와 함께 도래한 것이다. 현대라는 새로운 단계에 들어서면서 인간의 존재는 노동이라는 특수한 개념으로 범주화되기 시작한다. 언어와 문자가 사회적인 지위나 학식과 덕망을 상징하는 것이 아니라, 누구에게나 새로운 지식과 정보를 전달하는 합리적이고도 공공적인 매체로 인식된다. 인간과 사회의 여러 관계가 인습에 따라 규정되는 것이 아니라, 정치적 경제적 문화적 질서 내에서의 특수한 기능들로 규정되기에 이른다. 이러한 변화 속에서 인간은 외부세계로부터 가해지는 모든 제약을 벗어나 충만하고도 해방감을 주는 상상력

혹은 창조성을 지향한다. 글쓰기에서도 상상력과 창조력이라는 특수 영역을 구분하기 시작한다. 이것은 심미적인 것이 하나의 새로운 인간적 가치로 자리 잡기 시작하였음을 말해주는 사회 문화적 징표이기도 하다.

　국문 글쓰기의 확대 과정에서 등장한 신소설이나 신시와 같은 새로운 문학 양식은 전문적인 문인 계층에 의해 이루어진 직업적 창작의 산물이다. 이 시기부터 직업으로서의 문필업이 등장하게 된 것은 물론 국문운동에 의한 독자 대중의 사회적 확대와 연관된다. 그리고 이 대중적 독자층을 상대로 하는 서적 출판과 판매라는 자본주의적 유통 구조가 제도적으로 자리 잡으면서 전문적인 문필업이 새롭게 정착되었다고 할 수 있다. 실제로 개화계몽시대에 등장한 신문사나 잡지사에는 신문 잡지의 읽을거리를 만들어내는 전문적인 글쓰기에 종사하는 기자가 생겼고 소설을 쓰는 전문적 작가도 등장하였다. 이들이 쓰는 글은 조선시대의 지식층이 인간의 도리를 익히고 덕망을 쌓기 위해 행하는 글쓰기와는 그 성격이 전혀 다르다. 그것은 보다 현실적인 목적에 따라 이루어지는 하나의 문화적 생산에 해당한다. 특히 새롭게 등장한 《독립신문》,《황성신문》,《제국신문》,《대한매일신보》,《만세보》,《경향신문》,《대한민보》 등과 같은 대중적인 신문은 전문적인 문필업의 형성을 위한 사회적 기반을 제공하고 있다. 그리고 보성관(普成館), 회동서관(滙東書館), 광학서포(廣學書鋪), 동양서원(東洋書院), 박문서관(博文書館) 등의 상업적인 출판사는 전문적인 글쓰기에 종사하는 사람들과 여러 가지 방식으로 연관을 맺으면서 그들의 글쓰기 활동을 지원하였다. 신문사들은 전문적인 문필가들을 기자로 채용하였으며, 출판사들은 전문적인 문필가와 대중 독자 사이를 연결하는 매개적인 역할을 담당하였다. 문필가들이 쓰는 글은 출판사에서 서적으로 발간되어 일반 독자들에게 읽을거리로 제공되었다. 이에 따라 일반 독자들은 마치 자기 취향과 욕구에 맞는 물건을 구입하고 그것을 소비하듯이 글을 대하며 책을 구입하게 되었으며, 출판사는 일정한 이익을 문필가에게 제공할 수 있게 된 것이다. 이 시기에 신문에 연재되고 뒤에 단행본으로 출판되었던 신소설은 바로 이 같은 대중적 욕구를 고려한 근대적인 글쓰기의 최초의 산물이라고 할 수 있다. 지적 산물에 해당하는 소설이 본격적으로 상품화되어 근대적인 상업적 유통 관계에 의해 독자 대중과 만나는 최초의 사례가 바로 신소설인 셈이다. 국문을 통한 개방적인 언어 문자 생활이 가능해지기 시작한 새로운 글쓰기의 시대, 바로 여기서 현대문학은 사회 제도의 변화를 내포하는 현대성의 의미를 드러낼 수 있게 되는 것이다.

이념과 가치

개화계몽시대 이후 한국문학은 현실주의적 상상력을 통해 구현할 수 있는 새로운 현대성의 이념과 가치에 의해 그 존재 의미를 스스로 규정하고 있다. 개화계몽시대에 새로운 글쓰기 방식으로 성립된 현대문학에서는 고전의 세계를 구축하고 있던 신화적 상상력과 그 담론의 설화성이 소멸되고 있다. 현대문학은 신성의 세계가 소멸하고 환상이 제거된 자리에 일상의 현실공간과 개인적 주체를 내세운다. 이 시기의 대표적인 서사 양식으로 등장한 신소설의 경우 그 주인공에게는 고전소설 「흥부전」의 흥부가 횡재를 누렸던 비현실적 공간도 주어져 있지 않으며, 「구운몽」의 양소유가 지향했던 초월적인 신성의 세계도 주어져 있지 않다. 이들의 운명은 신에 의해서 계시되는 것이 아니라 자신들의 삶에 의해서 결정된다. 이들의 삶에는 선험적으로 주어진 생의 좌표가 없다. 그렇기 때문에, 신소설에 등장하는 주인공은 그가 떠나온 천상의 세계로 다시는 돌아가지 못하는 인간이다. 서사의 전체적인 구조에서 결말이라는 것이 언제나 신의 세계인 시원(始原)으로 귀착되었던 고전적 서사의 회귀적인 패턴이 깨어지고 있기 때문이다. 신소설 이후의 현대소설에서 인간은 자신이 스스로 자기 삶의 좌표를 만들어야 하며, 신의 품으로 돌아가지 못한 채 자신을 둘러싸고 있는 세계와 거리를 두고 대상으로서의 세계를 인식하고 자신의 삶을 꾸려 나가야 한다. 현실 세계 속에서 자신의 운명을 스스로 살아야 하기 때문에, 이제 인간에게는 현실의 삶과 그 운명이라는 것이 비로소 자신의 몫이 된다.

현대소설에 등장하는 인간은 신성의 세계가 개입하여 만들어낸 고귀한 신분도 아니고, 천상에서 인간의 세계로 하강한 선녀의 화신도 아니다. 그들은 일상의 공간과 시간 속에서 일상적인 삶을 살아가며, 자기 주변에 있는 일상적인 인간들과 어울리면서 여러 사건에 참여한다. 현대소설의 주인공은 하나의 개인으로서 대상으로서의 현실 세계와 일정한 거리를 두고 자신의 입장에서 자기 생각을 자기 입으로 말할 줄 안다. 일상의 세계 안에서 자신의 존재에 대해 질문하면서 자기 주체를 발견하고 그 정체성을 확인하게 되는 것이다. 그리고 자기 자신의 정체를 확인하면 바깥 세계를 일정한 각도에서 바라볼 수 있는 전망을 갖게 된다. 사물을 보는 각도와 거리가 인식되고 서술의 초점이 분명해지는 것이다. 모든 것이 무한하게 열려 있는 것이 아니라 자신의 관점에 따라 인식된다는 것은 매우 중요하다. 서사에서 서술상의 초점이 명확해지고 서술상의 거리가 생긴다는 것은 개별적인 인간이 주체의 정체성을 확보하기 시작하였음을 의미하는 것이다.

현대시는 개인의 정서를 주축으로 하여 시적 공간이 채워진다. 현대시는 음악과 결합되어 노래로 불려지던 고전시가의 정통에서 벗어나 시적 언어의 요소에 의해 그 새로운 형식이 만들어진다. 그러므로 시적 언어는 가장 개성적인 언어가 된다. 현대시가 추구하는 시 정신은 사물에 대한 인식에 근거한다. 객관적 대상에 개인의 정서를 실었던 전통적인 방식과는 달리 모든 외적인 대상은 서정적 주체와 일정한 거리를 둔 채 시적 대상으로 그려질 뿐이다.

현대문학은 일상적인 인간이 살아가는 현실 공간으로 채워진다. 인간의 역사성과 그 의미를 중시하고, 인간적인 현실과 역사적 시간의 흐름에 어떤 형식을 부여하며, 일상적 삶의 현실 속에서 개인을 통해 현대적 주체의 인식을 가능하게 한다. 여기서 인간은 역사적인 시간과 구체적인 공간을 배경으로 하여 비로소 하나의 개인적인 주체로 자리 잡는다. 개화계몽시대의 새로운 문학 양식에서부터 현대성의 요소가 발현되기 시작하였다고 한다면 그것은 일상적인 개인의 발견을 통해 문학적 지향이 결정되고 있기 때문이다. 현대문학에서 볼 수 있는 이러한 사물에 대한 인식 과정과 언어적 활동은 대상으로서의 사물과 맞선 존재로서 개인적인 주체가 성립되고 있음을 말해주는 것이다. 인간이 지니는 이성적 태도야말로 담론의 현대성을 논할 수 있는 가장 중요한 근거이다. 인간과 세계, 삶과 죽음, 주체와 객체의 구분은 인간에 대한 존재론적인 인식의 기본적인 틀이 된다.

3. 현대문학의 양식

소설과 경험적 상상력

한국 현대소설은 19세기 중반 이후 새롭게 형성되어 오늘에 이르기까지 다양하게 전개된 소설을 통칭하는 말이다. 현대소설은 개화계몽시대 한문학의 소멸과 함께 새롭게 확대된 국문 글쓰기에 의해 그 양식이 확립된다. 현대소설에서 채택하고 있는 국문 글쓰기는 소설이라는 양식이 대중적 독자층을 확대할 수 있게 만든 핵심적인 요건이다. 현대소설은 일상적인 언어생활에서 이루어지고 있는 가능한 모든 언술의 형태를 국문 글쓰기를 통해 표출한다. 현대소설은 국문 글쓰기를 통해 일상생활 속에서 살아 있는 언어가 그대로 문자에 의해 묘사되는 언문일치의 이상을 실현함으로써 새로운 산문 문체의 미학을 확립하게 되는 것이다.

한국의 현대소설은 국문 글쓰기에 의해 대중적으로 확산되었고, 국문체를 그 표현 구조로 활용함으로써 독자적인 담론체계를 형성하고 있다. 국문 글쓰기가 현대소설의 성립과 연관되어 있다는 것은 당시의 국문체가 단순한 언어적 현상으로서의 문체 이상의 의미를 담고 있음을 의미한다. 개화계몽시대 국문 글쓰기는 규범적인 형식이나 추상적인 체계로 존재하는 것이 아니다. 그것은 현실 속에서 살아 있는 모든 사회적인 언술 유형을 포괄하고 있다. 국문체가 다양한 언어 형식의 내적 분화를 통해 서사의 새로운 질서를 구현하고 있는 현상은 국문 글쓰기를 통해 추구하고 있는 이념과 가치가 현대소설의 이념과 직결되고 있기 때문이다.

현대소설은 신화적 상상력에 그 서사구조를 유지하고 있던 고전소설과는 달리 경험주의적 상상력에 의해 일상의 현실을 이야기 속에서 재현한다. 현대소설은 인간의 현실적인 삶과 그 의미를 중시하며, 그 경험적 시간에 근거하여 서사의 형식을 구성한다. 현대소설이 추구하고 있는 이러한 현실성은 이야기 속에 등장하는 인물이 자기 주체를 인식하고 자신에게 부여된 삶을 살아갈 수 있도록 하기 위한 서사의 요건에 해당한다. 현대소설의 등장인물은 구체적인 현실의 조건에 얽매임으로써 주체로서의 존재가 명료해지며 그 실재성을 획득하게 된다. 개화계몽시대의 신소설은 현대소설의 초기 형태로서 고전소설의 세계에서 볼 수 있었던 신화적 상상력과 그 서사의 설화성이 소멸된 자리에 새롭게 등장하고 있다. 고전소설에서는 서사의 주인공에게 선험적인 생의 좌표가 상정되어 있었지만, 현대소설의 주인공은 자신이 스스로 자기 삶의 좌표를 만들어야 한다. 신소설의 이야기를 보면, 주인공이 자신을 둘러싸고 있는 세계와 거리를 두고, 대상으로서의 세계를 인식하면서 자신의 삶을 꾸려 나간다. 이때 주인공은 자신을 둘러싸고 있는 모든 대상들에 대해 일정한 거리를 둠으로써, 자기 존재를 그 중심에 세울 수 있게 된다. 그리고 신화적 금기로부터 벗어나 주술의 마력으로부터 헤어난다. 신소설의 주인공이 만나는 세계는 일상의 현실 공간이다. 주인공은 일상에 널려 있는 하찮은 일들과 말과 행동을 시간의 흐름에 비추어 세밀하게 관찰한다. 신소설에서 서사는 특정한 시간에 특정의 장소에서 일어나는 사건을 기반으로 구조화하고, 하나의 특정한 형식으로 구체화한다. 신소설은 경험적 현실 속에서 일상적인 개인을 발견함으로써 서사 양식으로서 현대성을 확립하게 된다.

한국 현대소설의 서사구조에서 주목되는 것은 경험적 시간의 재구성이다. 경험적 시간은 서사에서 인물 또는 행위자의 존재와 그 행위의 진행을 구체화시켜 준다. 현대소설은 고전소설처럼 사건과 행동을 시간적 순차구조에 따라 배열하는 것이 아니라, 인식의 논리에 의해 재구성한다. 이때 서사구조의 변형이 일어나고 이야기 구조의 재질서화가 가능해진다. 이러한 서사구조는 자연의 시간이 인간의 인식 논리에 의해 얼마든지 변형될 수 있음을 보여준다. 자연적 시간에 대한 이 같은 배반은 신성의 세계가 주도하고 있는 자연적 질서에 대한 인간의 도전이 이미 시작되었음을 말하는 것이다. 현대소설은 경험적 시간 위에서는 아무것도 다시 처음부터 시작할 수 없다는 한계를 분명히 보여줌으로써, 영원성의 신화에 대한 환상과 그 마법으로부터 벗어난다. 그리고 모든 것이 일정한 진행에 따라 어떤 결말에 이른다는 근대적 서사의 질서를 이야기 속에서 구체적으로 재현하게 된다. 그러므로 신소설은 서사 내적 시간의 변형과 재구성이 가능해진 최초의 서사 양식이라고 할 수 있다.

현대소설의 서술자는 특정 정보에 대한 제시를 유보시켜 두거나 소급하기도 할 수 있을 정도로 서사의 틀을 구조화한다. 순차적인 시간적 질서에 따라 이루어진 행위를 인위적으로 재배열하고자 할 때, 바로 거기서 서사구조의 변형이 이루어지는 것이다. 현대소설에서 이 같은 서사구조의 변형이 가능해진 이유는 어디에 있는가? 이것은 물론 사물에 대한 존재론적인 인식이 가능해진 것과 관련되는 것이지만, 국문 글쓰기에 의해 사물에 대한 인식과 그 언어적 표상이 구체성을 획득하게 된 점과도 관련된다. 고전소설의 서사는 화자의 권위에 의해 모든 행위를 요약 전달하는 설화적 특성 때문에 서사 내적인 시간이 전체적으로 단축된다. 그러나 현대소설은 국문 글쓰기를 통해 등장인물의 대화를 정확히 묘사하고 등장인물의 내면에서 이루어지고 있는 갈등과 지나버린 일들에 대한 회상까지도 그대로 서술해 낼 수 있다. 등장인물의 행동과 등장인물이 처해 있는 공간에 대한 묘사도 치밀하게 이루어지고 있어서 전체적으로 장면화의 경향이 강하다. 이 같은 국문 글쓰기의 문체론적 특성으로 인하여 서사 내적인 시간은 때로는 경험의 시간과 그대로 일치되기도 하고, 오히려 경험의 시간보다 지연되거나 연장되기도 한다.

현대소설의 여러 가지 분류 가운데 가장 일반화되어 있는 것이 단편소설과 장편소설의 구분이다. 단편소설과 장편소설이라는 명칭은 이야기의 길이에 따라 붙여진 것이다. 그렇지만 이 두 가지 형태의 소설은 길이만이 아니라 이야기의 구성 방법과 주제의 형상화 방법이 모두 본질적으로 차이를 드러낸다. 한국 현대문학에서 단편소설의 양식은 1920년대에 들어서면서 일반화된다. 단편소설은 하나의 중요한 사건이 이야기의 골격을 이룬다. 장편소설에는 여러 가지 사건들이 서로 얽혀 나타나지만, 단편소설은 하나의 사건이 하나의 상황 속에서 단일하게 제시된다. 단편소설에서 다루는 사건은 일상의 삶 가운데에서 그 인물의 특성을 잘 드러내어 줄 수 있는 것으로 한정된다. 소설 속의 사건과 인물의 행동을 통해 인물의 성격과 삶의 특징이 잘 드러나야 한다. 단편소설의 사건은 그 발단과 전개 과정이 하나의 이야기로 통일되어 단일한 인상을 줄 수 있도록 서로 긴밀하게 결합된다. 장편소설은 단편소설과는 달리 오래 전통을 유지하고 있다. 조선시대의 고전소설은 그 서사적 속성이 대부분 장편소설에 해당한다. 장편소설은 인생의 어느 한 면을 그리는 것이 아니다. 단편소설은 하나의 사건, 하나의 상황을 다루는 것이 보통이지만, 장편소설에서는 깊이와 넓이의 양면에서 인생을 전체적으로 그린다. 그러므로 인생의 폭넓은 체험과 깊은 통찰이 필요하며, 복합적인 구성 방법을 활용하여 총체적인 인간의 삶을 제시하게 되는 것이다.

발견으로서의 시적 형식

한국의 현대시는 개화계몽시대에 일반화되기 시작한 국문 글쓰기를 기반으로 성립된다. 조선시대의 고전시가는 한시와 국문시가로 이원화되어 있었지만, 시문학의 주류를 이룬 것은 한시였음을 부인할 수 없다. 시조나 가사와 같은 국문 시가문학은 문학적 글쓰기의 중심을 이루는 한시와는 거리를 두고 있는 주변적인 양식에 해당한다. 조선시대의 지식층들은 시를 지을 때는 한시를 짓고 노래를 부르고자 할 때는 국문으로 시조를 지어 노래했던 것이다. 그런데 개화계몽시대 국어국문운동이 확대되자, 한문의 사회 문화적 기능이 축소되면서 한문으로 이루어지던 문필 활동도 위축되기에 이른다. 그 결과 시문학을 주도해 온 한시의 위상이 이 무렵부터 무너지기 시작한다. 이와 함께 국문 글쓰기를 기반으로 새로운 시 형식을 모색하게 되면서 현대시로서의 '신시'의 형태가 등장하게 된다.

개화계몽시대에 새롭게 등장한 신시는 형태적 개방성과 자유로움을 지향한다. 이러한 특징은 전통적인 국문 시가 양식인 시조와 가사의 근대적 변혁 과정에서 확인할 수 있다. 개화계몽시대 신문 잡지에 많이 발표된 개화가사와 개화시조를 보면, 창곡으로서의 음악적인 형식과 분리되면서 창곡이 요구했던 형태적 고정성을 탈피하고 개방적인 형식을 추구하는 경향을 보여준다. 그리고 전통 시가의 고정적 형태가 붕괴되는 과정에서 새롭게 등장한 신시 형태 역시 시적 형식의 개방성을 드러낸다. 이것은 한국 현대시의 출발 자체가 자유시 형태를 지향하고 있음을 말해주는 것이다.

한국 현대시는 전통적인 시가 형태를 기반으로 한국어라는 민족어를 통해 새로운 시 형식을 모색하게 되었지만, 일본을 통해 수용된 서구 현대시의 시법에 큰 영향을 받게 된다. 한국 현대문학의 성립 단계에서 시작 활동을 전개한 시인들은 대부분 일본 유학을 거치면서 서구 문학에 대한 전문적인 지식과 교양을 키워 온 사람들이다. 이들이 시 창작을 시작하면서 가장 깊은 관심을 기울인 것은 시적 형식과 율격의 문제이다.

　이들은 전통적인 시조나 가사의 고정적인 형식을 벗어나 한국어로 새로운 시 형식을 창안하기 위해 서양의 자유시 형태에 관심을 두게 된다. 한국의 현대시는 시적 형식의 개방성에 기초한 서구적인 자유시 형태를 수용하여 형식의 균형과 율격의 조화를 찾아내면서 새로운 시적 전통을 확립하게 되는 것이다.

　한국 현대시의 성립은 전통적으로 음악과 결합되어 있던 고전시가가 시와 음악의 분리라는 근대적 변혁 과정을 거치면서 국문 글쓰기에 의해 새로운 시 형식을 발견하게 되는 과정으로 요약된다. 여기서 시와 음악의 분리는 한국의 고전시가가 그 형식적 균형을 외형적으로 규제해 온 창곡(唱曲)으로서의 음악적 틀을 벗어나게 되었음을 의미한다. 그러나 음악으로부터의 이탈을 통해 곧바로 근대적인 의미의 새로운 시 형식이 창조된 것은 아니다. 개화계몽시대에 널리 유행했던 개화시조나 개화가사에서 확인할 수 있는 것처럼, 전통적인 시가 형태가 음악적 틀을 벗어난 후에 시로서의 특성을 유지하기 위해 새로운 시적 요소를 요구하게 된 것이다. 그것은 고전시가 형태에서 볼 수 있는 시적 형식을 외형적으로 규제했던 음악적 형식과는 달리, 시 자체로서의 존재를 가능하게 해 주는 시적 형식에 기여할 수 있는 어떤 요소라고 할 수 있을 것이다.

　개화계몽시대에 국문 글쓰기를 기반으로 하여 성립된 새로운 시 형식은 전통적인 한시와는 달리 민족어를 매개로 한다. 그러므로 민족어를 매개로 하는 새로운 서정 양식에 시라는 인식을 심어 주면서 동시에 시로서의 형식을 가능하게 해 주는 새로운 요소를 창안하는 것이 가장 중요한 과제에 해당한다. 여기서 먼저 주목되는 것이 바로 시적 주제의 발견이다. 한국 전통시가의 변혁 과정을 보면, 개화시조와 개화가사는 창곡과의 분리 이후 먼저 새로운 시적 주제의 발견에 주력하고 있다. 그것이 바로 문명개화와 자주독립이라는 새로운 계몽 담론이다.

그러나 이 새로운 주제는 시의 중심을 이루는 개인적 정서의 영역을 넘어선다. 다시 말하면 이 새로운 계몽 담론은 시의 영역에 온전히 자리하기 어렵다. 그러므로 개화시조의 경우는 시조 자체의 기품과 풍격 대신에 계몽적 메시지의 전달매체처럼 작용한다. 개화시조는 사회 정치적 선전 문구처럼 구호화된 언사들을 시조의 규칙적인 형식과 율격의 틀에 채워놓고 있다. 개화가사의 경우도 마찬가지다. 개화가사는 반복적 율격을 제외하면 곧바로 논설이거나 비평처럼 산문적이다. 그러므로 개화시조나 개화가사는 시적 주체의 정서를 기반으로 하는 시 정신과는 관계없이 외형적 율격과 고정적 형식만을 유지하고 있을 뿐이다.

현대시라는 새로운 시 형식의 발견은 이러한 과도기적 혼돈을 거치면서 이루어진다. 국문 글쓰기의 정착 과정에서, 국문으로 쓰는 시가 하나의 주제를 발견하고 그 주제에 적합한 새로운 시적 형식을 구축해 가는 과정은 매우 특이하다. 여기서 우리는 발견이라는 말이 이 모든 과정 또는 수사적 방법을 지칭하는 데에 가장 적절한 단어라고 생각한다. 발견으로서의 형식은 고정된 틀의 확립을 의미하는 것이 아니다. 그것은 시적 형식을 끊임없이 추구하고 사고하는 방법이며 과정이다. 그것은 어떤 결과물로서 시의 형식을 보여주는 것이 아니라 하나의 과정으로 형식을 보여준다. 이미 고정된 어떤 구조가 아니라 끊임없이 작용하는 작동으로서의 의미를 지니는 것이다. 달리 말하자면, 시적 형식 자체가 유기적 형태로 구축된다고 할 수 있을 것이다.

그런데 여기서 말하는 발견으로서의 시적 형식은 국문 글쓰기의 새로운 탄생과 직결된다. 국문을 통한 시적 글쓰기는 단순한 형식적 틀의 문제가 아니다. 그것은 국문 글쓰기와 짝을 이루게 되는 새로운 국문 시 읽기의 방법까지도 요구하고 있다. 한 편의 시 전체를 규제하는 어떤 형식적 틀을 만들어내기 위해서는 하나의 행에서 그 다음의 행으로 이어지는 과정 속에서 형성되는 음조의 변화를 추구하게 되기 때문이다. 발견으로서의 시적 형식이라는 관점은 언제나 하나의 새로운 가능성을 창조하는 과정이라는 점에서,

개인적 욕망과 그 정서의 충동을 함축한다. 그리고 개인의 창조적 재능과 그 권위에 대한 지향을 암시하기도 한다. 그러므로 이것은 개인의 시적 상상력의 문제로 귀착되는 것이다.

미주

1 국어국문운동의 성격에 대해서는 이기문, 『개화기의 국문연구』(서울대 한국문화연구소, 1970), 권영민, 『국문 글쓰기의 재탄생』(서울대출판부, 2006) 참조.
2 문학이라는 말의 개념을 서양의 'literature'의 번역어로 규정한 것은 이광수가 발표한 평문 「문학의 가치」(《대한흥학보》11호, 1910. 3)에서 처음으로 나타난다.

2

개화계몽운동과 현대문학의 성립

1. 문명개화와 사회 변혁
개화계몽시대의 사회 변혁 운동 | 문명개화와 민족 주체의 인식 | 일본의 세력 확대와 식민주의 담론

2. 국어국문운동과 국문 글쓰기
국어국문운동의 전개 | 국문 글쓰기와 문인 계층 | 국문 글쓰기 양식의 분화 | 국문 글쓰기와 한자 혼용

3. 현대소설의 등장
신문과 소설 | 소설의 양식 개념 | 계몽과 오락의 형식 | 전기 양식과 영웅적 인간상의 창조 | 우화와 풍자의 비판정신 | 신소설과 개인의 운명

4. 현대시의 형성
국문 글쓰기와 시가 개혁 | 전통 시가 형식의 붕괴 | 신시의 형식적 모색 | 전통 율격의 변화와 시 형식

5. 연희 형태의 변화와 신파극
전통 연희의 성격 | 연희 방식의 변혁 | 신파극의 등장

1. 문명개화와 사회 변혁

개화계몽시대의 사회 변혁 운동

한국 사회가 새로운 근대적인 사회로 나아가기 위해 극심한 혼동과 변혁을 겪어야 했던 시대를 개화계몽시대[1]라고 한다. 이 시기에 한국 사회에는 대내적인 면에서 반봉건 운동을, 대외적으로는 반외세 운동을 주축으로 하는 계몽운동이 사회 전체의 근대적인 변혁을 추구하는 커다란 힘으로 확산되었다. 이 과정 속에서 한국 사회는 보수와 진보, 수구와 개화의 대립에 의한 내부적인 갈등을 겪어야 했고, 침략적인 외세의 위협 앞에서 민족과 국가를 지켜 나갈 수 있는 주체적인 역량을 확립하기 위해 격동의 시대를 거쳐야만 했다.

한국 사회의 근대적인 변혁 과정에서 한국 사회의 진로를 가장 상징적으로 드러내어 주고 있는 역사적 사건이 외세의 압력에 의해 이루어진 1876년의 문호 개방이라고 지적한다면, 이의를 제기할 사람이 없을 듯싶다. 개항은 당시 한국인들에게 주체적인 진로의 선택이 아니다. 외세의 강요에 의한 개방이기 때문이다. 조선의 문호 개방은 정치 세력 내부에 서구 문물을 배척하고 통상을 거부하는 보수적인 위정척사(衛正斥邪)파와 서구 문물의 수용과 개화를 주장하는 개화파의 대립과 갈등을 초래한다. 일본의 강요에 의해 문호를 개방한 후, 조선 왕조는 일본 세력의 조선 진출을 막기 위해 한때 청국과 러시아에 의존하고자 했다. 외세를 막기 위해 다시 외세를 끌어들여야 했던 것이다. 그러나 개화파 세력은 청국과의 오랜 종속 관계를 청산하고 국가적인 독립의 기반을 확립해야 한다는 명분 아래 일본의 힘을 빌려 급진적인 정치 개혁을 시도하게 된다. 그것이 바로 유명한 1884년의 갑신정변이다. 갑신정변은 이름 그대로 하나의 정변에 불과하다. 사회적 체제의 근본적인 변혁을 위한 혁명으로 이어지지 못하고 오직 정치권력의 탈취 과정에서 실패하고 말았기 때문이다. 개화파들이 시도했던 이 위험스러운 정치적 모험은 사회적 지지 기반도 취약했으며 보수 세력의 저항 또한 완강하였던 것이다.

한국 사회가 당면하고 있던 정치적 혼란 속에서 체제 변혁의 새로운 가능성을 드러내기 시작한 것이 1894년에 일어난 동학 농민 혁명 운동이다. 동학 농민 혁명 운동은 조선 사회의 기층 세력이라고 말할 수 있는 농민 계층이 동학의 조직을 통하여 거대한 세력 집단으로 봉기한 혁명 운동이다. 동학 농민 혁명 운동은 권력의 유지를 위해 청국에 의지하였던 보수파와 일본이라는 새로운 강자에 매달려 정치권력을 탈취하려 하였던 개화파의 대립과 갈등을 극복할 있는 새로운 가능성을 보여준다. 이 운동의 혁명적 의의도 봉건적인 사회 체제와 지배층의 횡포에 저항하면서 침략적인 외세를 배척하여 조선 사회를 주체적으로 변혁시키고자 하였다는 점에서 찾아진다. 그러나 지배 계층은 농민들의 주체적인 개혁 운동을 외면하고 이들의 사회적 세력화를 막기 위해 청국과 일본의 군대를 끌어들여 동학운동을 탄압한다. 그리고 이때 불러들인 청국과 일본의 군사적인 갈등이 빌미가 되어 청일전쟁을 자초하게 되었고, 이 전쟁의 승자가 된 일본이 한반도에서부터 대륙으로 그 정치적 영향력을 확대할 수 있는 근거를 제공하게 된 것이다.

동학 농민 혁명 운동은 정치적으로 실패한 것이지만 이 운동을 통해 제기된 사회 개혁에 관한 다양한 담론은 그 혁명성을 주목할 필요가 있다. 동학이라는 말은 글자 그대로 서학에 대응한다. 동학의 이념이 되었던 '인내천(人乃天)'의 사상은 인간의 가치를 신성의 하늘과 연결시켜 놓음으로써, 개인의 권리와 존재의 평등성을 인식하게 한다. 조선 사회의 엄격한 신분적 계급 질서에 묶여 있던 평민 계층에게 이러한 새로운 이념은 자기 주체에 대한 새로운 인식의 혁명을 가능하게 한다. 혁명적 운동의 주체로 등장한 농민 계층은 원래 조선 사회에서 가장 중심이 되는 생산력을 지니고 있었음에도 불구하고, 정치, 사회, 문화의 모든 담론의 공간으로부터 철저하게 소외되었던 집단이다. 그런데 동학 농민 혁명 운동을 통해 이 집단이 정치사회적 변혁 운동의 새로운 주체로서 등장하였고, 이들의 주장이 당시 사회의 계몽적 담론의 핵심을 이루게 되었던 것이다. 그렇기 때문에 동학 농민 혁명 운동은 정치적 혁명으로서의 실패에도 불구하고 기층 세력의 근대적 개혁 운동의 이념적 기반이 된다. 특히 이 혁명 운동의 수습 과정에서 이른바 갑오경장이라고 지칭되고 있는 정치사회적 개혁이 실현되었던 것은 눈여겨볼 만한 장면이다. 1894년의 갑오경장은 조선 후기 실학자들이 주장했던 여러 가지 사회 제도의 개혁론, 갑신정변에서 볼 수 있었던 개화파의 정치 개혁 방안, 그리고 동학 농민 혁명에서 주창된 농민들의 사회 개혁론을 어느 정도 절충한 정치사회적 제도의 개혁을 말한다. 비록 조선 왕조의 정치 체제를 근본적으로 바꾸어 놓지는 못했지만, 갑오경장은 조선 왕조의 각종 행정 제도를 개혁하고 조선 사회의 경제 체제와 사회 체제를 변혁시켜 놓고 있다. 그 결과로, 정치적인 면에서는 내각 제도가 성립되어 전제적인 군주제를 약화시켜 놓았고, 경제적인 면에서는 은본위제의 화폐제도를 확립하였다. 사회적인 면에서는 반상 제도의 타파, 공사 노비법의 폐지, 과부 재가 허용 등을 통해 재래의 폐습을 제도적으로 개혁하였다. 특히 정부의 공문서에 해당하는 법률 칙령을 모두 국문으로 발표하고 한문을 곁들여 쓰거나, 국한문을 혼용하여 쓰도록 한다는 고종의 황제 칙령(1894. 11. 21)을 발표함으로써, 공적인 문체의 변혁과 함께 문자 생활과 문학 활동의 새로운 변화를 가능하게 하였다.

한국 개화계몽시대의 동학 농민 혁명 운동과 함께 주목되는 또 하나의 민중 운동은 독립협회를 중심으로 이루어진 정치 개혁 운동이다. 독립협회는 1896년에 결성되어 1898년에 해체되기까지 한국 사회의 정치 제도와 체제를 개혁하기 위한 다양한 방안을 제시하고 그 실천을 위해 대중적인 정치 계몽운동을 전개한 바 있다. 독립협회 운동은 민간 주도의 근대적인 정치 운동의 출발점이라는 점에서 그 역사적 의의를 인정받고 있거니와, 대외적으로는 자주 독립을, 대내적으로는 근대적 민권 사상에 기초한 정치 개혁을 목표로 하고 있다. 독립협회 운동을 통해 제시된 정치 개혁의 기본적 방향은 입헌 군주제의 실현에 있었지만, 집권 보수 세력의 반발에 의해 그 조직이 해체됨으로써 개혁 운동의 목표를 실현하지는 못하였다. 그러나 《독립신문》이라는 대중적인 국문 신문을 처음으로 민간 주도에 의해 창간하고 이 신문을 통해 다양한 정치 계몽 담론을 대중적으로 확산시킨 점이라든지, 만민공동회라는 대중적인 정치 집회를 활용하여 조직적인 정치 활동을 처음으로 시도한 점 등은 한국 사회에서 근대적 정치 이념과 그 사회적 실천의 새로운 가능성을 제시한 것으로 평가된다.

그런데 이러한 변혁 운동의 과정에서 한국 사회는 일본이라는 새로운 외세의 침략 위협에 직면하게 된다. 동학 농민 혁명 운동과 독립협회 운동이 이루어지는 동안 집권층에서는 갑오개혁에 이어서 국호를 대한제국(1897)으로 개칭하고 국왕을 황제로 격상시켜 왕권을 강화하고자 하였고 이른바 광무개혁이라고 지칭되는 일련의 제도적 개혁을 실시하기 시작하였다. 하지만 일본은 청일전쟁의 승리에 이어 한국 내에서 점차 그 영향력을 키워 가던 러시아의 세력 확대를 막기 위해 러일전쟁(1904)을 도발하게 된다. 그리고 이 전쟁에서 승리하게 되자, 일본은 동아시아의 위태로운 정치 상황 속에서 한국에 대해 절대적인 영향력을 행사하게 된다. 절대적 강자로서 한반도에 그 정치 군사적 세력을 확대하게 된 일본은 대한제국의 외교 군사 부문에 대한 모든 권한을 1905년 을사조약을 통해 장악한다. 그리고 1910년에 강제적으로 한일 합병 조약을 체결하게 된다. 결국 조선 왕조는 문호 개방 후 근대적인 민족 국가로의 변혁을 이루지 못한 채 일본의 식민지로 전락하게 되었으며, 이 같은 정치적인 격변이 한국 사회의 근대화 과정 전체를 크게 왜곡시켜 버렸음은 물론이다.

문명개화와 민족 주체의 인식

한국의 개화계몽시대는 새로운 문명개화를 주장하는 다양한 계몽 담론이 치열하게 서로 부딪치면서 갈등하던 시대였다고 할 수 있다. 진보 세력과 보수 세력의 갈등을 말해주는 개화와 척사의 논리도 그렇고, 주체적인 지식층을 중심으로 전개된 개화계몽운동도 모두 각각의 위상과 세력을 드러내는 담론의 공간을 형성한다. 여기서 주목되는 것은 개화계몽시대에 크게 대두되었던 반외세론과 반봉건론이 서로 맞물리면서 사회 계몽 담론의 공간을 확대시켜 놓은 점이다.

반외세론은 대외적인 상황에 대한 대응 논리로서 침략적인 외세를 막아내고 자주와 독립을 지킨다는 점에 그 핵심적인 주제가 가로놓여 있다. 그러므로 민족적 독립을 강조하는 주체 정립의 계몽 담론이 다양하게 등장하게 된다. 민족 주체의 인식을 강조하는 이 새로운 담론은 민족과 국가의 자주 독립이라는 현실적 과제와 맞물려 있기 때문에 민족주의적 성격[2]이 강하다. 이 담론의 전개 과정에서 가장 중요한 것은 민족으로서의 주체와 이에 대응하는 타자로서의 외세의 관계가 어떻게 설정되고 있는가 하는 점이다. 여기서 민족 주체의 새로운 정립 과정을 통해 적대적 타자로 지목된 것이 '양이(洋夷)'라는 이름으로 배격된 서양과 거기서 들어오는 문물이다. 위정척사의 논리가 바로 여기서 비롯된다. 그리고 국제적으로 영향력을 잃어가던 청국(淸國)과도 그 오랜 종속 관계를 청산하게 된다. 이러한 민족 주체에 대한 인식이 현실 정치 영역에서 크게 부각된 것은 대한제국의 성립이다. 대한제국의 성립 과정은 국가의 정치 체제나 사회 제도의 근본적인 개혁을 이루지는 못하였지만, 조선이라는 국가의 명칭을 대한제국으로 개칭하고 조선의 국왕을 황제로 칭하며 중국의 연호를 따라 쓰던 관습에서 벗어나 독자적인 연호를 사용하게 한다. 이것은 조선이 소중화(小中華)로서 지키고자 했던 모든 명분의 구각을 벗어던진 정치의식의 혁명에 해당하는 일이다. 대한제국의 독자성을 드러내기 위한 이러한 조치는 결국 민족 주체의 인식에서 비롯된 것이다. 그렇지만 개화계몽시대 반외세론은 침략적 외세에 대항할 수 있는 민족 주체의 확립이라는 사회적 실천으로 이어지지는 못한다. 독립협회 운동이 무산된 후 1905년 을사조약에 의해 이른바 일본의 보호정치라는 것이 시행되기에 이르렀기 때문이다.

개화계몽시대의 반봉건론은 대내적인 사회 변혁의 과제를 중심으로 낡은 제도와 관습과 가치의 붕괴를 일차적 목표로 하는 문명개화운동의 실천적 동력이 된다. 여기서 중요한 문제로 대두된 것이 바로 신(새것)과 구(낡은 것)를 구획 짓는 작업이다. 무엇이 낡은 것이며 어떻게 낡은 것을 새로운 것으로 개혁할 것인가 하는 것은 문명개화를 목표로 하는 계몽 담론의 핵심적 과제에 해당한다. 당시의 집권층에서는 자신들의 기득권을 지키기 위해 눈에 보이는 제도의 개혁에 손을 댄다. 그렇지만 민중들은 동학 농민 혁명 운동에서 보듯이 본질적인 계층 구조의 모순에 대해 반발하고 있다. 물론 개화계몽시대의 계몽 담론은 민족 주체를 확립하기 위해 침략적인 외세를 배척하고, 새로운 가치와 제도를 위해 낡은 가치와 인습을 제거하기 위한 반외세론과 반봉건론이 서로 뒤섞여 나타난다. 실제로 당시 집권층의 권력 갈등에는 바로 이 같은 논리가 서로 얽혀 일으키는 모순과 충돌이 많다.3 민족의 자주와 독립을 강조하면서도 여전히 낡은 사고와 관습과 가치를 고수하고자 하는 경우도 있고, 새로운 것을 추구하면서 외세를 따르는 것에 관심을 두고 있는 예도 있다. 개화계몽운동의 초기 단계에는 독립협회나 만민공동회와 같은 사회 운동 조직을 중심으로 대외적으로는 자주와 독립을 강조하면서 대내적으로 낡은 사회 제도에 대한 개혁이 주창된다. 당시 집권층에서는 이러한 요구를 권력의 존립 근거를 위협하는 정치적인 것으로 판단하게 된다. 독립협회나 만민공동회와 같은 사회 조직 운동이 이 조직을 근거로 하여 정치적으로 세력화하게 될 경우, 이것은 엄청난 민중적 결집력을 지닐 수 있기 때문이다. 그러므로 독립협회와 만민공동회 같은 사회 조직 운동은 집권층에 의해 억제되기에 이른다.

그런데 개화계몽운동이 위기의 국면을 맞게 된 것은 일본의 강요에 의해 1905년 을사조약을 체결하면서 실질적으로 국권을 상실하면서부터이다. 일본은 통감부 설치와 함께 전국적으로 확산되었던 의병 운동을 강압적으로 무산시키기 위해 막강한 군사력을 동원한다. 그리고 모든 사회 운동도 정치지향적인 집단적 행동과 실천의 구체성을 제거당하기 시작한다. 1905년을 전후하여 활발하게 전개된 국권 회복 운동은 민간 사회단체들이 주도하고 있는데, 이 사회단체들은 정치적 결사체가 아니라, 지연과 학연에 따라 구성된 민간단체들이다. 이 민간단체를 중심으로 이루어진 계몽운동 가운데 당대의 정치 문제에 직접적으로 개입하여 실천적인 사회운동으로 확대된 것으로 국채보상운동이 있다. 그러나 대부분의 계몽운동은 서구의 새로운 제도와 문물을 적극적으로 수용하고 전래의 봉건적인 사회 제도와 가치 체계를 변화시키고자 하는 사회 문화적 활동으로 전개되고 있음을 확인할 수 있다. 이들의 민중계몽 방식 자체도 정치적인 선동보다는 교육적인 계도가 중심이 된다. 그러므로 낡은 것을 벗어 버리고 새것을 받아들이도록 하는 신교육에 우선적인 목표를 두었던 것은 물론이다.

개화계몽시대 사회 계몽의 중심을 이룬 신교육운동은 조선시대의 유학자들이 생각했던 인간의 삶의 도리를 바르게 익히기 위한 개인적 수양이나 글읽기와 같은 것이 아니다. 새로운 교육이야말로 근대적인 새로운 제도로서 출발한다. 그리고 구시대를 청산하고 새로운 문물을 받아들이기 위한 제도의 확립과 그 실천을 지향한다.

신교육운동은 민중을 자발적으로 움직이게 하는 지식이라는 새로운 힘의 가능성을 담론화한다. 이 새로운 교육운동은 밖으로부터 밀려오는 새로운 세계를 모두 타자로 인식하게 함으로써 민족적 자기 정체성의 각성을 가능하게 한다. 그리고 낡은 제도와 가치를 모두 혁파하고 새로운 제도와 가치를 적극적으로 수용해야 한다는 점을 강조한다. 신교육은 국문 교육으로부터 시작된다. 국어 국문에 대한 이해가 대중적으로 확대되자, 전통적인 한문의 교육적인 기능이 축소되기에 이른다. 국문은 누구나 쉽게 배우고 쓸 수 있는 기능성을 가지고 있었기 때문에, 국문을 통한 읽기와 쓰기가 널리 가능해지면서 한문으로 이루어졌던 기존의 낡은 글쓰기 방식이 무너지게 된다. 한문으로 글을 읽고 쓰는 일이 권위를 잃게 되자, 세상의 모든 가치를 한문에서 구하면서 그 가치의 중심이 중국에 있다고 생각했던 중화적 사고도 서서히 무너지기 시작한다. 이제 더 이상 중국이라는 특정의 공간이 가치상으로 특권화되지 못한다. 중국을 중심으로 하여 그 나머지를 모두 변방으로 생각했던 중화주의가 의미를 잃게 되면서 세계에 대한 인식도 새로워진다. 세계는 중화와 변방으로 나누어지는 것이 아니다. 새로운 세계와 낡은 세계, 문명의 세계와 야만의 세계가 새로운 가치에 의해 구분되는 것이다. 그러므로 개화 계몽의 시대에는 낡은 중화주의의 명분을 지켜 나아가는 것이 아니라 새로운 세계에 대한 관심을 갖고, 새로운 것을 받아들이는 것이 중요하다.

신교육운동을 통해 한국의 민중들이 만나게 된 것은 새로운 서구의 문물과 제도와 가치이다. 이들은 새로운 서구의 문물을 받아들이는 대신 그동안 지녀온 낡은 것들을 모두 버려야 했던 것이다. 낡은 것들은 무너지고 새로운 것들이 그 자리에 대신 들어서는 이 변혁의 과정이야말로 참으로 의미심장한 부분이다. 중국과 일본을 매개로 하여 수용되기 시작한 서구의 새로운 사상과 문물은 이미 18세기 전후부터 서학이라는 이름으로 조선 사회에 하나의 충격을 던지며 전파되기 시작했음은 주지의 사실이다. 특히 천주교의 전래와 그 파급은 그에 대한 집권층의 박해에도 불구하고 인간의 삶과 그 가치에 대한 인식을 새롭게 전환시켜 놓는 계기가 된다. 동학운동이라는 것도 자생적인 민중운동이었지만, 당초에는 서학에 대한 대타적인 인식에서 출발하였고, 인간의 존엄성에 대한 깨달음을 가장 중요한 가치로 내세웠던 것이다. 개화운동에 적지 않은 영향을 미친 서구의 사회진화론도 신교육운동에 의해 소개된 것이다. 민족과 국가의 개념에 대한 자각과 각성도 신교육운동에 의해 가능해졌다고 할 수 있다. 서구의 발달된 산업 기술이 소개되는 가운데, 전기 기술이 도입되고 통신망을 건설하고 철도를 부설하게 되자, 일상적인 삶에서 거리와 시간의 개념도 완전히 바뀌게 된다. 새로운 서구 의술이 도입되고 근대적인 병원이 설립되자, 보건과 위생에 대한 새로운 인식이 가능해진다. 활판 인쇄술의 도입과 신문, 잡지, 도서 등의 대량 출판은 지식의 대중화를 더욱 촉진하게 된다.

신교육운동을 바탕으로 이루어진 이러한 사회 변화는 개화계몽시대의 모든 가치와 질서를 재구성하게 한다. 문명개화의 계몽 담론에서 그 담론의 공간을 장악하고 있던 낡은 것과 새것 사이의 대립과 갈등은 조선시대의 사회 윤리 담론에서 볼 수 있었던 윗 것과 아랫것을 구분하는 상/하의 논리라든지 옳은 것과 그른 것을 구분하는 선/악의 논리와 좋은 대조를 보인다. 상/하의 계층 구분은 절대적인 것이며, 선/악의 대립 구조를 통해 구현되었던 가치 개념은 인간의 존재와 그 삶에 대한 본질적인 윤리적 규정을 내포한다. 그러나 새것과 낡은 것의 대립 구조는 본질적인 것은 아니다. 낡은 것이 무너지고 새로운 세계가 서는 것, 낡은 것이 새것으로 변화하는 것은 사회와 역사의 발전을 의미한다. 낡은 것과 새것에 대한 구분에는 역사의 진보와 생물학적 진화의 개념이 적용된다. 낡은 것과 새것은 절대적으로 구획되어 있는 것이 아니며, 낡은 것은 다시 새것으로 바뀔 수 있다는 가능성을 제시하고 있기 때문이다. 낡은 조선이 새로운 조선으로 변화할 수 있다는 신념을 제시하고 그 가능성을 보여주는 것이 문명개화의 계몽 담론이라면, 이를 뒷받침해 줄 수 있는 것이 바로 신교육이다. 신교육운동은 문명개화를 목표로 하는 계몽 담론의 사회적 실천 기반이 되고 있기 때문이다.

일본의 세력 확대와 식민주의 담론

개화계몽시대 한국 사회의 변화는 일본이라는 타자의 존재에 대한 인식을 떠나서는 그 전체상을 이해하기 어렵다. 일본은 서구에 대한 문호 개방(1854)을 통해 서구적 세계 질서에 편입하기 시작하였고, 메이지 유신을 통해 국내의 정치체제에 대한 개혁(1868)을 완료한 바 있다. 이 과정에서 일본은 유신과 개혁에 대한 대내적인 불만을 해소하기 위한 방법으로 이른바 정한론(征韓論)이라고 일컫는 조선 정벌을 획책한 바 있고, 이 문제가 국내 정치 세력 사이의 갈등으로 무산되자 대만 출병(1874)을 기도한다. 대만 출병은 일본의 존재와 군사력이 서구의 세계에서도 긍정적으로 평가되는 계기를 만들었고, 일본 자체 내에서도 자국의 외교력과 군사력에 대한 자존심을 내세울 수 있는 기회가 되었던 것으로 생각된다.

이러한 이유 때문에 개항을 전후한 시기에 한국 내에서는 한때 '왜양일체(倭洋一體)'에 대한 주장4이 제기된 적도 있다. 이것은 소수의 지식층에 의해 제기된 문제였지만, 당시로서는 심각하게 검토했어야 할 사안이었다. 일본은 강화도조약 이후 청국을 견제하면서 조선 문제에 대한 주도권을 유지하기 위해 정한론과 같은 과격한 정치 논리를 배제하고 이른바 '아시아 연대론'을 내세우고 있다. 이 아시아 연대론의 핵심은 일본이 침략 세력인 서양과 다르다는 점, 일본과 청국과 조선이라는 아시아 삼국이 연합하여 서양의 동방 침략을 막아야 한다는 것이다. 그러나 이 주장이 허구적인 논리에 불과하다는 것은 청일전쟁으로 판명된다. 그리고 일본은 러시아의 남하 정책을 막기 위해 러일전쟁을 도발한 후 이 전쟁의 승자가 되자, 아시아 연대론을 '대동합방론'으로 바꾸었다. 이 새로운 주장은 대한제국 시대 이후 한국의 병탄을 위한 논리적 근거가 되었다. 이 같은 일본의 논리는 아시아에 대한 일본의 독점적 영향력을 강화하기 위한 정치적 담론으로서 식민주의적 성격을 분명하게 드러내고 있다.

그런데 근대적인 개혁의 실천적 주체로서의 능동성과 힘을 구비하지 못한 한국 내의 일부 집권 세력은 개혁이라는 명분을 내세우면서 일본과 연계되었기 때문에 일본의 침략 논리를 제대로 인식하지 못하였다. 그들은 일본을 적대적 타자로 설정하여 이를 경계한 것이 아니라, 한국의 자주와 독립을 지켜주고 근대적인 개혁을 도모해 줄 수 있는 절대적인 강자로 인정하면서 오히려 일본의 아시아 연대론이나 대동합방론에 동조하는 경향도 나타내고 있다. 바로 여기서 일본적 식민주의 담론의 형성이 가능해지게 된다. 일본적 식민주의 담론의 초기 형태는 식민지 지배 세력으로 성장한 일본이 그들의 우월한 힘에 의해 만들어내는 정보로부터 비롯된다. 일본이 지니고 있는 군사력에 대한 과대한 선전으로 한국을 비롯한 여러 나라에 대해 군사적인 위협과 공포를 느끼게 하고, 동아시아에서의 강자로서의 일본의 역할을 강조한다. 한편으로는 조선이 처해 있는 위기의 상황을 과장적으로 내세워서 한국인들이 서구 제국의 침략에 대한 공포를 느끼도록 조장한다. 그리고 조선이 국제적인 자주 국가로서의 입장을 지니기 위해서는 청국과의 조공적인 관계를 청산해야 한다는 점, 조선의 산업을 개발하고 국력을 신장하기 위해서는 일본의 보호와 지원이 필요하다는 점을 선전한다. 이러한 담론의 조작은 지배세력인 일본의 힘에 의해 만들어지는 것이지만, 한국인의 입장에서는 객관적인 사실적 근거를 확보하지 못하고 있기 때문에 이 같은 정보와 담론의 구조 속에서 스스로를 인식할 수밖에 없게 된다. 그러므로 여기서 만들어지는 정보가 한국인들에게는 당시의 상황에 대한 일정한 지식과 신념의 체계를 형성하게 해 주는 하나의 진실이 되어 버리는 것이다.

　일본적 식민주의 담론의 확대는 침략 세력인 일제의 조선에 대한 지배력 확대 과정과도 맞물려 있다. 실제로 1905년 통감부의 설치 이후부터 사회적 제도와 행위로서의 민간단체의 정치적 조직 활동은 모두 사라지고 이와 관련된 민족 주체의 확립에 대한 사회적 논의도 억제된다. 일본이 강제력을 동원하여 언론을 장악하고 한국인들의 여론을 조장하기 시작한 것은 통감부 당시 1907년에 공포된 신문지법과 1909년의 출판법이라는 언론 검열법이다. 이 법은 식민지 지배가 시작되면서는 치안유지법과 함께 연결되었는데, 담론에 대한 허용과 규제의 규칙이 일본의 입장에서 만들어진 악법이다. 이

악법에서부터 조선 사회에서 일본에 대해 저항하거나 비판하는 주장과 행위가 규제의 대상이 되며 그 보도도 금지된다. 조선에서 행해지는 일본의 경제적인 착취행위에 대한 언급도 불가능해진다. 식민지 지배를 위한 권력의 형성 과정과 정치 상황에 대한 보도가 금지된다. 그리고 기존의 출판 도서들에 대해서도 광범위한 검열을 지속하여 앞의 사항과 연관되는 것은 모두 발매 · 반포 금지 조치를 내리게 되는 것이다.

개화계몽시대에 한국 사회에 커다란 영향력을 행사하게 된 일본적 식민주의 담론은 식민지화된 조선에 대해 만들어진 당대의 모든 텍스트에 적용된다. 그것은 조선을 식민지 체제로 지배하면서 일본인들이 그들의 필요에 의해 운용해 온 식민지 지배의 논리로 특징화된 언술의 체계를 드러내고 있기 때문이다. 식민주의 담론이란 말은 에드워드 사이드에 의해 만들어진 것이다. 사이드는 푸코의 용어인 담론이라는 개념을 서구 식민주의가 만들어낸 다양한 지적 산물에 적용하여 그 실질적인 양상의 문제성을 폭넓게 규명한 바 있다.[5] 그는 권력의 도구로서 작용하고 있는 식민주의 담론의 여러 가지 방법들을 면밀하게 분석해 냄으로써 식민주의 담론 이론이라는 새로운 비평의 이론을 주도하고 있다. 식민주의 담론은 식민지 단계에서 식민지를 유지하기 위해 사회적 실재와 사회적 재생산을 구성하는 복합적인 기호와 그 기호의 실현[6]이다. 여기서 문제가 되는 것은 식민주의 담론에서 구현되는 대상으로서의 세계에 대한 리얼리티이다. 이 리얼리티는 실제 그대로가 아닌 식민지 지배자의 입장으로 재해석되거나 그들의 눈을 통해 반영된 것이라는 한계를 지닌다. 말하자면 일본적 식민주의 담론은 일본 중심의 사고방식에 깊이 침윤되어 있는 것이다.

2. 국어국문운동과 국문 글쓰기

국어국문운동의 전개

19세기 말부터 전개된 국어국문운동은 문자 생활의 새로운 변혁을 통해 새로운 지식과 정보의 대중화를 가능하게 함으로써 문명개화의 이상을 목표로 하는 계몽운동 가운데 실천적인 성격이 강한 담론의 공간을 형성한다. 국어 국문에 대한 새로운 인식과 그 중요성에 대한 자각은 봉건적인 조선 사회의 붕괴와 함께 확대된 것이다. 외세의 위협에 대응하기 위한 독립 의식이 강조되고, 봉건적 사회 제도에서 벗어나기 위해 정치, 사회, 문화적 변혁이 요구되는 동안, 민족의식과 문화의 바탕이 되는 국어 국문에 대한 새로운 인식도 싹트게 되었다. 국어국문운동에서는 민족어로서의 국어와 민족의 문자로서의 국문의 독자성을 강조함으로써 국어 국문이 민족적 자기 정체성을 의미하는 중요한 징표가 된다는 점이 크게 부각되고 있다. 국어국문운동이 한문 중심의 문자 생활을 청산하고 국문 위주의 새로운 문자 생활을 영위하게 하는 문체 변혁을 촉발시키면서 사회 계몽운동의 중심 영역에 자리 잡게 된 이유가 여기 있다.

국어국문운동은 1894년 갑오경장 이후 현대적인 교육제도가 확립되면서부터 그 사회적 실천 기반을 확립한다. 고종은 1894년 조선 왕조의 자주독립을 서고(誓告)한 이른바 홍범(洪範) 14조에서 현대 교육제도의 필요성을 강조하고, 교육제도의 정비와 함께 현대적인 교육을 전담하는 부서로서 학부아문(學府衙門)을 설치한다. 그리고 현대적인 교육의 구체적 실시 방법을 규정한 교육입국조서(教育立國詔書)(1895)도 발표하고 있다. 그 후 한성사범학교

(1895)를 개교하여 체계적인 교사 양성이 가능하도록 조치하고, 소학교령(小學校令)(1895)에 의해 수업 연한을 6년으로 하는 관·공립 소학교를 전국 각 지방에 설립하게 된다.

　이같이 새로운 교육제도가 정비되자, 민간에 의한 교육운동이 활발하게 전개된다. 기독교 선교활동을 기반으로 하여 설립된 배재학당(1885)이나 이화학당(1886)과 같은 학교들이 대중교육에 앞장섰고, 1900년대에 접어들어서는 사립 중등교육기관으로 양정의숙(1905)에 이어 휘문의숙(1906), 진명여학교(1906), 숙명여학교(1909) 등이 동시에 개교한다. 1905년 보성학교, 한성법학교와 같은 고등교육기관도 설립된다. 이 새로운 교육기관들은 대체로 국어, 국사, 수신 등을 중요 교과목으로 편성 교육하면서, 서구의 새로운 문물과 제도, 현대적 이념과 가치를 수용하고자 하는 개화사상을 널리 강조하게 된다. 학부에서는 이들 학교 교육을 위해 국문 또는 국문과 한자를 혼용한 국한문을 활용하여 교과용 도서를 발간 보급하게 된다.

　갑오경장 이후 한문에 의존했던 관료 등용제도인 과거제도가 폐지되자 한문 교육의 전통 자체가 크게 약화된다. 반면에, 국가에서 실시하는 보통시험에 국문이 정식과목에 포함되어 국문의 중요성이 더욱 강조된다.[7] 의정부 학부아문에는 국문표기법의 규정과 국문교과서 편집을 담당하는 편집국을 신설(1894. 7. 19)한다. 국가 차원에서 개혁적인 어문정책의 기초를 담당하기 위해서다. 그리고 모든 법률 칙령을 국문으로 기본을 삼고 한문으로 번역하거나 국한문을 혼용한다는 칙령을 공포(1894. 11. 21)함으로써, 국문 사용을 모든 공적인 언어 문자 생활에서 공식화하게 된다.

　이처럼 국문 사용이 제도적으로 정착되면서, 대중적인 독자층을 상대로 하는 국문 신문과 잡지의 간행이 이루어지고 있다. 그리고 각급 학교의 교과용 도서 출판은 물론 대중적인 읽을거리로서 다양한 국문 서적 출판이 이루어지게 된다. 1896년 창간한 《독립신문》이 순국문으로 간행되었고, 《독립신문》 발간 이후 《대한황성신문》(1898)이 국문으로 발간되다가 뒤에 《황성신문

《皇城新聞》으로 개제하면서 국한문으로 편집이 바뀐다.《제국신문》(1898)은 창간 당시부터 국문 신문으로 일관된 성격을 유지하였고, 종교 계통의 신문 가운데《그리스도신문》(1897)도 창간 당시부터 국문 전용의 신문으로 출발하고 있다.《대한매일신보》(1904)는 창간 당시부터 국한문 신문이었으나, 1907년부터 국문판《대한민일신보》를 별도로 발간한 바 있다.《만세보》(1906)는 한자에 국문으로 음을 병기한 특이한 국한문 표기 방식을 수용하였고,《대한민보》(1909)

《황성신문》

의 경우에도 국한문을 채택하고 있다. 여러 사회단체들이 간행한《기호흥학회월보》(1908),《대한자강회월보》(1906) 등과 같은 수많은 학회보와《소년》(1908)과 같은 잡지가 국문 또는 국한문으로 출간되었으며 상업적인 출판사들이 국문 서적 출판에 앞장섰다.

개화계몽시대의 국어국문운동은 전문적인 연구자들의 여러 연구 작업을 통해 언어 문자의 규범과 그 이론적 기반을 확립하고 있다. 이 시기에 지석영의『국문론(國文論)』(1896),『신정국문(新訂國文)』(1905),『언문(諺文)』(1909), 리봉운의『국문정리(國文整理)』(1897), 유길준의『대한문전(大韓文典)』(1908), 주시경의『대한국어문법(大韓國語文法)』(1906),『국어문전음학(國語文典音學)』(1908),『국어문법(國語文法)』(1910),『말의 소리』(1914) 등과 같은 본격적인 저술이 나오면서 국어 국문 연구에 새로운 장을 열어놓게 된다. 특히 1907년 학부 안에 국문연구소(國文研究所)를 개설하여 국어 국문에 대한 연구를 국가적인 사업으로 추진하면서 국문의 원리, 연혁, 사용법, 장래의 발전 등을 연구하게 된다. 이러한 연구 작업에는 윤치호, 이능화, 권보상, 이종일, 어윤적, 주시경 등이 가담하고 있다. 국문연구소는 1909년「국문연구의정안(國文研究議定案)」을 통해 국문의 문자체계의 정리, 맞춤법의 규정, 용자법의 확정 등에 대한 여러 논의를 종합하면서, 국문 사용의 확대 과정에서 나타난 표기체계의 혼란을 극복하기 위해 국문에 관한 새로운 여러 가지 규범을 제정하고자 노력하게 된다.

국어국문운동에서 선구적 역할을 담당했던 인물은 주시경이다. 주시경은 근대적인 국어 연구의 이론적 기반을 이루어 놓았다. 그는 국어의 문법과 국문의 사용에 대하여 여러 가지 연구를 지속하면서, 특히 국문 전용 문제에 커다란 관심을 기울였다. 그의 국문 전용에 대한 주장은 한국 민족의 언어와 문자가 지니고 있는 독자성을 강조하고자 하는 측면도 있지만, 무엇보다도 국문의 대중성과 실용성을 주목하여 문자 생활의 변혁을 추구하고자 한 점에 주안점을 둔 것이라고 할 수 있다. 그의 국어 국문에 대한 연구 활동과 그 사회적 실천 운동은 1896년 독립신문사 안에 설립된 국문동식회에 가담하면서부터 시작되어 1907년 설립된 국문연구소에서의 연구를 통해 더욱 발전되었고, 여러 교육기관을 통한 국어 강습 활동으로 확대되었다. 이 같은 그의 계몽활동은 지식층들이 한문만을 고집하여 씀으로써 생겨난 이중적인 문자 생활의 폐단을 극복하고 국어와 국문을 사용하여 언어 문자 생활을 일치 통일시켜야 한다는 점에서, 뜻있는 사람들의 관심을 불러일으켰다.

> 이 디구샹 륙디가 텬연으로 구획되어 그 구역 안에 사는 훈 썰기 인종이 그 풍토의 품부훈 토음에 뎍당훈 말을 지어 쓰고 또 그 말 음의 뎍당훈 글을 지어쓰는 것이니 이러므로 훈 나라에 특별훈 말과 글이 잇는 거슨 곳 그 나라가 이 셰샹에 텬연으로 훈 목 조쥬국 되는 표요 그 말과 그 글을 쓰는 인민은 곳 그 나라에 쇽ㅎ여 훈 단톄 되는 표라 그러므로 남의 나라를 쎄앗고져 ㅎ는 쟈 그 말과 글을 업시ㅎ고 제 말과 제 글을 フ른치려 ㅎ며 그 나라를 직히고져 ㅎ는 쟈는 제 말과 제 글을 유지ㅎ여 발달코져 ㅎ는 거슨 고금 텬하 사긔에 만히 나타난 바라 그런즉 내 나라 글이 다른 나라

만 못ᄒ다 홀지라도 글을 슝샹ᄒ고 곳쳐 죠흔 글이 되게 홀 거시라 (중략) 젼국 인민의 ᄉ샹을 돌니며 지식을 다 널펴주랴면 불가불 국문으로 각식 학문을 져슐ᄒ며 번역ᄒ여 무론 남녀ᄒ고 다 쉽게 알도록 ᄀᄅ쳐 주어야 될지라 영미법덕 ᄀᆺ흔 나라들은 한문을 구경도 못ᄒ엿스되 져럿틋 부강흠을 보시오 우리 동 반도 ᄉ쳔여년 젼부터 ᄀ국훈 이쳔만중 샤회에 날로 쎠로 통용ᄒᄂᆫ 말을 입으로만 서로 젼ᄒ던 것도 큰 흠졀이어늘 국문 난 후 긔빅년에 ᄌ뎐 훈 최도 만들지 안코 한문만 슝샹훈 것이 엇지 붓그럽지 아니ᄒ리오 지금 이후로 우리 국어와 국문을 업수히 녁이지 말고 힘써 그 법과 리치를 궁구ᄒ며 ᄌ뎐과 문법과 독본들을 잘 만달어 더 죠코 더 편리훈 말과 글이 되게 홀 ᄲᅮᆫ 아니라 우리 왼 나라 사ᄅᆷ이 다 국어와 국문을 우리나라 근본의 쥬쟝 글로 슝샹ᄒ고 사랑ᄒ여 쓰기를 ᄇ라노라[8]

앞의 인용에서도 볼 수 있듯이, 주시경은 각 민족의 언어라는 것이 지역과 인종에 알맞게 천명에 따라 자연 발생적으로 형성되었다고 주장하면서 국어가 지니고 있는 민족적 독립성과 특수성을 강조한 바 있다. 그는 지역공동체, 혈연공동체, 언어공동체라는 세 가지 요소의 통합적인 요건을 지니고 있는 것이 바로 민족임을 분명히 하였고, 민족의 독립과 발전은 이들 세 가지 요건이 여타의 다른 민족과의 사이에 드러내는 차이를 통해 더욱 확고해질 수 있다고 하였다. 그는 국가의 독립이라는 것이 우선 그 기반이 되는 지역이 확보되어야 하며, 그 주체로서의 종족의 집단이 이루어져야 하며, 그 특성을 구성하는 언어의 독자성을 인정받아야 한다고 하였다. 이에 따라 주시경은 민족의 언어를 수리하는 일이야말로 국가의 독립과 발전에 기초가 된다고 생각하였다. 그리고 국성을 장려하고 보존하기 위해 국어와 국문을 애중히 해야 하며, 와전 오용되고 있는 어문을 바로잡는다면 그것이 바로 국가의 위세를 회복할 수 있는 길이라고 믿었다.

주시경이 국어 국문의 민족적 독자성과 고유성을 주장하면서 특히 강조한 것은 조선시대 지배층의 전유물이었던 한문이 한국 민족의 언어와 어울리는 문자가 아니라 중국인들이 쓰는 글이며 남의 것이라는 사실을 분명히 한 점이다. 그는 한문이 남의 글이기 때문에 국어와 어울리지 못하며, 배우기도 쓰기도 어렵다는 점을 지적하면서 한문을 익히기 위해 한국인들이 너무 많은 노력을 기울이고 있다고 하였다. 그는 국문을 쉽게 배우고 사용함으로써 지식과 기술을 널리 보급할 수 있음을 강조하면서 국어 국문을 통해 민족의 자존과 독립을 지킬 것을 주장하기도 하였다.

주시경의 노력이 한편으로는 국어 국문의 학문적 연구로 심화되고 다른 한편으로는 계몽운동으로서의 국어국문운동으로 확산되는 동안, 1905년을 전후하여 개화계몽운동을 주도했던 박은식, 장지연, 신채호 등도 국어 국문에 대한 새로운 관심을 기울이면서 국문 사용의 타당성과 필연성을 강조한다. 이들은 한문을 통해 학문과 사회 경륜을 키워 왔으나 자기 학문의 근거를 부정하고 국문의 가치와 그 중요성을 역설하고 있다.

박은식은 「흥학설(興學說)」(1901), 「학규신론(學規新論)」(1904)[9] 등에서 국가의 문명이 융성하고 백성이 학식을 지닐 수 있도록 하기 위해 국문 전용 교육이 필요하다고 역설한다. 그는 국어국문운동에 적극 참여하면서, 모든 한문 서적들에 대한 국문 번역의 필요성도 강조한다. 그리고 국민 교육을 위한 하나의 방편으로서 국문 교육을 제안한다. 새로운 지식을 일반 백성들에게 계도하기 위해서는 국문 교육이 그 전제조건이 되고 있기 때문이다.

이러한 주장은 장지연의 「국문관계론(國文關係論)」[10]에서도 확인할 수 있다. 장지연은 언어 문자의 독립적 특질, 한문의 폐해, 국문 사용의 필요성 등을 논하면서, 문자는 각기 그 나라의 말과 소리에 따라 나온 것이며, 각국의 말과 글이 독특한 것은 그 습속의 차이에서 연유된 필연적인 현상이라고 주장한다. 그는 모든 인간들의 언어가 서로 다르고 무궁하므로, 하나의 문자를 만들어 국가의 언어를 일치시켜 나아가게 되는 것은 필연적인 일이라고 설명한다. 그리고 한 나라의 글이라는 것은 그 나라의 독립을 완전히 할 수 있는 기반이 된다고 주장한다.

　신채호의 경우에도 장지연과 마찬가지로 언어 문자의 민족적 고유성을 강조하고 있다. 그는 국문으로 씌어진 문학만이 참된 민족문학이 될 수 있다는 새로운 인식을 보여준다. 그리고 국문의 소중함을 강조하면서 국문을 통한 민족문화의 형성을 중시한다. 그는 자국의 언어로 자국의 문자를 편성하고 그것으로 자국의 역사 지지를 편찬하여 백성들이 받들어 읽고 전할 수 있게 해야만, 고유한 민족의 정서를 보유 지탱하고 애국심을 고양할 수 있을 것이라고 주장한다.[11]

　이와 같은 개화계몽운동가들의 국문 전용론은 교육과 신지식의 보급이라는 실용적인 요구를 담고 있을 뿐만 아니라, 언어와 문자라는 것이 한 나라의 국민의 심성을 바로잡고 국가의 독립을 완전히 할 수 있다는 일종의 언어 민족주의적 관념을 바탕에 깔고 있다. 언어와 문자가 각 민족마다 다르고 바로 그 유별난 특징이 민족의 특수성을 규정해 주는 요건이 된다는 생각은 언어와 민족의 일치를 강조하고 민족의 독자성을 내세우기에 필요한 것이다. 이들의 주장은 언어 문자의 민족적 특성에 대한 인식을 통해 위기에 처한 민족의 자주 독립에 대한 요건을 그 가운데서 새롭게 각성시켜 주고 있다는 점에서 그 의의를 평가할 수 있다. 장지연이 각 나라의 말이 그 나라의 인습과 풍속의 차이에 따라 서로 다르고, 각기 그 나라 안에서 하나의 문자로써 언어를 통일시켜 나아간다고 말한 것이나, 주시경이 나라마다 독특한 언어와 문자를 갖고 그것을 유지 발전시켜 나라를 지켜 나아간다고 한 것은 모두 언어 문자의 국가적 민족적 특수성을 강조한 것이다. 이러한 견해는 언어 문자의 특수성에 대한 인식으로부터 민족 국가의 전통성이나 고유성에 대한 관심으로 확대되고, 그것이 다시 민족 국가의 독립성과 자주성에 대한 인식으로 발전하게 된다.

　개화계몽시대의 국어국문운동에 관한 대부분의 견해들이 강한 정치성을 지닌 계몽 담론의 구조를 드러내고 있다는 것은 국어 국문에 관한 논의 자체가 새로운 사회 변화를 위해 내세워진 가장 중요한 실천적 과제의 하나였음을 말해준다. 특히 민족적 자기 동일성의 정립을 위해 국어 국문 담론이 동원된 점이라든지 사회적 계급의 붕괴를 위해서도 국문 문제를 논의한 것은 다음과 같은 두 가지 차원에서 그 정치성의 함의를 인정하지 않을 수 없다.

첫째는 국어국문운동을 통해 언어와 문자의 민족적 고유성을 강조한 점을 주목할 필요가 있다. 언어 문자의 민족적 고유성에 대한 인식은 동일성과 정체성의 핵심적인 요건이다. 이 경우 동일성의 정립은 민족의 자주 독립의 당위성을 주장할 수 있는 근거가 된다. 그러므로 이 같은 동일성의 정립을 위해 그 동일성과 배치되는 것을 제거하는 작업이 필요하다. 그것이 바로 한문 배제의 논리이다. 그동안 지배층만이 사용해 온 한자가 주체로서의 민족의 문자가 아니라, 타자로서의 중국의 글이라는 사실을 강조하는 것이다. 이러한 인식의 변화는 조선시대 지식층들이 모든 가치 개념을 중화적 사상에 근거하여 한문으로 표현하고자 했던 태도에 대한 비판적 도전을 가능하게 한다. 그리고 국문의 민족적 독자성을 통해 자기 정체성에 대한 인식을 분명하게 가지게 되면서 새로운 시대에 적응할 수 있는 가치 개념을 국문으로 내세울 수 있게 된 것이다. 열강의 침략 위협에 대응하여 민족적 자주 독립을 언어와 문자의 고유성에 근거하여 강조하게 되었다든지, 국문을 통해 새로운 시대의 가치 개념을 구성하게 되었다든지 하는 것은 바로 국어국문운동이 드러내고 있는 이른바 언어민족주의의 정치성을 말해주는 것이라고 할 수 있다.

둘째는 국문의 평이성과 보편성을 내세워 누구나 새로운 지식과 정보를 국문을 통해 쉽게 접할 수 있다는 것을 강조한 점이다. 이것은 한문 중심의 지배층의 문자 생활이 보여주었던 계급적 폐쇄성의 파괴를 겨냥하고 있다. 조선시대의 사회에서 제도적으로 규범화되었던 사회 계급과 그 폐쇄성은 그 폐쇄성의 이념을 강화시켜 준 한문의 담론들을 모두 타자화함으로써, 동일성의 정립을 위한 국어 국문 담론으로부터 제외된다. 국문의 확대 보급은 지식과 정보, 문화와 교양을 계급적인 구분이 없이 대중적으로 확산시켜 사회 문화적 민주주의의 기반을 확대하고 있다. 국어국문운동이 적극적으로 전개되면서 한문은 오랜 역사 속에서 지켜 내려온 지배층의 문자로서의 지위를 잃기 시작하였다. 더구나 한문 중심의 과거제도가 폐지되고 신식 교육이 실시되자, 한문의 교육 문화적 기능과 정보 기능이 현저하게 약화되었다. 그 대신에, 민족의 독자적인 문자로서의 국문의 대중성과 실용적인 가치가 크게 주목되었고, 국문을 통한 지식과 정보의 사회적 확대가 가능해짐으로써 문화적 민주주의의 기반이 확대되기 시작하였다고 할 것이다.

국문 글쓰기와 문인 계층

개화계몽시대에 국문 글쓰기의 사회적 확대와 함께 새로운 개념의 문학이라는 글쓰기 방식이 제도적으로 성립되고 있다. 한문을 버리고 국문으로 글을 쓴다는 것은 낡은 것을 버리고 새로운 것을 만들어 가는 과정과 대응한다. 특히 국문이라는 것이 민족적 자기 정체성을 확인하는 요소로 중시되면서 그 영역이 확대되자, 국문을 이용한 글쓰기 방식이 점차 다양해지고, 글쓰기의 주제와 양식, 문체와 표현 방법 등도 새로운 규범을 확립하기 위해 다양한 변화와 충동을 드러내게 된다. 이 시기의 글쓰기의 변화를 보다 면밀하게 검토해 보면, 글쓰기 주체의 계층적 분화와 글에 대한 관념의 전환, 글쓰기의 방법과 문체의 변혁, 글의 양식의 변화와 글의 대중적 확대 등이 동시에 이루어지고 있음을 확인할 수 있다.

개화계몽시대 국문 글쓰기의 확대 과정에서 먼저 주목해야 하는 것은 글쓰기의 주체가 되는 문인 계층의 분화 현상이다. 여기서 글쓰기의 방식과 양식과 문체의 새로운 변화가 기원하고 있기 때문이다. 조선시대의 문인 계층은 넓은 의미에서 볼 때 주자학을 사상적 배경으로 하는 유림의 한학자들이 모두 포함된다. 개항을 전후한 시기까지 한문학을 고수했던 이 같은 한학자들이 문인 계층을 대표하였다고 할 수 있다. 이들은 글이라는 것이 인간의 삶의 도리를 배우는 것이라는 전통적인 효용론적 문학관을 바탕으로 한문학의 권위와 품격을 지키기 위해 노력한다. 그리고 위기의 현실 속에서도 바로 그 한문학이 추구하는 인간의 도리를 더욱 강조함으로써 보수적인 태도를 견지하게 된다. 이들에게는 한문만이 진서이고, 국문은 여전히 언문에 불과한 것이다. 그러므로 개화운동이 본격화되면서 일어난 국문운동도 이들에게는 아무런 의미가 없는 일이다.

그러나 개화운동의 전개 과정 속에서 전통적인 문인들을 따라 한학을 수학하던 사람들 가운데 새로운 문인 계층의 분화가 일어나고 있다. 예컨대, 박은식, 이기, 장지연, 신채호, 유원표 등의 문필 활동이 이 같은 사실을 입증해 주는 것이다. 이들은 주자학의 전통 속에서 경전 위주의 한학을 공부하였기 때문에, 그 학문적 배경으로서는 전통적인 문인 계층에 속한다고 할 수 있다. 그러나 개항 이후 사회적 격변을 겪으면서 스스로 자신의 보수적인 학문의 세계를 비판하고, 자주적인 개혁론자로서의 사회활동을 전개한 바 있다. 특히 외세의 침략에 직면한 절박한 현실적 위기에 대처하기 위해 정치, 경제, 사회, 문화 전반에 걸쳐 적극적인 실천 운동으로서의 개화계몽운동을 주도하게 된다. 이들은 문학이라는 특정 분야의 전문가였다기보다는 당시 사회의 모든 측면을 움직이게 할 수 있는 중요한 사상이면 무엇이든지 관심을 보이고 있다. 이들은 정치, 경제, 사회, 문화 등에 걸친 새로운 학문의 영역에 접근하면서 신문이라는 새로운 매체를 이용한 새로운 방식의 글쓰기를 통해 자신들의 사회적 경륜을 펼치고자 했던 것이다. 이들의 글쓰기는 이러한 사회 변화를 배경으로 이루어진 것이기 때문에, 그 담론적 성격 자체가 계몽적인 의미를 더욱 강하게 드러내고 있다고 할 수 있다.

이들은 대체로 민족적 상황에 대한 인식을 바탕으로 시대적 변화에 대응할 수 있는 새로운 의미의 글의 중요성을 강조하고 있는 점이 특징이다. 그것은 바로 이들이 개화 진보하는 시세를 긍정적으로 파악하고 있음을 뜻하

《소년》   《청춘》

는 것이다. 이들의 관심이 새로운 글 자체에만 기울어진 것은 아니다. 국가적 위기와 민족적 고난을 극복하기 위해서 무조건 새로운 기술과 지식을 요구하고 있는 것이 아니라, 시대적 조건과 필요에 의해 그것을 선택하는 것임을 강조하고 있다. 이들은 민족 문화의 정수라고 할 수 있는 국사, 국어, 국문의 연구에도 적극적인 관심을 기울였는데, 민족의 언어와 문화, 지리와 역사에 대한 이들의 다양한 담론은 민족적 자기 정체성의 구현을 위한 여러 가지 새로운 글쓰기의 방법을 통해 폭넓게 확대되고 있다. 이들은 전통적인 한시와 문장에서 탈피하여, 국문으로 글을 쓰고 국한문으로 문장을 만들었으며, 모든 담론의 능동적 주체로서 '조선'과 '민족'을 내세웠던 것이다.

이 같은 문인 계층에 뒤이어 일제 식민지시대에 접어들기 직전에 등장한 새로운 문인들로는 이인직, 안국선, 이해조, 최찬식, 김교제 등을 들 수 있다. 이들은 신식 교육과정을 거친 근대적 지식인 계층에 속하며, 소년기에 전통적인 한학의 수업에서 벗어나 일본 유학을 경험한 사람도 있고, 새로 설립되기 시작한 근대적인 학교를 통해서 서구 문물을 적극적으로 수용한 사람도 있다. 이들의 글쓰기는 합방 직전부터 시작되어 일제 식민지시대까지 활발하게 전개되는데, 주로 상업적인 민간 신문과 식민지시대의 일본 총독부 기관지 《매일신보》(1910)를 기반으로 삼고 있다. 이들은 작중 인물과 사건의 실재성을 바탕으로 새로운 시대정신을 그 내용 속에 반영하고 있는 새로운 소설, 이른바 '신소설'의 형성에 중심적인 역할을 담당하고 있다. 이들과 비슷한 시기에 함께 등장한 최남선, 이광수, 현상윤 등도 그 출신 성분이 비슷하다. 이광수나 현상윤의 경우는 신소설의 연장선상에서 소설 창작에 관심을 기울였고, 최남선은 《소년》(1908), 《청춘》(1914) 등의 잡지를 발간하면서 새로운 시 형태를 시험한 바 있다. 이 새로운 계층의 문인들은 전통적인 지식인 계층의 문인들이 현실에 대한 비판과 사회 계몽적인 의도를 글을 통해 표현하고자 했던 점과는 달리, 글의 정서적 기능과 허구적인 속성도 주목하고 있다. 이들은 봉건적인 사회 제도와 부패한 정치 현실을 비판 거부하고 있으면서도, 침략적인 외세에 대해서는 소극적인 태도를 보여주고 있다.

국문 글쓰기 양식의 분화

개화계몽시대의 국어국문운동이 당시 언어 문자 생활에서 국문 사용을 사회 문화적으로 확대시킨 것은 학교에서의 국문 교육, 신문 · 잡지 등의 대중매체의 국문 수용, 서적 출판에 의한 국문 보급 등과 같은 국문의 공식화 또는 제도화 과정을 통해 쉽게 확인할 수 있다. 특히 평이한 문자체계로 인해 누구나 쉽게 국문을 읽고 쓸 수 있게 되자, 국문 해독층의 증가와 함께 국문 글쓰기를 기반으로 하는 다양한 양식과 담론의 분화 현상을 촉발하게 된다. 국문 글쓰기의 확대는 폐쇄적인 한문 중심의 문화 공간으로부터 소외되었던 사람들을 문자 생활의 지적 공간으로 새롭게 끌어들인다. 그리고 국문을 이용한 글쓰기 방식이 점차 다양해지면서, 글쓰기의 주제와 양식, 문체와 표현 방법 등도 새로운 실험과 변화를 통해 그 규범을 확립하게 된다.

국문 글쓰기의 사회적 확대와 글쓰기 양식의 분화 과정을 확인해 볼 수 있는 것이 바로 《독립신문》의 국문 창간이다. 《독립신문》은 국문 전용이라는 혁신적인 조치에 대해 논설을 통해 다음과 같이 설명하고 있다.

우리 신문이 한문은 아니 쓰고 다만 국문으로만 쓰는 거슨 샹하귀쳔이 다 보게 홈이라 쏘 국문을 이러케 귀졀을 쎼여쓴즉 아무라도 이 신문 보기가 쉽고 신문 속에 잇는 말을 자셰이 알어 보게 홈이라 각국에셔는 사롬들이 남녀 무론ㅎ고 본국 국문을 몬저 비화 능통호 후에야 외국글을 비오는 법인디 죠션셔는 죠션 국문은 아니 비오드릭도 한문만 공부ㅎ는 짜돍에 국문을 잘 아는 사롬이 드믈미라 죠션 국문ㅎ고 한문ㅎ고 비교ㅎ여 보면 죠션 국문이 한문보다 얼마나 나흔거시 무어신고ㅎ니 첫지는 비호기가 쉬흔이 됴흔 글이오 둘지는 이 글이 죠션 글이니 죠션 인민들이 알어셔 빅수을 한문 디신 국문으로 써야 샹하귀쳔이 모도 보고 알어보기가 쉬흘터이라 한문만 늘 써 버릇ㅎ고 국문은 폐호 짜돍에 국문만 쓴 글을 죠션 인민이 도로혀 잘 알어보지 못ㅎ고 한문을 잘 알아보니 그게 엇찌 한심치 아니ㅎ리요 쏘 국문을 알아보기가 어려운건 다름이 아니라 첫지는 말마디을 쎼이지 아니ㅎ고 그져 줄줄 누려쓰는 짜돍에 글즈가 우희 부터는지 아러 부터는지 몰나셔 몃번 일거본 후에야 글즈가 어디 부터는지 비로소 알고 일그니 국문으로 쓴 편지 한 쟝을 보자ㅎ면 한문으로 쓴 것보다 더듸보고 쏘 그나마 국문을 자조 아니 쓰는고로 셔툴어셔 잘못 봄이라 그런고로 졍부에셔 니리는 명녕과 국가 문젹을 한문으로만 쓴즉 한문 못ㅎ는 인민은 나모 말만 듯고 무슴 명녕인줄 알고 이편이 친이 그 글을 못 보니 그 사롬은 무단이 병신이 됨이라 한문 못호다고 그 사롬이 무식호 사롬이 아니라 국문만 잘ㅎ고 다른 물졍과 학문이 잇스면 그 사롬은 한문만 ㅎ고 다른 물졍과 학문이 업논 사롬보다 유식ㅎ고 놉흔 사롬이 되는 법이라 죠션 부인네도 국문을 잘ㅎ고 각식 물졍과 학문을 비화 소견이 놉고 힝실이 졍직ㅎ면 무론 빈부귀쳔 간에 그 부인이 한문은 잘ㅎ고 다른 것 몰으는 귀족 남즈보다 놉흔 사롬이 되는 법이라 우리 신문은 빈부귀쳔을 다름업시 이 신문을 보고 외국 물경과 닉지 사정을 알게 ᄒ랴ᄂ 쯧시니 남녀노소 샹하귀쳔이 간에 우리 신문을 ᄒ로걸너 몃둘만 보면 새 지각과 새 학문이 싱길 걸 미리 아노라[12]

《독립신문》이 국문 전용을 실천하게 된 이유는 앞의 논설에서 크게 두 가지로 제시되고 있다. 하나는 누구나 쉽게 알 수 있는 국문을 통해 지식과 정보를 널리 공유한다는 점을 강조한 것이다. 이것은 《독립신문》이 추구하고 있는 문화적 민주주의 의식의 출발점에 해당한다. 상하 귀천, 남녀노소가 누구나 국문으로 쓴 기사를 읽고 그 기사를 통해 새로운 지식과 학문을 지니게 된다는 것은 조선 사회의 계급적 폐쇄성과 차별성을 파괴한다는 뜻이 포함된다. 국문이라는 것이 바로 이 같은 신문의 사회 문화적 역할의 기반이 되고 있는 셈이다. 또 하나의 이유는 조선의 글로서의 국문의 독자성과 고유성을 강조하고 중국의 한문과 구별한 점이다. 이것은 국문을 통한 민족적 자기 정체성에 대한 인식을 가능하게 함으로써 주체의 담론을 구성하는 데에 있어서 국문이 가지는 의미를 분명하게 밝히고 있는 것으로 볼 수 있다.

《독립신문》의 국문 전용에서 주목되는 특징의 하나는 띄어쓰기를 처음으로 규범화하여 글쓰기에 실제로 적용하고 있는 점이다. 이 새로운 규칙은 국어의 언어적인 특성에 대한 이해에서 비롯된 것인데, 띄어쓰기를 통해 국문 글쓰기는 그 이전의 '언문체'와는 다른 새로운 담론적 기능을 부여받고 있다. 어휘 형태소와 문법 형태소를 경계 지어 공백으로 표시하는 이 띄어쓰기 방법은 조선시대의 '언문체'가 줄글로 이어져 있었던 것과는 전혀 다른 시각적 인식의 효과를 거둔다. 조선시대의 '언문체'는 산문 양식인 고전소설에서도 줄글로 이루어지고 있으며, 구술성에 의존하여 음절량의 규칙적 분절에 의한 율격 패턴을 유지하게 한다. 그러므로 구술의 시간성에 의존하고 청각적인 것에 호소하는 특성이 있다. 그러나 《독립신문》의 국문 글쓰기는 띄어쓰기를 통해 시각적인 인식을 중시함으로써 글 읽기의 기능성을 한층 높이고 있다.

《독립신문》은 국문을 이용한 여러 가지 글쓰기 양식의 새로운 가능성을 실천적으로 보여주고 있다. 《독립신문》의 기사 내용은 대체로 제1면 논설, 제2면 관보, 외국통신, 잡보, 제3면 잡보, 선박 출발표, 우체 시간표, 광고 등으로 구분되어 있고, 제4면은 'The Independent'라는 표제 아래 영문 논설과 중요 기사로 채워져 있다. 창간호의 기사 가운데 일부를 인용하면 다음과 같다.

《독립신문》

(1) 논설

우리가 독닙신문을 오늘 처음으로 츌판ㅎㄴ듸 조션속에 잇ㄴ 닉외국 인민의게 우리 쥬의를 미리 말솜ㅎ여 아시게 ㅎ노라

우리는 첫지 편벽 되지 아니ㅎ고로 무솜당에도 상관이 업고 샹하귀쳔을 달니디졉아니ㅎ고 모도죠션 사롬으로만 알고 죠션만 위ㅎ며 공평이 인민 의게 말ㅎ터인딕 우리가 셔울 빅셩만 위할게 아니라 죠션 젼국인민을 위ㅎ여 무ᄉ일이든지 디언ㅎ여 주랴홈 정부에서 ㅎ시ㄴ일을 빅셩의게 젼홀 터이요 빅셩의 경셰을 졍부에 젼홀터이니 만일 빅셩이 정부일을 자셰이알 고 졍부에셔 빅셩에 일을 자셰이 아시면 피ᄎ에 유익ᄒ 일만히 잇슬터이요 불평ᄒ ᄆᆞᆷ과 의심ᄒᄂ 싱각이 업셔질 터이옴 우리가 이 신문 츌판ᄒ 기ᄂ 취리ᄒ랴ᄂ게 아닌고로 갑슬 헐허도록 ᄒ엿고 모도 언문으로 쓰기ᄂ 남녀 샹하귀쳔이 모도 보게홈이요 ᄯᅩ 귀졀을 떼여 쓰기ᄂ 알어 보기 쉽도록 홈이라 우리ᄂ 바른 딕로만 신문을 홀터인고로 정부 관원이라도 잘못 ᄒᄂ이 잇스면 우리가 말ᄒ터이요 탐관오리 들을 알면 셰샹에 그사롬의

힝젹을페일터이요 소소빅셩이라도 무법호일호는 사롬은 우리가 차저 신문에 셔령 홀터이옴 우리는 죠션 대군쥬폐하와 됴션졍부와 죠션인민을 위호는 사룸드린고로 편당잇는 의논이든지 혼쪽만사싱각코 호는 말은 우리 신문샹에 업실터이옴 또 혼 쪽에 영문으로 긔록호기는 외국인민이 죠션 스졍을 자셰이 몰온즉 혹 편벽 된 말만 듯고 죠션을 잘못 싱각홀까 보아 실샹 스졍을 알게호고져호여 여운으로 죠곰 긔록홈

그리호즉 이신문은 쏙 죠션만 위홈을 가히 알터이요 이 신문을 인연호여 닉외 남녀 샹하 귀쳔이 모도 죠셔닐을 서로 알터이옴 우리가 또 외국 사정도 죠션 인민을 위호여 간간이 긔록홀터이니 그걸 인연호여 외국은 가지 못호드릭도 죠션 인민이 외국 사정도 알터이옴 오날은 처음인고로 대강 우리 쥬의만 셰샤에 고호고 우리 신문을 보면 죠션인민이 소견과 지혜가 진보홈을 밋노라 논셜 긋치기젼에 우리가 대군쥬 폐하의 송덕호고 만세을 부르ᄂ이다

(2) 외국통신

아메리가 합즁국 남쪽에 잇는 규바라 호는 셤은 셔바나 속국인딕 거긔 빅셩들이 자쥬독닙 호랴고 니러나셔 셔바나 관병호고 싸홈 시작훈지 발셔 일념이 너머ᄂ는딕 합즁국 졍부에서 규바를 독닙국으로 딕졉호쟈 호는 말이 만히 잇ᄂ는딕 근일에 합즁국 의회원에서 규바 인병을 셔반아 역젹으로 아니 딕졉호고 의병으로 알아쥬쟈는 의논이 잇셔듬이 셔바나 신문지 들이 합즁국을 딕단이 험담호고 셔바나 인민이 미국 사름들을 딕호야 실녜호는 지 만이 잇ᄂ는고로 셔바나 졍부에서 별노이 조속호고 셔바나에 잇는 미국 인민을 보호훈다더라

(3) 잡보

슌검일명이 술을먹고 힝실이 맛당치 아니훈 고로 춍슌 하나가 지내다가

그걸보고 슐취훈 슌검을 꾸지져든이 슌검이 춍슌드려 불경훈 말을 ᄒ는고로 춍슌이 소지ᄒ고 자퇴ᄒ랴힛든이 경무쳥에서 쇠을 밧지아니ᄒ고 그져 다니라 힛스나 그슐취힛든슌검은 퇴거도 아니ᄒ고 쏘 그 슌검이 춍슌을 보고 비우슨 말을 ᄒ는 고로 춍슌이 긔여히 사직ᄒ고 ᄌ퇴 ᄒ다니 우리가 듯기에 매우 가엽더라

 군ᄉ와 이 샹관끠 실례 ᄒ여도 벌이 업고 샹관이 도로혀 벌을 닙을 디경이면 규칙은 무어셰 쓸는지 몰오겟더라 경무ᄉ쟝 끠셔 필경 이일을 자셰이 몰으기에 이일을 다시 사실ᄒ여 만일 슌검이 누구 유셰ᄒ이을 밋고 춍슌의게 실례를 힛으면 그슌검은 곳틱거ᄒ고 춍슌은 본직을 환급ᄒ기 ᄇ라노라

《독립신문》의 기사는 국문 글쓰기의 새로운 양식을 다양하게 보여준다. 신문 기사의 중심을 이루었던 '논셜'은 오늘날의 사설이나 해설 기사와 성격을 같이하는 논설 양식의 대표적인 형태이다.《독립신문》의 국문 글쓰기에서 논설 양식이 정착된 것은 지식과 교양을 계몽하기 위한 실용적 글쓰기에 국문 글쓰기가 새로이 적용되기 시작하였음을 말해준다. '논셜'은 어떤 문제에 대하여 명백하게 풀이해 줌으로써 구체적이고 상세한 내용을 알아볼 수 있도록 하는 데에 목적을 둔다. 그리고 어떤 근거를 내세워 신문사가 추구하는 이념에 동조하도록 독자들에게 요구하여 따르도록 한다. 이 경우 소통구조의 맥락에서 본다면, 논설 양식은 화자가 어떤 메시지를 청자에게 전달하는 방식으로 구성된다. 말하자면 화자와 청자의 존재를 부각시킨다. 이러한 특징은 초기 국문 논설의 경우 두드러지게 드러나고 있는 특징이다. 《독립신문》의 논설은 앞의 예에서 볼 수 있듯이 화자가 청자를 앞에 두고 하는 말투를 그대로 옮겨 놓은 것처럼 보인다. 화자와 청자의 존재가 부각되고 있는 것이다. 이것은 화자의 견해나 감정을 직접적으로 드러내어 주관적인 의지를 분명하게 표출할 수 있도록 한다. 그리고 모든 사건, 내용, 상태, 행동 등을 시간적으로 현재화하는 동시에 화자의 의지를 강하게 드러내어 준

다. 그 결과 독자 또는 청자의 정서적인 반응과 행동을 쉽게 유발하게 되는 것이다. 논설 양식에서 흔히 볼 수 있는 이 같은 특성은 국문 글쓰기의 한자 혼용 방식 자체가 독자 또는 청자 중심적인 언술로서보다는 화자 중심적인 언술의 기능을 지니고 있음을 말하는 것이다. 이러한 논리적인 글쓰기는 조선시대의 국문에서는 찾아보기 어려운 것이다. 신문을 통한 논설 양식의 등장은 국문 글쓰기에서 가장 획기적인 일이라고 할 수 있다.

《독립신문》의 '외국통신'이나 '잡보'에 소개되는 기사들은 '논설'과는 달리 넓은 의미의 서사의 영역에 속한다. 어떤 사실을 이야기하고 정확하게 전달하고자 하는 데에 목적을 둔다. '잡보'의 기사들은 어떤 사건의 진행 과정이나 변화를 시간적 추이에 따라 구체적으로 풀어 이야기하는 방법이다. 그러므로 '무엇이 일어나고 있는가?'라는 질문에 대한 대답의 형식이 되며, 하나의 일관된 줄거리를 갖는 이야기 형태로 표현된다. 여기서 의미 있는 내용을 정리하여 체계 있게 진술하기 위해서는 '행위', '시간', '의미'를 정확하게 구획 지을 수 있어야 한다. 《독립신문》이 제공하고 있는 기사 가운데 가장 일반적인 글쓰기 양식은 서사라고 할 수 있다. 신문 잡지의 사건 기사는 모두 짤막한 서사이며, 사건에 대한 해설 기사도 서사가 주축을 이룬다. 심지어는 논설 기사도 서사적 성격이 강하다.

《독립신문》의 기사는 결국 논설과 서사라는 두 가지 양식의 새로운 글쓰기를 정착시켜 놓음으로써 국문 글쓰기의 사회 문화적인 공식성을 가능하게 하고 있다. 논설과 서사는 주체를 구현하는 데에 가장 기능적인 양식이다. 논설과 서사 양식은 담론의 주체가 되는 화자의 존재를 분명하게 드러내는 특징이 있다. 그리고 화자의 입장 자체가 분명하게 드러남으로써 그것을 받아들이는 청자(또는 독자)들에게 신뢰를 부여하기도 한다. 논설과 서사의 화자는 그와 상대하고 있는 청자와 관계 속에서 담론을 생산하는 자로서의 권위를 인정받으며, 자기주장을 내세우고 정보를 제공하고 이야기를 말해준다. 개화계몽시대의 국문 글쓰기가 신문을 통해 논설과 서사 양식을 널리 확산시킬 수 있게 된 것은 이 시기가 민족적 자기 정체성의 새로운 정립을 요구하던 시기였다는 점과 직결되는 것이기도 하다.

국문 글쓰기와 한자 혼용

개화계몽시대의 국문 글쓰기는 실제의 언어 문자 생활 가운데에서 일상적인 말과 글을 완전히 일치시키는 이른바 언문일치의 이상에 접근한다. 그러나 국어 어휘의 절대 다수를 차지하고 있는 한자어의 국문 표기에 적지 않은 저항이 야기된다. 국문 글쓰기에 대한 높아진 관심에도 불구하고, 개념어의 한자 혼용 문제가 자연스럽게 대두되고 있었던 것이다.

국문 글쓰기에서 한자 혼용의 문제가 어떻게 변화되었는가를 가장 잘 보여주고 있는 것은 관공서의 공문이다.[13] 이미 1894년 칙령에 의해 국문을 본위로 하는 공문서의 표기를 정했음에도 불구하고 1900년대에 들어서면서 이 같은 규범이 점차 흔들리기 시작하여 1908년에는 모든 정부 공문서에 한자 혼용을 공식화[14]하기도 한다. 그리고 교과용 도서의 출판에서도 국문과 한자의 혼용이 점차 일반화된다. 1908년 최남선이 간행한 잡지 《소년》이 상당 부분의 기사를 국문으로 표기했던 경우를 제외하고는 이 당시의 여러 사회단체에서 발간한 대부분의 잡지가 또한 한자 혼용을 채택하게 된다.

국문 글쓰기에서 한자 혼용 방식의 채택 과정은 복잡한 문화적 배경을 지니고 있기 때문에, 표기 문제에 국한된 언어체의 선택만이 문제가 되는 것은 아니다. 한문의 쇠퇴와 국문 글쓰기의 발전, 그리고 국문 글쓰기에서 한자 혼용의 확대는 각각의 문자 표기 체계를 담당하고 있던 사회 계층의 의식 변혁에 그대로 대응한다. 그렇기 때문에 그 자체가 곧 사회사상 체계의 변혁을 의미한다고 할 수 있다. 한문의 쇠퇴가 그것을 기반으로 했던 지배층의 몰락을 뜻한다면, 국문 글쓰기의 발전은 사회 계층의 계급적 구분을 넘어서 민중의 성장을 말하는 것이다.

국문 글쓰기의 한자 혼용은 개화계몽운동을 주도했던 지식층의 사상적 절충성을 보여주는 것이라고 할 수 있다. 국문 글쓰기의 한자 혼용은 통사적으로는 국문의 어법적인 규범을 따르면서도 관념적이고 추상적인 개념어와 고유명사 등을 한자로 표기한다는 문자 표기의 절충성에 그 본질적 특성이 있다. 이것은 문자로서의 한자가 지니고 있는 표의성과 국문의 감응력을 결합시킨 새로운 기능성을 창출하고 있음을 의미한다. 당시 국문 글쓰기의 한자 혼용을 적극적으로 실천하는 데에 크게 기여했던 유길준은 《서유견문(西遊見聞)》(1895)을 국문과 한자 혼용 방식으로 펴내면서 그 서문에서, 첫째 말뜻을 평순하게 하여 문자를 조금 아는 사람도 알기 쉽게 하며, 둘째 스스로 글을 쓰는 데 편리하며, 셋째 우리나라 칠서 언해의 방식을 따르고 있음을 밝혀 놓았다. 유길준의 지적대로 한자 혼용 방법은 이미 그것이 대상으로 삼고 있는 독자 계층을 '문자를 조금 아는 사람'으로 지정하고 있다는 점에서부터 수용 계층을 고려한 것임을 알 수 있다. 유길준이 한자 혼용의 규범을 경서의 언해 방식에서 차용하고 있다고 밝힌 것은 국문 글쓰기의 한자 혼용 방식이 가지는 본질적인 속성을 암시해 주는 중요한 지적이다. 그것은 한자 혼용의 글쓰기가 번역체로서의 속성을 지니고 있음을 말해주는 것이기 때문이다.

국문 글쓰기의 한자 혼용은 새로운 지식과 사상을 매개하여 일상의 언어에 가깝게 지시 전달할 수 있다는 점에 그 특성이 있다. 실제로 한자 혼용을 매개로 했던 개화계몽시대의 새로운 사상과 지식 자체가 상당 부분 자생적인 것이 아니라 외래적인 것을 번역 또는 번안하는 수준이었다는 점은 부인할 수 없는 사실이다. 당시 국한문체로 발간된 중요 교과용 도서와 신문 잡지들은 문명개화의 이상을 논하고 새로운 학문을 소개하는 것이 대부분이다. 그 원전 자체는 상당 부분 중국이나 일본에서 들어온 것들이다. 이 같은 외국 서적을 번역하기 위해, 개념의 핵심을 이루는 말들은 원문의 한자를 살려 두고, 나머지를 국문으로 바꾸어 표기함으로써 자연스럽게 한자 혼용을 선택하게 된 것이다.

국문 글쓰기의 한자 혼용이 지니고 있는 기능의 절충성에 대해서는 개화계몽시대의 지식인들 사이에 두 가지의 서로 다른 관점이 충돌하고 있다. 전통적인 한학자로서 학문적인 면에서 보수적인 입장을 고수했던 황현(黃玹)은 국문 글쓰기의 한자 혼용을 놓고 '국문과 한문을 섞어 쓰는 방식이 일본 문법을 본뜬 것'이라고 비판[15]한다. 이것은 일본의 정치 문화적 영향력의 확대 과정 자체를 담론의 형식 문제로까지 연결시켜 논박하고 있는 경우에 해당한다. 한자 혼용의 절충적 기능성에 대한 관심보다 그것이 지니는 정치성에 대해 더욱 민감했던 보수주의자의 관점을 잘 보여주는 대목이다. 국문 글쓰기의 한자 혼용이 과연 일본풍의 새로운 언어체인가에 대해서는 논란의 여지가 없지 않다. 이미 유길준의 경우에도 경서의 언해 방식을 따라 한자 혼용을 택하였다고 밝히고 있기 때문이다. 그러나 당시의 시대 상황으로서는 황현의 경우와 같은 정치적인 해석이 가능할 정도로 일본의 문화적 영향력이 증대하고 있었던 것이 사실이다.

이러한 일부의 비판적인 견해에도 불구하고 국문 글쓰기의 한자 혼용의 기능성 자체를 크게 강조하고 있는 견해들이 많다. 그 대표적인 예를 이광수에게서 찾아볼 수 있다. 이광수는 국문만으로는 신지식의 수입에 저해가 되기 때문에, 고유명사나 한문에서 나온 명사, 형용사, 동사 등 국문으로 쓰지 못하는 것은 한자로 쓰고, 그 밖의 것은 국문으로 써야 한다고 주장하고 있다.

> 今日의 我韓은 新知識을 輸入홈이 汲汲ᄒ즤라 이 즤에 解키 어렵게 純國文으로만 쓰고 보면 新知識의 輸入에 沮害가 되깃슴으로 此意見은 아직 잠가두엇다가 他日을 기다려 베풀기로ᄒ고 지금 餘가 主張ᄒ는 바 文體는 역시 國漢文倂用이라 그러면 무어시 前과 다를 거시 잇깃느냐고 讀者諸氏는 疑問이 싱길지나 그는 그럿치 아니로다 우에도 죠곰 말ᄒ 것과 갓히 今日에 通用ᄒ는 文體는 名 비록 國漢文倂用이나 其實은 純漢文에 國文으로 懸吐ᄒ 것에 지나지 못ᄒ는 거시라 今에 餘가 主張ᄒ는 거슨 이

것과는 名同實異ᄒᆞ니 무어시뇨 固有名詞나 漢文에서온 名詞 形容詞 動詞 등 國文으로 쓰지 못홀 것만 아직 漢文으로 쓰고 그밧근 모다 國文으로 ᄒᆞ쟈홈이라 이거슨 實로 窮策이라고 홀 수 잇깃스나 그러나 엇지ᄒᆞ리오 경우가 이러ᄒᆞ고 ᄯᅩ 事勢가 이러ᄒᆞ니 맛은 업스나 먹기는 먹어야 살지 아니 ᄒᆞ깃는가

이릿케ᄒᆞ면 著者 讀者 兩便으로 利益이 잇스니 넓히 닑히움과 理解키 쉬운 것과 國文에 鍊熟ᄒᆞ야 國文을 愛尊ᄒᆞ게 ᄒᆞ는 것이 讀者의 便의 利益이오 著作ᄒᆞ기 容易홈과 思想의 發表의 自由로움과 複雜혼 思想을 仔細히 發表홀 슈 잇슴이 著者便의 利益이며 ᄯᅩ로혀 國文의 勢力이 오를지니 國家의 大幸일지라[16]

앞의 인용에서 국문만으로는 개화계몽시대에 새로운 지식을 수입하는 데에 장애가 있다는 것은 이광수 자신도 한자의 표의성을 중시하고 있음을 말해주는 대목이다. 그는 바로 이 같은 한자의 표의성을 이용하여 개념적인 단어를 한자로 쓰고 나머지는 국문으로 써야 한다고 주장한다. 이것이 바로 한자 혼용의 기능성을 강조하고 있는 점이다. 그러나 이것은 국문 글쓰기의 한자 혼용을 매개로 하는 개화계몽시대의 새로운 사상 체계나 지식 개념에 대한 담론의 표현 방식이 번안 또는 번역의 수준임을 말해주는 것이라고 할 수 있다. 물론 이광수는 이러한 자신의 방안이 궁책이라고 분명히 밝히고 있으며, 순국문을 쓰는 것이 당연하지만 만년대계로 단행할 수밖에 없다고 지적하고 있다.

국문 글쓰기에서 한자 혼용은 한문을 버리고 국문 글쓰기를 수용하는 과정에서 등장한 하나의 과도기적인 글쓰기의 방법이다. 한자 혼용은 그 자체가 국문 글쓰기의 완전한 실현을 위한 중간 단계로 인식되고 있다. 그리고 이것은 추상적인 관념 체계와 새로운 사상과 지식을 수용하고 전달하기 위해 만들어진 정보적, 기능적 문체라고 할 수 있다. 그럼에도 불구하고 여기

서 다시 주목해야 할 것은 국문 글쓰기에서 한자 혼용의 공식적인 확대 과정을 통해 보여주고 있는 새로운 담론적 질서의 형성이다. 한자 혼용은 개화계몽시대 지식층이 지니고 있던 지식과 교양과 사상을 대변하고, 외래적인 사상과 지식에 대한 번안과 전달의 기능성을 추구한다. 그러므로 국문 글쓰기에서 한자 혼용은 주로 개화계몽 담론을 표현하는 논설 양식의 문체로 널리 활용되면서 추상적인 관념의 체계로 고정된 표현 구조를 지탱한다.

(1) 夫 邦國之獨立은 惟在自强之如何耳라 我韓이 從前 不講於自强之術ㅎ여 人民이 自錮於愚昧ㅎ고 國力이 自趣衰敗ㅎ여 遂至於今日之艱棘ㅎ여 竟被外人之保護ㅎ니 此皆不致意於自强之道故也라 尙此因循玩게ㅎ여 不思奮勵自强之術이면 終底於滅亡乃已니 奚但今日而止哉아

(장지연, 「자강회 취지문」, 1906)

(2) 近聞ㅎ즉 學部에서 國文研究所를 設ㅎ고 國文을 研究ㅎ다 ㅎ니 何等 特異 思想이 有ㅎ지는 知치 못ㅎ거니와 我의 愚見으로는 其 淵源과 來歷을 究之已甚ㅎ는대 歲月만 虛費ㅎ는 것이 必要치 아니ㅎ니 但其 風俗에 言語와 時代에 語音을 入道에 博採ㅎ여 純然한 京城 土語로 名詞와 形容詞 等類를 區別ㅎ여 國語字典 一部를 編成ㅎ여 全國 人民으로 ㅎ여금 全一한 國文과 國語를 用케ㅎ되 其 文字의 高低와 淸濁은 前人의 講定한 者가 已有ㅎ니 可히 取用홀 것이요 新히 怪癖한 說을 倂起ㅎ여 人의 耳目만 眩亂케 홈이 不可ㅎ가 ㅎ노라

— 「국문에 관한 관견」, 『대한매일신보』(1908)

앞의 인용에서 볼 수 있는 바와 같이 (1)의 예문은 순한문에 국문으로 토를 달아놓은 수준이며, 문장의 구조 자체가 한문 구조를 벗어나지 못한 상태이다. 이러한 표기 방식은 일상적인 언어의 실체와는 거리가 먼 한문 투를

벗어나지 못하고 있다. 그러므로 이 문장은 엄밀한 의미에서 국어 문장이라고 할 수 없다. 여기서 국문으로 이루어진 토를 제외한다면, 전체 문장이 그대로 순한문으로 바뀐다. 이러한 문장을 놓고 '국한문체'를 운위할 수는 없다. 국문 글쓰기에서 특정의 어휘를 한자로 적은 것이 아니라, 한문에 토를 달아놓은 것이기 때문이다.

그러나 (2)의 경우는 (1)과 전혀 다르다. 국어의 통사 구조를 바탕으로 국문과 한자를 혼용하는 글쓰기 방식을 택하고 있다. 국문 문장의 일부 단어가 한자로 표기되고 있는 셈이다. 물론 이러한 한자 혼용 방식에는 여전히 한문 통사구조와 그 특징을 드러내는 표현이 일부 남아 있다. 하지만 일상의 언어를 그대로 구현하고 있는 것이라고 볼 수 없음은 물론이다.

국문 글쓰기에서의 한자 혼용 방식은 새로운 지식과 정보를 전달하고 개화사상을 계몽하기 위한 논설 양식을 통해 널리 통용된다. 한문의 '논(論)', '설(說)', '책(策)'과 같은 양식이 국문 글쓰기의 논설 양식과 비슷한 것이지만, 조선시대 지식층이 국문으로 이러한 양식의 글쓰기를 실천한 경우가 없다. 논설 양식의 등장은 국문 글쓰기에서 가장 획기적인 변화라고 할 수 있다.

국문 글쓰기의 논설 양식은 정보의 정확한 이해와 전달, 의견이나 주장의 논리적인 진술, 독자에 대한 설득 등을 목적으로 한다. 이 경우 소통구조의 맥락에서 본다면, 논설 양식은 화자가 어떤 메시지를 청자에게 전달하는 방식으로 구성된다. 말하자면 화자와 청자의 존재를 부각시킨다. 이러한 특징은 초기 국문 논설의 경우 두드러지게 드러나고 있는 특징이다.

개화계몽시대의 논설 양식은 화자가 청자를 앞에 두고 하는 말투를 그대로 옮겨 놓은 것처럼 보인다. 화자와 청자의 존재가 부각되고 있는 것이다. 이것은 화자의 견해나 감정을 직접적으로 드러내어 주관적인 의지를 분명하게 표출할 수 있도록 한다. 그리고 모든 사건, 내용, 상태, 행동 등을 시간적으로 현재화하는 동시에 화자의 의지를 강하게 드러내어 준다. 그 결과 독자 또는 청자의 정서적인 반응과 행동을 쉽게 유발하게 되는 것이다. 논설 양식에서 흔히 볼 수 있는 이 같은 특성은 국문 글쓰기의 한자 혼용 방식 자체가 독자 또는 청자 중심적인 언술로서보다는 화자 중심적인 언술의 기능을 지니고 있음을 말하는 것이다.

국문 글쓰기의 한자 혼용 방식은 글쓰기의 주체가 되는 지식층의 선택에 의한 것이다. 여기서는 한자를 알지 못하는 독자층에 대한 배려보다는 글쓰기의 주체가 되는 지식층의 편의가 우선시되고 있다. 개념의 명료성, 의미 전달의 신속성 등을 고려한 한자 혼용의 글쓰기는 설명이나 논설의 기술 방법에 적응하는 문체로서 자연스럽게 정착된다. 그리고 개화계몽 담론의 다양한 분화에 따라 그 기능이 확대된다. 그러나 국문 글쓰기의 한자 혼용은 살아 있는 실체로서의 일상적 언어현상을 제대로 반영하지 못한다. 그것이 지식층 위주의 글쓰기로서 한자를 읽지 못하는 일반 대중 독자와 거리를 두고 있기 때문이다. 한자 혼용을 요구하고 있는 추상적인 언어 기반과 그것을 통해 드러내는 관념이 일상적인 언어 현실과 부딪치면서 노정하게 되는 간격은 개화계몽시대의 사상 체계와 이념이 일상적인 현실과 거리를 두고 있음을 말해주는 셈이다.

3. 현대소설의 등장

신문과 소설

개화계몽시대 국문 글쓰기를 통해 다양하게 분화한 서사 양식은 민간 신문과 잡지를 매체로 하여 광범위하게 전개된다. 대중적 매체로 여론의 중심에 자리 잡은 신문과 잡지는 새로운 지식과 교양, 흥미와 오락에 관련되는 많은 읽을거리를 기사로 싣고 있다. 대부분의 신문들은 '사조'란이나 '학예'란을 두어 한시, 시조, 가사, 창가 등을 싣고, '소설'란을 고정시켜서 다양한 서사문학 양식을 발표할 수 있게 한다. 《독립신문》의 경우 국문 논설 양식의 새로운 가능성을 보여주는 다양한 기사와 논설을 수록하면서, 독자 투고 형식으로 여러 가지 형

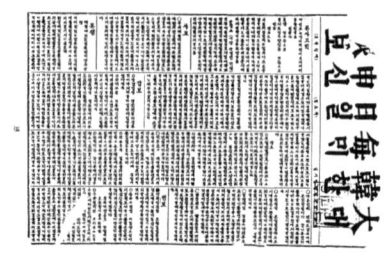

《대한매일신보》

태의 시가를 싣고 있다. 《독립신문》 이후 등장한 민간 신문들은 대부분 소설과 시가 형식의 문예물을 신문 기사의 가장 중요한 부분의 하나로 취급한다. 개화계몽시대의 신문이나 잡지들이 제공하고 있는 기사 가운데 가장 보편적인 것이 서사이다. 신문 잡지의 사건 기사는 모두 짤막한 서사이며, 사건에 대한 해설 기사도 서사가 주축을 이룬다. 심지어는 논설 기사도 서사적 성격이 강하다. 《대한매일신보》의 경우 '사회등(社會燈)'이라는 고정란에 실린 개화가사조차도 그 내용에 서사적 요소가 지배적인 것을 볼 수 있다. 신소설, 우화, 전기 등은 문학적 형상성을 추구하는 서사 양식의 대표적인 형태로서 이 시기 대중 독자에 가장 근접해 있다.

1895년 1월에 일본인들이 창간한 《한성신보》는 연재소설을 처음으로 수록하였다. 이 신문은 조선에 대한 일본의 정책을 널리 홍보하기 위해 일본인들이 일본 정부의 자금을 받아 간행한 일종의 정부 기관지였다. 이 신문사의 일본인들은 1895년 10월 8일 민황후를 시해한 이른바 '을미사변'의 주동자들이었는데, 이 사건 이후 한때 신문 발간을 중지하였다가, 1896년부터 국문판을 발행하면서 국문소설을 연재하기 시작하였다. 「신진사 문답기」, 「곽어사전」 등의 작품과 함께 「기문전」, 「경국미담」 등의 일본 소설의 번역 작품도 함께 실었다. 1900년대에 접어든 후에는 민족지인 《황성신문》에서도 「신단공안」(1906), 「몽조」(1907) 등을 연재하였으며, 《제국신문》도 1906년부터 '소설'이라는 이름으로 「보은소소(報恩昭昭)」, 「견마충의」, 「살신성의」 등 단편

적인 작품들을 수록하기 시작하였다. 이 신문에 연재된 「고목화」, 「빈상설」, 「원앙도」, 「구마검」, 「만월대」, 「목단병」 등은 모두 이해조의 작품으로서 연재가 끝난 후에는 대부분 단행본으로 간행하였다. 《대한매일신보》는 1905년부터 「적선여경록」을 비롯하여, 「향 담화」, 「쇼경과 안즘방이 문답」, 「향노방문의생」, 「거부오해」 등의 풍자 양식을 실었고, 「이티리국 아마치젼」과 함께 신채호의 「수군제일위인 이순신전」, 「동국거걸 최도통전」 등의 전기를 발표하였다. 《대한매일신보》의 국문판에는 「라란부인전」, 「매국노」, 「디구성미래몽」 등이 연재되었다. 《만세보》는 이인직의 「혈의 누」, 「귀의 성」 등이 발표되었다. 그리고 대한협회의 기관지로 발간된 《대한민보》는 「병인간친회록」, 「절영신화(絕纓新話)」, 「금수재판」 같은 작품을 연재하였다. 그리고 각 지방에서도 민간 신문이 등장하게 되어 대중매체로서의 신문의 기능이 더욱 확대되기에 이르게 되었다. 이 신문들은 대부분 문예물을 신문 기사의 가장 중요한 부분의 하나로 취급하였고, 어떤 신문사는 소설을 전담하는 소설 기자를 두기도 하였다. 이들이 쓴 소설은 신문에 연재된 후 상업적인 출판사에서 단행본으로 간행됨으로써 독자 대중에게 널리 읽힐 수 있게 된 것이다. 이처럼, 개화계몽시대 서사문학 양식의 등장과 그 다양한 분화 과정은 모두 신문을 통하여 이루어졌다고 할 수 있다. 이 시기의 신문은 작가들의 창작 활동의 기반이 되었으며, 독자들은 신문을 통하여 새로운 지식과 교양을 얻고 취미를 살릴 수 있게 되었다. 당시의 신문들은 그 작품의 형태가 어떠하든지 간에 서사적인 요건을 어느 정도 갖춘 것이라면 모두 소설이라고 지칭하였다. 그러므로 대부분의 작가들은 자기들이 쓰고 있는 이야기의 장르적인 특성이나 규범을 별로 중시하지 않았다. 가능한 모든 이야기의 형식과 방법을 활용하여 자신들이 주장하고자 하는 지식과 경륜을 표현하는 데에 힘을 기울였다. 그 결과로 개화계몽시대에는 그 이후의 시대에 경험할 수 없었던 다양한 서사문학 양식의 분화 현상이 나타났던 것이다.

소설의 양식 개념

　개화계몽시대에 널리 사용된 소설이라는 말은 매우 다양한 개념을 포괄하고 있다. 이 시대의 작가들이 사용하고 있는 신소설이니 구소설이니 하는 명칭이나, 정치소설, 과학소설, 교육소설, 실업소설, 연극소설 등의 명칭이 어떤 분류 기준에 의해서 이루어진 것인가를 검토하는 문제는 간단하지 않다. 이것은 이 시기 서사문학 양식 전체의 장르 체계에 대한 이해를 요구하는 것이다. 더구나, 이 시대의 작가들이 어떤 명칭을 사용했다고 하더라도, 그 대상이 되고 있는 작품의 문학적 형태를 어떻게 이해하고 있었는지를 확인한다는 것은 쉬운 일이 아니다. 이 명칭들은 작가 자신이 붙인 것도 있고, 출판사에서 편의상 붙인 것도 있는 것이다. 어떤 경우에는 내용상의 구분을 생각한 것 같기도 하고, 어떤 경우에는 형태적인 특성을 중요시한 것 같기도 하다. 그러나 어떤 경우에도 그 자체 내에서 소설의 장르 체계 전반을 포괄할 수 있는 논리적인 구분법을 명확하게 드러내지 못하고 있다.

　개화계몽시대의 소설이라는 용어는 넓은 의미의 서사 양식 전체를 통칭하는 말이다. 일반적으로 서사 양식은 형식상 장편서사와 단편서사로 구분하여 볼 수 있다. 장편서사와 단편서사는 서사성의 기본이 되는 인물과 행위 구조로서의 이야기 형태의 구분에 따른 것이다. 인물과 행위의 구조를 바탕으로 이야기가 성립되는 장편서사는 장대한 형식 속에 다채롭게 변화하는 세계를 그려낸다. 여기서는 인물과 사건과 배경이 각각 상이한 방도로 서사적 세계 창조에 관여한다. 그러나 단편서사는 인물의 요소나 행위의 구조가 약화되어 있고, 이야기의 서사성 자체보다는 주제성이 강조된다. 그러므로 인물의 성격, 사건의 전개, 배경의 전환 등은 단편 서사 양식에서는 크게 중시되지 않으며, 각각의 요소가 불분명하게 드러나 있다.

　개화계몽시대의 장편서사에는 경험서사와 허구서사가 함께 공존한다. 신채호, 장지연과 같은 전통적인 지식인 작가들이 주목하였던 역사소설이나 전기 등은 경험서사 또는 역사서사이다. 이러한 서사 양식은 그 이야기의 내용이 모두 경험적 현실 세계에 근거하고 있으며, 인물과 사건과 배경의 실재성이 강조된다. 또 다른 하나는 이인직, 이해조와 같은 작가들이 주목하였던 이른바 신소설이다. 신소설은 작가의 허구적 상상력에 의하여 이야기가 구성되는 허구서사이다. 모든 이야기는 현실 세계와 흡사하지만, 실제의 현실과는 거리를 두고 있는 허구적 공간 위에 인물과 사건을 배치한다. 여기서는 허구성 자체가 서사적 원리가 된다. 경험서사로서의 역사소설이나 전기는 모두 실제의 사실을 바탕으로 하고 있는 것들이다. 이러한 양식이 역사와 구별되는 것은 시간과 공간의 정확한 계산이나 사건의 인과적 해석에 집착하지 않고, 인간적이면서도 자연적인 인과율에 의해 이야기를 이끌어가고 있다는 점이다. 이러한 역사소설이나 전기는 사실 자체에 대한 입증보다 그 속에 담겨진 개인적 감성과 시대환경의 의미를 중요시하며, 과거에 대한 이해보다는 현실에 대한 대타적 인식을 추구한다는 의미를 지니고 있다. 그러나 이러한 서사 양식이 사실의 기록성에만 치중할 경우 쉽게 역사의 영역으로 돌아가게 되는 것이다. 허구적 서사로서의 신소설은 작가가 개인적으로 추구하고 있는 가치를 중심으로 인물의 삶의 과정을 그려 간다. 여기서는 심미적 충동이 중요시된다.

　개화계몽시대에는 역사소설, 전기, 신소설 등과는 달리 서사적인 요소를 제대로 갖추지 못하고 있는 단편서사가 많이 있다. 이 시기에 많이 등장한 우화나 풍자가 대표적인 양식이며, 우스갯소리라고 할 수 있는 단편적인 소화(笑話), 수수께끼, 일화 등까지도 모두 포함된다. 이 양식들은 핵심적인 서사적 원리로 작용하는 요건들에 의해 장르적인 성격이 결정된다. 단편서사에서는 심미적인 충동보다는 현실 상황과 관련되는 지적인 또는 윤리적인 요구가 강하게 드러난다. 단편서사 가운데 우화는 우화적인 성격과 우화적 상황에 의해 그 구조가 달라진다. 우화의 대표적인 형태는 동물을 주인공으로 등장시키는 이야기다. 꿈이라는 비현실적인 우화적 상황을 설정하여 이야기를 전개시키는 몽유록도 일종의 우화에 속한다. 우화는 인간의 행동 원리나 도덕적인 명제를 예시하는 짤막한 이야기로서, 교훈적인 성격과 비판적인 성격이 함께 나타난다. 우화와는 달리 풍자는 우화적 성격이나 우화적 상황이 나타나지 않는다. 이 시기의 풍자는 인간의 여러 가지 정신적 태도를 다룬다. 그러므로 이것은 관념적인 주제나 이론을 다루고 있으며, 어떤 주제에 대해 강하게 비판을 가하기도 한다. 여기에 등장하는 인물은 어떤 행동의 주체로서 이야기를 이끌어가는 것이 아니라, 하나의 이념의 대변자일 뿐이다. 그러므로 행동 대신에 말과 토론이 중심을 이루며, 일정한 이야기의 줄거리도 없다. 풍자는 이념과 공상과 도덕의 결합체이며, 가장 중요한 특징은 대화, 토론, 연설 등에 의해 그 내용이 기술된다는 점이다. 그러므로 풍자에서는 등장인물의 갈등이 성격과 행동을 통해 구체화되는 것이 아니라, 진술되고 있는 주제와 가치와 관념의 대립에 의해 이루어지는 지적인 갈등이 흥미의 초점을 이루고 있다.

계몽과 오락의 형식

개화계몽시대에는 소설의 사회적 기능에 관한 논의가 활발하게 전개된 바 있다. 애국계몽운동에 앞장섰던 지식인 가운데 박은식, 신채호 등은 소설의 중요성을 강조하고, 계몽의 수단으로서 소설의 가치를 중요시하였다. 신소설 작가 이해조는 소설의 기능을 교훈적인 측면에만 한정하지 않고, 오락적 측면을 동시에 포함시킴으로써, 소설을 재미와 영향을 동시에 지닌 문학 양식으로 인정하고자 했다. 소설을 역사와 구별하지 않았던 전통적 지식인들의 공리적인 태도와 소설을 허구의 영역으로 한정하고자 했던 이해조와 같은 작가의 태도가 동시에 공존했다는 사실은 매우 중요한 의미를 지니는 것이라고 하겠다.

개화계몽시대 소설의 사회 계몽적 기능을 강조하면서 소설 개혁을 주장한 신채호는 적극적으로 소설의 사회적 기능을 강조하면서 소설에 대한 새로운 개혁의 방안을 제시하고 있다. 「근금(近今) 소설 저자(著者)의 주의」와 「소설가의 추세」 같은 논설은 신채호의 소설관을 엿볼 수 있는 글로서, 소설의 중요성을 깊이 인식하고 있었던 그의 태도가 잘 드러나 있다.

(가) 위미음탕(萎靡淫蕩)적 소설이 다(多)하면 기 국민도 차(此)의 감화를 수(受)할지며 협정강개(俠情慷慨)적 소설이 다할지면 기 국민이 차의 감화를 수할지니, 사유(四儒)의 운(云)한바 소설은 국민의 나침반이라 함이 성연(誠然)하도다. 한국에 전래하는 소설이 태반 상원 박토(桑園薄土)의 괴담과 숭불(崇佛) 걸복(乞福)의 괴화로다. 차역 인심 풍속을 패괴(敗壞)케 하는 일단이니 각종 신소설을 저출(著出)하여 일소함이 역(亦) 급급(汲汲)하다 운(云)할지로다. (중략) 근금 신소설이라 운하는 자 간출(刊出)이 희한(稀罕)할 뿐더러 우(又) 기 간출자(刊出者)를 관한 즉 지시(只是) 일시 모리적(牟利的)으로 초초(草草) 찬출(撰出)하여 구소설에 비함에 경시(更是) 백보 오십보의 간(間)이라 족히 신사상을 수입할 자가 무하니. 희(噫)라, 여(余)가 차(此)를 개(慨)하여 관견을 진(陳)하여 소설 저자에게 경(警)하노라.[17]

(나) 오호(嗚呼)라 소설은 국민의 나침반(羅針盤)이라 기(其) 설(說)이 이(俚)하고 그 필(筆)이 교(巧)하여 목불식정(目不識丁)의 노동자라도 소설을 능독(能讀)치 못할 자이 무(無)하며, 우(又) 기독(嗜讀)치 아니할 자이 무(無)하므로, 소설이 국민을 강(强)한 데로 도(導)하면 국민이 강하며 소설이 국민을 약(弱)한 데로 도(導)하면 국민이 약하며 정(正)한 데로 도하면 정하며 사(邪)한데로 도하면 사하나니, 소설가가 된 자이 마땅히 자신(自愼)할 바어늘 근일 소설들은 회음(誨淫)을 주지(主旨)로 심으니 이 사회가 장차 어찌하리오.[18]

신채호

　신채호는 소설을 '국민의 혼' 또는 '국민의 나침반'이라고 규정한다. 소설은 누구나 좋아하고 누구나 읽기 쉽고 누구나 이해할 수 있기 때문에, 신분 계층 남녀노소를 불문하고 누구에게나 영향을 미쳐 인심을 전이시킬 수 있는 능력을 갖는다는 것이다. 그는 소설의 대중적 요건을 중시하고 있기 때문에, 어떤 정치적 경륜이나 학식이나 종교보다도 직접적으로 자연스럽게 인간의 생활 감정에 접근할 수 있는 소설의 감화력을 대중 계몽의 수단으로 이용해야 한다고 주장하고 있다.
　신채호는 소설의 개혁을 주장하면서 구소설과 신소설을 구분하고 있다. 그는 신소설과 구소설이 단순한 시대적 구분 개념이 아니라 그 내용과 주제에 있어서 새로운 시대정신의 지향과도 연관되는 것임을 분명히 하고 있다. 신채호는 모든 구소설을 혁파하고 신소설의 창작을 위해 지식인들이 소설에 관심을 가져야 한다고 주장하고 있다. 이 경우에 구소설은 단순히 낡은 것이거나 옛것이어서가 아니라 허탕무거하고 음예한 내용을 담은 것들이므로 거부된다. 이러한 구소설을 개혁하여 실제의 사실에 바탕을 두고 민중을 계도할 수 있는 신사상을 담은 신소설을 만들어야 한다는 것이 신채호의 주장의 핵심이다.
　그런데 이러한 주장 속에는 소설 내용의 두 가지 측면에 대한 신채호의 관심이 잘 드러나 있다. 그 하나는 소재의 사실성이며, 다른 하나는 내용의 윤리성이다. 소설의 사실성에 대한 인식은 묘사의 사실성(寫實性)이 아니라 성격과 행위의 실재성을 문제 삼고 있는 점이 특이하다. 신채호는 소설이 실제의 사적에서 그 내용을 구하여 백성에게 모범을 보일 수 있어야 한다는 생각을 갖고 있다. 그는 구국적인 역사 이야기나 영웅적인 인물의 생애를 그린 전기를 소설이라는 이름으로 소개하였고, 그것을 통해 위기에 처한 민족의 현실적 상황에 대처할 수 있는 강력한 이념을 제시하고자 하였던 것이다. 신채호가 지니고 있던 소설 내용의 윤리성에 대한 관심은 소설의 대중성에 대한 새로운 인식으로부터 비롯된 것이다. 소설은 일반 대중에게 널리 읽히고 있기 때문에 그 자체를 배격할 것이 아니라 계몽적 수단으로 이용해야 한다는 것이 신채호를 비롯한 당시 지식인들의 대체적인 견해이다. 신채호가 내세운 것은 소설의 윤리성의 회복과 새로운 시대사상의 수용인데, 이러한 소설 개혁의 방향은 당대적 현실

『서사건국지』

에 대응하기 위한 방법으로서의 의미를 갖는다고 할 것이다.

신채호가 이상적인 것으로 생각하고 있는 소설의 형태는 새로운 사상을 담을 수 있는 지식과 경륜의 문학이다. 그는 작가가 국민을 계도하는 입장에 서보다 신중하게 소설의 창작에 임할 것을 요구하기도 하였고, 시대가 요구하는 이상적인 인간상을 보여주면서 새 시대의 정신을 고취시켜 나아갈 것을 강조하고 있다. 이러한 소설관은 박은식이 「서사건국지(瑞士建國誌)」(1907)의 서문에서 소설이 한 나라의 인심과 풍속, 정치와 사상 등에 밀접한 연관성을 지니는 것이므로, '민지의 계도'와 '국성의 배양'을 기할 수 있는 방법이 될 수 있음도 지적한 것과 마찬가지의 주장이다. 그리고 「경국미담」(현공렴 역, 1908)의 역자 서문에서도 "여염에서 성람하는 소설이 부탄 허무하여 부녀와 목동의 담소하는 자료가 될 따름이요 지식과 경륜에는 일호유익이 없을 뿐더러 원대한 식견의 방해가 불무인 고로 백수촌옹이 야인을 감심하고 헌헌장부가 우맹을 면치 못하니 어찌 개탄치 아니하리오."라고 말한 것과도 일맥상통하는 것이다.

그런데 개화계몽시대의 직업적 문필가로 활동했던 이해조는 신채호의 경우와는 서로 다른 견해를 보여준다. 이해조는 전통적인 양반 가문에서 태어나 소년기에 한학을 수학했으나 서구 문물을 적극적으로 수용하면서 자기 변혁을 꾀한 인물이다. 그는 대중적인 상업신문으로서의 성격이 강한《제국신문》에 '신소설'을 발표함으로써 대중적인 인기를 모았으며, 일제 식민지시대에 접어든 후 총독부의 기관지가 된《매일신보》에도 계속 소설을 연재한 바 있다. 1910년을 전후하여 신소설의 전성기를 누리게 된 그는 점차 정치적인 색채를 벗어나 일상적인 소재를 바탕으로 한 통속적인 이야기로 신소설의 성격을 바꾸어 놓았다.

이해조의 소설관은 그의 소설「화의 혈」(1912)의 서언과 후기, 그리고「탄금대」(1912)의 후기에 잘 표현되어 있다. 그는 이 글들에서 소설의 본질적인 속성을 허구성과 사실성으로 구분하여 인식하고 있으며, 소설의 흥미를 강조함으로써, 개화계몽시대 신채호와 같은 작가들이 내세웠던 효용론적 소설관에서 크게 벗어나고 있다.

(가) 무릇 소설은 제재가 여러 가지라 한 가지 전례를 들어 말할 수없으니 혹 정치를 언론한 자도 있고 혹 정탐을 기록한 자도 있고 혹 사회를 비평한 자도 있고 혹 가정을 경계한 자도 있으며 기타 윤리 과학교제 등 인성의 천사만사 중 관계 아니되는 자이 없나니 상쾌하고 악착하고 슬프고 즐겁고 위태하고 우순 것이 모두 다 좋은 재료가 되어 기자의 붓끝을 따라 자미가 진진한 소설이 되나 (……)「花의 血」이라 하는소설을 새로 저술할 새 허언낭설은 한 구절도 기록지 아니하고 정녕히있는 일동일정은 일호 차착 없이 편집하노니 기자의 재조가 민첩지못함으로 문장의 광채는 황홀치 못할지언정 사실은 적확하여 눈으로 그사람을 보고 귀로 그 사정을 듣는 듯하여 선악간 족히 밝은 거울이될만할까 하노라.

—「화의 혈」서언

(나) 기자왈 소설이라 하는 것은 매양 빙공착영(憑空捉影)으로 인정에 맞도록 편집하여 풍속을 교정하고 사회를 경성하는 것이 제일 목전인 중 그와 방불한 사람과 사실이 있고 보면 애독하시는 열위 부인 신사의 진진한 자미가 일층 더 생길 것이오 그 사람이 회개하고 그 사실을 경계하는 좋은 영향도 없지 아니할지라. 고로 본 기자는 이 소설을 기록함에 스스로 그 자미와 그 영향이 있음을 바라고 또 바라노라.

―「화의 혈」 후기

　　(다) 기자 소설을 저술함에 이미 십여 재 광음이라 날로 붓을 들어 수천 만언을 기록함이 실로 지리 신산함을 왕왕 견디기 어려운 때가 많으나 한갓 결심하기를 아모쪼록 힘과 정신을 일층 더하여 악한 자를 징계하고 착한 자를 찬양하여 혹 직설도 하며 혹 풍자도 하여 사람에칠정에 각출될 만한 공전절후의 신소설을 저술코자 하나 매양 붓을 들고 종이에 임함에 생각이 삭막하고 문견이 고루하여 마음과 글이 같지못하므로 애독제씨의 진진한 취미를 돕지 못하였도다. (……) 소설에 성질이 눈에 뵈이고 귀에 들리는 실척만 더러 기록하면 취미도 없을 뿐아니라 한 기사에 지나지 못할 터인즉 소설이라는 명칭할 것이 없고…….

―「탄금대」 후기

　앞의 인용에서 볼 수 있는 것처럼, 이해조의 견해에 따르면 소설은 인간의 생활 전반을 포함할 수 있다. 그러나 이러한 여러 소재 중에서 그가 내세우고 있는 것은 옛 사람의 지나간 자취나 형질 없는 허무한 것이 아니라 현실에 있는 사람의 실제적인 모습이다. 그리고 그 하나하나의 사실을 눈으로 보고 귀로 그 사정을 듣는 듯이 그려내야만 한다. 소설의 내용 중 허언과 낭설을 용납하지 않겠다는 그의 견해에는 두 가지의 뜻이 포함되어 있다. 하나는 사실적인 소재를 내세움으로써 독자들의 신기성에 대한 호기심을 자극할 수 있다는 점이며, 다른 하나는 소설 속의 이야기의 비현실적인 속성을 비판하기 위한 것이라 하겠다. 그러나 그는 소설이란 '빙공착영(憑空捉影)'으로 인정에 맞도록 편집하는 것임을 주장한다. 눈에 보이고 귀에 들리는 것만 기록한다면 그것은 소설이 아니다. 여기서 바로 소설의 허구성에 대한 인식이 나타난다. 특히 소설 속에서 사건의 결말을 지루하게 기록하지 않고 독자들에게 상상의 여지를 남겨 주어야 한다는 그의 견해는 소설 구성의 원칙을 그 나름대로 정립해 나가고 있음을 보여주는 근거가 된다.

이해조가 앞의 글에서 소설의 목적을 '영향' 과 '재미' 라는 두 가지 측면으로 구분하여 놓은 것은 흥미 있는 사실이다. 소설의 영향이란 풍속을 교정하고 사회를 경성하는 것이므로, 소설이 갖는 사회적 효용성을 뜻하는 것이다. 그런데 소설의 기능에 대한 그의 견해는 자주 독립과 문명개화라는 현실문제에 깊은 관심을 보였던 신채호 등의 관점과는 상당한 차이를 보여주고 있다. 일제의 침략과 함께 개화계몽운동이 실질적으로 퇴조하게 되자, 애국심의 분발, 자주 독립에 대한 강한 의지는 점차 소극적인 계몽주의로 그 성격이 변질된 것이다. 이해조가 내세운 소설의 사회적 영향이라는 것이 고작해서 풍속의 교정과 사회에 대한 경성에 머무르게 된 점은 이러한 시대적 상황을 잘 말해주는 셈이다.

이해조의 주장 가운데 특기할 만한 것은 소설의 '재미' 라는 흥미성을 지적한 점이다. 그는 대중성을 바탕으로 한 '재미' 에 큰 관심을 기울임으로써, 소설의 독자들이 '재미' 를 느낄 수 있도록 하기 위한 실감 있는 표현을 문제 삼기도 하였다. 소설의 흥미성은 소설의 목적 자체는 아니지만, 각양각색의 독자들이 비슷하게 느낄 수 있는 재미의 요소를 담아야 한다는 것은 당연한 일이다.

신소설이라는 이름으로 불렸던 소설 양식은 이해조 이후 사회적 이념의 구현이라는 초기의 선도적 기능을 점차 잃게 되었다. 그리고 작자들의 새로운 창작적 욕구가 뒷받침되지 못함으로써, 재미를 추구하는 독자들의 욕구대로 개인적 취향물로서의 통속적인 이야기책으로 변모되기에 이르렀다. 이해조와 같은 작가들이 보여준 소설의 재미에 대한 관심은 이른바 신소설의 사회 계몽적 기능을 약화시킨 대신, 그 방향을 개인적인 취향문제로 전환시켜 놓았다고 할 수 있다. 작가가 자신이 현실에 대한 인식을 바탕으로 독자를 이끌어가는 입장을 버리고, 독자들의 흥미와 그들의 취미 기준에 맞는 작품을 쓰고자 노력했다는 것은 일제 식민지시대에 들어서면서 나타나기 시작한 신소설의 급격한 통속화 과정을 말해주는 것이다.

전기 양식과 영웅적 인간상의 창조

개화계몽시대의 신소설이라고 지칭된 서사 양식 가운데 먼저 주목할 필요가 있는 것이 영웅적 인물의 일생을 그려낸 전기이다. 이 시기에 영웅 전기가 대중적인 관심의 대상이 된 것은 한국 사회가 개항 이후 외세의 침략 위기에 직면하면서 국가의 자주 독립과 민족 공동체 의식의 정립을 요구하게 된 상황과 연관된다. 특히 일본과 강제 체결된 을사조약(1905)과 조선 통감부의 설치(1906)를 통해 일본이라는 침략적 외세의 실체가 구체화된 점을 주목할 필요가 있다. 영웅 전기는 국가와 민족의 위기 상황에서 요구되는 영웅적 인간상을 서사적으로 구현하는 데에 목표를 둔다. 영웅 전기는 서사의 내용 자체가 경험적 실재성에 근거하여 역사적으로 존재했던 한 인물의 삶과 그 인간성의 탐구에 주력한다는 점이 특징이다. 영웅적 인물을 둘러싸고 있는 시대적 상황과 함께 그 속에서 이루어지는 역사적 경험으로서의 인물의 삶 자체를 이해하고 그 경험을 통해 이상적 가치를 추구하는 데에 관심을 기울인다. 영웅 전기는 인물을 둘러싸고 있는 역사적 상황과 함께 그 속에서 이루어지는 인물의 삶 자체를 대상으로 한다고 할 수 있다. 그리고 인물의 삶에서도 실재성 자체에 대한 입증보다는 그 삶 속에 담겨진 인간적 풍모와 그 구현을 중요시하기 때문에, 역사적 경험으로서의 인물의 삶 자체에 대한 이해만이 아니라 그 경험을 통한 이상적 가치의 추구에 더 큰 관심을 부여한

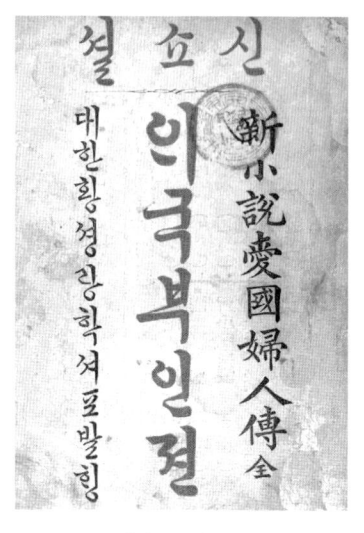

「애국부인전」

다. 그러므로 영웅 전기는 역사적 경험성에 대한 해석과 이상적 가치의 추구 과정 자체가 역사소설과는 확연히 구분되는 서사적 담론 공간을 형성하고 있는 것이다.

개화계몽시대의 영웅 전기는 장지연의 「애국부인전」(1907), 신채호의 「을지문덕」(1908), 「수군제일위인 이순신전」(1908), 「동국거걸 최도통전」(1910), 박은식의 「천개소문전」(1911) 등을 들 수 있다. 그리고 일본과 중국에 널리 소개되었던 서양의 역사 영웅 전기를 번역 출판한 「비사맥전」(1907), 「라란부인전」(1907), 「이태리건국삼걸전」(1908), 「화성돈전」(1908) 등이 있다.

장지연의 「애국부인전」은 프랑스 백년전쟁 당시의 여성 영웅이었던 잔다르크의 일생을 그린 것이다. 주인공 잔 다르크는 가난한 농가의 외동딸로 태어났지만, 영국의 침략으로 불란서가 위기에 처하자 직접 전쟁에 나아가게 된다. 잔 다르크가 용맹을 날리면서 영국군에 대항하자, 모든 백성들이 이에 고무되어 함께 싸운다. 그런데 잔 다르크는 영국군과 내통한 불란서 장수의 속임수에 걸려 포로가 되고 결국 화형에 처해진다. 불란서 국민은 잔다르크의 애국심을 본받아 일심으로 영국에 대항하여 국가를 위기에서 구하게 된다. 이 작품에서 작가가 가장 주목하고 있는 것은 침략적인 외세로서의 영국군과 위기에 몰려 있는 불란서의 상황이다. 이 같은 역사적 상황은 통감부의 설치 이후 일제의 침략 위협에 처해 있던 당시 한국의 현실을 우의적으로 드러낸다. 그리고 잔 다르크의 용맹과 애국 충정을 그대로 본받아 국가의 자주 독립이 위협받고 있는 상황에 모두가 힘을 합쳐 대응해야 함을 역설하고 있는 것이다.

신채호는 중국 양계초가 저술한 「이태리건국삼걸전」을 번역 출간하여 이 탈리아의 독립을 이끌어낸 애국적인 영웅의 활동상을 소개한다. 그리고 외세의 침략 위협에서 민족과 국가를 구출할 수 있는 영웅적 인간상을 제시하기 위해 한국의 역사 속에서 민족을 위해 싸운 을지문덕, 최영, 이순신과 같은 영웅을 찾아내고 있다. 「을지문덕」은 고구려 시대의 장군 을지문덕의 행적을 서술한 전기이다. 이 작품에서 가장 중요시되고 있는 것은 중국의 침략에 굴하지 않고 만주의 넓은 땅을 차지하여 민족의 웅혼한 기백을 자랑한 그 기상이다. 바로 이 웅건한 기상을 다시 불러일으켜 시들어 가는 국가와 민족의 형세를 일으켜 세우고자 하는 것이 이 작품의 의도이다. 「수군제일위인 이순신전」이나 「동국거걸 최도통전」의 경우도 「을지문덕」과 흡사한 영웅 전기의 서사구조를 유지하고 있다. 이 작품들은 모두 국가와 민족이 존망의 위기에 처하게 되었을 때에 영웅적인 인물이 민족의 내부에서 출현하여 그 위기를 극복하기 위해 투쟁한다는 데에 초점을 맞추고 있다. 이러한 상황과 인물의 설정은 개화계몽시대 한국이 직면하고 있던 외세의 침략 위협을 우회적으로 설명하기 위한 서사적 고안에 해당한다. 특히 주체로서의 민족의 역량을 강조하고 당대 현실에 팽배하여 있던 패배주의적 역사 인식을 거부한 것은 이들 작품에 담겨 있는 민족주의적 성격을 확인할 수 있게 한다.

개화계몽시대의 영웅 전기는 두 가지의 특징을 보여준다. 하나는 국가와 민족의 존망의 위기를 이야기의 배경으로 드러내고 있다는 점이며, 다른 하나는 그 위기를 극복해 나아갈 수 있는 길을 제시하고 있는 영웅적인 인물이 민족의 내부에서 출현하여 민족적 역량을 모두 집결시킨다는 점이다. 이 같은 상황의 설정과 인물의 제시 방법은 이 시기의 전기 양식이 지니고 있는 서사적인 특성이지만, 과거의 역사 속에서 민족의 위기 극복의 능력을 제시한다는 점에서 외세의 침략이라는 당대적 위기 상황에 대한 우회적인 인식의 표현이라고 할 수 있다. 영웅 전기에서 가장 중시되고 있는 것은 일본적 식민주의 담론이 만들어낸 조선 보호론 자체를 거부하는 일이다. 이것은 일본의 실체를 타기해야 할 침략적인 외세로서의 타자로 인식하는 논리에 의거하는 것이다. 이 경우에 주체로서의 민족이 강조된다. 그러므로 과거의 역사 속에서 민족이 주체적 역량을 발휘하여 역사적 위기를 타개하였던 사례를 찾아내고, 그것을 통해 민족 공동체에 대한 의식을 강조하게 되는 것이다. 구국적인 민족의 영웅의 출현을 강조한 것도 현실의 위기를 타개할 수 있는 가능성이 외세 의존적인 보호를 통해서가 아니라 주체적인 민족의 내부 역량의 구현에 의해 찾아진다는 점을 주장하기 위한 것으로 볼 수 있다. 이 같은 논리는 당대의 현실에 팽배하여 있던 패배주의적인 역사 인식의 방법을 거부하고 나아가서는 반식민주의적인 담론 구성에 앞장서고 있다는 점에서 그 민족주의적 성격을 확인하게 된다.

그런데 이 같은 개화계몽시대의 영웅 전기는 그 담론의 반식민주의적 성격으로 인해 탄압 대상이 된다. 일본 통감부의 설치 이후 반일적인 언론을 규제하기 위해 만들어낸 광고 신문지법과 출판법이 이 같은 전기의 출판 발매를 금지하고 기존의 출판물조차 모두 압수해 버렸기 때문이다. 이 같은 검열 제도는 일본에 대해 비판적인 서사 담론의 정치성을 원천적으로 봉쇄하는 것으로서 식민지시대에 들어서면서부터는 철저하게 시행되었던 것이다. 그러므로 한국문학사에서 전기 양식의 서사적 전통이 식민지시대부터 더 이상 유지되지 못한다. 그리고 서사 담론의 질서 자체가 통속적인 신소설 중심으로 재편되는 왜곡 상태를 드러내게 된다.

우화와 풍자의 비판정신

개화계몽시대의 서사 양식 가운데 당대 신문 잡지의 논설과 함께 계몽의식과 사회 비판 의식을 가장 강렬하게 표출하였던 것이 우화와 풍자이다. 우화와 풍자는 인물이라든지 서사 구조라든지 하는 어떤 서사의 요건에 의해서가 아니라 말하기 방식 자체를 통해 당대 사회의 지배 담론의 논리적 모순을 비판하고 이를 해체시키고자 한다. 그런데 이들 양식은 기존의 신소설 연구에서 독자적인 장르로서의 의미를 제대로 부여받지 못하고 대개 신소설의 범주 속에서 다루어져 왔다. 우화와 풍자는 서사 구성의 핵심이 되는 인물의 설정이라든지 시간과 공간의 구성 등이 소설의 경우와는 달리 유형적이거나 규범적이며 서사 구성 자체도 개방적인 것이 특징이다. 이 같은 특징으로 인하여 우화와 풍자는 그 장르적인 속성이나 서사 구조 자체가 신소설과는 서로 구별되는 양식이라고 할 수 있다.

개화계몽시대의 우화는 사회 윤리적인 차원에서 문제가 되는 지적 도덕적 요구에 의해 당대의 시대정신을 강렬하게 대변하는 문학 양식으로 자리 잡고 있다. 우화는 당대의 현실에서 문제가 되고 있는 인간 행동의 규범이나 도덕적 명제를 중심으로 서사가 성립된다. 외세의 침략 위기에 대한 경각심을 심어 주거나, 부패한 관료들을 비판하고 타락한 현실을 경계하는 데에 있어서 우화의 교훈적 기능이 중시되었다고 할 것이다. 우화의 주인공들은 모두 동물이다. 인간의 경지에 오르지 못한 동물은 미개성과 야만성의 표상으로 내세워진 것이다. 그러나 실상의 내용을 보면 동물들의 세계가 보여주는 미개와 야만이 오히려 그보다 못한 인간의 모습을 풍자한다는 것을 알 수 있다. 특히 약육강식의 논리와 우승열패의 주장으로 제국주의적 식민지 지배를 합리화했던 식민주의의 논리가 이들 우화를 통해 여지없이 허구임을 드러내게 된다.

신채호가 발표한 「꿈하늘」은 이야기의 주인공으로 '한놈'이라는 인물을 내세운다. 이 허구적인 인물이 벌이는 행위의 시간적 배경을 1907년경으로 설정한 것은 민족의 시대적 위기를 구체적으로 제시하기 위한 서사적 고안으로 보인다. 그러나 한놈이 보여주는 행위의 공간은 전혀 가상적인 세계이다. 여기서는 '님나라'라고 지칭되어 있는데, 역사의 시공을 넘나들 수 있는 천상의 세계로 설정되어 있다. 한놈은 이 천상의 세계에서 먼저 을지문덕을 만난다. 그리고 을지문덕이 천상계에서도 여전히 수양제와 격렬하게 투쟁하며 승리하는 모습을 보고 그로부터 민족 내부의 분열과 갈등을 극복해야만 외부의 적을 물리칠 수 있다는 귀중한 교훈을 얻는다. 한놈이 만난 또 하나의 인물은 왜장 풍신수길이다. 한놈은 보검을 얻어 일본의 풍신수길과 대결하지만, 풍신수길이 갑자기 미인으로 변모하자 이에 현혹되어 지옥으로 떨어진다. 그는 지옥에서 나라를 팔아먹은 자들이 당하는 고통을 경험하고 역사의 심판을 받는다. 그리고 강감찬을 만나서야 그 지옥으로부터 벗어난다. 한놈이 다시 도달한 곳은 단군왕검이 있는 곳이다. 그곳에는 역사상 유명한 애국지사들이 모두 모여 있다. 여기서 한놈은 외래 사상에 물들어 자기 주체성을 잃고 흐려진 하늘의 먼지를 실어내는 일을 맡기도 한다. 역사 속에서 살아남는 자와 패망하는 자를 대비적으로 제시하고 있는 이 작품의 주인공인 한놈이라는 인물은 서사 구조 내부에서 직접적으로 행동하는 행위자이면서 동시에 서술자가 되기도 한다. 역사의 승리와 패배를 스스로 보여주는 이 같은 인물의 형상은 담론의 우의적 구성을 통해서만 구현이 가능하다. 이 작품에서 서사 담론의 정치성이 가장 분명하게 드러나고 있는 것은 역사의 승리를 위해 자기 내부의 결속이 중요하며, 올바른 주체를 확립해야 한다는 점을 강조하는 부분이다. 구한말의 정치적 위기 현실이라는 구체적인 시대적 상황을 전제로 하여 구성된 담론의 정치성이 바로 이 같은 주제를 가능하게 하고 있다는 점에서 이 작품이 지니는 역사적 의미를 이해할 수 있다.

안국선의 「금수회의록」(1908)은 꿈이라는 장치를 활용하여 우화적인 공간을 설정하고, 이 공간에 동물들을 주인공으로 등장시킴으로써 우화로서의 성격을 더욱 분명하게 드러내고 있다. 그리고 연설을 통한 현실 비판이라는 풍자적 요소도 함께 담고 있다. 이 작품에서 설정하고 있는 꿈이라는 가상공간은 이미 고전소설의 세계에서도 흔하게 보였던 서사적인 고안이다. 이 같은 형식의 작품들은 현실의 문제를 꿈이라는 가상의 공간에 가탁하여 담론화한다는 점에서 우화로서의 성격을 유지하고 있는 것이다. 물론「금수회의록」은 꿈이라는 우화적인 장치 이외에도 인간의 행태를 동물의 경우에 가탁

한다는 우화의 본질적인 속성을 갖고 있다. 「금수회의록」은 흔히 볼 수 있는 우화라는 서사 양식에 연설의 방법을 채용함으로써 계몽적 담론으로서의 정치성을 더욱 분명하게 드러낸다. 「금수회의록」의 전체 내용은 '나' 라는 일인칭 관찰자(인간)가 꿈속에서 인류를 논박하는 동물들의 연설회장에 들어가 보고 들은 내용을 기록한 것으로 되어 있다. 동물들이 연단에 나서서 행한 인간에 대한 비판과 공격은 모두 전형적인 연설의 절차를 거쳐서 이루어진다. 모든 연설은 각각의 동물들이 지니고 있는 습성을 통해 추상적인 내용을 직접적이고도 구체적으로 전달할 수 있도록 되어 있기 때문에, 작품 전체의 풍자적인 의식이 잘 드러나고 있다.

개화계몽시대의 풍자 양식은 행위와 성격, 사건과 배경에 의해 의미를 구성하는 일반적인 서사와는 구별된다. 풍자의 경우에도 인물이 등장하고 인물의 실재성을 부여하기 위해 시간과 공간을 제시한다. 그러나 이것은 모두 일종의 서사적 장치에 불과하다. 중요한 것은 담론을 구성하는 말 자체이다. 풍자는 등장인물이 어떤 주제에 대하여 토론하거나 묻고 대답하는 형식으로 되어 있다. 주제에 대한 문답이나 토론이 위주가 되기 때문에, 배경이나 상황의 설정은 모두 하나의 수사적인 장치에 지나지 않으며, 인물의 행동이나 사건이라는 것이 전혀 무의미하다. 풍자에서 대화와 토론의 주제는 식민지화 과정에서 비롯된 훼손된 삶의 가치문제가 중심을 이룬다. 풍자는 말에 의해 이루어지기 때문에 말 자체의 논리성과 공격성이 중요하다. 개화계몽시대의 풍자는 현실 속에 자리 잡고 있는 식민주의 담론 구조의 모순을 지적 비판하는 대목에서 그 정치성을 잘 보여주고 있다. 《대한매일신보》의 「쇼경과 안즘방이 문답」(1905), 「향노방문의생」(1905), 「거부오해」(1906), 「시사문답」(1906), 《대한민보》의 「절영신화」(1909), 「병인간친회록」(1909) 등이 대표적인 것들이다.

「소경과 안즘방이 문답」은 인물의 설정 자체에서부터 두 인물의 대화 내용에 이르기까지 이 시기의 풍자 양식의 전형을 이루고 있다. 이 작품의 등장인물은 복술을 하는 장님과 망건을 만드는 앉은뱅이다. 이들은 모두 새로운 사회 개혁의 물결 속에서 소외된 인물들이다. 장님은 미신 타파의 계몽으로 점을 치는 손님이 적어져서 수입을 올리지 못하고 있으며, 망건장이인 앉은뱅이는 단발령으로 남자들이 머리를 짧게 깎는 바람에 망건의 수요가 점차 줄어들어 제대로 돈을 벌지 못하고 있는 형편이다. 이러한 특이한 인물과 상황의 설정은 이들을 소외시켜 버린 개화의 실상에 대해 두 인물이 주고받는 대화 내용에 의해 더욱 희화화되고 있다. 이 작품에서 두 인물이 화제에 올린 개화의 풍경은 부패 관료의 매관매직과 악정이다. 그리고 이들은 말로만 요란하게 떠들고 내실을 기하지 못하는 형식적인 개명 개화를 비판한다. 사회 전체의 발전을 위해 개화의 명분과 실제를 모두 살려야만 한다는 이들의 주장은 자못 비장하다. 이들이 문제 삼고 있는 또 하나의 개화의 풍경은 대외적인 면이다. 이들은 개화라는 것이 결국 국가와 민족을 외세의 횡포와 침략 위협으로 밀어놓고 있음을 비판한다. 물론 그 근본적인 이유는 정부의 각부 대신들이 주체적인 역량이 없이 모두 일본에 의존하여 을사조약에 따라 조선의 외교권을 일본에게 양도하고 통감부를 설치하여 국가 경영의 자주권을 잃게 만든 데에 있다. 그러므로 이들은 매국적인 관료들의 행태를 비판하면서 외세의 침략 위협에 대한 경계를 강하게 드러낸다. 그리고 진정한 자주 독립을 위해 실질적인 개혁과 개화가 이루어져야 함을 강조하고 있다.

  개화계몽시대 우화와 풍자의 주인공은 정상적인 인간과는 거리가 있는 동물이거나 장애인들이다. 그러나 이들 주인공들이 보여주는 언행은 정상의 인간들보다 오히려 지적 도덕적인 우위를 점하고 있는 것으로 나타난다. 우화 풍자는 그 우의적인 말하기 방식을 통해 식민주의 담론을 구성하고 있는 주요 개념을 모두 왜곡시킴으로써 그 권위를 여지없이 추락시켜 놓는다. 이뿐만 아니라 우화와 풍자는 민족의 공동체의식이 구현될 수 있는 특이한 대화적 공간을 제시한다. 이 상상의 공간에서 모든 어려운 조건을 지닌 주인공들이 함께 모이며 함께 자신들의 의견을 자유롭게 이야기한다. 이 같은 기획은 훼손된 민족 공동체의 구현을 목표로 한다는 점에서 반식민주의적 성격을 강하게 드러내는 것이다.

신소설과 개인의 운명

개화계몽시대의 전기, 신소설, 우화, 풍자 등의 서사 양식 가운데 신소설이 가장 대중적이면서도 지속적인 것이었다고 할 수 있다. 신소설은 현대소설이 요구하는 사실성과 허구성의 전체적인 조화에는 도달하지 못하고 있지만, 현대소설이 지닐 수 있는 허구적 서사의 요건을 구비하고 있다. 그러므로 신소설은 전대의 고전소설과의 소설사적인 연관성을 생각할 경우 한국 현대소설의 초기 형태로서 그 소설사적 의의를 인정받게 되는 것이다.

개화계몽시대 신소설은 이인직의 「혈의 누」(1906)가 발표된 후 여러 작품이 신문에 연재되면서 대중적으로 확대된다. 이인직은 「귀의 성」(1906), 「치악산」(1908), 「은세계」(1908) 등을 잇달아 발표하면서 신소설 작가로서의 지위를 분명히 하고 있다. 이인직의 신소설을 대표하는 「혈의 누」는 조선 말기 청일전쟁을 겪은 평양의 한 가족을 중심으로 하고 있다. 이 작품의 주인공 '옥련'은 전란 속에 부모와 서로 헤어진 후 홀로 헤매다가 일본 군인의 도움으로 구출된다. 그리고 부모를 찾을 수 없게 되자, 일본으로 보내진다. 옥련은 일본에서 행복하게 성장하게 된다. 그녀가 일본에서 위기에 처했을 때 나타난 것은 조선인 유학생 '구완서'이다. 옥련은 다시 구완서를 따라 미국으로 건너가며, 미국에서 근대적인 문물을 익힌다. 이 소설의 이야기는 여주인공이 미국에서의 공부를 마치고 구완서와 약혼한 후 그 부모를 찾을 수 있게 된다는 것으로 끝이 난다. 여주인공과 가족 간의 이산과 상봉이라는 이야기의 짜임새를 놓고 본다면, 이 소설의 서사 구조는 전대의 고전소설에서도 흔히 볼 수 있었던 가족이합에 따른 고난과 행복의 유형 구조를 보여준다. 그러나 소설 「혈의 누」에서 주목해야 할 것은 일본적 식민주의 담론의 소설화

『화의 혈』

과정이다. 이 소설에서 청일전쟁의 장면을 이야기의 출발점으로 삼고 있다는 사실은 매우 중요하다. 이것은 이인직이 지니고 있는 정치적 현실 감각을 말해주는 대목이기 때문이다. 청일전쟁은 조선에 대한 지배력을 쟁취하기 위한 청국과 일본의 전쟁이다. 일본은 이 전쟁의 승리로 새로운 강자로 등장하였으며, 청국으로부터 요동반도를 보상받고 청국의 조선에 대한 정치적 간섭을 배제하게 된다. 신소설 「혈의 누」는 전란을 겪은 조선인 가족에게 새로운 삶의 가능성이 열리고 있음을 보여준다. 일본 군대가 조선에 주둔해 있던 청나라의 군사들을 물리친 후 전란 속에서 헤매며 자기 갈 길을 찾지 못하는 조선인에게 힘을 주고 새로운 길을 제시해 주는 구원자로 등장하고 있는 것이다. 일본은 새로운 강자로서 조선에 군림하는 것이 아니라, 조선인들을 구원하고 보호하며 개화의 길로 안내하는 안내자의 모습으로 그려진다. 결국 신소설 「혈의 누」는 일본이 의도적으로 강조했던 '조선보호'라는 정치적 담론을 긍정하면서 문명개화의 당위성을 주장하고 있는 셈이다. 이러한 논리야말로 친일적 입장에 서 있던 이인직에게는 가장 현실적인 선택이었다고 할 수 있다.

이해조는 《제국신문》의 기자로 활동하면서 이 신문에 많은 신소설을 발표한다. 그는 1907년 「고목화」와 「빈상설」을 연재한 후, 1909년 《제국신문》이 폐간될 때까지 「원앙도」(1908), 「구마검」(1908), 「홍도화」(1908), 「만월대」(1908), 「쌍옥적」(1909), 「목단병」(1909) 등을 잇달아 발표하여 신소설의 대중화에 기여하였으며, 일본 식민지시대 초기에 「화의 혈」(1911), 「소양정」(1911), 「탄금대」(1912), 「춘외춘」(1912), 「구의산」(1912) 등을 내놓았다. 이 작품들은 당시의 사회적 현실을 작품 세계 속에 절실한 삶의 문제로 부각시키지 못한 점이 지적되고 있지만, 과도기적인 시대적 상황을 특이한 갈등의 양상으로 포착해 낸 소설적 형상화 방법이 특기할 만하다. 그가 신소설의 대중적 기반을 확립하는 데에 크게 공헌하였다는 평가를 받는 것은 이 때문이다. 그의 작품은 이 밖에도「자유종」(1910)과 같은 정론적인 성격의 풍자 양식도 있고, 판소리「춘향가」, 「심청가」, 「흥부가」 등을「옥중화」(1912),「강상련」(1912),「연의 각」(1912)으로 개작한 것도 있으며,「화성돈전」(1908)과 같은 전기를 번역 소개한 것도 있다. 이해조의 신소설에 자주 등장하고 있는 이야기는 본처와 첩실 사이의 갈등, 전처소생에 대한 계모의 박대 등에 이어지는 가정의 파탄이다. 첩실이 본처를 음해하고 계모가 본처 소생의 자녀를 학대하여 가정의 불행을 초래한다는 것은 낡은 소재이지만, 이 낡은 소재를 바탕으로 이해조는 새로운 흥미를 창조한다. 그것은 악덕과 음모가 얼마나 악랄한가를 과장적으로 묘사하는 데에서부터 시작하여 그 이야기의 흐름에 의외의 반전을 준비하는 구성 방식에서 비롯된다. 물론 이해조의 소설은 사회적 풍속과 세태의 변화에 민감하게 반응하고 있다. 미신에 유혹되어 패가망신하는 이야기를 그린다거나 과부의 개가 문제에 대해서도 진보적인 견해를 보여주기도 한다. 하지만 이해조의 신소설 속에 등장하는 인물들의 삶의 과정은 대체로 낡은 관습에 의존하여 이루어지고 있다. 어떤 이야기에서 주인공이 일본이나 미국으로 건너가 새로운 학문을 배운다고 하더라도 그 신학문이라는 것의 실체도 없고, 그 구체적인 실천과정도 나타나지 않는다. 일본 유학이니 신교육이니 하는 것은 모두 일종의 주변적인 소설적 장치로 활용되고 있을 뿐이다.

최찬식의 경우는 일제 식민지시대에 접어든 1910년대에 신소설을 발표하기 시작하여「추월색」(1912),「해안」(1914),「금강문」(1914),「안의 성」(1914),「도화원」(1916),「능라도」(1919) 등을 발표한 바 있다. 이해조의 신소설이 통속적인 가정소설로 대중적인 기반을 확대하는 동안 최찬식의 경우도 청춘남녀의 애정 갈등과 그와 관련되는 사회 윤리 문제를 다루면서 독자 대중의 흥미

『추월색』

와 관심을 이끌게 된다. 그의 소설에 나타나는 신교육에 대한 관심이나 새로운 결혼관 등은 표면적으로는 전통적 윤리에 눌려 있던 인간의 개성을 옹호하는 근대 지향성을 나타내는 것처럼 보이기도 한다. 그러나 식민지시대의 억압적인 통치 질서에 안주하면서 개인의 안위와 행복만을 추구하는 폐쇄적 욕망구조를 노정하고 있는 것을 부인하기 어렵다.

신소설의 주인공은 일상적 현실 속의 개인이다. 이것은 신소설이 개인적인 운명의 양상을 추구하는 서사임을 말한다. 신소설의 등장인물은 일상의 세계 속에서 자신의 운명을 스스로 살아야 한다. 이들의 운명은 신에 의해서 계시되는 것이 아니라 자신들의 삶의 방식에 의해서 결정된다. 신소설에 이르러서야 운명이라는 것이 비로소 인간의 몫이 된다. 신소설에서 이야기의 중심을 이루고 있는 서사 공간은 주로 가정이라는 혈연적 사회이다. 신소설의 서사는 주로 봉건 사회 제도를 지탱해 온 가정이라는 혈연적 사회가 파괴되는 과정에서 드러나는 개인의 문제들을 중심으로 이루어진다. 조선 사회에서 가장 완고하게 제도로서의 가족 또는 가정을 지켜준 도덕적 관념들이 무너지기 시작하면서 가족 구성원으로서의 개인의 위치가 불안정한 상태에 빠지게 되자, 신소설은 이 불안정한 위치의 개인적 운명을 새롭게 서사화하고 있다. 「혈의 누」에서는 전쟁으로 인해 한 가정이 붕괴되고, 「은세계」에서는 탐관오리의 학정에 의해 한 가정이 파탄에 이른다. 그러나 이 작품들의 결말을 보면, 해외 유학에서 돌아온 주인공들이 다시 가족 또는 가정이라는 혈연적 사회의 재결합에 집착하면서 아무런 구체적인 사회적 삶을 보여주지 못한다. 신소설의 주인공은 개인적인 주체의 확립이라는 중요한 변화의 단계에 접어들어 있으면서도 사회적 존재로서의 개인의 의미를 제대로 구현하지 못하고 있다는 것을 여기서 확인할 수 있다. 물론, 개화계몽시대의 사회 현실 자체도 문제이다. 신소설의 시대는 개인의 삶과 그 존재 의미가 사회적인 요건에 의해 규정되고, 그 사회적인 요건들이 다시 개인의 삶에 의해 새롭게 규정되는 근대적인 사회에는 아직 이르지 못하고 있는 것이다.

4. 현대시의 형성

국문 글쓰기와 시가 개혁

개화계몽시대 국문 글쓰기의 확대는 전통 문학 양식에 대한 새로운 개혁으로 이어진다. 현실 사회에 대한 계몽을 위주로 하는 소설의 개혁을 논하기도 하고, 새로운 민족의식의 정화로서 시의 개혁을 주장하기도 한다. 《대한매일신보》에 발표된 「천희당(天喜堂)시화(詩話)」(1909)[19]와 같은 글은 이 시기의 새로운 시가 개혁론의 성격과 방향을 이해할 수 있는 중요한 단서가 된다. 이 글은 전통적 한문 시화(詩話)의 변형이라고 할 수 있지만, 시의 본질과 그 기능, 시의 현황과 문제점, 시 개혁의 방향, 그리고 시인의 위치와 사명 등을 서술하고 있다.

> 詩란 者는 國民言語의 精華라. 故로 强武혼 國民은 其詩로브터 强武ᄒ며, 文弱혼 國民은 其詩브터 文弱ᄒᄂ니, 一國의 盛衰治亂은 大抵 其國詩에서 可驗훌지요 又 其國의 文弱을 回ᄒ야 强武에 入코자 홀진ᄃᆡ 不可不 其文弱혼 國詩브터 改良훌지라. 余가 近世 我國에 流行ᄒᄂᆫ 詩歌를 觀ᄒ

건디 太半 流靡 淫蕩ᄒ야 風俗의 腐敗만 釀홀지니, 世道에 關心ᄒᄂᆫ 者가 汲汲히 其 改良을 謀홈이 (중략) 詩歌ᄂᆫ 人의 感精을 陶融홈으로 目的ᄒᄂ니 宜乎 國字로 多用ᄒ고 國語로 成句ᄒ야 婦人 幼兒도 一讀에 皆曉ᄒ도록 注意ᄒ여야 國民 知識 普及에 效力이 乃有홀지어눌, 近日에 各學校用 歌를 聞ᄒᆫ즉 漢字를 雜用홈이 太多ᄒ야 唱ᄒᄂᆫ 學童이 其趣味를 不悟ᄒ며 聽ᄒᄂᆫ 行人이 其語意를 不知ᄒ니 是가 何等 效益이 有ᄒ리오.

앞의 인용에서 우선적으로 주목되는 것은 시의 본질 개념이다. 시란 국민 언어의 정화로서 인간의 여러 가지 감정 상태를 결합해 놓은 글이라고 규정하고 있다. 여기서 말하는 국민 언어의 정화란 그 국민의 언어로 만들어진 최고의 예술 형식을 뜻하는 것이다. 그러므로 이 글에서는 한문으로 이루어진 한시를 배격하고 있으며 국문 시의 중요성을 강조하고 있다.

「천희당시화」에서 주장하고 있는 시의 기능과 목적은 시의 도덕적 감화력과 사회적 효용성에 집약되고 있다. 이러한 관점은 조선시대 이전부터 한학자들이 중시해 온 시의 효용론적 가치를 그대로 이어온 것이다. 이 글에서는 특히 시의 정신과 국가의 흥망을 연결시켜 논함으로써 당대적 현실의 위기를 정신적으로 극복해 나아가기 위한 웅건한 시 정신의 확립을 강조하고 있다. 나라의 기상이 시 정신에 의해 좌우된다든지, 강한 국민은 그 시 정신의 강건함에서 비롯된다는 주장은 시적 감화력을 높이 평가하고 있는 것이라고 할 수 있다. 이 글에서 드러나고 있는 이와 같은 시적 기능에 대한 인식에 근거하여 볼 때, 당대의 시가는 그 정신이 위축되어 있으며, 유행하고 있는 시가라는 것도 퇴영적인 것이 대부분이라는 것이 현상적 진단이라고 할 것이다.

「천희당시화」에서 제시하고 있는 당대 시의 개혁 방안은 다음과 같은 세 가지 방향으로 집약된다. 첫째는 국문으로 시를 써야 한다는 주장이다. 이 주장은 이미 앞에서 검토한 바 있는 국어국문운동의 영향에서 비롯된 것으로 볼 수 있다. 국민 언어의 정화로서 시를 강조하고 있는 것은 민족의 고유한 심성이 그 민족의 언어와 문자에 의해 시로서 표현된다는 주장과 일치한다. 더구나 국어 국문이라는 시의 표현 매체를 강조하고 있기 때문에 국문 글쓰기에 의한 새로운 시 형태의 출현을 예상할 수 있는 것이다. 둘째는 시의 내용에 국민 사상을 진작시킬 수 있는 정신을 담아야 한다는 점이다. 이 주장은 시적 주제와 그 계몽적인 요건을 강조한 것이라고 할 수 있다. 시 정신의 흥성과 쇠망에 따라 나라의 흥망이 좌우된다고 하는 견해에서도 확인할 수 있는 것처럼, 새로운 지식과 시대정신과 가치를 시를 통해 전달해야만 한다. 이러한 시의 공리주의적 기능에 대한 강조로 인해 이 시기의 시는 개인적 서정성보다는 집단적 이념성을 지향하게 된다. 새로운 시의 세계는 강건한 국민적 기상을 내세우는 방향으로 그 주제 의식이 강조되고 있는 것이다. 셋째로 시의 새로운 형식을 발견해야 한다는 점이다. 시 개량의 방법 중에서 형식적 구투를 탈피해야 한다는 주장은 새로운 시 양식의 성립 가능성을 예견케 하는 중요한 요건이라고 할 수 있다.

이와 같은 세 가지 방향은 전통적인 국문 시가에 대한 새로운 개혁의 요구에 해당한다. 특히 한시의 존재 가치를 부정하고 국어 국문에 의해 이루어진 시 형태를 요구함으로써 국문 문학의 가치를 새롭게 인식하고 있는 점도 주목된다. 그런데 여기서 제기하고 있는 시 개혁론의 구체적인 실천 과정은 일제 침략 직전의 신문과 잡지에 발표된 전통적인 시가 형태인 가사와 시조의 변혁 과정에서 등장한 개화가사나 개화시조 등을 통해 확인해 볼 수 있다. 개화가사나 개화시조는 일반 민중들의 생활 속에 깊이 뿌리내리고 있는 전통적인 시가 양식의 형태를 빌려 민족의 독립에 대한 열망과 현실 정치에 대한 비판적인 의식을 표현하고 있다. 이러한 시가 형태는 민중들에게 익숙해 있는 율격을 활용하고 있기 때문에 그 주제 의식에 호소력을 부여할 수 있는 기능적 요건을 갖추고 있다. 특히 가사와 시조가 그 형식의 고정적인 틀에서 벗어나 새로운 변화를 보이고 있는 점을 주목해야 할 것이다. 바로 이러한 형태적 자유로움에 대한 모색이 자유시를 지향하는 작은 발단이 되고 있기 때문이다.

전통 시가 형식의 붕괴

개화계몽시대는 전통적인 시가의 양식적 변혁이 이루어지는 가운데 새로운 시 형식이 모색되는 시기이다. 조선시대 시가 양식의 주축을 이루었던 가사와 시조는 이 시기에 그 주제 내용과 형식에 있어서 새로운 분화를 보이고 있다. 이러한 변화는 당시에 국문 글쓰기를 기반으로 하여 새로이 등장한 신문 잡지가 가사와 시조를 널리 수록하면서 나타난다.

개화계몽시대 가사는 「창의가」와 같은 의병가사, 동학운동의 교리를 노래한 동학가사, 《독립신문》과 《대한매일신문》에 발표된 「애국가」 등과 같은 개화가사 등으로 소재 내용이 분화된다. 동학가사는 동학의 이념을 구현하고자 하는 종교적 성격이 강하며 주로 농민층의 동학교도들이 널리 암송했던 것으로 보인다. 의병가사는 의병 활동에 참여했던 보수적인 지식인들이 의병 활동을 널리 격려하기 위해 창작한 것이다. 개화가사는 진보적인 지식층에 의해 창작된 것으로 당대의 현실 문제와 관련된 주제를 중심으로 신문 잡지에 발표됨으로써 가장 폭넓은 독자층을 가지게 된다. 이 가사 양식은 전통적인 4·4조의 율격을 고수하면서도 그 주제 내용의 효과적인 전개를 위해 하나의 작품을 몇 개의 단락으로 구획하는 분장 형태를 취하고 있는 점이 특징이다.

개화가사의 형태적인 변화가 나타나기 시작한 것은 1910년을 전후한 시기부터이다. 이 시기에 개화가사는 4·4조의 율격이 무너지고 새로운 율격적인 패턴이 나타나게 된다. 이 새로운 변형된 시가를 흔히 창가라고 부른다. 최남선의 「경부철도가」(1908), 「세계일주가」(1914)와 같은 창가는 개화가사와는 달리 그 율격이 7·5조로 나타난다. 그리고 그 형태적인 면에서 길이도 제한이 없이 개방적이다. 창가는 최남선이 일본 유학 과정에서 받아들인 일본 창가의 영향 아래 성립된 것으로 생각된다. 그러나 창가는 독자적인 시가 양식으로서의 장르적 성격을 인정하기 어렵다. 창가의 범주에 속하는 작품들은 대부분 최남선의 개인적인 창작에 해당하며, 가사 형식의 변형에 속하는 것으로 볼 수 있기 때문이다.

개화계몽시대에 가사 양식과 함께 널리 창작된 것이 개화시조이다. 개화시조는 주로 신문과 잡지 등에 발표되었지만 대부분 그 작가가 정확하게 밝혀져 있지 않다. 대개 작품마다 제목이 붙어 있고 주로 단형시조의 형식을 취하고 있다. 개화시조는 창곡과 분리되어 그 전통적인 존재 방식이었던 음악과의 공존 관계를 벗어난다. 개화시조는 국문으로 창작되고 지상에 발표되고 널리 읽혀지면서 시로서의 새로운 출발을 기하게 되었던 것이다. 개화시조의 시적 형식의 변화는 최남선의 시조 창작에서 구체적으로 드러나고 있다. 최남선은 그가 편집 발간한 잡지《소년》을 통해 여러 편의 시조 작품을 발표하고 있는데, 평시조의 연작 형태인 연시조를 주로 창작하고 있다. 연작시조는 단형의 평시조를 중첩시켜 시적 형식과 주제 의식을 확장시켜 놓은 것으로, 단형시조로서의 평시조가 지니고 있는 형태적인 고정성과 제약성을 벗어나기 위한 것이라고 할 수 있다.

신시의 형식적 모색

개화계몽시대 현대시의 초기 형태는 가사나 시조의 형태에서 볼 수 있는 고정적인 형식에서 벗어나 새로운 시적 형식을 추구하는 과정을 통해 성립된다. 가사의 형식에서 나타나기 시작한 분장의 방식이라든지, 개화시조가 연시조의 형식을 통해 형태적 개방성을 추구하고 있는 점 등은 새로운 시 형식의 등장을 위한 예비 과정으로 볼 수 있다. 이러한 여러 변화가 시적 형식을 유기적인 형태로 이끌어 간 것이 바로 새로운 시 형태로서의 신시 또는 신체시라고 할 수 있다.

최남선의 개인적인 실험에 의해 시도된 새로운 시 형식으로서의 신시는 형태적인 면에서 개화가사의 형식적 개방성과 개화시조의 형식적 완결성을 결합한 새로운 절충적인 형태에 해당한다. 신시에서는 가사 형식의 개방성과는 달리 시적 형식의 완결성이 시도되고 있기 때문이다. 실제로 신시라는 이름으로 발표된 작품들은 어떤 일관된 고정적인 형식을 지니고 있는 것이 아니라 각 작품마다 개별적으로 완결성을 지닌 유기적인 시 형식을 확립하고 있다. 이 같은 신시의 형태적 모색이 결국 자유시형을 지향하는 것임을 여기서 확인할 수 있다. 그리고 이 새로운 시 형식의 모색 과정을 근대시 성립의 첫 단계로 규정하는 이유가 여기에 있다. 그러나 당시의 새로운 시 형식이 신체시라는 하나의 장르를 형성한다는 것에 대해서는 이론이 없지 않다. 그 이유는 이 무렵에 등장한 신체시라는 명칭이 특정의 문학적 양식과 그 경향에 대한 의식적인 호칭이 아니라 일반적인 개념의 새로운 형식의 시라는 의미를 지니고 있을 뿐만 아니라, 한두 사람에 의해 실험적으로 그 새로운 시 형식이 시도되고 있었기 때문이다. 실제로 최남선에 의해 시도된 새로운 시 형식은 잡지《소년》(1908)에서부터《청춘》(1914)지에 이르기까지 작품의 수에 있어서도 몇 편에 불과하며, 실험적인 성격을 벗지 못하고 있다[20]

개화계몽시대의 시가 양식 가운데 장르적인 성격을 지니고 있는 것은 개화가사와 개화시조에 불과하다. 창가라는 것은 가사의 율격적인 변형에 불과하며, 신시 또는 신체시는 자유시를 지향하는 형식적인 실험의 소산이라고 할 수 있다. 그러므로 창가와 신체시는 일시적인 문단적 현상일 뿐 하나의 문학사적인 장르의 성립을 의미하는 것은 아니다. 하나의 문학 형태가 장르적인 위상을 부여받기 위해서는 다양한 경향의 작품과 함께 그 형태를 공유하는 창조적 주체가 폭넓게 존재해야 하며, 그 형태를 향유하는 사회적 기반이 형성되어야만 한다. 창가와 신체시는 이 모든 조건을 제대로 구비하지 못하고 있다.

개화계몽시대에 등장한 새로운 시 형식은 개화가사나 개화시조가 유지하고 있던 형식의 고정성을 벗어나는 데에서 출발한다. 이것은 규칙적인 율격과 고정적인 형태의 파괴 현상으로 그 특징이 집약된다. 율격의 규칙성과 형태적 고정성을 벗어나는 것은 시적 형식의 자유로움과 그 개방성을 지향하는 것으로 볼 수 있다. 최남선의「해에게서 소년에게」(1908)에서부터「꼿두고」(1909)와 같은 작품을 보면 기존의 가사나 시조가 지니고 있었던 고정적인 형식에 비해 파격적인 율조와 산문화된 자유로운 형식이 두드러지게 나타난다. 그러나 최남선은 자신이 창안한 이 새로운 시 형식에 대해 확고한 장르의식을 지니고 있었던 것 같지는 않다. 그는 이 새로운 시 형태를 신체시가나 신시라고 지칭하였는데, 이 명칭은 기존의 시가 형식과 다른 '새로운 형태의 시가'라는 일반적인 의미로 쓰이고 있을 뿐이다.

1
텨__ㄹ썩, 텨__ㄹ썩, 텩, 쏴__아.
짜린다, 부슨다, 문허바린다,
泰山갓흔 놉흔뫼, 딥태 갓흔 바위ㅅ돌이나,
요것이 무어야, 요게 무어야,
나의 큰 힘, 아나냐, 모르나냐, 호통까디 하면서,
짜린다, 부슨다, 문허바린다,
텨__ㄹ썩, 텨__ㄹ썩, 텩, 튜르릉, 콱.

2
텨__ㄹ썩, 텨__ㄹ썩, 텩, 쏴__아.
내게는, 아모것, 두려움 업서,
陸上에서, 아모런, 힘과 權을 부리던 者라도,
내압혜 와서는 꼼짝 못하고,
아모리 큰, 물건도 내게는 행세하디 못하네.

내게는 내게는 나의 압해는.
텨―ㄹ썩, 텨―ㄹ썩, 텩, 튜르릉, 콱.

3
텨―ㄹ썩, 텨―ㄹ썩, 텩, 쏴―아.
나에게, 뎔하디, 아니한 쟈가,
只今ᄭᅡ디, 업거던, 통긔하고 나서 보아라.
秦始皇, 나팔륜, 너의들이냐,
누구누구누구냐 너의 亦是 내게는 굽히도다,
나허구 겨르리 잇건 오나라.
텨―ㄹ썩, 텨―ㄹ썩, 텩, 튜르릉, 콱.

― 「海에게서 少年에게」, 《소년》(1908. 11)

    최남선의 신체시「해에게서 소년에게」는 국문 글쓰기에 의해 만들어진 최초의 새로운 시적 형식을 보여준다. 신체시의 형식은 율격의 고정성을 탈피하고 개개의 작품마다 서로 다른 독자적인 시 형식을 유지하고 있는 점이 특징이다. 새로운 시 형식으로서의 신시는 형태적인 면에서 개화가사의 형식적 개방성과 개화시조의 형식적 완결성을 결합한 새로운 절충적인 형태를 취하고 있다. 신시라는 이름으로 최남선이 발표한 작품들은 고정적인 형식을 지니고 있는 것이 아니라 각 작품마다 개별적으로 완결성을 지닌 유기적인 시 형식을 확립하고 있는 것이다.
    최남선의 신체시에서 주목되는 것은 시적 형식의 요건이 되는 시행의 발견이다. 시에서 행을 구분하는 일은 신체시 이전의 시조나 가사에서는 찾아보기 어렵다. 신체시에서 최남선이 의도적으로 구분해 놓고 있는 시행은 신체시라는 새로운 시 형식에 상응하는 본질적인 의미를 가진다. 그러나 최남선의 신체시는 행의 발견을 통한 새로운 자유시에의 접근에도 불구하고 시적 의미 단위가 되고 있는 연의 구분에 지나치게 규칙성을 부여함으로써 개방적이면서도 유기적인 시 형식의 창조에게까지 나아가지 못한다. 이것이 신체시의 시적 형식에 대한 실험의 한계라고 할 수 있다.

전통 율격의 변화와 시 형식

개화계몽시대부터 새롭게 형성되기 시작한 초기의 현대시는 그 성격을 규정해 주는 요소 가운데 가장 주목해야 하는 것이 시의 언어를 통해 느낄 수 있는 시적 리듬이다. 일반적으로 시의 리듬은 시의 매체가 되는 언어의 소리에서 비롯된다. 시의 리듬은 시 속에서 규칙적으로 반복되는 일정한 언어적인 특성을 말한다. 그리고 그것은 시의 형식과 의미를 규제하는 독특한 미적 기능을 수행한다. 시의 리듬은 언어가 지니는 음성적 요소들을 규칙적으로 배열하고 이를 반복하여 다양한 패턴의 음악적 효과를 만들어낸다. 이때 나타나는 음성적 요소의 규칙적인 반복은 시적 텍스트 내에서는 행을 단위로 하여 동일한 시간적 지속을 드러낸다. 그러므로 시의 리듬의 기본적인 패턴은 언제나 하나의 시행을 중심으로 이루어진다고 할 수 있다. 이러한 원리는 시적 체험을 조직하고 새롭게 질서화할 때에도 그대로 적용된다. 시는 음악적 리듬에 맞춰 시의 언어를 배열하기 때문에 전체적인 시적 텍스트의 통일성과 연속성과 동일성의 감각이 여기서 가능해지는 것이다. 그런데 여기서 주의해야 할 것은 시의 리듬이라는 것이 반드시 규칙성만을 따르는 것이 아니라는 점이다. 시의 리듬이 규칙적인 것으로만 생각하여, 시에서 외형적으로 드러나는 언어적인 요소만을 리듬이라고 생각하기 쉽다. 그러나 이것은 잘못된 생각이다. 리듬이란 것이 원래 규칙적인 것은 사실이지만, 시에서는 불규칙적 요소가 얼마든지 포함될 수 있다. 더구나 시의 리듬은 언어의 음성적인 요소와 그것의 일정한 배열에만 의존하는 것이 아니라, 작품 안에서 의미를 규제하는 보이지 않는 힘으로 작용하기도 한다.

한국의 전통 시가는 특정한 음의 강약이라든지 고저와 같은 요소의 반복과는 관계없이 몇 개의 음절이 결합되어 만들어내는 이른바 음보 형태의 반복에 의해 시의 리듬이 형성되고 있다. 전통적인 시조나 가사의 경우를 보면 각각의 시행 안에서 3, 4음절로 구성되어 있는 어절이 서로 짝을 이루어 반복되고 있음을 볼 수 있다. 이를 3·4조 또는 4·4조라고 부른다. 이러한 음절 수의 규칙적 반복으로 이루어지는 율격을 음수율이라고 한다. 그러나 이러한 음절 수의 규칙성만으로는 시의 리듬의 미적 속성을 제대로 헤아린다는 것이 불가능하다. 특히 시조나 가사의 경우에도 각각의 시행에 반복되는 음수율이 3·4조 또는 4·4조라는 고정적인 틀을 지키는 경우가 거의 없다. 각 단위가 2~5음절까지 변화가 많고 가변적이기 때문에 음수의 고정과 그 규칙적 반복을 설명할 수가 없다. 이러한 이유 때문에 한국 전통시가의 리듬을 헤아리기 위해 새로이 생겨난 율격 분석 방법이 음보율이다. 음보율에서 음보라는 개념은 서구 시에서 사용하는 음보 개념을 그대로 차용한 것이다. 그러나 율격의 기본 단위로서의 음보는 2~5음절이 결합되어 이루어지는 것으로서 음수율의 규칙성에 기반을 둘 수밖에 없다. 음보율에 의거하면 하나의 시행 안에 2~5음절로 구성되는 음보가 시간적으로 동일한 길이로 인식된다. 2음절로 이루어진 음보이든 4음절로 이루어진 음보이든 그것이 하나의 시행 안에서 실현될 때에는 그 시간적 길이가 동일하다. 그리고 동일한 시간량을 지닌 음보가 하나의 시행 안에서 규칙적으로 배열되면서 율격의 패턴이 결정된다. 이때 하나의 시행에 세 개의 음보가 규칙적으로 배열되면 3음보격, 네 개의 음보가 규칙적으로 배열되면 4음보격이 된다. 3음보격과 4음보격의 율격적 패턴은 전통 시가의 형태에서부터 근대시에 이르기까지 폭넓게 분포되고 있다.

　한국의 현대시는 전통시가로서 시조나 가사에서 볼 수 있는 시적 형식의 고정성을 벗어나는 데에서 출발한다. 율격의 규칙성과 형태적 고정성을 벗어나는 것은 시적 형식의 자유로움과 그 개방성을 지향하는 것으로 볼 수 있다. 여기서 가장 주목되는 것이 시의 리듬 조성의 단위가 되는 시행의 변화이다. 시의 형식에서 행의 변화가 시인의 창조적 개성을 말해주는 하나의 표현 구조의 변형으로 인식되기 시작한 것은 그리 오래된 일이 아니다. 서구의 경우는 19세기 말 프랑스에서 일어난 상징주의 시 운동과 함께 이른바 '자유시형'의 등장이 가능해진다. 한국의 경우에도 개화계몽시대부터 일어난 신시 운동은 고정적 율격의 틀을 벗어난 시행의 변화를 개성적으로 인식하기 시작하면서 시작된다. 특히 운문으로서의 시가 구술성보다는 기록성에 의존하여 발전하면서 타이포그래피를 통한 시적 텍스트의 시각화 경향이 시행과 연의 구분을 더욱 분명하게 드러나도록 한다. 그러므로 행과 연의 구분이 율격이라는 음악적인 요소만이 아니라 시적 텍스트의 시각적 공간 구조를 보여주는 미적 요소로 작용하게 된다.

현대시의 등장은 최남선이 시도한 이른바 신체시의 시적 실험이 그 첫 단계에 해당한다. 최초의 신체시로 지목되고 있는 최남선의 「해에게서 소년에게」는 전통적인 시가 형식에 볼 수 있는 어떤 형식적인 틀에 얽매어 있지 않다. 각각의 작품 자체 내에서 일정한 행과 연의 구분을 시도하면서 그 자체가 지향하는 새로운 시 형식을 창조하고 있다. 시적 텍스트에서 행이나 연의 구성이 어떤 기존의 관습적인 틀을 지키는 것이 아니라 그 틀을 무너뜨린다. 이 과정에서 가장 주목되는 것이 시행의 발견이다. 시적 텍스트에서 행을 구분하여 놓는 일은 시조나 가사에서는 찾아보기 어렵다. 이 작품에서 의도적으로 구분해 놓고 있는 시행의 구성과 그 배열은 이 작품이 지향하고 있는 자유시라는 새로운 시 형식에 상응하는 본질적인 의미를 가진다.

최남선의 신체시는 리듬이나 율격을 통해 그 형식적 특성을 규정하기 어려운 새로운 시적 형식이다. 신체시의 범주 안에 들어오는 모든 작품들은 각각 다른 독자적인 형식을 취하고 있기 때문에 그 형태적인 공통점을 찾아내기 어렵다. 신체시의 시적 형식에서 가장 주목되는 것은 시행의 발견이다. 시에서 행을 구분하는 일은 신체시 이전의 시조나 가사에서는 찾아보기 어렵다. 행 구분의 단순 기능이라면 띄어쓰기라든지 줄 바꾸기와 같이 간격을 조정하는 구두점의 대치 효과라고 할 것이다. 앞의 작품에서도 쉽게 확인되는 것처럼, 시행의 어떤 자리에 빈칸이 와야 하는지, 어디서 띄어쓰기를 하는지, 어느 정도 길이에서 행갈이가 이루어지는지를 일일이 따지지 않고서는 이러한 행의 구성을 보여줄 수 없다. 이 같은 시각적인 요건을 강조하고 있는 기록성의 특징은 국문 글쓰기와 관련되는 것이다. 국문 글쓰기를 선두에서 시행한 《독립신문》의 경우 띄어쓰기의 활용에 의해 어휘와 어휘 사이의 간격 조정이라는 시각적 효과를 통한 의미 전달의 명료화를 실천한 바 있다. 신체시에서 최남선이 의도적으로 구분해 놓고 있는 시행은 신체시라는 새로운 시 형식에 상응하는 본질적인 의미를 가진다.

　결국 한국 현대시의 출발은 곧 자유시에의 지향을 의미한다. 현대시에서는 규칙적인 시적 율격이나 음악성을 따진다는 일 자체가 별로 중요한 일로 생각되지 않는다. 현대시에 관한 수많은 연구 가운데 시의 본질에 해당하는 율격의 문제를 다루고 있는 경우가 극히 드물다는 것을 보면 이를 쉽게 짐작할 수 있다. 그러나 현대시가 지향하고 있는 시적 형식의 '자유'라는 것은 전통적인 시 형태에 대한 반성적 인식을 기반으로 한다. 이것은 시적 형식 그 자체의 파괴를 의미하는 것이 아니라 시인의 창조적 개성에 따라 이루어지는 형식적 변화와 이탈이라고 할 수 있다. 그러므로 현대시가 지향하는 자유시라는 것은 시라는 양식 자체의 본질적 속성을 부정하는 것이 아님은 물론이다.

5. 연희 형태의 변화와 신파극

전통 연희의 성격

한국의 고전문학에는 오늘날 문학의 한 형태로 구분하는 희곡 문학이 존재하지 않는다. 그러나 전통적인 연희 형태로 극적 성격이 강한 탈춤을 극문학의 형태로 손꼽을 수 있다. 탈춤은 탈을 쓰고 춤추며 놀이를 하는 일종의 가면극으로 여러 지역에 연희 형태로 구전되어 오고 있다. 탈춤은 음악의 반주에 따라 춤을 추면서 노래도 부르는 가무(歌舞)의 성격이 강하지만 등장인물이 서로 주고받는 말과 동작에서 갈등과 긴장이 이어지는 것은 연극과 흡사하다.

탈춤은 그 기원을 정확하게 설명하기 어렵다. 그러나 신라시대 최치원이 쓴 '향악잡영(鄕樂雜詠)'이라는 한시를 보면, '금환(金丸)', '월전(月顚)', '대면(大面)', '속독(束毒)', '산예(狻猊)'라는 오기(五伎)의 여러 연희 장면이 그려져 있다. 이것은 신라시대에 이미 상당한 수준의 놀이 형태인 잡희(雜戲)가 존재했음을 말해준다. 고려시대에는 토속신에게 제사를 지내는 제식 행사에서 산대(山臺) 놀이가 이루어진 것으로 기록되어 있다. 조선시대의 문헌에도 산대놀이와 나례희(儺禮戲)에 관한 기록이 산재되어 있다. 나례는 악귀를 쫓아내는 제식으로서의 성격만이 아니라 중국 칙사의 영접, 궁중의 각종 연회, 왕의 행차 등에 광대의 노래와 춤을 곁들여 오락으로 전용하게 되었다. 조선시대 초기에는 광대(廣大) 또는 창우(倡優) 등으로 지칭되는 직업적인 예능인들이 나례의 연희를 담당하도록 하였다. 조선시대의 광대들은 계급적 차별을 받는 천민 집단에 속한다. 이들은 궁중행사나 외국 사신들의 영접 때 산대잡희(山臺雜戲)나 나례 등을 공연하였지만 평상시에는 떼를 지어 지방을 돌아다니며 각종 연희를 베풀어 그것으로 생계를 이어가게 된다. 이러한 단편적인 기록으로 미루어 보면 탈춤의 형태는 제식과 결부되어 등장하였던 산대놀이나 나례에서 그 기원을 찾을 수 있다. 오늘날 남아 있는 탈춤은 이러한 변화의 과정을 거치면서 조선 후기에 민간에서 놀이의 형태로 발전하게 된 것으로 생각된다. 탈춤은 여러 지역에 걸쳐 분포되어 있고 그 형태도 차이를 드러낸다. 현재 전승되고 있는 탈춤은 서울, 경기 지방의 '송파 산대놀이', '양주 별산대놀이', 황해도 지방의 '봉산 탈춤', '강령 탈춤', '은율 탈춤', 경상북도의 '하회 별신굿놀이', 경상남도의 '통영·고성 오광대놀이', 강원도 강릉 단오굿의 '관노탈놀이', 함경남도의 '북청 사자놀이' 등이 있다. 탈춤은 삶의 현장에서 이루어지는 춤과 놀이이기 때문에 그 현실 지향적 성격이 강하다. 양반이나 파계승에 대한 풍자도 있고, 남녀 간의 애욕을 노골적으로 표현하기도 한다. 그러면서도 서민층의 삶의 애환을 보여준다. 물론 귀신을 쫓고 액을 막는다는 의식도 탈춤 속에 남아 있다. 그러나 오늘날의 탈춤은 전통 유희로서의 탈놀음의 성격이 크게 확대되어 있다.

한국의 판소리는 조선시대 후기에 성립된 것으로 '소리' 또는 '창극'이라고 지칭되기도 한다. 판소리는 광대라고 부르는 소리꾼이 고수의 북 장단에 따라 판소리 대본인 사설을 노래한다. 사설을 장단에 맞춰 노래로 부른다는 점에서 판소리는 일차적으로 음악의 일종으로 분류된다. 그러나 판소리의 창자인 광대가 노래할 때 '너름새' 또는 '발림'이라고 하는 몸짓을 하고, 고수의 '추임새'(고수가 장단을 치면서 창의 중간 중간에 흥을 돋우기 위하여 삽입하는 '좋다', '어이', '얼씨구' 등의 감탄구)에 대응하여 움직이고 소리하는 방식이 극적인 장면을 드러내기 때문에 연극으로 보기도 한다. 판소리의 사설만을 따로 분리하여 놓고 본다면 그 서사적 속성이 소설과 다를 바 없는 것으로 인정한다.

조선시대 판소리는 대개 18세기 초에 형성된 것으로 보고 있는데, 그 전성기는 신재효가 활동했던 19세기라고 할 수 있다. 이 시기에 양반층에서 판소리에 관심을 가지게 되면서 판소리를 노래하는 광대의 사회적 지위도 향상된다. 순조 시대 이후에는 지역별로 많은 명창들이 등장하여 판소리의 확산에 크게 기여한다. 조선 말엽 신재효의 등장은 판소리의 발전에 획기적인 전환기를 만든다. 신재효는 민중들 사이에 체계 없이 불려지던 광대소리 열두 마당을 판소리 여섯 마당으로 정리한다. 현재 전승되고 있는 「춘향가」, 「심청가」, 「흥부가」, 「적벽가」, 「수궁가」 등이 바로 여기에 해당한다.

연희 방식의 변혁

구전의 전통을 따랐던 판소리가 분창 방식을 거치면서 창극의 형태로 공연되기 시작한 것이 개화계몽시대의 일이다. 이 시기의 창극은 개화계몽시대에 전통적인 연희 형태의 근대적인 변혁 과정을 이해하는 데에 가장 중요한 근거를 제공하고 있다. 창극은 판소리의 분창에서 비롯되는 것이지만, 그 공연 형태의 변화가 여러 가지 사회 문화적 의미를 드러낸다. 전통적인 연희 형태의 근대적 변혁은 옥내 무대의 등장과 함께 가능해지고 있다. 그리고 그에 따른 연희 방식의 변화 자체가 근대적인 성격을 갖추게 되는 것이다.

개화계몽시대에 서양식 옥내 무대의 형태를 지닌 공연장이 처음 등장한 것은 협률사(協律社, 1902)의 역할의 변화와 직결되고 있다. 협률사는 조선 왕조 궁내부 장악원(掌樂院)에 설치된 기관으로, 대한제국의 선포와 고종의 황제 즉위를 기념하기 위한 칭경 예식 준비 과정에서 대중적인 공연장으로 활용된다. 그러나 이 같은 대중적 공연장의 등장이 풍속의 폐해를 가져온다는 주장에 따라 협률사가 폐쇄(1906)되자, 그 자리에 원각사(圓覺社, 1908)가 설립되어 본격적인 상업적 공연이 이루어지게 되는 것이다.

이 같은 새로운 공연장의 등장은 전통적인 연희 형태의 연희 방식에 새로운 변화를 불러오게 된다. 전통적인 연희 형태는 고정된 무대가 존재하지 않는다. 무대와 객석의 구분도 명확하지 않다. 그리고 대체로 지방의 호족이나 특권층의 후원에 의존하여 공연을 하게 된다. 그러나 새로운 공연장은 서구식 극장의 형태를 따른 것이기 때문에, 공연 무대가 설치되고 무대와 객석을 구분하여 놓고 있다. 그리고 연희 자체가 대중적인 관객들의 관람료를 통해 운영되는 상업적인 공연물로 자리 잡게 된다. 더구나 판소리와 같이 명창이 노래하고 고수가 장단을 치는 단순한 공연 형태가 남녀 등장인물들이 각각 그 배역을 정하여 노래하는 분창 형태로 변화하게 된다. 바로 여기서 창극의 형태가 비롯된 것이다.

창극의 성립 과정에서 문제가 되고 있는 것이 신소설 작가 이인직이 원각사 무대에 올린 「은세계」이다. 이인직의 신극 공연으로 알려져 있는 「은세계」는 근대적 성격의 희곡을 무대에 올린 것이 아니다. 판소리 「최병두 타령」을 창극의 형태로 공연한 것이라는 주장도 있지만, 신소설 「은세계」를 바탕으로 하여 창극의 형태로 무대 공연에 올렸다는 것이 사실이다. 이 같은 새로운 형태의 창극은 점차 무대극으로 발전하여, 일본 식민지시대에 본격적인 창극의 형태가 정립된 것으로 볼 수 있다.

신파극의 등장

개화계몽시대 창극의 성립이 전통적인 연희 형태의 근대적 변화를 말해주는 것이라면, 일본의 강점을 전후하여 소개된 일본 신파극은 외래적인 공연 형태의 한국적 수용 과정을 말해주는 것이다. 일본 신파극은 을사조약 직후 경성 거주 일본 거류민들에 의해 초청 공연이 이루어지면서 처음으로 소개된 바 있는데, 임성구가 최초의 신파극단인 '혁신단'을 조직(1911.12)하여 「불효천벌(不孝天罰)」(1911)이라는 작품을 무대에 선보이면서 대중적인 관심을 모으게 된다. 이 무렵의 신파극은 대체로 일본 신파극을 번안하거나 번역한 작품들이다. 신파극은 그 내용이 권선징악과 의리, 인정과 세태, 은혜와 복

수, 애정 갈등 등을 위주로 하는 멜로드라마의 성격이 강했으며, 절제되지 않은 감상주의가 하나의 속성처럼 자리 잡고 있다. 신파극은 일본 식민지 시대에 대중적인 인기를 모으며 널리 풍미하였다. 1930년대 들어서면서 동양극장의 건립(1935)과 더불어 신파극은 토착적인 대중극으로 확고한 위치를 굳히게 된 것이다.

 미주

1 '개화계몽시대'라는 용어는 한국문학사의 시대 구분에서 반드시 고려해야 하는 시대적 순서 개념과 문학의 본질 개념을 통합하여 만들어낸 것으로 그 시기가 19세기 중반에서 1910년 까지로 한정된다. 1910년 이후에는 일본의 강점으로 인한 식민주의 담론의 영향으로 문학의 양식과 그 가치의 질서가 재편되고 있기 때문이다. 권영민, 「서설-한국문학사의 연구방법」, 『한국현대문학사 1』(민음사, 2002) 참조.
2 이 시기의 민족 국가의 자주 독립에 대한 관념은 정치적인 차원에서만이 아니라 일반 대중의 정서적인 차원에서도 침략적인 외세에 대응하기 위한 하나의 중요한 논리가 된다. Ania Loomba, Colonialism/Postcolonialism(New York, Routledge, 1998), 186쪽.
3 이 점과 관련하여 김용직이 제시한 개화기 문인의 의식 유형은 많은 시사점을 던져준다. 그는 다음과 같은 도표를 통해 개화기 문인들의 출신 계층과 행동의 성격을 유형화하여 그 유형간의 상호 관계를 논한 바 있다. 김용직, 「개화기 문인의 의식유형」, 김용직 외 편, 『한국문학연구입문』(지식산업사, 1982), 481쪽.

유형	출신 계층 행동의 성격	반제의식	반봉건의식	유형 간의 상호관계
1	보수사림 출신, 서구수용 반대	+	−	상반된 상황의식
2	개화주의자, 구체제반대	−	+	
1	사림 출신, 서구수용 인정	+	−	공통된 시대의식
2	개혁파, 주체성 확보 시도	−	+	

4 이 주장은 일본과 강화도 조약을 맺을 무렵에 최익현에 의해 제기된 것인데, 최익현은 이 상소 이후 유배되기도 하였다. 한영우, 『우리 역사』(경세원, 1997), 428쪽.
5 Edward W. Said, Orientalism(New York; Pantheon Books, 1978) 참조.

6 Leela Gandhi, Postcolonial Theory(New York; Columbia Univ. Press, 1998), 77쪽.
7 「전고국조례(銓考局條例)」(1894. 7. 12).
8 주시경, 「국어와 국문의 필요」, 《서우》제2호(1907. 1).
9 『박은식전서(朴殷植全書) 중권(中卷)』(단국대출판부, 1975)에 수록된 글임.
10 장지연, 『위암문고(韋庵文稿)』(국사편찬위원회, 1971), 229쪽.
11 신채호, 「국한문의 경중(輕重)」(신채호전집 별집, 신채호전집간행위원회, 1972), 75쪽.
12 「논설」, 《독닙신문》(1986. 4. 7).
13 송철의, 「한국 근대 초기의 어문운동과 어문정책」, 이병근 외, 『한국 근대 초기의 언어와 문학』(서울대출판부, 2005), 60~65쪽.
14 《관보》 3990호(1908. 2. 6)에 의하면 다음과 같은 새로운 내규가 시행되기 시작하였음을 확인할 수 있다.
   1. 各 官廳의 公文書類는 一切히 國漢文을 交用ᄒ고 純國文이나 吏讀나 外國文字의 混用을 不得홈,
   2. 外國 官廳으로 接受ᄒ 公文에 關ᄒ야만 原本으로 正式 處辨을 經ᄒ되 譯本을 添附ᄒ야 存檔케 홈
15 황현, 『매천야록(梅泉野錄) 권2』(갑오년).
   '是時京中官報及外道文移 皆眞諺相錯以綴字句 盖效日本文法也'
16 이광수, 「금일(今日) 아한(我韓) 용문(用文)에 대(對)ᄒ야」, 《황성신문》(1910. 7. 27).
17 「근금(近今) 소설 저자(著者)의 주의」, 《대한매일신보》(1908.7.8).
18 「소설가의 추세」, 《대한매일신보》(1909. 12.2).
19 《대한매일신보》 연재(1909.11.9~12.4).
20 김영철, 「최남선과 신시의 성립」, 정한모 외, 『한국현대시사연구』(일지사, 1983), 41쪽.

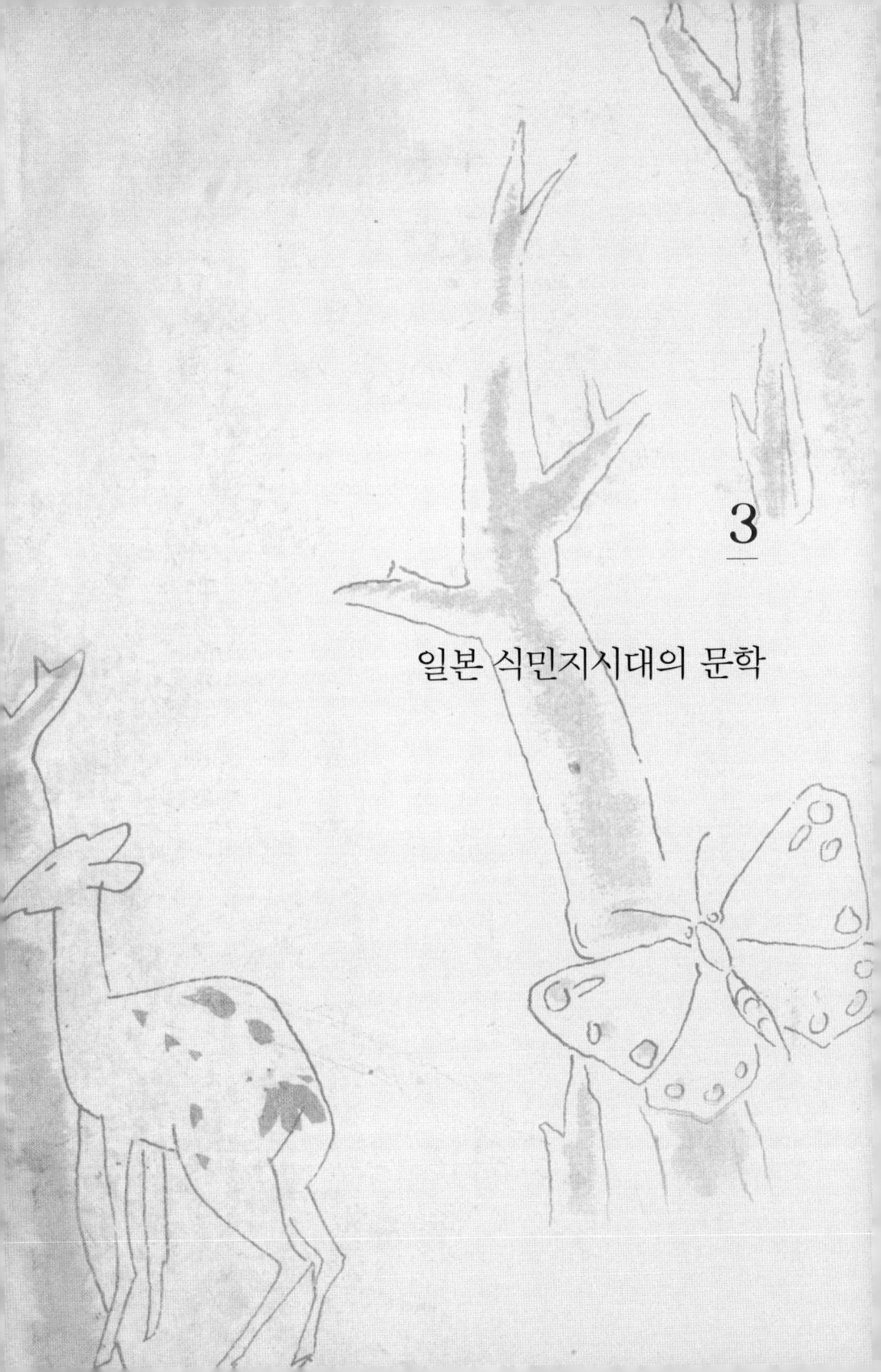

3

일본 식민지시대의 문학

1. 식민지 지배와 민족의 문화적 대응
일본의 식민지 문화정책 | 반식민운동으로서의 문화 운동 | 한국문학과 식민지 민족어로서의 '조선어'

2. 일본 식민지시대의 소설
식민지 상황과 신소설의 해체 | 이광수와 현대소설 | 소설과 식민지 현실 인식 | 계급문학운동과 계급소설 | 현대소설의 모더니즘적 경향 | 현대소설의 사실주의적 성과 | 여성소설의 성장

3. 일본 식민지시대의 현대시
시적 형식의 실험과 자유시의 정착 | 민족 정서의 시적 발견 | 계급시의 등장과 경향성 | 시 정신과 감수성의 변화 | 시적 저항의 의지와 자기희생

4. 연극운동과 희곡 문학
연극운동과 희곡 문학의 정착 | 계급 문단의 연극운동 | 사실주의 극의 확립과 연극의 대중성

1. 식민지 지배와 민족의 문화적 대응

일본의 식민지 문화정책

한국 사회는 1910년 일본의 강점에 의한 식민지 지배가 시작되면서 그 이전에 추구해 오던 개화계몽운동을 더 이상 지속할 수 없게 된다. 일본은 한국 민족의 모든 권한과 소유를 박탈하는 것으로부터 시작하여 민족의 존재와 그 정신마저 말살하고자 하는 방향으로 식민지 지배 정책을 확대 강화한다. 일본은 한국을 식민지로 지배하면서 대한제국이라는 국호를 폐지하였으며, 한국에 대한 경제적 수탈 정책과 한국 민족에 대한 차별 정책을 강압적으로 시행하게 된다. 일본은 조선총독부의 설치와 함께 회사령(會社令)(1910. 12)을 선포하여 기업 활동을 강제 지배하고, 토지 임야에 대한 전국적인 조사 사업을 실시하여 한국인 소유의 토지와 임야를 수탈함으로써 한국인의 경제적인 지위를 박탈한다. 이로 인해 한국 사회는 궁핍한 경제 조건 속에서 왜곡된 근대화의 과정을 거치게 된다. 일본은 식민지 한국에서의 교육의 제한, 언론에 대한 규제, 사상에 대한 통제 등을 강제적으로 시행하면서 한국 민족에 대한 차별화 정책을 조직적으로 확대하게 된다. 그리고 이러한 차별화 정책을 통해 한국 민족의 독자성을 부정하고 그 역사와 문화를 말살하고자 한다.

일본은 한국에 대한 식민지 경영의 기초를 확보하기 위해 한국인들을 철저하게 차별화하는 교육 정책을 시행한다. 일본이 합방 직후 발표한 「조선교육령(朝鮮敎育令)」(1911. 8)은 식민지 한국 민족을 충량한 일본 신민으로 만들고자 하는 데에 교육의 목표를 둔다고 규정하고 있다. 한국인들에게는 자율적으로 대학을 설립할 수 없게 만들었으며, 대학 교육과 같은 고등교육은 제한적으로만 허용한다. 그리고 사립학교의 설립 요건을 강화함으로써 그 설립 자체도 불가능하게 하고 교육 과정과 교과 내용에 대해서도 엄격하게 통제한다. 일본은 한국인들의 사회 문화 활동을 규제하기 위해 언론 출판에 대한 검열 정책도 강화한다. 조선총독부가 설치된 뒤에는 총독부 기관지 《매일신보》(1910. 8. 30) 이외에 여러 민간 사회단체가 발간하던 신문과 잡지를 모두 폐간한다. 이러한 탄압과 규제는 한국 사회의 민족 사회 운동을 강압적으로 규제하기 위해 발동한 치안유지법(1925)을 통해 더욱 강화된다. 일본은 식민지 정책을 통해 국어와 국문에 대한 교육을 제한하고 있다. 일본어를 '국어'라는 과목으로 소학교에서부터 교육하는 대신에, 일본어 교육을 위한 방편으로 '조선어'라는 이름으로 한국어 교육을 제한적으로 허용한다. 1930년대 말에는 한국어와 한글 사용 자체를 강제로 금지하여 한국인이 독자적인 언어와 문자를 사용하는 것조차 금지한 바 있다. 이 같은 언어 말살 정책은 일본의 식민지 정책 자체가 지향했던 한국에 대한 차별 정책이 한국 민족 자체에 대한 부정은 물론이며 민족의 역사와 문화를 말살하고자 하는 것이었음을 말해주는 것이다.

한국 사회는 일본의 식민지 지배로 인하여 개화계몽시대에 추구했던 문명 개화의 이상을 실현하지 못한 채 핍박과 굴종의 시대에 접어들게 된다. 한국 사회의 근대화 과정 자체가 식민지 지배에 따라 왜곡되기 시작하였으며, 한국의 모든 산업이 식민지 지배에 종속된다. 특히 식민지 교육 정책에 의한 일본어 교육의 강화로 인하여 한국인의 언어와 생활 속에 깊숙이 일본어가 침투한다. 그 결과로 일본 식민지시대에 한국 사회에는 모방과 굴종, 창조와 저항이라는 양가적인 속성을 지니는 독특한 식민지 문화가 형성된다.

반식민운동으로서의 문화 운동

한국 민족은 일본의 식민지 지배에 대항하여 국내외에서 여러 가지 방면의 저항 운동을 전개한다. 일본에 대한 한국 민족의 저항 의식이 행동으로 집약되어 표출된 것은 1919년의 3·1운동이다. 3·1운동은 한국 민족이 전개했던 항일운동 가운데 가장 거족적인 것으로서 민족 전체의 성원에 의해 이루어진 민족의식의 적극적인 구현이라고 할 수 있다. 3·1운동은 자주 독립의 쟁취라는 민족적 숙원을 이루는 데까지 진전되지는 못했지만, 침략 세력의 정체를 분명하게 인식할 수 있는 계기를 마련해 주었으며, 민족적 자기인식을 확립할 수 있는 정신 기반을 제공하게 된다. 특히 3·1운동을 통해 식민지 상황 속에서 민족운동이 나아가야 할 방향을 새롭게 모색할 수 있게 한다. 그러므로 3·1운동 이후의 한국 민족 사회 운동은 민족의 실력을 양성하고 역량을 발휘하여 민족의 독립을 쟁취하고자 하는 데에 목표를 두게 된다.

한국의 민족 운동은 3·1운동 이후 사상운동, 노동운동, 청년운동, 여성운동, 형평운동 등으로 확대되면서 점차 그 사상적 계보와 이념적 성격도 분화되고 있다. 특히 러시아 혁명 이후 세계적인 사조로 유포되기 시작한 사회주의 사상이 국내에도 소개되면서 민족 운동으로서의 반제·반식민운동의 사상적 성격이 점차 뚜렷하게 드러나게 된다. 이 새로운 사상은 분열 통합을 거듭하였던 여러 사회 운동 조직을 통해 점차 그 영향력을 확대하고 있다. 그리고 1925년 조선공산당의 출현을 보게 됨으로써, 사회주의적 경향의 반식민운동이 정치적 조직으로 발전한다. 한국의 민족 운동은 결국 한국 사회의 여러 방면에서 일본의 식민지 지배 정책에 대항하는 다양한 반식민주의(反植民主義) 담론을 형성하게 된다. 일본의 식민지 정책이 한국 민족의 자기 전통과 그 존재에 대한 정당한 의식을 부정하는 방향으로 전개되었지만, 한국 민족은 민족적 자기 인식을 확립하고 민족 자존의 의지를 세우고자 일본에 대항한다. 민족의 현실 문제에 대한 인식을 바탕으로 민족 문화의 확립을 위해 노력하면서 일본의 식민지 지배 논리를 거부하였던 것이다.

일본의 식민지 지배 상황에서 정신적 위축 상태에 빠져들었던 문학은 3·1운

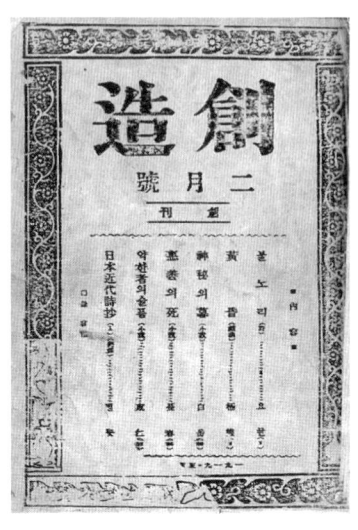 

《창조》   《영대》

동을 전후하여 등장하기 시작한 신문 잡지 등의 대중 매체를 통해 구체적인 작품 활동으로 실천에 옮겨지고 있다. 3·1운동 직후에 창간된《조선일보》,《동아일보》는 학예 면을 두어 문예 활동을 널리 소개하고 있다. 이들 신문은 문학과 독자를 연결하는 매개적 역할을 담당하면서 폭넓은 작품 활동의 기반을 제공하게 된다. 3·1운동 이후 일본에서 본격적으로 문학을 수학한 문인들이 새로운 문학 활동의 무대에 등장하면서 순수 문학 동인지《창조》(1919),《폐허》(1920),《백조》(1922) 등의 발간과 함께《장미촌》(1921),《금성》(1923),《영대》(1924) 등과 같은 동인지가 지속적으로 발간된다. 이러한 문학 동인지들은 대개 단명하였지만, 문학 동인 활동은 일본 식민지시대 한국인들의 문화적 역량을 결집시킬 수 있는 중요한 작품 활동 방식으로 자리 잡으면서 1930년대에도 크게 유행하게 된다. 이 시기에 대중적인 종합 잡지로 등장한《개벽》(1920)은 식민지 현실에 대한 비판적 인식과 함께 민족적 각성을 촉구하는 많은 논설을 통해 폭넓은 대중적 지지를 얻게 된다. 그리고《조선문단》(1924)과 같은 문학 종합지는 한국 현대문학의 사회적 기반을 확대시키는 데에 크게 기여하고 있다.

한국 근대문학은 일본 식민지 지배 상황 속에서 문학을 통해 계급 이념의 조직적인 실천을 추구하는 계급문학운동[1]을 경험한 바 있다. 1919년 3·1운동을 거치면서 한국문학은 자아에 대한 각성과 함께 민족의 현실 문제에 대한 비판적인 인식을 주축으로 그 시야가 확대되었다. 특히 식민지 치하에서의 민중의 궁핍한 생활상을 총체적으로 형상화하고 지식인들의 현실 비판 의식을 폭넓게 제기할 수 있는 여러 가지 문학 양식과 담론 체계를 형성하게 되었다. 이러한 문학적 경향이 마르크스주의와 결합되면서 조직적으로 확대된 것이 바로 계급문학운동이다.

《조선문단》

계급문학운동에서는 계급적 관점에서 한국의 식민지 현실을 일본 제국주의의 침략과 자본주의적 지배로 규정한다. 그렇기 때문에, 무산대중의 계급적 각성을 촉구하면서 계급투쟁에 있어서 피지배 계급으로서의 한국 민족의 역할을 인식할 수 있도록 선동하는 것을 그 목표로 내세우고 있다. 식민지 현실에 대한 계급적 인식의 확대라는 점에서 볼 때, 이 같은 계급문학운동의 이념은 문학 운동과 계급적 이데올로기의 결합이라는 새로운 담론 체계의 성립을 의미한다고 할 수 있다. 계급문학운동은 마르크스주의의 이념을 근거로 하여 조직된 조선프롤레타리아예술동맹(1925)을 기반으로 대중적 실천을 도모하고 있다. 식민지 현실의 계급적 모순에 대한 자각은 물론 계급의식의 고양과 함께 더 나아가서는 계급적 모순을 극복하기 위한 정치적 투쟁으로의 진출을 촉구한다. 계급문학운동은 이 같은 정치적 경향성으로 인해 일본 식민지 지배 세력의 혹독한 탄압의 대상이 되었지만, 식민지 상황 속에서 왜곡된 한국 사회의 근대화 과정과 계급적 모순 구조에 가장 치열하게 대응하

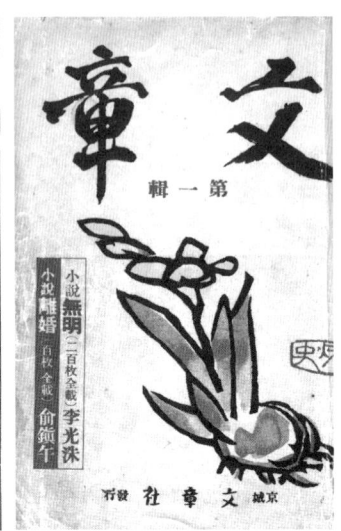

《신동아》　　　　　　　《문장》

면서 다양한 탈식민주의적 문학 담론을 생산하게 된다. 계급문학운동이 식민지시대 한국문학의 근대성을 이해하는 데에 있어서 가장 중요한 요건이 되는 이유가 여기에 있다.

1930년대 후반부터 한국 사회는 일본의 군국주의적 체제가 강화되기 시작하자 더욱 고통스런 착취와 굴종의 상황에 접어들게 되었다. 계급문학운동을 주도해 온 조선프로예맹의 강제 해체(1935)는 일본의 군국주의적 체제 강화 과정을 말해주는 상징적인 사건이 되었다. 이것은 한국 사회의 모든 영역에서 정치사회적 이념과 사상을 제거시키기 위한 사상 탄압으로 이어졌다. 이 사건과 함께 한국 사회에서는 문학과 예술을 통해 추구해 온 민족의식, 현실에 관한 비판적인 이념과 반제국주의적 사상에 대한 일본의 탄압이 더욱 강화되었다.

이와 같은 객관적 정세의 변화 속에서 한국문학은 1930년대 중반부터 새로운 변화를 맞이하고 있다. 이 시기의 문인들은 집단적인 조직 활동이 불가능해지면서 다양한 소그룹 중심의 동인 활동을 통해 새로운 문학적 출구를 모색한다. 《시문학》(1930), 《삼사문학(三四文學)》(1934), 《시인부락》(1936), 《단층》(1937) 등의 동인지가 발간되면서, 문학의 새로운 경향이 이들 소그룹의 동인 활동을 중심으로 자리 잡게 되었으며, '구인회(九人會)'(1933)와 같은 문학 동인 조직이 형성되어 소설의 새로운 경향을 주도한다. 그리고 《신동아》(1931), 《조광》(1935)과 같은 월간 종합잡지를 신문사에서 간행하여 문예의 영역에 대한 관심을 확대시켜 주는 기능을 담당하게 된다. 특히 1930년대 말기에 간행된 《문장》(1939), 《인문평론》(1939)은 순문학잡지로서 많은 신인들을 배출하고 중요 작품들을 널리 수록하게 된다. 이 시기에는 일본 유학을 통해 본격적으로 문학 수업을 거친 문인들이 해외 문학의 동향을 활발하게 소개함으로써 문학의 경향이 다양하게 전개되는 것이다. 이 시기의 문학은 1935년 조선프로예맹의 강제 해체를 고비로 하여 한국문학의 주조를 형성하고 있던 집단적 이념 추구의 경향이 사라지고, 개인적 정서에 기초한 문학의 다양한 경향이 뚜렷하게 등장하고 있다는 점을 특징으로 한다. 이러한 변화는 물론 문학 자체의 내적 요구에 따른 것이라기보다는 일본의 식민지 지배 정책의 변화에 따라 강요된 것이라는 점에서 그 한계를 인정할 수밖에 없다. 그렇지만, 식민주의적 근대성에 대한 비판적 인식을 문학을 통해 문제 삼을 수 있게 되었다는 점에서 매우 중요한 의미를 지니고 있다.

일본은 중일전쟁(1937)과 태평양전쟁(1941)으로 이어지는 군국주의의 확대 과정에서 한국에 대한 식민지 지배정책을 전환하고 내선일체론(內鮮一體論)이라는 새로운 지배 이념을 내세웠다. 일본이 내세운 내선일체론은 식민지 한국에 대한 동화 정책으로서 획책된 것이다. 이 새로운 지배 논리는 식민지 지배 체제에 예속되어 있는 한국 민족의 정체성을 부인하고 일본의 식민지 정책에 한국인들이 절대적으로 복종하도록 하기 위해 조작된 식민주의 담론의 근간을 이루는 것이다. 일본은 중국 대륙의 침략 기반을 다지기 위해 한국에서 인적 물적 자원을 총동원할 필요가 생기자, 그들이 시행해 온 식민지 차별 정책을 이 같은 기만적인 동화 정책으로 전환하였다. 일본은 내선일체론의 통치 이념을 실천하기 위해 이른바 '황민화 정책'을 한국 사회에 강요하였다. 일본은 한국인들에게 일본 천황의 신민이 될 것을 강요하면서 신사참배는 물론 '황국 신민의 서사'를 일상적으로 제창하도록 요구하였다. 한국인을 강제로 전쟁에 동원하기 위해 1938년 지원병 제도를 확대 강행하였으며, 1939년에는 한국인들에게 일본식 성명을 쓰도록 창씨개명제를 발동시켜 한국인의 민족적 뿌리를 말살하고자 하였다. 그리고 교육령을 개정하여 학교에서 한국어의 교육을 폐지하고 일본어를 상용하도록 강요하였다. 1941년 이후에는 한국어의 사용을 전면적으로 금지하여, 한국어 신문과 잡지를 모두 폐간하게 함으로써, 한국 사회는 암흑의 시대에 접어들게 되었다. 그 결과로 한국문학은 내선일체론의 문화적 전략으로 표면화된 이른바 신체제론의 등장과 함께 새로운 양상으로 전환되고 있다. 신체제론이란 일본의 내선일체론을 당위의 현실로 받아들인 일부 문인들이 자신의 친일적인 활동을 합리화하고 사회 현실과 문화의 주류를 대동아공영론에 입각하여 일본 중심으로 해석하고자 했던 비평적 담론의 하나이다. 신체제론의 등장과 함께 한국문학은 그 독자적인 성격을 상실하기 시작하면서 일본문학의 주변부에 머물러 버리는 문화적 예속성을 그대로 드러내게 되었다. 특히 일본어로 이루어진 친일 문예지《국민문학》의 창간(1941), 친일 문학 단체인 '조선문인보국회'의 결성(1943) 등은 한국문학이 빠져들었던 참담한 굴종의 형국을 말해주는 것이라고 하겠다.

한국문학과 식민지 민족어로서의 '조선어'

한국문학은 일본 식민지 지배 상황 속에서도 독자적인 민족문학으로 자리잡고 있다. '국어'라는 이름으로 교육되는 일본 제국의 언어가 식민지 한국의 현실 속에서 공식성을 인정받기는 하였지만 한국문학은 식민지 민족어인 한국어를 지켜나갔다. 이러한 특징은 개화계몽시대 국어국문운동의 사회 문화적 확대 과정과 밀접한 관계가 있다. 새로운 문학 양식의 정착, 대중적인 독자층의 확대, 매체의 등장 등이 모두 국어국문운동을 통해 가능해졌기 때문이다. 여기서 주목해야 할 것은 일본의 식민지 지배로 인해 한국어와 국문 글쓰기가 그 공식적인 기능을 상실하게 되었음에도 불구하고, 국문을 읽고 쓸 수 있는 독자층이 꾸준히 증가하였다는 사실이다. 특히 3·1운동 직후 민간 신문과 다양한 대중 잡지의 간행이 가능해지면서 국어 국문의 문화적 기능이 다시 살아나게 되었던 것이다.

3·1운동 직후부터는 민간 중심으로 한국어와 한글에 대한 연구가 활발하게 진행되었다. 주시경의 문하에서 국어 국문을 학습한 장지영, 권덕규, 이병기, 신명균, 김윤경 등은 조선어연구회(朝鮮語研究會)(1921)를 조직하고 국어 국문에 대한 보다 체계적인 연구를 시작한다. 조선어연구회는 1926년 훈민정음 반포 8회갑을 기념하여 '가갸날'을 제정한다. 그리고《한글》(1927)이라는 잡지를 창간하여 국어 국문에 대한 연구 성과를 축적하고, 한국어사전의 편찬에도 뜻을 모으게 된다. 조선어연구회는 이후 그 명칭을 조선어학회(朝鮮語學會)로 개정(1931)하면서 더욱 강력하게 국어와 한글의 수호를 위한 여러 가지 사업을 추진하였는데, 「한글맞춤법 통일안」(1933)의 완성과 국어의 표준어에 대한 사정 작업이 이에 해당한다. 이러한 연구 작업과 그 사회적 보급은 식민지 상황에서 이루어낸 중요한 문화적 성과로 기록할 수 있다. 특히 국어 국문이 일상생활만이 아니라 새로운 학문의 연구와 문화의 창조를 위한 기반으로서 당당하게 그 규범성을 갖추게 되었다는 사실을 높이 평가할 필요가 있다.

이 같은 국어 국문의 사회적 확대 과정 속에서 국문 문학으로서의 한국문학에 대한 새로운 인식이 자리 잡고 있다. 이광수 이후 '문학'이라는 용어가 일반화되면서 문학이 전통적인 '문'의 개념에서 벗어나 예술의 영역으로 새롭게 자리 잡는다. 이 같은 관점의 변화는 일본을 통해 수입된 서구적인 문학관에 따른 것이지만, 문학의 예술적 독자성에 대한 인식이 확립되기 시작하였음을 뜻하는 것이라고 하겠다. 한국문학의 역사적 체계화에 앞장섰던 안확은 문학을 '미감상(美感想)을 문자로 표현한 것'[2]이라고 규정함으로써 예술로서의 문학의 본질적 성격을 명확하게 제시해 놓고 있다. 안확은 문학을 '오락의 재료이면서 동시에 인간의 사상을 활동시키며 이상을 진흥시키는 것'이라고 하였고, 한국의 전통문학이 유교의 구습과 한문의 악폐로 말미암아 전혀 발전하지 못했음을 개탄하면서, 한문의 질곡에서 벗어나 민족의 감정과 사상을 올바로 표현할 수 있는 새로운 문학을 발전시켜야 한다고 주장한다. 그리고 민족의 경쟁이라는 것이 근본적으로는 민족성의 경쟁이라고 전제하면서 신문학의 건설은 동서 사상의 조화를 통해 한국 민족의 특질을 발휘할 수 있는 조선 문학의 확립을 뜻하는 것이라고 말하고 있다. 이광수의 경우에도 '조선인의 조선문(朝鮮文)으로 작(作)한 조선 문학'[3]을 내세워 한국문학의 개념과 그 범주를 규정한다. 문학의 창조적 주체로서 한국 민족을 내세우고, 국어 국문이라는 매체를 통해 성립된 문학이라는 언어 문자 중심의 범주를 설정한 것은 당시로서는 매우 독창적인 견해였다고 할 수 있다.

한국문학은 한국어와 한글을 기반으로 현대소설이라는 양식을 통해 주체적인 자아와 객관적인 현실을 전체적으로 인식하고자 하는 실천적인 노력을 지속하게 되었으며, 시에 있어서는 한국인의 정서와 호흡에 근거한 시적 리듬을 발견하면서 자유시를 한국적 토양에 정착시켜 놓고 있다. 그리고 외래적인 문학 형태로서의 희곡을 한국어를 통해 한국문학의 형태로 재창조하였고, 그 무대 공연을 실현함으로써 새로운 예술 양식의 토착화를 가능하게 하였다. 3·1운동을 전후하여 한국인들은 자기 각성에 근거하여 한국어를 통한 문학적 실천을 확대하고, 일본의 식민지 상황에서도 민족의 정서와 생활상을 한국어를 통해 예술적으로 형상화하는 창조적인 문학 활동을 지속할 수 있게 된다. 결국 한국문학은 일본을 통해 배운 서구적인 문학 형식과 기법을 발전시키면서 민족어를 기반으로 독자적인 문학 양식과 미적 가치를 창조할 수 있게 된 것이다.

2. 일본 식민지시대의 소설

식민지 상황과 신소설의 해체

한국 현대소설은 일본 식민지시대에 접어들면서 새로운 문단적 환경을 맞게 된다. 개화계몽시대에 새로운 현대소설의 초기 형태로 등장하여 성행했던 이른바 '신소설'은 식민지시대에 접어들면서 초기 작품들에서 볼 수 있었던 정치의식이나 사회 계몽적 기능이 약화된다. 신소설이 발견한 새로운 주제는 소설의 오락성이다. 일본의 식민지 지배가 시작되면서 신소설의 작가들은 신소설의 핵심적인 구조였던 계몽적 서사를 이야기의 흥미에 초점을 두어 새로운 형태로 변형시키고 신소설의 성격을 통속적인 이야깃거리로 고정시켜 놓았다고 할 수 있다. 물론 이러한 변화는 일본이 조선총독부를 통해 시행한 억압적인 식민지 문화정책에 따른 것이지만 작가가 현실적 상황을 고려하여 독자의 취미 기준에 맞는 이야기를 만들어 놓기 시작했다는 점에서 신소설의 통속화 과정을 말해주는 것이다.

신소설의 통속화 과정을 주도한 이해조의 신소설은 식민지시대에 들어서면서 계몽의 서사와 오락 담론으로서의 흥미성이 서로 갈등하는 양상을 보여준다. 이해조가 즐겨 활용하고 있는 소설적 모티프는 가족 해체이다. 첩실이 본처를 음해하고 계모가 본처 소생의 자녀를 학대하여 가정의 불행을 초래한다는 것은 낡은 소재이지만, 이 낡은 소재를 바탕으로 이해조는 물욕에 사로잡힌 노비의 음모와 흉계라는 새로운 흥미를 덧붙여 이야기를 발전시킨다. 그것은 악덕과 음모가 얼마나 악랄한가를 과장적으로 묘사하는 데에서부터 시작하여 그 이야기의 흐름에 의외의 반전을 준비하는 구성 방식에서 비롯된다. 이해조의 소설에서는 개화계몽시대의 시대적 상황과 결합되는 일본 유학이니 신교육이니 동학운동이니 사회 계몽과 같은 것이 모두 일종의 주변적인 소설적 장치로 활용되고 있을 뿐이다. 그러므로 이인직이 「혈의 누」와 같은 신소설에서 전면에 내세웠던 정치의식을 이해조의 작품에서는 만나기 어렵다. 물론 이해조의 소설은 사회적 풍속과 세태의 변화에 민감하게 반응하고 있다. 미신에 유혹되어 패가망신하는 이야기를 그린다거나 과부의 개가 문제에 대해 누구보다 진보적인 견해를 보여주기도 한다. 그리고 인신매매의 반인륜적 행위에 대한 가차 없는 비판도 없는 것이 아니다. 이해조의 소설이 보여주고 있는 인심과 세태에 대한 관심은 대개가 선/악의 윤리적 가치를 과장적으로 강조한다는 점에서 소설적 구성 방식 자체가 멜로드라마적인 요소를 지닌다. 그의 소설에서 가장 두드러진 특징은 성격과 행위의 극단성이다. 이 행위의 극단적인 배치는 주로 원한과 복수로 이어지는 것이기 때문에 흥미의 요소이면서 동시에 독자들의 심정적인 호응을 유도하기도 한다. 그러므로 이야기의 내용에서 선에 대한 악의 음해가 극악하게 전개된다 하더라도 선에 대한 최후의 보상이 강조된다. 이러한 이야기의 구성에 개인의 성격의 내면이라든지 인간관계의 사회적인 양상이라든지 하는 문제가 개입될 여지가 별로 없다.

   이해조의 신소설 속에 등장하는 인물들의 삶의 과정은 대체로 낡은 관습에 의존하여 이루어지고 있다. 어떤 이야기에서 주인공이 일본이나 미국으로 건너가 새로운 학문을 배운다고 하더라도 그 신학문이라는 것의 실체도 없고, 그 구체적인 실천과정도 나타나지 않는다. 다만 일종의 수사적 장치처럼 유학이라는 것을 행위의 구조 속에 끼워 넣고 있다. 여기서 주인공의 삶에 나타나는 낡은 관습이라는 것은 주인공이 개별적인 주체로서 행동하기보다는 지나치게 수동적으로 그려지고 있음을 말하는 것이다. 물론 등장인물들은 숙명적인 삶을 살아가면서도 심성에 자리하고 있는 인간적인 순수와 자기희생의 자세를 끝까지 지킨다. 바로 이 점이 대중적인 정서에 호소하는 윤리적 가치로 부각되고 있을 뿐이다.

　이러한 특징은 최찬식의 신소설에서도 그대로 발견된다. 최찬식은 그의 신소설에서 가족 윤리의 붕괴, 물질적 욕망의 확대 등과 같이 식민지 상황에서 새로이 이루어진 가치관의 혼란을 부분적으로 반영하고 있다. 이것은 전통적으로 한국인들이 추구하고자 했던 가치의 삶이 개인적 욕망에 의해 서서히 붕괴되고 있음을 말해주는 증거이기도 하다. 물론 최찬식은 그의 신소설에서 여성의 신교육이라든지 자유결혼에 대한 관심을 전면에 배치한다. 그러나 이 같은 근대적인 의식과 진보적 가치가 주인공의 삶의 현실에 밀착되어 실천적으로 구현되고 있는 것은 아니다. 최찬식의 신소설에서 신교육이니 외국 유학이니 하는 것은 소설적 흥미를 위한 일종의 장식적 요건으로 작용하는 경우가 더 많다. 그리고 모든 사건들이 우연과 우연으로 이어지는 동안 주인공은 숱한 위기의 장면들에 부딪친다. 이 위기의 장면들은 주인공의 행로를 따르며 이를 방해하는 부정적 인물의 간교한 악행에 의해 확대되고 긴장을 불러일으키기도 한다. 최찬식의 신소설은 바로 여기에 흥미의 초점을 맞추고 사건의 우여곡절을 강조하며 우연성에 의존하는 구성법을 반복한다. 그렇기 때문에 최찬식의 신소설은 이인직에 의해 발견된 개인의 삶과 그것이 기반하고 있는 사회에 대하여 어떤 비전도 제대로 제시하지 못한다. 최찬식의 신소설이 다루고 있는 신교육이라든지 자유결혼이라는 주제가 얼마나 피상적인 것인가는 소설 속에 자주 등장하는 주인공의 해외 유학 모티프가 서사 구조 내에서 그 개연성을 잃어버린 장식적인 수사에 그치고 있는 것을 보아서도 충분히 알아차릴 수 있는 일이다. 더구나 최찬식은 표면적으로는 자유결혼의 당위성을 강조하고 있으면서도 「안의 성」(1914)을 비롯하여 「금강문」(1914), 「능라도」(1919)와 같은 작품에서는 이야기의 결말에서 봉건적 인습의 하나였던 일부다처제를 그대로 받아들여 인물들의 갈등관계를 봉합시키는 어정쩡한 타협점을 제시하고 있을 뿐이다.

　결국 신소설은 식민지시대에 접어든 후에 문명개화에 대한 공허한 전망마저 상실한 채 개인의 삶의 근거인 가족의 붕괴와 그 황폐화 현상을 흥미 본위로 그려내는 데에 주력한다. 그리고 바로 이러한 소재주의적인 관심과 통속성으로 인하여 신소설은 그 소설사적인 의미를 더 이상 지속할 수 없게 된 것이다.

이광수와 현대소설

이광수는 일본 식민지 지배 상황 속에서 신소설이 빠져들었던 통속화 과정과 그 계몽적 서사의 해체 과정을 앞에 두고 문단에 등장한다. 그의 문필 활동은 한국문학이 서구적 개념의 문학에 대한 새로운 인식에 도달하는 과정과 서로 연관되어 있으며, 일본의 식민지 지배 상황 속에서 다양한 방면에 걸쳐 전개되고 있다. 그는 일본 유학 체험에서 얻은 문학에 대한 서구적 교양과 지식을 기반으로 하여 자아에 대한 각성과 자기발견을 내세우면서 문학의 독자적인 가치를 강조한 바 있다. 그리고 문학이 개인적인 정서에 기초하여 성립되는 것임을 분명히 하였고, 문학을 구시대의 윤리적 속박과 모든 관념으로부터 해방시키고자 하였다. 그러므로 이러한 이광수의 태도는 문학의 근대적인 인식과 개인의 발견이라는 명제로 요약되고 있는 것이다.

이광수는 문학과 예술의 발전을 통한 새로운 민족정신의 개발이 필요하다고 역설한다. 그는 민족의 현실이 정치적인 측면에서 투쟁과 살육 상태를 벗어나지 못하고 있으며, 경제적인 면에서 의식주의 기본 조건도 제대로 갖추지 못하고 있는 상태임을 전제하면서, 이러한 상태에 놓여 있는 민족을 구출하기 위해 '인생의 예술화', '인생의 도덕화'라는 두 가지 방법을 제시하고 있다. 이광수의 이러한 주장은 그 뒤에 한국인의 민족성 자체에 대한 개조를 요구[4]하는 것으로 구체화되어 나타나고 있다. 그는 한국 민족의 비극적인 현실과 식민지 상황이 모두 민족성의 쇠퇴에서 오는 것이라고 생각하였기 때문에, 민족성의 개조야말로 가장 시급한 과제라고 믿게 된다. 그는 개인의 도덕적 수양에서부터 전 민족의 도덕적 개조를 가능하게 할 수 있는 비정치적 사회운동을 내세우면서 계몽운동가로서의 자기 변신을 꾀하고 있었던 것이다. 그런데 이광수의 당대 현실에 대한 인식이 지극히 심정적이며 패배주의적이라는 점을 지적하지 않을 수 없다. 그는 한국 민족의 삶의 고통을 말하면서도, 그것이 일제의 식민지 정책에 의한 자본주의적 착취로 인한 것임을 제대로 지적하지 못하고, 오히려 그 원인을 민족의 도덕적 심성

이광수

의 타락에서 찾고 있다. 그가 민족의 역사적 모순을 해결할 만한 실천적인 지표를 제대로 제시하지도 못하고 있다는 것에서 그의 계몽론이 이상주의적인 환상에 지나지 않음을 알 수 있다.

이광수의 이 같은 문학적 태도의 변모는 결과적으로 이중적인 자기모순을 드러내고 있다. 근대라는 개념을 전제하고 이광수를 생각할 경우, 그의 근대적인 면모는 예술론자로서의 이광수를 통해 부각된다고 하겠다. 그러나 이것은 실천적 기반을 확보하지 못하고 있는 허상에 불과하다. 이러한 판단은 이광수 자신이 드러내고 있는 문학에 대한 근대적 인식의 불철저에서 비롯된 것이지만, 한국 사회 자체가 그 같은 문학론을 감당하기 힘든 근대성 미달의 수준에 놓여 있었다는 사실과도 연관되는 것이다. 그는 도래해야 할 새로운 시대로서의 근대를 긍정하고 있으며, 그것을 위해 계몽에 앞장서고 있다. 이러한 사실을 놓고 본다면, 이광수가 서 있던 자리는 여전히 혼란스런 개화계몽시대의 연장선상임을 알 수 있다.

이광수의 장편소설 「무정」(1917)은 식민지시대에 접어들면서 신소설이 빠져들었던 통속화의 과정을 벗어나, 남녀의 사랑과 사회 계몽이라는 서로 다른 주제를 일상적인 개인의 삶의 과정을 통해 서사적으로 통합하는 데에 성공하고 있다. 소설 「무정」의 줄거리에서 가장 주목되는 것은 개인적 운명의

양상에 대한 서사적 구현이다. 소설 속의 이야기에서 볼 수 있는 서사 공간의 대립적 배치, 이야기 시간의 압축 방식 등은 그 이전의 소설에서는 찾아볼 수 없는 새로운 기법에 해당한다. 특히 여주인공 박영채의 삶의 과정은 이형식이나 김선형의 경우와 달리 사회 현실적 조건에 대응하여 문제적인 것으로 그려지고 있다. 박영채는 개화운동과 관련되어 감옥에 들어간 아버지와 오빠를 위해 스스로 몸을 팔아 기생이 되지만, 이형식을 만나기 위해 자신의 순결을 지키며 오랜 기간을 기다린다. 그러나 이형식이 이미 다른 여성과 혼약의 단계에 이른 데다가, 자신의 순결마저 잃게 되자 스스로 목숨을 끊어 버리고자 한다. 하지만 박영채는 동경 유학생 병욱의 충고를 받아들이면서 자신의 새로운 삶을 위해 일본 유학을 결심한다. 박영채의 개인적 운명은 전통적인 가족 구조의 붕괴와 개인의 몰락이라는 개화 공간의 사회적 변동과 맞물려 전변을 거듭한다. 그러나 문명개화와 신교육의 가치를 최선의 것으로 생각하고 이를 택함으로써 새로운 삶의 가능성을 부여받는다. 말하자면 그녀는 구시대의 질서가 붕괴되는 과정 속에서 운명적으로 희생을 감수해야 했고, 새로운 문명개화의 이념을 붙잡게 됨으로써 재생의 가능성을 얻게 되었다고 할 것이다. 결국 소설「무정」은 변혁기 한국 사회의 구조적 모순을 개인의 운명을 빌려서 구체적으로 표현함으로써, 개인의 삶의 모습이 사회적 현실 속에서 총체적인 모습으로 형상화되고 있는 것이다.

이광수가 소설「무정」을 발표한 시대는 무엇보다도 먼저 자아에 대한 각성과 새로운 발견이 요청된 시기이다. 민족적 자기 인식과 그 주체의 확립이 가능하지 않은 식민지 상태에 놓여 있었음에도 불구하고, 이 소설을 통해 개인의 발견과 그 해방을 주장했다는 사실은 특기할 만한 일이다. 여기에는 개인의 자기 각성에서 출발할 때에 민족 전체의 주체적인 자기 확립이 가능할 수 있을 것이라는 논리가 전제되어 있다. 이광수의 소설은「무정」에 뒤이어 발표한「개척자」(1918)에서부터 남녀의 애정 갈등을 중심으로 하는 통속적인 사랑 이야기로 바뀌고 있다. 이 같은 변화는「무정」의 서사구조에서 계몽성을 제외시킬 경우 고스란히 남게 되는 애정 갈등의 양상을 확대 재생산한 결과로 해석할 수 있다. 1920년대에 발표한 소설 「재생」(1924), 「유정」(1933), 「사랑」(1938) 등은 모두 남녀의 사랑 문제를 삼각관계라는 도식을 통해 등장인물의 사회적 위치나 조건에 맞게 변형시켜 반복적으로 활용하고 있다.

소설과 식민지 현실 인식

한국 현대소설은 이광수의 등장과 함께 식민지시대 전반기에 단편소설이라는 새로운 서사 양식이 정착되면서 다양한 소설적 경향을 보여주기 시작한다. 단편소설은 삶의 전체적인 양상을 그려내는 장편소설과는 달리 인생의 단면에 대한 세부적인 묘사와 치밀한 구성을 그 기본적인 요건으로 삼고 있다. 이 시기의 소설에서부터 서술적 시점을 다양하게 활용하기 시작함으로써 서사적 주체의 내면 분석이 가능하게 되는 일인칭 소설이 등장하게 된다. 이러한 양식과 기법의 변화와 함께 소설의 주제 내용도 자아의 각성에서부터 식민지 상황의 현실 문제에 대한 인식에 이르기까지 그 관심이 확대된다. 식민지 상황 속에서 사회적 진출이 불가능하게 되어 좌절감에 빠져들게 된 지식인의 모습, 생존의 기본 요건조차 충족시키기 못하면서 빈곤에 허덕이는 농민과 노동자들의 고통스런 생활이 이 시기의 소설에서 흔히 다루어진 문제들이다.

김동인은 문학동인지 《창조》의 창간을 주도하고 이를 기반으로 하여 본격적인 문학 활동을 시작하고 있다. 그는 「약한 자의 슬픔」(1919), 「배따라기」(1921), 「태형」(1922), 「감자」(1925), 「명문」(1925), 「광염 소나타」(1929) 등의 작품을 발표하면서 단편소설의 양식을 한국 문단에 정착시키는 데에 앞장선다. 그의 단편소설은 인간의 삶의 운명적인 양상을 제시하기 위해 주인공이 처해 있는 상황과 조건을 암시하는 하나의 사건을 바탕으로 이야기를 이끌어 간다. 「약한 자의 슬픔」에서처럼 강한 자에 의해 유린당한 약한 여주인공의

김동인, 「감자」

모습을 강조하기도 하고, 「감자」의 경우처럼 생존을 위한 물질적 조건을 찾아 몸을 망치는 허망한 여주인공의 최후에 초점을 맞추기도 한다. 「배따라기」의 경우는 자기 열등의식의 노예가 되어 스스로 삶을 파탄으로 몰아간 운명적인 사내의 모습을 비춘다. 김동인은 이러한 단편소설 양식을 통해 서술 시점의 확립이라는 서사적 기법을 정착시키고 있다. 소설에서 시점의 문제는 누가 어떤 각도에서 이야기하는가를 결정하는 일이다. 소설에서 화자의 위상의 변화는 대상으로서의 세계와 분명한 구획을 짓고 거리를 두는 방식과 밀접하게 연관되어 있다. 사물을 보는 각도와 거리가 인식되고 서술의 초점이 분명해지는 것은 개인이 자기 주체를 확립하고 대상으로서의 세계를 객관적으로 인식하게 되었음을 의미하는 것이다. 김동인은 「배따라기」를 비롯하여 「붉은산」, 「광화사」 등에서 서사 내적인 화자를 설정하기도 하고, 「약한 자의 슬픔」, 「감자」 등에서는 서사 외적인 화자를 내세우기도 한다. 소설에서 일인칭 화자가 일반화되기 시작한 것은 김동인이 시도했던 서사 내적 화자의 설정에서부터라고 할 수 있다. 특히 김동인은 서술적 주체와 대

현진건, 「타락자」

상의 거리를 엄격하게 유지하기 위해 소설의 문체에서 서사적 과거시제를 정착시켜 놓음으로써 대상에 대한 객관적인 묘사와 서술의 가능성을 확립하게 된다.

김동인에 의해 서사 양식으로서의 기반을 확립할 수 있게 된 단편소설은 현진건, 나도향, 전영택 등으로 이어지면서 주도적인 문학 양식으로 발전한다. 현진건은 「빈처(貧妻)」(1921), 「술 권하는 사회」(1921), 「타락자」(1922) 등을 통해 지식인의 좌절과 경제적인 빈곤상을 보여주고 있다. 그리고 「운수 좋은 날」(1924), 「불」(1925), 「B사감과 러브레터」(1925) 등 기법적으로 완결성을 보여주는 단편소설을 발표한다. 그의 소설적 관심과 기법의 특성을 가장 잘 보여주는 작품으로 「빈처」와 「운수 좋은 날」을 들 수 있다. 「빈처」는 주관적 내면성의 추구에 관심을 두고 있는 반면에, 「운수 좋은 날」은 객관적 외부 현실의 실재성에 더 큰 관심을 두고 있다. 그리고 「빈처」가 식민지시대 지식인의 고뇌를 보여주고 있다면, 「운수 좋은 날」은 노동자의 고통을 그려내고 있다고 할 것이다.

염상섭

나도향은 1920년 《백조》 동인으로 참여하면서 문필 활동을 시작하였다. 그가 《백조》 창간호에 발표한 「젊은이의 시절」(1922)은 예술이라는 환상에 들떠 있는 인물들을 미화하고 있으며, 「별을 안거든 울지나 말걸」(1922)에서는 서간체 형식을 빌려 예술에 대한 열정을 표면에 드러내고 있다. 나도향이 낭만적인 경향을 벗어나 농촌의 현실을 사실적으로 그려낸 「벙어리 삼룡」(1925), 「물레방아」(1925), 「뽕」(1925) 등은 그 소설적 주제와 구성의 완결성이 돋보이는 작품들이다. 「벙어리 삼룡」은 '하인'이라는 신분적인 차별과 '벙어리'라는 육체적 불구성 때문에 자기 뜻을 제대로 표현하지 못하던 주인공이 죽음의 순간에 자신을 발견하게 되는 비극적인 내용을 다루고 있다. 소설 「물레방아」에서 제시하고 있는 현실적인 문제는 가난이다. 그러나 이러한 상황적 조건을 인간의 본능적인 욕망과 연결시켜 새롭게 해석을 시도하고 있는 것이다. 「뽕」에서도 경제적인 궁핍이 현실적인 삶의 가장 중요한 문제로 제기된다. 작가 나도향이 인간의 본성과 현실적인 삶의 조건을 동시에 문제 삼고 있음을 의미하는 것이라고 할 수 있다.

염상섭은 식민지시대 현대소설의 전개 과정에서 개인의 발견과 현실 인식이라는 소설의 본질적 특성을 가장 분명하게 인식하고 있던 작가로 손꼽힌다. 문학에 대한 염상섭의 관심은 3·1운동 직후부터 이루어진 그의 비평 활동과 소설 창작을 통해 구체적으로 드러나고 있는데, 개성에 대한 자각에서부터 현실 생활의 인식 문제로 확대되었다. 그는 자아의 각성을 인간성의 해방으로 보고 그것을 근대적인 자기 발견 또는 개성의 발견이라고 말하고 있다. 그리고 예술이라는 것이 작가의 개성을 통하여 투시한 창조적인 직관의 세계라고 규정하였으며, 예술에서의 개성의 표현, 개성의 약동에 미적 가치가 있음을 주장하였다.

藝術美는 作者의 個性, 다시 말하면 作者의 獨異的 生命을 通하야 透視한 創造的 直觀의 世界요, 그것을 投影한 것이 藝術的 表現이라 하겟다. 그러므로 個性의 表現, 個性의 躍動에 美的 價値가 잇다고 할 수 잇고, 同時에 藝術은 生命의 流露요 生命의 活躍이라고 할 수 잇는 것이다. (……) 이와가티 藝術은 個性의 獨創에 生命이 잇는 것인 以上, 模造, 模寫에 藝術的 價値가 업슴은 名畫를 石版에 複寫한 것에 藝術的 生命이 업슴과 다를 것이 업는 것이다. 藝術은 模倣을 排斥하고 獨創을 要求하는지라, 거기에 何等의 範疇나 規約과 制約이 업는 것은 勿論이다. 生命의 向上 發展의 境地가 廣大無涯함과 가티 藝術의 世界도 無邊際요 藝術의 世界의 無邊, 無涯는 個性의 發展과 表現의 自由를 意味하는 것이다.[5]

앞의 인용에서 예술이 개성을 표현한 것이라고 하는 말은 작가가 지니고 있는 독특한 정신 내용 자체가 예술의 본질이 되는 것임을 의미한다. 그렇기 때문에, 그만큼 특수하고 남다른 것이 중요시되며, 예술의 생명도 개성의 독창성에 있다고 강조되기도 한다. 물론 염상섭은 개성론에서 개성 표현의 문제만을 중시하고 있는 것은 아니다. 그는 개성의 문제를 개인적인 차원에만 국한시키지 않고 이것을 민족이라는 집단적 차원의 문제로 확대시켜 나아가고 있다. 그는 민족적 개성이라는 것을 민족사의 흐름 속에서 민족의 역사적 배경을 이루는 기후 풍토뿐만 아니라 시대적 상황 등을 통해 형성된 민족의 고유한 정신이라고 규정한다. 그리고 바로 이러한 민족적 개성의 표현을 통해 민족 특유의 예술의 가치가 발현될 수 있다는 것이다. 이처럼 염상섭은 개성론의 출구를 민족 문제로 확대 해석함으로써 3·1운동 직후에 제기된 민족적 각성을 자연스럽게 문예의 영역으로 끌어들이고 있음을 보게 된다.

염상섭은 개성의 표현으로서의 예술에 대한 인식에서 출발하여 생활 현실에 근거한 문학으로 그의 관심을 구체화하였다. 그는 개성의 표현에 의해 이루어지는 문예라고 하더라도 현실 생활의 기반을 떠나서는 아무 의미도 지닐 수 없다고 말하고 있다. 그의 견해에 따르면, 문예는 생활의 표백이요, 기록이요, 흔적이요, 주장이다. 그러므로 문예에서 생활을 제거할 경우 그 가치를 생각하기 어렵다. 이러한 주장은 문예의 본질을 개성의 표현에서 찾았던 개성론의 관념적 한계를 극복하고 있는 점뿐만 아니라, 현실과 인간의 생활에 내재하고 있는 본질적 현상을 변증법적으로 파악하고 있다는 점에서도 중요한 의미를 갖고 있다. 생활에 대한 염상섭의 새로운 인식은 생활의 표현을 통해 삶의 전체적인 모습을 구현한다는 리얼리즘의 정신에 접근하고 있다는 점에서도 주목된다. 추상적인 관념을 배제하고 경험 세계로서의 현실과 그를 기반으로 하는 생활을 중시한다든지, 그 생활 속에서 시대정신, 사회의식을 추출한다든지 하는 것은 모두 리얼리즘의 판단 근거가 될 수 있기 때문이다. 결국 염상섭의 문학적 견해는 자아의 발견과 철저한 현실 인식이라는 포괄적인 사회 비평의 형태에서 출발하여 개성론으로 발전하였다고 할 수 있다. 그는 문예의 본질로서의 개성에 착안함으로써 3·1운동 직후의 혼란 상황 속에서 문학에 대한 근대적 인식의 기반을 확립하였다. 염상섭은 개성에 대한 자신의 관심을 민족적 개성으로 확대시켰다. 그가 식민지 지배하에 놓여 있는 민족적 현실에 대한 총체적 인식을 목표로 하였을 때, 바로 거기에서 문학의 근대적인 속성이 발현되고 있음을 알 수 있다. 그는 소설의 실천적 방법으로서 삶의 모든 문제의 핵심에 돌입할 수 있는 리얼리즘의 방법을 깊이 있게 인식함으로써 근대소설의 새로운 장을 열어 놓고 있는 것이다.

　염상섭의 초기 소설은 「표본실의 청개구리」(1921), 「암야」(1922), 「제야」(1922) 등으로 이어지고 있는데, 이 작품들은 모두 현실에 지쳐 있는 지식인 청년의 고뇌와 방황을 보여준다. 식민지시대 초기의 문제작인 소설 「만세전」(1924)은 일본 동경에서 대학에 다니고 있는 한 조선인 유학생의 귀환 과정을 통해 3·1운동 직전의 참담한 한국의 현실을 구체적으로 형상화하고 있다. 이 작품에서 주목되는 것은 일본 동경이라는 지배 제국의 중심부에서 조선 경성이라는 식민지 주변부의 세계로 귀환하는 과정을 주축으로 하고 있다는 점이다. 이 귀환의 과정은 일본 동경에서 조선의 경성으로 향하는 상반되는 공간의 이동을 통해 제국의 중심부와 식민지 주변부의 차별성을 극명하게 보여준다. 주인공이 일본 동경에서 부산을 거쳐 경성으로 돌아오는 길은 일본을 통해 새로운 문명이 밀려온 길이다. 개화계몽시대 이후 수많은 젊은이들이 이 길을 거쳐 유학에 오르고 새로운 문명개화의 이상을 꿈꾼 적이 있다. 그러나 「만세전」의

『만세전』

주인공은 일본 제국의 권력을 상징하는 헌병이나 순사의 감시의 눈을 의식하며 움츠러든 채 경성으로 돌아온다. 그리고 문명의 길이라고 내세워졌던 이 길이 착취의 길이며 압제의 길이 되고 있다는 사실을 알게 된다. 실제로 그가 본 것은 일본의 억압 아래서 위축된 한국인의 모습과 경제적 착취로 인한 곤궁의 현장이다. 그는 결국 식민지 상황이 한국의 문명개화를 의미하는 것이 아니라 사회적 억압과 경제적인 착취로 이어지고 있음을 발견하게 되는 것이다.

염상섭의 대표작으로 지목되는 장편소설 「삼대」(1931)는 조부에서 손자에 이르는 한 가족 삼대에 걸친 이야기를 토대로 한말에서부터 식민지시대에 이르기까지의 한국의 사회상을 총체적으로 보여주고 있는 소설이다. 이 작품에서 조 씨 일가의 정점에 자리하고 있는 조부 조의관은 경제적인 부를 축적한 후 그 돈으로 자기 집안을 명문가로 위장하고, 의관이라는 직함도 돈을 가지고 얻어낸다. 그리고 위장된 가문의 유지와 가계의 존속 등을 위해 철저하게 가부장적 지위를 고수한다. 그에게는 민족이니 국가니 하는 개념이 없

다. 오직 그가 모은 재산과 그 재산을 지켜나갈 가문만이 문제가 된다. 이 같은 조의관의 왜곡된 가족주의와는 달리, 조상훈의 경우는 부친인 조의관의 명분론에 억눌리고, 식민지 사회 현실에 직면하여 스스로 자신의 존재 의미를 잃고 파멸의 길을 걷는다. 조의관이 고수하고 있는 완고한 가족주의는 조상훈의 선부른 동포애와 사회사업이라는 것을 용납하지 않는다. 더구나 식민지 현실 자체가 그의 사회 진출을 가로막는 또 다른 장애물이 된다. 이 소설에서 가족주의의 완고성과 식민지 현실의 폐쇄성을 동시에 극복할 수 있는 가능성은 조 씨 일가의 제3대에 해당하는 조덕기를 통해 어느 정도 암시된다. 그는 조부와 부친이 각각 추구하고 있는 서로 다른 가치를 통합하고 세대 간의 갈등을 화해시킬 수 있는 합리적 현실주의자로 등장하고 있기 때문이다. 이처럼 소설 「삼대」는 서사의 중심축에 조 씨 일가의 가족사의 변화를 그려놓고 있지만, 그들이 가지는 계층적인 유대를 중심으로 한국 사회가 식민지 상황 속에서 겪게 되는 왜곡된 근대화의 과정을 총체적으로 제시하고 있다.

계급문학운동과 계급소설

한국 현대소설은 일본 식민지 지배 상황 속에서 문학과 계급적 이념의 결합을 통해 그 조직적인 실천을 추구하는 계급문학운동을 경험한 바 있다. 계급문학운동은 마르크스주의의 이념을 근거로 하여 조직된 '조선프롤레타리아예술동맹'(1925)을 기반으로 하여 대중적으로 확대된 것으로, 식민지 현실에 노정되어 있는 계급적 모순을 자각하고 계급의식을 고양하며 더 나아가서는 계급적 모순을 극복하기 위한 정치적 투쟁을 선도한다는 데에 목표를 두고 있다. 계급문학운동은 이 같은 정치적 경향성으로 인해 일본 식민지 지배 세력의 혹독한 탄압의 대상이 되었지만, 식민지 상황 속에서 왜곡된 한국 사회의 근대화 과정과 식민지 지배의 모순 구조에 가장 치열하게 대응하면서 다양한 반식민주의적 문학 담론을 생산한다. 계급문학운동이 식민지시대 한국문학의 성격을 이해하는 데에 있어서 중요한 요건이 되는 이유가 여기에 있다.

계급문학운동은 대중적 조직 운동으로서의 성격을 드러내고 있다. 조선프로예맹의 결성과 그 하부 조직의 정비는 문학 운동의 집단적인 실천과 그 공동체적인 연대 의식의 확보에 결정적인 기반을 제공하는 것이다. 이러한 조직 활동은 가장 개별적인 예술 활동이라고 할 수 있는 문학 창작 활동을 집단적 이념으로 고정시키기도 하였으나, 식민지 상황에서 모든 문학예술인들에게 공동체적 운명에 대한 인식을 가능하게 함으로써 그 주체적인 사상적 대응을 적극화할 수 있게 하고 있다. 조선프로예맹 조직의 강제 해체가 곧 계급문학 운동의 종말을 의미했던 점을 생각한다면, 조직 문제가 얼마나 중요한 것이었는지를 짐작할 수 있다.

계급문학운동은 한국 근대문학의 전개 과정에서 비평의 논리화를 가능하게 하였다. 그리고 문학과 예술에 있어서의 민중적 형식의 창출에 상당한 노력을 기울이면서 노동자 농민들의 의식 수준과 생활 방식에 적합한 문학 형식을 창출하고자 하였다. 그 결과로 나타난 것이 이른바 노동소설, 농민소설, 계급시 등의 집단적 문학 형식이다. 문학의 실천이란 새로운 형식의 창조 없이는 가능하지 않다는 사실을 생각한다면, 식민지시대 계급문학운동에서 확인해 볼 수 있는 이러한 창작적 실천 작업은 그 문학적 의의를 새롭게 평가할 필요가 있다.

계급문학운동의 창작적 성과로는 농민소설, 노동소설과 같은 새로운 소설 형식을 창안해 내고 있는 점을 손꼽는다. 농민소설은 농촌의 현실과 농민의 삶이 얼마나 비참한 상황에 놓여 있는가에 우선 주목한다. 이 같은 경향은 최서해, 조명희 등의 작품과 이기영의 초기 소설들에서 드러난다. 그러나 농민소설은 1920년대를 넘어서면서 새로운 변화를 드러내기 시작한다. 농촌의 당면 문제에 대한 농민들의 계급적 연대와 조직적인 투쟁의 과정을 농민

최서해

의 계급의식의 성장 과정에 맞춰 형상화하고 있는 작품들이 늘어나고 있는 것이다. 농민소설의 이 같은 단계적 변화는 물론 계급문학에서 추구했던 리얼리즘의 가치에 대한 인식의 방법과도 서로 관련되어 있다. 이것은 농민의식의 성장과 농민운동의 발전 과정에 대한 계급 문단의 이념과 요구를 그대로 반영하는 것이다.

최서해는 궁핍한 현실과 삶의 문제를 적극적으로 형상화하여 식민지 조선의 참담한 민중의 삶을 그려내고 있다. 그의 첫 소설「탈출기」(1925)에 이어「박돌의 죽음」(1925),「기아와 살육」(1925),「홍염」(1927) 등과 같은 작품들은 극도로 궁핍한 삶에 허덕이고 있는 주인공의 모습을 사실적으로 묘사하면서, 그와 같은 불합리한 삶의 조건을 만들어낸 사회적 계급과 제도를 저주하며 이에 저항하는 민중의 투쟁적 의지를 보여준다. 그의 작품 속에 등장하는 인물들은 대체로 상층부의 지주와 하층부의 노동자 농민으로 분류된다. 그러나 이야기의 주인공들은 노동자 농민들이며, 이들은 경제적 빈궁과 계급적 억압에 적극적으로 대응한다. 이들의 행동이 궁핍한 생활 체험을 풍부하게 반영하고 있는 구체적 현실로부터 출발하고 있다는 점은 한국 현대소설에서 볼 수 있는 리얼리즘적 성과의 하나로 평가할 수 있다.

조명희는「땅 속으로」(1925),「저기압」(1926),「농촌 사람들」(1927) 등을 통해 궁핍한 삶의 현실 속에서 겪는 지식인의 좌절과 농민들의 수난을 사실적으로 그려냄으로써 당대 현실의 문제성을 고발하고 있다. 그런데 조명희의 소설은「낙동강」(1927)을 비롯하여「한여름 밤」(1927),「아들의 마음」(1928) 등에서 계급의식의 구현이라는 분명한 지향점을 드러내기 시작한다.「낙동강」은 식민지 현실의 곤궁한 삶을 극복하기 위한 지식인의 이념적 대응과 그 실천 과정을 극적으로 제시하고 있는 작품이다. 이 작품은 특히 매개 인물로서의

『민촌』   『서화』

지식인 주인공을 내세워 조직적인 계급투쟁의 실천 과정을 구체화함으로써 계급문학운동의 방향 전환 과정을 소설적으로 형상화한 문제작으로 평가된 바 있다.

이기영의 소설은 식민지시대 농민문학의 중심에 자리하고 있다. 이기영은 등단 직후부터 「쥐이야기」(1926), 「민촌(民村)」(1925) 등의 소설에서 농민의 삶의 계급적 조건과 그 상황의 비극성에 주목하고 있다. 그는 농촌의 현실과 그 계급적 모순 구조를 지속적으로 파헤치면서 농민소설이 요구하는 긍정적 인간형의 창조에 노력한다. 소설 「홍수」(1930)에서 「서화」(1933)에 이르는 과정이 바로 그 성과에 해당한다. 이기영이 「가난한 사람들」에서부터 「서화」에 이르기까지 보여준 농민의 삶과 그 문제성은 장편소설 「고향」(1933)을 통해 하나의 세계로 통합되어 식민지시대 농민의 삶을 총체적으로 보여주게 된다. 이 작품은 궁핍한 생활 속에서 허덕이는 농민들의 고통과 이들을 착취하는 지주 세력의 횡포를 대조적으로 제시하고 있다. 이 작품의 중심에는 일본 유학에서 돌아온 지식인 청년이 문제적인 인물로 등장한다. 그의 등장과

한설야

함께 농민들은 점차 계급적 자각에 이르게 되고 자기 존재에 대한 인식에 눈을 뜬다. 그리고 자신들이 처해 있는 계급적 모순 구조를 극복하기 위해 서로 단합하여 지주 세력에 대응하게 된다. 이 같은 소설적 구조를 통해 작가는 1920년대 농촌의 현실적 상황과 농민들의 의식의 성장 과정을 동시에 보여주고 있는 것이다.

계급문학의 창작적 실천 과정에서 농민소설의 전개와 함께 주목되었던 노동소설은 식민지 상황 속에서 왜곡된 자본주의의 발전 과정과 그 속에서 등장한 노동자의 계급적 성장 과정이 서로 충돌하는 양상을 보여준다. 송영은 「용광로」(1926), 「석공조합대표」(1927), 「지하촌」(1930), 「교대 시간」(1930) 등을 통해 노동의 현장과 노동자의 삶의 모습을 그려낸다. 이 작품들 가운데는 농민 계층의 몰락과 도시 노동자로의 전락 과정을 추적하고 있는 것도 있고, 농민과 노동자의 연대적 투쟁을 문제 삼고 있는 경우도 있다. 이 작품들에 등장하는 노동자들은 착취의 희생자로 그려지기보다는 자신들의 삶의 조건에 반항하고 모순의 현실을 파괴하기 위한 투쟁자로 나타난다. 계급 문단에서 노동 작가로 주목되었던 이북명은 「질소비료공장」(1932), 「암모니아탱크」(1932), 「출근 정지」(1932), 「여공」(1933) 등에서 대규모 공장에서 열악한 노동조건에 시달리고 있는 노동자들의 비참한 삶을 통하여 식민지 자본주의의 문제점을 뚜렷하게 부각시키고 있다. 한설야는 단편소설 「그 전후」(1927), 「과도기」(1929), 「씨름」(1929) 등에서 농촌으로부터 유리되어 버린 농민들이 도시 노동자로 전락해가는 과정에서 비탄과 환멸에 빠져들지 않고 계급적 자기 각성에 이르는 과정을 그려내고 있다. 그리고 이 같은 소설적 작업은 「사방공사」(1932), 「소작촌」(1933)에 이르러 더욱 강렬한 계급투쟁 의식을 강조하는 방향으로 고정되고 있다. 한설야는 조선프로예맹이 강제 해체된 후에 장편소설 「황혼」(1936)

을 발표한다. 이 작품은 계급문학운동의 기존의 성과를 바탕으로 하여 노동계급의 조직화 과정을 총체적으로 구현하고자 하는 의욕을 담고 있다. 이 작품의 배경 자체가 일본 군국주의의 확대 과정과 맞물려 있고, 그러한 현실적 상황 속에서 성장하고 있는 노동계급의 조직적 실체를 확인하고 있다는 것은 특기할 만하다.

현대소설의 모더니즘적 경향

한국 현대소설은 1935년 조선프로예맹이 강제 해체되면서 새로운 변화의 단계를 맞이하고 있다. 이 시기의 문단은 일본 유학을 통해 외국문학을 전공한 문학도들이 등장하여 해외 문학의 동향을 활발하게 소개함으로써 문학의 경향이 다양하게 전개된다. 그러나 이 시기 문단의 외형적 확대에도 불구하고, 일본 군국주의의 득세와 만주사변(1931)의 확대 등으로 일본 경찰의 언론에 대한 감시와 사상 탄압이 가중되면서 문학의 위기의식이 고조된다. 소설의 경우 집단적 주체와 이념의 문제가 배제되면서 일상적인 현실 문제를 개인의식의 추이를 통해 단편적으로 기술하는 새로운 경향이 등장한다. 이러한 변화 속에서 모더니즘적 경향의 소설이 등장하기 시작한다는 점을 주목할 필요가 있다.

1930년대 후반 새로운 소설적 경향을 주도했던 작가들 가운데 이효석, 이태준, 박태원, 이상, 김유정 등은 '구인회'(1933)라는 문학 동인을 조직하고 기존 소설의 사실주의적 경향과 일정한 거리를 두고 새로운 소설적 기법을 실험하게 된다. 이들은 도시적 공간을 삶의 무대로 하여 개별화된 인간의 내면 의식, 도회적 풍물, 성에 대한 관심과 관능미 등을 집중적으로 천착한다. 도시적 공간이라는 소설적 장치는 모더니즘 소설에서 단순한 배경적 요건으로 활용하고 있는 것만은 아니다. 도시의 확대와 각종 새로운 직업의 등장, 도시의 가정과 가족의 해체, 물질주의적 가치관의 팽배 현상, 환락과 고통의 변주, 소외된 개인과 반복되는 일상 등이 도시 생활의 새로운 문제로 대두되고 있기 때문이다. 모더니즘 소설은 개체화된 인간들의 삶을 통해 도시의 속성에서 문제시되고 있는 인간관계의 상실, 개인주의적 태도 등을 자연스럽게 표출하고 있다. 당시 계급 문단의 소설들이 대개 집단의식의 소설적 구현을 위해 소영웅적인 인물로 치장되고 있었던 점을 생각한다면, 소설적 주인공들이 왜소한 일상인의 모습으로 현실의 공간에 방치되어 있다는 것은 당시 계급 문단의 소설들과 확연히 구별되는 특징이라고 할 것이다. 이러한 특성은 사실주의 소설을 중시해 온 비평가들에게 성격과 환경, 즉 개인과 사회의 분열로 치닫는 소설의 위기로 인식되기도 하였지만, 삶에 대한 인식의 방법과 태도가 새로운 전환을 드러내는 징후로 인정될 수 있을 것이다.

박태원의 소설 「소설가 구보씨의 일일」(1934)과 「천변풍경」(1936)은 그가 추구하고 있는 소설 기법과 그 문학적 성과를 동시에 규명해 볼 수 있는 문제작이다. 소설에서의 사건의 극적 전개, 인물의 대립과 갈등, 집단적인 이념의 구현 등에 익숙해 있던 독자들에게는 이 두 편의 소설이 충격적이라고 할 만큼 파격의 형태로 인식된다. 이 작품들 속에는 발단과 갈등이 클라이맥스로 이어지는 행위의 개념이 나타나 있지 않다. 「소설가 구보씨의 일일」의 경우는 주인공이 아침에 집을 나와 도시의 구석구석을 배회하다가 저녁에 다시 집으로 돌아오는 하루 동안의 일상적인 생활공간이 소설의 내용을 이룬다. 이 소설의 주인공은 소설을 쓰는 작가의 신분임을 알 수 있다. 그는 별다른 목적 없이 집을 나와 사방을 기웃거리며 하루를 보낸다. 그 하루의 시간 속에서 주인공의 의식도 방황을 거듭한다. 잃어버린 옛날의 애인을 떠올리고 추억에 잠기기도 하며, 사소한 일상의 일들이 머리에서 떠나지 않는다. 삶과 현실에 대한 철저한 방관을 통해 주인공이 도달하고 있는 것은 인간생활을 지배하는 의식의 일상성에 대한 인식뿐이다. 주인공의 도시 배회에는 그의 손에 들려진 한 권의 노트가 동반자 노릇을 한다. 도시의 이곳저곳을 떠돌면서 우연히 부딪치게 되는 주변 세계의 사실들을 만화경적으로 기록하

박태원, 『구보씨의 하루』

면서 새로 쓰려는 소설의 모티프를 구상하는 것이 그의 일이다. 또 하나의 동반자는 주인공의 의식이다. 주인공이 도시를 배회하는 것과 더불어 그의 의식도 방황을 거듭한다. 현실 생활에서의 그는 무기력과 상실감에 빠져 있는 데 비해, 그의 방황하는 의식은 잃어버린 행복과 기쁨을 추구하고 있다. 이 소설은 도회의 공간을 떠도는 인물을 그리고 있으면서도, 그 내면화된 의식의 공간을 더욱 치밀하게 묘사하고 있는 셈이다. '의식의 흐름'을 따라가는 심리주의적 수법의 단면이 바로 여기에 나타나 있는 것이다.

　장편소설 「천변풍경」은 소설적 기법의 면에서 1930년대 소설 문단이 거두어들인 가장 중요한 수확이다. 이 작품이 발표된 직후에 비평가 최재서는 "객관적 태도를 가지고 대상에 접근하여 진실하게 관찰하고 정확하게 표현"하는 데에 성공하고 있음을 주목한 바 있다. 묘사의 객관성을 들어 리얼리즘의 확대를 운위했던 최재서의 비평적 태도가 리얼리즘의 기법적 차원만을 염두에 둔 것이라는 점은 당연히 지적되어야 할 것이지만, 「천변풍경」의 소설적 특징이 기법의 영역에서 주목되었던 것은 부인할 수 없는 사실이다. 임화의 경우에는 세태적 환경에 대한 작가의 집착을 이른바 '세태소설'이라는 말로 규정하기도 했으며, 백철의 경우에는 오히려 "자신의 포즈에 안정성을 갖고 인간 중심의 태도를 확보"해야만 진정한 리얼리즘의 승리를 획득할 수 있다고 박태원의 기법 위주의 소설을 공격하기도 하였다. 이처럼 「천변풍경」은 발표 직후부터 평단의 관심사가 되었으며, 소설 문단의 새로운 경향을 대변하고 있는 것으로 화제에 오르게 된 것이다.

「천변풍경」의 내용은 모두 서울이라는 도시의 한복판을 흘러 나가는 청계천 주변 사람들의 이야기로 이루어지고 있다. 도회적인 삶의 속성이라고 할 수 있는 모든 것들—사회적인 문제로 부각되는 빈부의 격차, 도덕의 타락, 실업의 증가에서부터 개개인의 삶의 문제에 이르기까지 모든 사연들이 천변의 사람들에 의해 보여지고 말해진다. 도회의 모든 일들이 이곳 천변으로 흘러들어온다고 할 수 있을 만큼, 청계천 주변에는 온갖 행색의 인간들이 각기 제 몫을 가지고 얼굴을 내민다. 그러므로 이 작품 속에는 한두 사람의 핵심적인 등장인물이 없다. 모든 등장인물이 각각 자신의 이야기의 주인공이 되고 자신의 행위의 주체가 되어 소설 속에서 움직이고 있다. 모두 50절로 나뉘어져 있는 이 작품에는 약 70여 명의 인물이 등장한다. 돈과 생활의 안정이 주는 세속적인 행복을 최상의 가치로 여기는 중산층의 인물들, 가난은 숙명이며 돈이 곧 행복이라고 생각하는 서민층의 인물들, 봉건적 인습과 남성의 억압적 지배에 의해 피해 받는 여인들, 세상의 진실과 허위를 발견하며 성장해 가는 아이들 등 다양한 인물들의 생활상이 파노라마식으로 묘사되어 있다. 이 작품은 도시 서민들의 세태를 총체적으로 묘사하기 위해 청계천변이라는 공간을 중심으로 약 일 년 동안 사계절의 순환을 따라 변화하는 삶의 다양한 삽화들을 연결시키고 있다. 따라서 이 작품은 인물이나 사건의 총체성보다는 공간의 총체성을 확보하는 데 더 많은 노력을 기울인다.

이상의 글쓰기의 모든 영역은 서로 밀접하게 연관되어 있으며, 대부분 동시적 질서를 형성하고 있다. 그의 문학은 어떤 출발이라든지 어떤 결말을 보여 주는 과정 자체를 거부하고 있기 때문에, 첫 작품과 마지막으로 남긴 작품을 보면 시간적인 격차가 거의 느껴지지 않고 있다. 소설「날개」(1936)는 자아의 형상과 그 존재 방식에 대한 회의와 그로부터의 탈출 욕망을 공간화의 기법으로 형상화한 작품이다. 이 소설의 화자는 '나'라는 지식인이다. 그는 도시의 병리를 대표하는 매춘부인 아내와 기형적인 삶을 살아가고 있다. 아무런 희망도 비판적 자각도 없는 무기력한 주인

이상

공이 좁은 방으로 표상되는 비정상적인 삶으로부터 탈출하고자 하는 욕망이 이 소설의 주제를 형성하고 있다. 주인공은 외적 현실과 정상적인 관계를 맺지 못하고 아내에게 기생하여 살아간다. 아내가 수상한 외출을 하거나 방에 외간 남자를 불러들여도 분노할 줄 모르며, 오히려 착한 어린이나 순한 동물처럼 "아무 소리 없이 잘 논다." 이 같은 비정상적인 현실에 대한 적응은 자신의 존재를 비하시키고 자아에 대한 모독과 부정을 일삼는 병리적 쾌락으로 전화되어 나타난다. 그럼에도 불구하고 이 작품에서 주목되는 특징은 무의미한 삶과 자의식의 세계로부터 탈출하려는 강렬한 의지를 감추고 있는 점이다. 이 소설은 특이한 공간 구조를 근간으로 이야기를 입체적으로 구성한다. 이야기의 발단은 외부적인 현실 공간과 격리되어 있는 내부 공간으로서의 '나의 방'에서 이루어진다. 이야기의 전개 과정은 닫힌 공간으로서의 '나의 방'으로부터 벗어나고자 하는 탈출의 욕망에 의해 단계적으로 형상화된다. 그 첫 단계가 '아내의 방'으로 나오는 일이며, 뒤에 '아내의 방'을 거쳐 바깥 세상에 발을 내딛는다. 반복적인 행위의 패턴화를 통해 구현되는 탈출의 욕망과 그 좌절의 과정은 모두 자아의 내면 의식의 복잡한 갈등 과정으로 채색되어 있다.

소설「지주회시」(1936)는 작가인 이상 자신의 개인사적인 체험과 관련지어

논의되기도 하지만, 작품에서 가장 주목되는 것은 인간관계의 성립에 대한 작가의 특이한 인식이다. 이 소설의 표제에서 '지주'는 거미를, '시'는 돼지를 뜻한다. 따라서 이 작품의 표제는 '거미 한 쌍이 돼지를 만나다'라는 뜻이다. 사건은 매우 간단하다. 아내가 손님인 전무에게 채여 넘어지면서 부상을 입었고, 위자료로 20원을 받았는데, 나는 그 돈을 가져다가 술 마시고 팁 주는 데 써 버린다는 내용이다. 개체와 개체 사이의 관계를 자본주의적인 착취 구조로 이해하고 있는 이 작품에서 일반적인 가치 규범이나 보편적 윤리 의식을 찾아내려는 시도는 작품의 올바른 이해와 동떨어진 일이 될 것이다. 이 작품에 그려진 주인공과 아내와의 관계, 돈을 둘러싼 친구와 주인공의 대립, 전무에게서 돈을 우려내려는 아내의 술책 등을 통해, 가정과 사회의 퇴폐와 병리에 대한 작가의 조롱을 읽어낼 수 있다. 이 소설은 결국 근대 사회에서의 자본주의적 착취 구조의 연결 고리를 풍자적으로 그려냄으로써, 인간의 개인적 유대 의식의 상실과 그 물신화의 현상을 비판하고 있는 것이다.

이태준의 초기 단편소설들은 현실의 삶에서 좌절한 인간의 모습을 깊이 있게 천착하고 있는 작품들이 많다. 그의 소설의 주인공들은 직장을 잃어버린 실직자이거나, 쓸쓸하게 병을 앓고 있는 환자이거나, 실연의 사연을 안고 있는 사람이다. 이처럼 대부분의 주인공들은 삶의 현실에 적극적으로 대응하지 못하고 오히려 한 걸음 빗겨 서 있는 모습을 보여준다. 이들의 삶에서 발견되는 짙은 허무와 패배주의적 의식은 이태준 문학의 반근대주의적 미의식을 말해주는 것으로 지적되기도 한다. 그러나 이태준의 소설에서 볼 수 있는 인물의 형상은 개인적 성격의 문제라기보다는 식민지 현실과 모순된 근대라는 일상의 조건들과 깊이 연관되어 있다. 실제로 「달밤」(1933), 「복덕방」(1937), 「영월 영감」(1939), 「밤길」(1940)과 같은 작품들은 모두 근대화의 과정에서 소외되어 삶의 의미와 그 지표를 잃어버린 인간상을 보여주고 있다. 이들 작품의 인물들은 자기 능력에 맞는 일거리를 찾지 못하고 이리저리 떠밀려 살고 있으며, 세상의 새로운 이치를 어찌하지 못하고 있다. 그렇기 때문

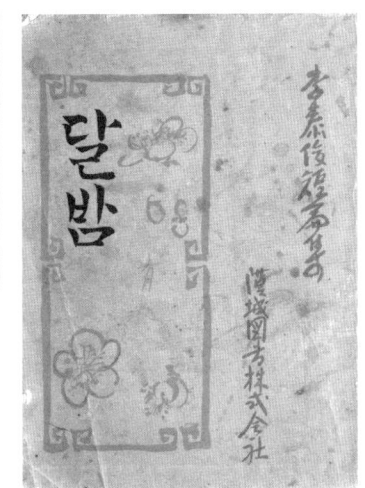

이태준, 『달밤』

에 생계조차 꾸리기 어려운 품팔이의 간고한 삶을 보여주고 있는 것이다. 이태준은 이같이 불우한 인물들의 삶의 모습을 통해 현실에 내포되어 있는 근대 의식의 문제성을 우회적으로 그려내면서 동시에 각각의 인물들이 지니고 있는 순박하고 선량한 내면세계와 그 성품에 주목한다. 이러한 접근 방법은 근대적인 것이 포괄하고 있는 다양한 문제성을 천착하고자 하는 작가로서 이태준이 지니고 있는 사회 윤리적 의식과 관련된다. 그는 식민지시대의 사회 현실에 볼 수 있는 도덕적 타락과 세태의 혼란 속에서도 인간 본연의 순진성을 지키는 인물들을 강조함으로써 서사적 담론의 심층 구조에서부터 식민지 근대의 문제성을 부각시키고 있으며 자신의 현실적인 윤리 감각의 지표를 제시하고 있는 셈이다. 물론 이태준은 순박하고 선량한 사람들의 미덕이 현실에서는 아무런 힘을 발휘하지 못하고 있음을 알고 있다. 그러므로 그의 소설은 짙은 허무의 페이소스를 드리우고 있는 것으로 인식되기도 한다.

이태준의 소설이 보여주는 또 하나의 특징은 주로 1930년대 후반에 발표한 작품에서 볼 수 있는 일상적인 것에 대한 깊이 있는 관심이다. 작가 자신의 신변적 체험을 통해 일상의 의미를 부각시키면서 자아의 내면성에 대한 성찰을 강조하고 있는 「장마」(1936), 「패강냉(浿江冷)」(1938), 「토끼 이야기」(1941), 「사냥」(1942), 「무연(無緣)」(1942), 「석양」(1943) 등이 여기에 속한다. 이태준 자신은 이 같은 작품들을 심경소설(心境小說)이라고 지칭하기도 하였거니와, 이 작품들에서 가장 두드러지게 드러나고 있는 것은 일상의 현실 속에 갇혀 무기력하게 살아가는 지식인 작가의 자의식이다. 물론 이러한 상황의 문제성은 궁극적으로 식민지 현실과 연관된다는 점에서 초기 단편소설이 보여주고 있던 비판적인 근대 의식의 지향과 상통한다고 할 수 있다.

이효석은 1928년 단편 「도시와 유령」을 발표함으로써 문단의 주목을 받기 시작했으며, 첫 창작집 『노령근해』(1931)를 간행하면서 계급문학에 대한 관심을 적극적으로 구현하여 이른바 동반자 작가로 지목되기도 하였다. 1933년 김기림, 정지용, 이태준 등과 '구인회'를 결성한 후, 「돈(豚)」(1933), 「성화(聖畫)」(1935), 「산」(1936), 「들」(1936), 「메밀꽃 필 무렵」(1936), 「분녀(粉女)」(1936), 「개살구」(1937), 「장미 병들다」(1938), 「해바라기」(1938) 등 그의 대표작으로 꼽히는 수작들을 발표하였다. 이러한 작품들은 산문문학 양식인 소설을 통해 서정적인 감각을 섬세하게 구현하고 있다는 점에서 순수문학의 규범처럼 평가되어 왔다. 그러나 이효석 문학의 근대적인 성격은 표현론적인 차원에서의 순수성이나 서정성에서 찾을 수 있는 것은 아니다. 오히려 이효석 문학은 1920년대 나도향이 소설이라는 양식을 통해 시도했던 성(性)의 문제를 더욱 개방적으로 담론화하고 이를 감각적인 필치로 소설화하는 데에 성공하고 있다는 점을 주목할 필요가 있다. 실제로 이효석이 동반자 작가로 출발한 후 계급문학의 이념적 요구로부터 벗어나면서 새로이 발견한 것은 인간의 본능적인 성의 문제였다고 할 수 있다. 이효석이 추구하고 있는 성의 문제는 인간의 본능적 욕망으로서의 성을 탐미적으로 추구하는 성향이 짙기 때문에 이 같은 속성 자체가 이효석 문학의 특징으로 설명된 것도 사실이다. 그렇지만, 그의 작품에서 문제가 되는 것은 성의 문제가 드러내는 양가성이다. 이효석은 인간의 도덕적 파괴와 타락적인 성을 함께 연결시켜 그려놓고 있다. 예컨대, 「개살구」, 「성화」, 「장미 병들다」, 「화분」 같은 작품을 보면 윤리적인 차원에서 용납되기 어려워 보이는 타락적인 성의 퇴폐적 면모가 적나라하게 그려지고 있다. 이것은 성의 문제가 인간의 본능에서 출발한다 하더라도 이미 사회적인 제도 속에서 커다란 영역을 차지하는 문제가 되고 있음을 말해준다. 이효석의 소설에서 성의 문제가 인간의 본능적 욕구와 연결되어 원시적 건강성을 나타내고 있는 경우도 적지 않다. 「돈(豚)」, 「들」, 「분녀」 등에서는 동물적이고도 원시적인 본능으로서의 성의 문제를 부각시키고 있으며, 「산」, 「메밀꽃 필 무렵」 등에서는 자연의 아름다움 속에서 성 자체가 더욱 미적 신비성을 드러내도록 묘사하여, 성의 문제를 근간으로 인간의 본능과 원시적 자연을 조화롭게 형상화해 내기도 한다. 이효석의 소설 「메밀꽃 필 무렵」(1936)에는 이효석 문학의 본질적인 특징들이 거의 다 담겨 있다. 인간의 본능적인 성의 문제가 이효석 문학의 중심 과제였다면, 자연과의 친화를 바탕으로 이를 서정적 미학으로 승화시킨 것이 바로 이 작품이다. 소설 「메밀꽃 필 무렵」은 고달픈 현실의 삶을 압축해 놓고 있는 낮의 장터와 아름다운 달빛이 비치는 밤의 산길을 그 배경으로 주인공 허 생원의 삶의 안팎을 보여준다. 떠돌이의 삶으로 이끌어 가는 허 생원의 운명이 바로 이 대조적인 두 개의 배경과 조화를 이룸으로써 문학적인 정취를 지니게 된 것이다. 다른 작품들에서 성의 문제를 과도하게 노출시켰던 작가가 이 작품에서는 나귀라는 동물을 통해 간접적으로 이를 묘사해 냄으로써 원초적인 인간의 본능과 자연의 친화라는 새로운 주제 의식에 도달하고 있는 것이다.

이효석이 성의 문제를 도시의 한복판에서 가장 다층적으로 다양하게 담론화하고 있는 것이 그의 장편소설 「화분(花粉)」(1939)이다. 이 작품의 주조를 흔히 에로티시즘이라고 지적하기도 하지만, 당대의 현실에서 가능한 성에 관한 모든 담론을 모자이크한 것이라고 할 수 있다. 이 소설이 그려내는 공간은 도시 한복판에 숲과 나무와 화초로 가득한 집이다. 이 공간의 주인공은 영화업자로 나타난다. 당대의 현실에서 본다면 가장 현대적인 직업이라고 할 수 있다. 이 영화업자의 이름은 현마이고 그의 집은 성의 유희장처럼 그려져 있다. 이 작품에서 주목하게 되는 것은 도시적 공간 속에서의 섹스의 일상화이다. 성적 유희의 낭비현상이 적절한 긴장을 지니며 펼쳐지는 이 소설은 장편으로서 결여되기 쉬운 구성상의 긴박감도 나름대로 획득하고 있다. 이 같은 작품의 전반적인 속성을 놓고 기성 사회의 도덕과 윤리가 깨어지고 있다든지 새로운 성 윤리가 나타나고 있다든지 하는 것은 단순한 반영론적 해석에 지나지 않는다. 오히려 이 작품에서 주목해야 하는 것은 성 그 자체이다. 은밀하게 감추어져 있던 성의 문제가 이렇게 소설의 대상이 되어 공개되고 있다는 사실이 중요하다. 그리고 바로 그 같은 성의 문제가 현대적인 삶의 중심에 자리하고 있음을 보여주고 있는 것을 주목해야 한다.

최명익은 1937년 최정익, 유항림, 김이석 등이 주관한 동인지 《단층(斷層)》에 참여하면서 그 문단적인 존재를 분명하게 드러내고 있다. 그가 이 무렵에 발표한 「무성격자」(1937), 「폐어인(肺魚人)」(1939), 「심문(心紋)」(1939), 「장삼이사(張三李四)」(1941) 등은 한국 심리주의 계열의 소설이 도달한 중요한 성과의 하나로 평가되고 있다. 최명익의 작품들은 자의식의 내면 공간을 밀도 있게 그려낸 이상(李箱)의 작품 세계와는 달리, 당시 일상의 공간 속에서 지식 계급의 불안 의식을 성실하게 표현한다. 그의 소설에 등장하는 인물들은 무력증과 자의식의 과다에 매몰된 인간들이 대부분이며, 전체적으로 절망의 정조를 바탕으로 하고 있다. 이 절망은 후회 없이 삶을 살아가기 위해 열정을 보이던 인물들이 자기 삶에 대해 가지는 체념에서 비롯된다. 그의 소설을 보면 지식인의 자의식과 생활인으로서의 일상적 감각이 대비되어 나타난다.

허준의 소설 세계는 최명익이 그려내는 자의식의 내면 풍경이 더욱 허무주의적 경향으로 자리 잡고 있는 것이 특징이다. 그의 단편소설 「탁류」(1936)는 어쩔 수 없는 운명으로 인하여 현실에서의 적극적인 삶에 대한 모색을 포기한 채 살아가고 있는 지식인의 자의식의 세계를 성실하게 천착하고 있으며,「야한기(夜寒記)」(1938),「습작실에서」(1941) 등에서는 허무의 심연에 칩거한 지식인의 내면세계를 그려놓고 있다. 이러한 작품들은 당대 현실에 대한 지식인의 불안 의식과 허무주의적 태도와 연관된다. 그의 작품의 주조를 이루는 것은 현실에 무관심한 채 내부의 세계로 시선을 돌릴 때 필연적으로 느끼게 되는 허무 의식과 고독감이다. 소설 속의 등장인물들은 현실의 문제를 자기 개인의 의지로는 어찌할 수 없다는 허무주의에 빠져 있으며, 삶의 자세나 가치 판단에 굳이 골몰할 필요가 없다고 생각하고 있는 것이다.

김동리의 문학은 풍부한 신화적인 모티프에서부터 출발하고 있다. 그리고 그 신화적인 모티프들은 다양한 설화적 공간을 형성하면서 전통 의식과 연결되고 있다. 그의 등단 작품인「화랑의 후예」(1935)에서부터 이미 그의 전통 지향적인 특성이 강하게 드러난다. 1930년대 후반에 발표한 단편소설「바위」(1936),「무녀도」(1936),「산제」(1936),「황토기」(1939) 등은 토속적인 무대를 배경으로 하여, 그 속에서 이루어지고 있는 한국인들의 삶의 운명적인 양상을 깊이 있게 천착하고 있다. 역동적인 현실보다는 닫혀 있는 설화적인 공간을 그려내고 있다는 점에서 이 작품들은 모두가 모더니즘 계열의 소설들이 추구하고 있던 근대성의 의미를 완강하게 거부하고 있는 것처럼 보인다. 김동리 문학이 보여주는 이 같은 반근대적(反近代的)인 속성은 이념적 가치로부터의 탈피를 강조하고 있다는 점에서 순수주의 문학으로 평가되기도 하고, 역사와 현실을 벗어나고 있다는 점에서 반역사주의 문학으로 비판되기도 한다. 그러나 이러한 소설적 지향에서 드러나고 있는 토속주의는 일종의 원시주의적 경향과도 맞물려 있기 때문에 파시즘화하고 있는 일본 제국주의의 식민지 지배 구조로부터 벗어나고자 했던 작가 의식의 소산으로 해석할 수도 있다. 김동리 문학이 해방 이후 민족문학이라는 이름 아래 보수주의적 이념의 거점이 되었던 것도 이 같은 맥락에서 이해할 수 있을 것이다.

김동리의 소설에서 일관된 주제로 드러나고 있는 반근대성은「산화」와「바위」를 통해 예사롭지 않게 형상화되고 있다.「산화」의 경우는 숯가마 속

김동리

에 묻혀 살고 있는 뒷골마을 사람들의 참담한 삶을 그려낸다. 윤 참봉이라는 지주를 통해 형상화되고 있는 계급적 착취와 자연적 재난인 산불로 인한 기근에 시달리는 마을 사람들은 그들의 숙명적인 삶을 극복할 수 있는 어떤 방법도 새롭게 추구하지 못한다. 1920년대 후반의 계급소설이 의도적으로 강조하였던 계급적인 각성도 보이지 않으며, 어떤 저항적인 움직임도 나타나지 않는다. 이들은 자신들에게 들이닥친 재난이 모두 자신들이 모셔 온 산신님의 노여움에서 비롯된 것이며, 산신님의 뜻을 거역한 역천의 죗값을 자기들이 당연히 받는 것이라고 믿고 있다. 그러므로 이들은 산신님의 신령한 힘을 다시 빌릴 수밖에 없다. 이같은 숙명적인 태도는 「바위」의 경우에도 마찬가지로 등장한다. 이 소설의 주인공은 문둥이가 되어 육신이 썩어 가는 고통을 안고 있으면서도 복바위를 끌어안고 혈육의 재회를 기원하며 그 바위를 갈고 있다. 복바위의 영험에 힘입어 자신의 소망을 이루고자 하는 비원이 담겨 있는 것이다. 이처럼 「산화」와 「바위」의 등장인물들은 모두가 잃어버린 세계를 되찾고 조화로운 삶을 회복하기를 기원한다. 이 기구의 의미 속에서 근대 이전의 세계로 회귀하고자 하는 작가 의식의 반근대적인 속성이 나타나고 있다.

김동리의 대표작으로 평가되는 「무녀도」, 「황토기」 등은 그 서사적 공간이 설화적 전통과 토속 신앙 등으로 꾸며진 일종의 원시주의 또는 신비주의적인 경향을 드러낸다. 그리고 인간의 보편적인 운명의 절대성에 대한 관심으로 인하여 허무주의적인 색채가 강하게 나타난다. 「무녀도」의 서사 구조는 토속 신앙과 외래적인 기독교 신앙의 충돌로 인해 생기는 정신적 갈등을 근간으로 한다. 모든 것을 '님'으로 보고 신령으로 받드는 무당 모화가 거주하고 있는 세계는 전근대적인 무속의 세계이다. 모화는 무속의 세계를 대변하는 인물이며, 자신의 믿음에 대해 거의 맹목적인 복종을 보여준다. 그녀가

영위하고 있는 무속의 세계는 그녀에게
는 하나의 작은 우주라고 할 만큼 절대적
인 공간이 되고 있다. 그런데 이 닫혀진
공간에 새로운 변화의 바람이 들어오게
된다. 이 세계에 들어온 침입자는 기독교
도가 되어 돌아온 그녀의 아들 욱이다.
모화는 아들이 가지고 들어온 기독교의
합리성을 제대로 이해하지 못한다. 오히
려 자신이 믿고 의지하고 있는 신의 노여
움을 사지 않을까 두려워한다. 결국 두
사람은 각각 그들이 모시는 신의 이름으
로 대립과 갈등에 빠져든다. 토속적인 무

『무녀도』

속의 세계와 외래적인 기독교의 세계의 충돌 속에서 어머니와 아들을 모두
죽음으로 몰아감으로써 그 갈등 구조가 상호 파멸로 귀결되고 만다. 「황토
기」의 경우는 억쇠와 득보라는 두 인물의 아무런 의미 없는 싸움을 통해 운
명론적인 허무 의식을 집요하게 추적하고 있다. 이 작품의 배경으로 끌어들
인 '절맥설(絶脈說)', '상룡설(傷龍說)', '쌍룡설(雙龍說)' 등의 설화는 운명과 허
무 의식이라는 작품 주제와 잘 부합되고 있으며, 이 같은 설화를 중심으로
작품 속의 현실 자체도 설화적으로 재구성되고 있다. 이 작품의 시공간이 구
체적인 현실의 시공간이 아니라, 그 시작과 끝을 알 수 없는 원환적인 구조
로 나타나고 있는 것은 이 때문이다. 이 작품이 소설 외적 현실과의 통로를
차단함으로써 얻어내고 있는 것은 일종의 신비주의 세계라고 할 수 있다. 이
소설 속에 등장하는 억쇠와 득보라는 두 인물들의 행태는 현실 공간에서는
찾아보기 어려운 것들이다. 이 두 인물을 중심으로 설정되어 있는 남녀의 관
계 역시 사실적인 것이 아니다. 그들이 벌이는 싸움과 애욕 갈등은 사뭇 그
로테스크하다. 그들이 하는 일이란 술 마시고 싸우고 애욕을 좇는 것뿐이다.

다시 말하면 가장 원초적인 본능만을 따른다. 소설의 서사적 공간이 되고 있는 황토골은 이미 장수가 장수 노릇을 하지 못하도록 맥이 끊기고 여의주 잃은 용들처럼 서로 머리를 물어뜯도록 운명 지어졌기 때문이다. 이 소설에 재구된 공간은 김동리가 외면하고자 했던 식민지적 조건의 타락한 근대 공간에 대한 대타적인 의미를 지니는 것으로 이해할 수 있다. 이것은 식민지 현실 자체가 민족의 정기가 절맥된 상황 또는 훼손된 가치와 붕괴된 총체성의 세계로 인식될 수 있음을 의미한다.

현대소설의 사실주의적 성과

채만식은 1930년대 초기에 동반자적인 성향의 작품을 발표하면서 문단적 지위를 확보한다. 이 시기에 발표한 것이 「레디메이드 인생」(1934), 「인텔리와 빈대떡」(1935), 「치숙」(1938) 등과 같은 풍자적인 작품이다. 채만식의 현실 풍자는 주로 식민지 상황 자체에 대한 부정을 목표로 한다. 일제 식민지시대의 현실에서 소외되어 버린 지식인들의 냉소적인 관점과 태도를 보여주고 있는 그의 소설은 당대 사회의 모순을 풍자적으로 형상화하고 있다. 단편소설 「레디메이드 인생」에는 좌절에 빠져든 식민지시대 지식인의 현실에 대한 풍자적이고 냉소적인 시각이 나타나 있다. 소설의 주인공은 사회주의의 이념에 따라 현실 사회에서 보다 실천적이고도 행동적인 지식인이 되고자 했으나 오히려 실직 상태에 빠져 생활의 곤궁을 면하지 못한다. 그는 직장을 구하러 다녔지만 어디에도 그를 환영하는 곳이 없다. 모든 일이 뜻대로 되지 않자, 그는 자신이 마치 공장에서 쏟아져 나와 어딘가로 팔려가기를 기다리는 '기성품 인생'이 되어 버렸다는 생각을 하게 된다. 이러한 자기 비하는 비판적인 지식인을 용납하지 않고 있는 현실에 대해 무력한 자신의 처지를 역설적으로 대비시키고자 하는 데에서 비롯된 것이다. 이와 같은 작가의 비판적 태도와 부정적인 시각은 「치숙」에서 더욱 조소적인 의미를 드러낸다.

이 작품은 자기 생활 기반을 갖지 못한 무력한 지식인(삼촌)을 조롱하는 일본인 상점 점원(조카)을 등장시켜 정신적인 것의 몰락과 물질적인 것에 대한 욕망을 간접적으로 대비하여 주는 효과를 거둔다. 이 작품에서 적극적으로 긍정되어야 할 인물은 삼촌이다. 그러나 오히려 부정적인 위치에 서 있는 조카의 입을 통해 삼촌의 태도를 부정하도록 함으로써 독자들을 풍자의 세계로 끌어들이고 있다. 화자인 조카가 자신의 입장을

채만식

내세우고 있는 천박스런 논리가 독자들에게는 더 큰 웃음거리가 되고 있는 것이다.

채만식의 대표작으로는 장편소설 「탁류」(1937)와 「태평천하」(1938)를 손꼽는다. 「탁류」는 초봉이라는 한 여인의 비극적인 삶의 과정으로 그 이야기가 요약된다. 그러나 이것은 가련한 여인의 일생이라는 단순한 의미만으로 한정되지는 않는다. 오히려 초봉이의 삶이 보여주는 그 비극성이 실상은 전통적인 인습과 새로운 풍속이 서로 맞부딪치는 과정 속에서 한 개인이 겪어야 했던 시련과 역경을 말해주는 것이라고 풀이할 수 있을 것이다. 「탁류」의 전체적인 흐름을 보면, 삶에 대한 희망과 절망, 현실에 대한 긍정과 부정이 함께 제시되어 있다. 이것은 채만식의 작가적 세계관의 양의성이라고 말할 수 있다. 이 굴절의 면모는 통속성과 비극성을 함께 다루고 있는 이 작품의 구성적인 성격에도 연결되는 점이다. 그리고 바로 이러한 측면이 소설적인 구성의 합리성을 보장하는 데에 장애가 되고 있음에도 불구하고, 전체적으로 당대 민중의 현실을 폭넓게 수용할 수 있는 장치가 되고 있음을 인정하지 않을 수 없다.

장편소설 「태평천하」는 몰락하는 지주 계층의 위선적인 삶의 양태를 풍자적으로 형상화하고 있다. 이 작품은 구어체를 활용한 작중 화자의 직접적인

진술 방식을 택하고 있는데, 바로 이 점이 판소리 사설 투의 연희 전달, 극적 묘사 효과를 드높이는 미학적 요인으로 작용하고 있다. 호남지방의 살아 있는 구어가 풍부하게 수용되는 것도 이 점과 연관되며, 화자의 능청스러움이 반어적 풍자 효과를 낳고 있는 것도 이 같은 구어체의 직접적인 진술 방식의 채택과 관계 깊다. 특히 극적 아이러니라는 풍자극의 구조를 활용하여 주인공 윤 직원 일가에 일어난 하루 동안의 일상사를 '삼일치의 원칙'에 충실하게 재현하고 있는 것이 구성적 특징이다. 소설의 주인공 윤 직원은 식민지 지배 당국과 결탁하여 재산을 지켜 나가는 지주 계층으로서 부조리한 사회적 현실 속에서 성장한 계급이다. 이 작품은 윤 직원을 중심으로 그 일가의 하루 동안의 일상생활을 그리고 있지만, 이 집안의 가계와 그 현재적 풍모를 조선 말기부터 일제 식민지시대에 이르는 격동기를 배경으로 풍부하게 서술하고 있다. 이 소설에서 채만식은 식민지 현실에 대한 부정과 비판을 중심 과제로 하여 식민지 지배의 현실 자체를 부정하고 그 현실에 기생하여 살아가는 인간들을 부정한다. 그리고 그 속에서 형성되고 있는 식민지 제도와 그 제도에 의해 규범화되고 있는 왜곡된 삶의 가치를 부정한다. 그리고 이 같은 부정과 비판을 직설적으로 서술하고 있는 것이 아니라 풍자의 방법을 활용하여 더욱 풍부한 서술을 가능하게 하고 있는 것이다. 그가 보여주는 풍자의 수법은 전통적인 판소리의 어조를 현대적으로 재현한 문체에 의해 더욱 빛을 발하고 있다.

풍자의 작가로서 채만식을 놓고 보면 해학의 작가로서 김유정의 소설을 평가하지 않을 수가 없다. 김유정은 어둡고 삭막한 농민들의 삶을 때로는 희화적으로 때로는 해학적으로 그려냄으로써 농민들의 끈질긴 생명력의 저변을 질박하게 펼쳐놓고 있다. 그가 남긴 작품 가운데 「소낙비」(1935), 「금따는 콩밭」(1935), 「노다지」(1935), 「만무방」(1935), 「봄·봄」(1935), 「동백꽃」(1936), 「땡볕」(1937), 「따라지」(1937) 등은 대부분 그 무대를 농촌으로 설정하고 있으며, 무지하고도 가난한 농민들을 등장시킨 것이 많다. 그렇지만 그의 소설들은 가난한 사람들의 삶을 통해 비참한 현실의 문제를 비판적으로 그려내는 데에만 목표를 두지 않고 있다. 농민의 궁핍한 삶을 초래하고 있는 착취 구조에 대한 비판이나 분노가 강하게 표현된 경우도 많지 않다. 오히려 그의 관심은 토속적인 구어와 생동하는 문체를 바탕으로 하는 해학과 반어의 기법을 통해, 농민들의 순수한 삶과 끈질긴 생명력을 그려내는 데에 있다. 그의 소설 속에 등장하는 인물들은 대체로 암울

김유정

한 현실 속에서의 좌절과 분노를 보여주기보다는 끈질기게 삶에 집착하는 강한 생존 본능을 드러내고 있는 것이다.

김남천은 계급문학을 조직 운동의 차원에서 실천하고자 했던 인물이다. 김남천의 소설은 사상적 전향의 조류가 휩쓸고 있던 1930년대 중반 이후 지식인의 모럴 의식과 비판적 자세를 그려낸 전향문학의 형태를 갖추고 있다. 물론 그는 작가 자신의 세계관 또는 실천적 태도가 작품과 함께 고려되지 않으면 안 된다는 생각을 지니고 있었으며, 이런 태도는 그의 초기 소설 「물」(1933)을 통해 구체화되었다. 그러나 소설 「물」은 당시 평단에서 예술가의 작품 창작을 작가 자신이 실천과 직결시킨 경험주의적 오류를 드러낸 것으로 혹평 받은 바 있다. 김남천은 이러한 비판 속에서도 작가의 주체 확립을 위한 세계관의 정립을 요구하였다. 특히 카프 해체와 함께 무기력하게 좌절해 버린 작가들이 사상적 지주를 잃은 채 방황하고 있는 것을 보고, 지식인이 진실한 자기 고발의 정신을 통해 새롭게 자기 주체의 재건에 임할 것을 주장하였다. 이른바 사상적 전향기에 발표된 그의 소설 「처를 때리고」(1937)를 비롯하여 「요지경」(1938), 「포화」(1938), 「녹성당」(1939) 등은 모두 자조의 세계에 함몰해 있는 주인공의 무기력을 그려 보이면서 그것을 비판하고자 하는 의욕을 담고 있다.

김남천의 창작 활동에서 정점을 이루고 있는 것은 장편소설「대하(大河)」(1939)이다. 이 소설은 주체의 재건과 자기 고발의 정신에서부터 출발한 김남천의 창작 활동이, 현실 인식의 방법에 관심을 부여하면서 획득한 리얼리즘의 정신으로 확대되어 온 결과의 산물에 해당된다. 그러나 무엇보다도 중요한 것은 소설「대하」가 단편소설의 양식상의 제약성을 극복하고 개인과 집단의 관계를 가족사의 구조 속에서 총체적으로 파악하고자 하는 장르의 확대를 실현하고 있다는 점이다. 소설「대하」는 평안도에 살고 있는 밀양 박 씨 집안의 내력을 이야기의 골격으로 삼고 있다는 점에서 가족사적 연대기의 성격을 띠고 있다. 김남천이 가족사 소설의 형태에 주목한 것은 발자크에 심취하면서부터인데, 그는 한 사회의 변화와 인물의 관계 양상을 전체적인 역사 발전의 과정에서 파악하고 형상화할 수 있는 소설 양식으로서 가족사 소설의 가능성을 인정했던 것이다. 「대하」는 봉건적인 사회질서가 붕괴되기 시작한 조선 말엽의 시대 상황을 배경으로 하는 역사적 서사에 해당한다. 김남천은 자신의 시대와 직결되어 있는 조선 말엽과 개화기를 배경으로 하여 자기 시대 삶의 모순의 근원을 역사적으로 파헤치고자 하는 의욕을 보여주고 있는 것이다. 1930년대 후반의 역사소설들이 야담적 취향과 회고적인 정서에 빗대어 역사의식과 무관한 이야깃거리를 희롱하고 있는 점에 비한다면, 「대하」는 소설사의 한 흐름을 새로 대변하는 작품이라고 할 수 있다. 「대하」가 거두고 있는 소설적 성과는 서사의 방식을 통한 풍속의 재현이라는 점에서 주목된다. 이 작품이 소설적인 장치로 동원하고 있는 조선 말엽의 풍물은 소설적 무대의 완벽한 재구성을 뜻한다는 점에서뿐만 아니라, 풍속 자체의 의미 추구에 있어서도 문제성을 지니고 있음은 물론이다.

1930년대 후반에는 대중적인 역사소설이 사회적 관심사로 대두된다. 이광수는 1920년대 후반부터 역사소설의 창작에 관심을 두면서「마의태자」(1927),「단종애사」(1929),「이순신」(1932),「이차돈의 사」(1936),「원효대사」

『이순신』

(1942) 등을 잇달아 발표한다. 이광수에게 있어서 역사소설이라는 양식의 선택은 당대의 문단적 상황과 사회적 요구가 크게 작용한 것으로 볼 수 있다. 그는 민족의식의 예술적 개조를 강조하면서 이러한 자신의 주장을 실천할 수 있는 방법으로 역사소설이라는 양식의 가능성을 활용하고자 한다. 이광수의 역사소설 가운데 「원효대사」는 식민지시대 말기에 겪었던 작가 자신의 정신적 갈등이 내면화된 작품으로 평가받고 있다. 이 소설의 주인공인 원효가 인간적 고뇌와 세속적인 체험을 모두 딛고 이를 승화하여 고통스런 수도의 과정을 거쳐 결국은 그 지극한 불심으로 구국의 길에까지 나아간다는 줄거리를 담고 있다.

홍명희의 「임거정」(1939)은 조선 명종 때 임꺽정을 우두머리로 하여 황해도 일대에서 실제로 활약했던 화적패의 활동상이 중심을 이루고 있으며, 이야기의 서사 구조 자체가 여러 가지 삽화들의 중첩적인 결합을 보여주고 있는 것이 특징이다. 이 작품이 한국 소설사에서 높이 평가되는 이유는 다음과 같다. 첫째, 이 작품이 봉건제도의 모순 아래서 고통 받는 하층민들의 일상적인 삶을 사실적으로 그려내면서 그 속에서 비롯된 지배층에 대한 저항 의식과 투쟁 의지를 구체화하고 있다는 점을 들 수 있다. 둘째, 이 작품에서 임꺽정이라는 인물을 내세워 본격적인 의미의 민중적 영웅상을 구현하고 있다는 점을 들 수 있다. 셋째, 이 작품은 대하적 구성을 통해 조선시대의 풍속, 제도, 언어 등을 충실히 재현하고 있을 뿐 아니라, 다양한 신분에 속하는 등장인물들의 성격을 각기 개성 있게 형상화함으로써, 사실주의적 역사소설로서의 전범을 이루고 있다.

1930년대 후반의 역사소설 가운데 주목되는 작품으로 박종화의 「금삼의 피」(1936)와 현진건의 「무영탑」(1939)을 들 수 있다. 「금삼의 피」는 연산군 시대를 배경으로 하여 연산군의 생모인 윤 씨를 복위시키고자 일으킨 갑자사화의 과정을 소설적으로 재구한 것이다. 이 소설은 연산군의 광란적인 행위와 난폭성의 이면에 숨겨져 있는 인간적인 번뇌와 고독을 세밀하게 묘사함으로써 역사적 사건을 배경으로 하면서도 인간 내면의 욕망과 갈등을 놓치지 않고 있다. 현진건의 「무영탑」은 신라 경덕왕대의 서라벌을 배경으로 하고 있다. 이 소설은 당나라의 문화를 존숭하는 사대주의적인 집권층과 화랑 정신을 계승하면서 고구려의 옛 땅을 회복하려는 민족주의적 세력이 서로 갈등하는 가운데, 부여의 석수장이 아사달이 높은 예술 정신으로 아름다운 탑을 이룩해 가는 과정을 이야기의 중심에 위치시켜 놓고 있다. 작가는 이 소설의 주제를 사랑과 예술로 수렴시키고 있지만, 한국 민족의 예술적 감각과 미의식을 신라의 탑을 통해 부각시키고 있다.

여성소설의 성장

한국문학에서 여성소설은 1930년대에 박화성, 강경애, 최정희, 백신애, 이선희 등이 등장하면서 본격화된다. 이들은 초창기 문단의 김명순, 나혜석, 김원주 등이 보여주었던 여성의 자기 발견이라는 주제를 보다 확대하여 식민지 현실에서 여성의 역할 문제를 소설을 통해 보다 적극적으로 개진하게 된다.

박화성의 「홍수 전후」(1934)나 「한귀」(1935), 「논 갈 때」(1934), 「헐어진 청년회관」(1934) 등에서 그려지고 있는 궁핍한 농민의 삶은 그 핵심이 주로 농촌 여성의 문제와 연결되어 있다. 박화성은 가난한 소작농들이 자연의 재해를 이겨내면서 얻어낸 곡식을 지주와 마름들이 모두 차지해 버리는 모순 구조가 계급적인 것임을 분명히 한다. 그리고 그 모순의 현실 속에서 가장 큰 피해를 겪는 것이 바로 여성임을 말해주고 있다. 그런데 식민지시대 농촌의 여성은 전통적인 가부장제의 체제에 갇혀 있었기 때문에, 계급적 모순 속에서 가난하게 살아가면서도 남성의 지배의 울타리를 벗어나지 못한다. 여성에 대한 이 같은 이중적인 억압 구조는 정치 경제적인 문제만이 아니라 사회 문화적인 문제성을 동시에 내포한다. 박화성의 문학이 이러한 문제의식에 기초하고 있다는 것은 식민지시대 여성주의 문학의 성격을 이해할 수 있는 하나의 단서를 제공하고 있다.

강경애는 단편소설 「소금」(1934), 「지하촌」(1936), 「이 땅의 봄」(1936), 「산남」(1936) 등과 함께 장편소설 「인간 문제」(1934)를 발표하였다. 강경애의 문학은 북만주 간도 지방에서의 체험을 바탕으로 함으로써 그 주제의 폭과 깊이가 남다른 바 있다. 강경애의 소설적 주제는 주로 식민지시대 가난한 농민과 노동자들의 삶에 집중되어 있다. 봉건적 지주 계급의 횡포와 이에 맞서는 농민들의 투쟁이 처절한 삶의 과정으로 펼쳐지고 있다. 강경애의 사회 현실에 대한 문학적 인식은 장편소설 「인간 문제」에서 그 정점에 달하게 된다. 이 작품은 농촌 마을인 '용연'과 도시인 '인천'의 공장가라는 두 개의 상반된 공간을 대조적으로 보여준다. 용연 마을에서는 여주인공이 지주의 횡포로 인해 아버지를 잃고, 그 사실도 모른 채 그의 노리개로 전락하는 모습을 보여주며, 인천에서는 공장노동자로서 온갖 고초를 겪으며 힘든 노동에 시달리다가 결국 목숨을 잃게 되는 비극적인 삶을 보여 주는 것이다. 그러나 이 소설에서 그려내고 있는 삶의 과정은 수난의 기록만을 뜻하지는 않는다. 여주인공은 노동자의 삶을 통하여 자신의 삶을 착취하고 억압하는 세력들이 누구인가를 깨닫게 되며, 스스로 고립된 개인으로 남아 있기를 거부하고 그들을 압제하는 세력에 저항하게 되는 것이다. 그렇기 때문에 이 소설은 시대의 고통을 직시하고 근본적인 인간 문제의 해결을 지향하고자 했던 작가의 문학적 성취에 해당한다.

최정희는 주로 지식인 여성이 겪는 사회로부터의 이중의 소외와 모멸을 절실하게 그려내고 있다. 「흉가」(1937)에서는 신문사 여기자가 남편 없이 많은 식구의 가장 노릇을 하며 살아가는 고난을 다루었고, 「지맥」(1939), 「인맥」(1940), 「천맥」(1941)에서는 경제적 조건과 사회 관습 때문에 파멸하는 여성의 삶의 과정을 뚜렷하게 부각시켜 내었다. 최정희의 「지맥」과 「인맥」은 모두 여성 주인공의 자기 체험에 대한 고백의 형태로 서술되어 있다. 이 같은 서술 방식은 자기 내부를 지향하는 일인칭 서술의 특징으로 인하여 더욱 감응력을 발휘하고 있다. 이 같은 문체의 확립이 작가 최정희가 고수하고자 하는 여성적 관점과 연관되는 것이라면, 이들 작품은 여성적 글쓰기의 전범을 보여주는 것이라고 할 수 있다.

백신애는 식민지 상황 속에서 전개되는 궁핍한 삶의 문제를 여성적 관점으로 예리하게 파악하고 있는 작품들을 남기고 있다. 백신애의 소설적 주제는 궁핍이다. 그리고 가난 속에서 고통스럽게 살아가는 여성들의 모습에 소설적 관심이 집중되어 있다. 백신애가 남긴 작품 가운데 궁핍한 현실과 여성의 삶의 문제를 다루고 있는 것으로는 식민지 조국을 떠나 만주와 시베리아 등지를 방황하는 실향민들의 고통을 그려낸 「꺼래이」(1934)와 극심한 가난에 시달리는 민중의 모습을 형상화한 「적빈」(1934) 등이 있다. 여성의 성적 본능과 그 내면의 갈등을 정밀하게 그려낸 「정조원」(1936), 「아름다운 노을」(1939) 등은 모두 개인적 욕망과 사회적 윤리의 거리를 문제 삼고 있다.

이선희의 소설에는 남성에 대한 강한 피해 의식과 이에 대한 보상 심리가 근저에 자리 잡고 있다. 작품 속의 여주인공들은 언제나 불행한 삶을 살아가고 있으며, 남성 지배의 사회로부터 벗어나고자 하는 개인적 욕망을 가지고 있다. 이선희의 대표작으로 손꼽히는 「계산서」(1937)의 여주인공은 사고로 다리를 절단한 후 남편의 사랑이 식어 가자, 허울로 덮여 있는 가정을 벗어난다. 그러나 남편에 대해 가지는 피해 의식과 증오심을 버리지 못한다. 「매소부」(1938)는 일상적인 가정이라는 울타리를 가져 보지 못한 창녀를 여주인공으로 내세운다. 이 작품에서 그녀가 보여주는 것은 자신의 육체를 돈으로

샀던 숱한 남성들에 대한 증오이다. 그녀는 자기의 목숨이 다하는 순간에 자기 몸을 탐했던 남자 가운데 하나라도 함께 끌고 죽어야 한다고 생각하는 것이다. 이선희는 여성의 삶의 문제를 「여인도」(1937), 「숫장수의 처」(1937), 「여인 명령」(1937), 「연지」(1938), 「처의 설계」(1940) 등을 통해 절실하게 그려냄으로써 남성 중심적 사회의 제도와 인습에 대한 대결 의식을 강조하고 있다.

3. 일본 식민지시대의 현대시

시적 형식의 실험과 자유시의 정착

한국 현대시는 일본 식민지시대에 들어서면서 일본을 통해 서구 문학의 새로운 경향과 접할 수 있게 된다. 초창기 시단에서 활동한 김억, 황석우, 오상순, 변영로, 주요한, 노자영, 양주동, 유엽 등은 대부분 일본 유학을 통해 문학적 소양을 키운 사람들이다. 이들은 3·1운동을 계기로 민족의식에 대한 새로운 각성이 이루어지면서 민족적 정서와 그 시적 표현에 대한 관심이 집중된다. 이 시기의 시인들이 한국어를 매체로 하는 새로운 시 형식의 발견이라든지 시적 율격의 표현 문제에 각별한 관심을 지니게 된 것은 자유시의 정착 과정에서 이루어진 초기 시학의 방향을 말해준다. 여기에 김소월, 이상화, 한용운 등이 가세하면서 한국 현대시는 자유시의 시적 형식을 정착시키고 민족적 정서를 시적으로 표현할 수 있게 된다. 이 시기에 등장한《태서문예신보》(1918)는 문예를 전문으로 하는 주간신문으로 서구의 현대시를 본격적으로 소개하여 한국 현대시 형성에 큰 영향을 미친다. 그리고《창조》(1919),《폐허》(1920),《장미촌》(1921),《백조》(1922),《금성》(1923) 등의 동인지 발간에 여러 시인들이 각자 자신의 문학적 취향에 따라 참여하게 되면서 창작

《폐허》　　　　　　　《백조》

활동의 기반이 더욱 넓어진다.

　김억은 《태서문예신보》를 중심으로 프랑스 상징주의 시를 소개하면서 창작 활동을 전개한다. 김억이 보여준 시적 탐구 작업 가운데 주목되는 것은 시적 형식과 시적 리듬에 대한 자각이다. 그는 최남선이 거의 무의식적으로 수용한 전통적인 시가의 리듬을 보다 새롭게 변형하고자 하는 노력을 보여준다. 김억의 초기 시들은 시조나 가사와 같은 고정적인 형식의 잔재가 거의 드러나지 않고 있다. 이러한 현상은 그의 서구 현대시의 번역 과정에서도 그대로 나타난다. 김억의 서구 시 번역은 최초의 번역 시집 『오뇌의 무도』(1921)를 통해 집약되고 있다. 이 시집에는 베를레느, 꾸르몽, 보들레르 등의 프랑스 상징주의 시인들의 작품이 주로 번역 소개되고 있다. 김억은 이러한 번역 작업을 통해 시적 서정성에 대한 깊이 있는 이해를 가지게 되었으며, 서구 시의 시적 리듬을 한국어로 재현하는 데에 상당한 노력을 기울인다. 특히 시적 언어의 표현에 있어서 구어체의 적극적인 활용이라든지, 비유적인 시적 표현 기교의 다채로운 활용은 한국 시의 새로운 전개 과정에 커다란 영

『해파리의 노래』

『백팔번뇌』

향을 미친 것으로 평가되고 있다. 그는 이후에도 『신월』(1924), 『잃어진 진주』(1924), 『망우초』(1934), 『동심초』(1943) 등의 많은 번역 시집을 출간한 바 있다. 김억의 시작 활동은 그의 첫 창작 시집 『해파리의 노래』(1923)를 기점으로 『봄의 노래』(1925), 그리고 『안서시집』(1929) 등으로 이어진다. 김억의 시적 경향 가운데 주목해야 할 것은 새로운 시적 형식에 대한 추구 작업이다. 그는 시적 형식의 긴장과 이완을 그 길이의 장단을 통해 시험하면서 4행시의 창작에 상당한 관심을 기울인다. 그의 후기 작품에서 4행시는 거의 정형화된 형태로 등장하고 있다.

최남선은 개화계몽시대에 신체시의 형태적 개방성과 시 정신의 자유로움을 실험하였으며, 1920년대에는 시조 부흥 운동을 주도하고 있다. 시조 부흥 운동은 전통적 문학 형식이었던 시조를 현대적으로 다시 창작하자는 데에 그 목표를 둔 것으로서, 현대시조의 새로운 가능성을 열어놓게 되었다는 점에서 그 의의가 인정된다. 최남선의 뒤를 이어 이병기, 이은상 등이 시조 부흥 운동에 동참하고 이광수, 주요한, 김동환 등도 시조 창작에 관심을 보이면서 시조 문학의 시학을 정립할 수 있게 되었고, 시조의 전아한 기풍을 현대시조를 통해 다시 살려낼 수 있는 계기를 만들게 된다. 최남선이 주장하고 있는 시조 부흥은 '조선적인 것'의 시적 형상화의 가능성에 대한 탐구를 의미한다. 그는 신시 운동 자체가 서구적인 새로운 시 형태에 대한 무분별한 몰두로 시종하고 있음을 비판하면서 "조선의 시는 무엇보다도 조선스러움을 갖추어야 한다"는 조건을 내세우고 있다. 그는 시조라는 것이 "조선의 국토, 조선인, 조선어, 조선 음률을 통하여 표현한 필연적인 양식"임을 강조하면서 시조의 새로운 가능성을 확신하고 있다. 최남선은 그의 시조집 『백팔번뇌』(1926)를 통해 스스로 시조 부흥 운동의 실천적 가능성을 입증해 보인다. 최남선의 현대시조는 시적 형식 면에서 연작의 방식을 활용하고 있는 점이 특징이다. 시조의 창작에서 연작 방식의 활용은 단형시조의 형식적 제약을 벗어나고자 하는 의욕과 상통하는 것이다. 그러나 시조 자체가 지켜 온 단형의 형식적 완결성을 이완시키게 되는 문제점도 드러낸다. 그러므로 연작의 방법이 단순한 단형시조의 병렬적인 결합이 아니라 전체적인 형식의 긴장과 통일에 기여할 수 있어야만 그 의의를 인정받을 수 있을 것이다.

민족 정서의 시적 발견

김소월은 한국 근대시의 형성 과정에서 시 정신과 시적 형식의 조화를 통해 한국적인 서정시의 정형을 확립한 대표적인 시인으로 손꼽을 수 있다. 김소월은 그의 대부분의 시에서 서정시의 본령이라고 할 수 있는 개인적인 정감의 세계를 중요시하고 있다. 그는 자연을 노래하면서도 대상으로서의 자연을 그려내기보다는, 개인적인 정감의 세계 속으로 자연을 끌어들여 그 정조에 바탕을 두고 그것을 노래하고 있다. 그의 대표적인 작품으로 널리 알려져 있는 「진달래꽃」(1922), 「예전엔 미처 몰랐어요」(1923), 「접동새」(1923), 「산유화」(1925) 등이 모두 이 같은 예에 속한다.

나보기가 역겨워

가실째에는

말업시 고히 보내드리우리다

寧邊에藥山

진달내꼿

아름따다 가실길에 뿌리우리다

가시는거름거름

노힌그꼿츨

삽분히즈려밟고 가시옵소서

나보기가 역겨워

가실째에는

죽어도아니 눈물흘니우리다

―「진달래꽃」

    김소월의 시「진달래꽃」의 시적 정황은 '나보기가 역겨워 떠나는 임'과 '말없이 고이 보내드리는 나' 사이의 내면 공간을 중심으로 하고 있다. 그런데, 이 시에서 서정적 자아는 떠나가는 임에 대한 원망 대신에, 오히려 자신의 변함이 없는 사랑을 드러내고자 한다. 여기서 자기 사랑의 표상으로 선택하고 있는 것은 '진달래꽃'이다. 봄이 되면 산과 들에 지천으로 피어나는 것이 진달래꽃이기 때문에, 진달래꽃은 한국인들 누구에게나 친숙하고 그 느낌도 자연스럽다. 이 시의 표현대로 '영변의 약산'에 피어 있는 진달래꽃은 바로 우리네의 곁에 있으며, 일상의 체험 속에 자리 잡고 있는 것이다. 시인

『님의 침묵』

은 이 같은 체험의 진실성에 근거하여 자기 정서를 표현하고, 그 표현에서 새로운 감응력을 끌어내고자 한다.

김소월이 그의 시에서 즐겨 노래하고 있는 대상은 '가신 님'이거나, '떠나온 고향'이다. 모두가 현실 속에서는 존재하지 않는 것들이다. 임과 고향을 그리워하는 그의 심정은 어떤 면에서 자못 퇴영적인 느낌을 주기도 한다. 그러나 그의 시는 다시 만나기 어렵고, 다시 찾기 힘든 그리움의 대상을 끈질기게 추구하면서 노래하고 있다는 점에서 오히려 낭만적이기도 하다.

김소월의 시가 지니고 있는 미덕은 토착적인 한국어의 시적 가능성을 최대한 살려내고 있다는 점이다. 그는 평범하고도 일상적인 언어를 그대로 시 속에 끌어들이고 있다. 경험의 현실에 깊이 뿌리내리고 있는 일상의 언어는 정감의 깊이를 드러내어 보여줄 수 있으며, 짙은 호소력도 지닌다. 그의 시가 실감의 정서를 깊이 있게 표현하고 있는 것은 이 같은 언어적 특성과 깊은 관계가 있다. 특히 그의 시의 율조는 민중의 호흡과 같이하면서 유장한 가락에 빠져들지 않고 오히려 간결하면서도 가벼운 음악성을 잘 살려내고 있다. 김소월의 시가 포괄하고 있는 정서의 폭과 깊이는 서정시가 도달할 수 있는 궁극적인 경지에 맞닿아 있다. 흔히 정한(情恨)의 노래라는 이름으로 소월 시의 정서적 특질을 규정하기도 하지만, 거기에는 민족적 현실에 대한 비극적 인식이 가로놓여 있다.

한국 근대시의 형성 과정에서 시인 한용운은 특이한 위치를 점하고 있다. 그는 당대 문단과는 일정한 거리를 둔 채 한국 불교의 근대화를 위해 앞장섰던 승려였고, 민족의 독립을 위해 투쟁하였던 저항적인 지식인이었다. 그럼에도 불구하고 그의 생애 가운데에서 가장 빛나는 업적으로 남아 있는 부분의 하나가 시작 활동이라는 것은 특이한 일이다. 한용운이 오랫동안 한학 수업을 받았을 뿐, 정상적인 근대적 학교 교육을 통해 신학문에 접근하지 못했었다는 사실을 생각한다면, 시집 『님의 침묵』(1926)을 통해 이루어낸 시의 위업은 더욱 이채로운 시적 성과에 해당한다고 할 것이다.

> 님은갓슴니다 아아 사랑하는나의님은 갓슴니다
> 푸른산빗을째치고 단풍나무숩을향하야난 적은길을 거러서 참어썰치고 갓슴니다
> 黃金의꼿가티 굿고빗나든 옛盟誓는 차듸찬쯧글이되야서 한숨의微風에 나러갓슴니다
> 날카로은첫〈키스〉의追憶은 나의運命의指針을 돌너노코 뒷거름처서 사러젓슴니다
> 나는 향긔로운 님의말소리에 귀먹고 쏫다은 님의얼골에 눈머럿슴니다
> 사랑도 사람의일이라 맛날째에 미리 써날것을 염녀하고경계하지아니한것은아니지만 리별은 쯧밧긔일이되고 놀난가슴은 새로운슯음에터짐니다
> 그러나 리별을 쓸데업는 눈물의源泉을만들고 마는것은 스스로 사랑을 째치는 것인줄 아는싸닭에 것잡을수업는 슯음의힘을 옴겨서 새希望의 정수박이에 드러부엇슴니다
> 우리는 맛날째에 써날것을염녀하는것과가티 써날째에 다시 맛날것을 밋슴니다
> 아아 님은갓지마는 나는 님을보내지 아니하얏슴니다
> 제곡조를못이기는 사랑의노래는 님의沈默을 휩싸고돔니다
> ―「님의 침묵」

이상화

　한용운은 그의 시를 통해 '님'을 노래하고 있다. 그의 시적 관심은 모두 '님'이라는 존재에 집중되고 있으며, 시를 통해 '님'의 존재에 대한 인식을 구체적으로 형상화시켜 놓고 있다. 한용운의 시에서 '님'의 존재는 '침묵'이라는 말을 통해 역설적으로 제시되고 있다. 그는 '님'이 떠난 현실을 그대로 사실로 받아들이고 있다. 객관적인 현실을 인정하고 있다는 뜻이다. '님'은 떠나갔고, 그렇기 때문에 '님'이 부재하는 현실은 비극적인 공간이 될 수밖에 없다. 그러나 한용운은 대상으로서의 '님'의 존재를 부재의 비극적 공간에서 끌어내고, 오히려 그 존재의 당위성을 부여하고 있다. 그러므로 한용운의 시는 비탄과 정한의 노래는 아니다. 한용운은 '님'이 떠나버린 슬픔을 말하면서도, 그 슬픔을 극복하기 위해 '님'에 대한 새로운 기대와 신념을 강조하고 있다. 이처럼 한용운은 비극의 현실 속에 빠져 있는 개인의 정서적 파탄을 그리지 않고, 오히려 존재의 본질과 새로운 삶의 전망을 노래한다. 그러므로 그의 시는 의지적이며 강렬한 어조가 돋보인다. 이러한 특징은 한용운 자신의 혁명적 기질과도 깊은 관계가 있을 것이지만, 역사의식의 투철성을 말해주는 것이라는 점도 간과할 수 없을 것이다.
　이상화의 시적 출발은 《백조》동인 활동에서부터 이루어진다. 이상화의 초기 시는 병적 관능과 퇴폐성을 주조로 하고 있다. 이 같은 특징은 주로 시적 대상으로서의 현실에 대한 인식에서 비롯된다. 이것은 물론 식민지 현실과 직결되는 것이다. 이상화의 초기작을 대표하는 「나의 침실로」(1923)는 '마돈나'라는 구원의 대상을 앞에 두고 시적 화자의 애절한 정감을 실감나게 표현한다. 이 시의 관능적 요소는 육체에 대한 탐닉이나 애욕에만 한정되는 것이 아니다. 개인의 내적 감정의 격렬성을 시의 형식을 통해 자유롭게 구현할 수 있다는 것, 시적 화자의 정서의 격렬성과 자제할 수 없는 욕망을 시의 언어를 빌려 이처럼 적나라하게 표현할 수 있다는 것 자체가 한국 현대시의 형성 과정에서 매우 소중한 경험이 되고 있다는 점을 주목하지 않을 수 없는 것이다. 그런데 이상화는 자기 내면의 정서에 대한 탐닉에 머물러 있지 않고, 시적 관심을 역사와 현실의 영역으로 확대한다. 그는 어둡고 암담한 현실 속에서 시를 통해 자기 의지를 세우고자 한다.

지금은 남의쌍— 쌔앗긴들에도 봄은오는가?

나는 온몸에 해살을 밧고
푸른한울 푸른들이 맛부튼 곳으로
가름아가튼 논길을짜라 쑴속을가듯 거러만간다.

입슐을 다문 한울아 들아
내맘에는 내혼자온것 갓지를 안쿠나
네가씰엇느냐 누가부르드냐 답답워라 말을해다오.

바람은 내귀에 속삭이며
한자욱도 섯지마라 옷자락을 흔들고
종조리는 울타리넘의 아씨가티 구름뒤에서 반갑다웃네.

고맙게 잘자란 보리밧아
간밤 자정이넘어 나리든 곱은비로
너는 삼단가튼머리를 깜앗구나 내머리조차 갑분하다.

혼자라도 갓부게나 가자
마른논을 안고도는 착한도랑이

젖먹이 달래는 노래를하고 제혼자 엇게춤만 추고가네.

나비 제비야 깝치지마라.
맨드램이 들마옷에도 인사를해야지
아주까리 기름을바른이가 지심매든 그들이라 다보고십다.

내손에 호미를 쥐여다오
살찐 젖가슴과가튼 부드러운 이흙을
발목이 시도록 밟어도보고 조흔땀조차 흘리고십다.

강가에 나온 아해와가티
쌈도모르고 끗도업시 닷는내혼아
무엇을찻느냐 어데로가느냐 웃어웁다 답을하려무나.

나는 온몸에 풋내를 씌고
푸른웃슴 푸른설움이 어우러진사이로
다리를절며 하로를것는다 아마도 봄신령이 접혓나보다.
그러나 지금은——들을쌔앗겨 봄조차 쌔앗기것네.

—「쌔앗긴 들에도 봄은 오는가」

  1920년대 후반에 이상화가 발표한 「쌔앗긴 들에도 봄은 오는가」(1926)와 같은 작품은 시적 대상으로서의 현실 세계를 역동적으로 포괄하면서 새로운 삶의 가능성을 절실하게 추구하고 있다. 이 작품은 자연의 질서와 역사적 현실의 불일치가 빚어내는 모순된 삶의 공간을 개인적인 경험을 통해 구체화시켜 놓고 있다. 쌔앗긴 들과 다시 찾아온 봄이라는 현실적 공간과 자연적 시간에 대한 인식을 통해 시인은 '봄은 쌔앗길 수 없다.'는 강한 의지를 드러낸다. 결국 이 시는 '여기'와 '지금'이라는 현실적인 공간과 시간이 빚어내는 역설적 의미 구조를 통해, 지금은 '들'을 빼앗겼지만 회생의 봄이 반드시 찾아온다는 사실을 노래하고 있다. 빼앗긴 국토에 대한 상실감과 그것을 다시 회복시켜야 한다는 강한 의지력이 힘찬 리듬과 가락을 통해 격정적으로 표출되고 있는 것이다. 결국 이상화의 시는 식민지 현실의 모순 구조를 시적 진술을 통해 비판적으로 제시함으로써 새로운 역사의식과 함께 민족의 삶에 대한 전망을 함께 담아낼 수 있게 된 것이다.

계급시의 등장과 경향성

일본 식민지시대 한국 근대시가 계급적 이념과 대응하게 되는 과정은 '조선프롤레타리아예술동맹'(1925)을 중심으로 한 계급문학운동의 전개 과정 속에서 자연스럽게 드러나고 있다. 계급 시단의 창작적 성과로는 박세영, 박팔양, 임화, 김해강, 김창술 등의 시를 꼽을 수 있다.

박세영이 초기 시에서 관심을 보여주었던 시적 대상은 일본의 강압적인 식민지 지배와 함께 궁핍에서 벗어나지 못하고 있는 농민들의 삶의 참상이다. 그는 초기작에 속하는 「타작」이나 「산골의 공장」 같은 작품을 통해 착취에서 신음하고 있는 농민들의 삶의 고통을 그려 보이고 있으며, 「향수」, 「최후에 온 소식」과 같은 작품에서는 고향을 상실한 채 곤궁한 삶을 꾸리면서 만주 벌판을 떠도는 한국인들의 비극적인 삶의 모습을 보여주기도 한다. 그리고 1930년대 초기 작품에 해당하는 「화문보로 가린 이층」, 「산제비」 등에서 시인의 이념적 지향을 고양된 시 정신으로 승화시키고 있다. 이러한 작품들은 모두 시집 『산제비』(1938)를 통해 그 성과가 집약되고 있다. 이 작품들은 초기 계급 문단의 이념적 열정보다는 계급문학운동 자체가 조직적인 분열과 이념적 와해를 겪게 되는 시기에 등장하기 시작한 내성적 어조를 바탕으로 하고 있다. 그의 시는 시적 진술 자체가 서술적이며, 긴장도 다소 이완

되어 있다. 하지만 계급문학운동의 대중적 진출을 위한 투쟁적 열기를 직설적으로 그려내지 않고 오히려 그것을 내밀한 언어로 서술하고 있다.

박팔양은 계급문학운동에 참여하면서도 서정적인 시편들을 많이 발표한다. 그러나 그의 시 가운데에는 식민지 조선의 현실을 예리하게 관찰하면서 그 비극적 상황을 진단하고 있는「밤차」,「태양을 등진 거리 우에서」와 같은 작품들도 적지 않다. 박팔양이 보여준 현실적 관심은 주로 궁핍한 현실의 고통이거나 왜곡된 근대 도시 문명의 어두운 그림자들이다. 그는 어두운 조선의 현실 앞에 무기력한 지식인으로서의 시인의 형상을 그려냄으로써 시적 자아의 내면을 치밀하게 표출하고 있다. 이러한 시적 경향은 진취적인 계급의식이나 투쟁적인 자세와는 일정한 거리가 있는 것이지만, 계급 문단에 관여했던 그가 「1929년의 어느 도시의 풍경」,「점경」,「하루의 과정」과 같은 시에서 보여주고 있는 도회의 일상과 권태와 우울은 매우 특이한 성과라고 할 수 있다. 그가 1930년대 후반 이후 오히려 도시적 체험에서 벗어나 삶의 의미를 자연 속에서 구하며 전원을 예찬하는 시를 쓰기도 했다는 것은 이 같은 시적 경향과 대조적인 특징을 나타내는 것이라고 할 수 있을 것이다. 그의 시집『여수시초』(1940)에는 이 같은 다양한 그의 시적 성과가 그대로 담겨 있다.

임화의 시작 활동은 계급 문단의 시적 창작과 그 실천 과정에서 가장 많은 논의가 이루어졌다. 그의 작품 가운데 사화집 형태로 출간된『카프시인집』(1931)에 수록된「네 거리의 순이」,「우리 오빠와 화로」등은 계급문학운동의 정치적 진출과 대중화에 대한 논의가 본격적으로 전개되기 시작한 1920년대 말에 발표된 것으로 계급시의 대표적인 형태로 손꼽히고 있다. 임화는 이 작품들을 발표하면서 대표적인 프롤레타리아 시인으로 부상하게 되었으며, 이 작품들이 보여주고 있는 계급적 현실에 대한 시적 인식 과정 자체가 계급시의 일정한 성과를 의미하는 것으로 평가되고 있는 것이 사실이다.

사랑하는 우리 옵바 어적게 그만 그러케 위하시든 옵바의 거북紋이 질 火爐가 깨여 젓서요

언제나 옵바가 우리들의 〈피오니르〉 족으만 旗手라 부르는 永男이가

地球에 해가 비친 하로의 모든 時間을 담배의 毒氣속에다

어린 몸을 잠그고 사온 그 거북紋이 火爐가 깨여젓서요

그리하야 지금은 火젓가락만이 불상한 永男이하구 저하구처럼

똑 우리 사랑하는 옵바를 일흔 男妹와 가치 외롭게 壁에가 나란히 걸 렷서요

옵바……

저는요 저는요 잘 알앗서요

웨 그날 옵바가 우리 두 동생을 떠나 그리로 드러가실 그날 밤에

연겁히 말는 卷煙을 세개식이나 피우시고 계셧는지

저는요 잘 알앗세요 옵바

언제나 철업는 제가 옵바가 工場에서 도라와서 고단한 저녁을 잡수실 때 옵바 몸에서 新聞紙 냄새가 난다고 하면

옵바는 파란 얼골에 피곤한 우슴을 우스시며

…… 네 몸에선 누에똥내가 나지 안니 하시든 世上에 偉大하고 勇敢한 우리 옵바가 웨 그날만

말한마듸 업시 담배 煙氣로 房속을 메워 버리시는 우리 우리 勇敢한 옵바의 마음을 저는 잘 알엇세요

天穽을 向하야 기여 올라가든 외줄기 담배연기 속에서 옵바의 鋼鐵 가슴속에 백힌 偉大한 決定과 聖스러운 覺悟를 저는 分明히 보앗세요

그리하야 제가 永男이의 버선 한아도 채못기엇을 동안에

門지방을 때리는 쇳소리 마루로 밟는 거치른 구두소리와 함께 가버리지 안으셧서요

　그러면서도 사랑하는우리 偉大한 옵바는 불상한 저의 男妹의 근심을 담배煙氣에 싸두고 가지 안으셧서요
　옵바! 그래서 저도 永男이도
　옵바와 또 가장 偉大한 勇敢한 옵바 친구들의 이야기가 세상을 뒤줍을 때
　저는 製絲機을 떠나서 百장의 一錢짜리 封筒에 손톱을 뚜러 뜨리고
　永男이도 담배냄새 구렁을 내쫏겨 封筒 꽁문이를 뭄니다
　只今 萬國 地圖 가튼 누덕이 미테서 코를 고을고 잇습니다

　옵바! 그러나 염려는 마세요
　저는 勇敢한 이나라 靑年인 우리 옵바와 핏줄을 가치한 계집애이고
　永男이도 옵바도 늘 칭찬하든 쇠가튼 거북紋이 火爐를 사온 옵바의 동생이 아니에요
　그리고 참 옵바 악가 그 젊은 남어지 옵바의 친구들이 왓다 갓습니다
　눈물 나는 우리 옵바 동모의 消息을 傳해주고 갓세요
　사랑스런 勇敢한 靑年들이 엇습니다
　世上에 가장 偉大한 靑年들이 엇습니다
　火爐는 깨어져도 火적갈은 旗ㅅ대처럼 남지 안엇세요
　우리 옵바는 가셧서도 貴여운 〈피오니ㄹ〉 永男이가 잇고
　그리고 모든 어린 〈피오니ㄹ〉의 따뜻한 누이품 제 가슴이 아즉도 더웁습니다

　그리고 옵바……
　저뿐이 사랑하는 옵바를 일코 永男이뿐이 굿세인 兄님을 보낸 것이겟

습닛가
　　슬지도 안코 외롭지도 안슙니다
　　세상에 고마운 靑年 옵바의 無數한 偉大한 친구가 잇고 옵바와 兄님을
일흔 數업는 계집아희와 동생
　　저희들의 貴한 동무가 잇슙니다

　　그리하야 이다음 일은 단수 섭섭한 慣한 事件을 안꼬잇는
　　우리 동무 손에서 싸와질 것입니다

　　옵바 오늘밤을 새어 二萬장을 부치면 사흘 뒤엔 새솜 옷이
　　옵바의 떨니는 몸에 입혀질 것입니다

　　이러케 世上의 누이동생과 아우는 健康히 오늘날 마다를 싸홈에서 보
냅니다

　　永男이는 엿해 잡니다 밤이 느젓세요
　　　　　　　　　　　　　　　　　　　　―「우리 오빠와 화로」

「우리 오빠와 화로」의 경우에는 노동 일가의 남매가 겪고 있는 수난을 여동생의 목소리를 통해 시적으로 형상화하고 있다. 노동운동을 하다가 경찰에 끌려간 옵바의 이야기와 함께 깨어진 옵바의 질화로가 시적 정황의 구체성을 드러내는 요소가 된다. 집에 남겨진 동생 남매의 모습을 벽에 걸린 화젓가락으로 표상하고 있는 대목에 이르러서는 짙은 정감마저 불러일으키고 있다. 이 작품에서 이루어지고 있는 이 같은 시적 정황은 그 내용이 곧바로 노동 계급이 직면하고 있는 계급적 현실 모순과 직결된다는 점에서 호소력을 더하고 있다. 특히 모순의 현실에 굴하지 않고 옵바를 기다린다는 동생

남매의 굳은 다짐을 보여줌으로써 시적 주체의 의지가 잘 드러나고 있는 것이다. 「네거리의 순이」의 경우는 여동생을 향한 오빠의 목소리를 부각시키고 있는데 그 정서적 기반은 「우리 오빠와 화로」의 경우와 비슷하다. 이 작품에서 시적 화자는 고통 속에서도 서로 힘을 합쳐 함께 일했던 지난날을 상기하면서, 구속된 청년 동지를 위해 다시 힘을 모아야 한다고 절규하고 있다. 이처럼 임화의 계급시는 계급적 정황을 시적 공간으로 끌어들임으로써 독자들의 관심을 촉발하고 있다.

임화가 조선프로예맹이 해체된 이후에 쓴 1930년대 후반의 시들은 『현해탄』(1938)에 수록되어 있는데, 이 시집의 작품들은 앞의 계급시들과는 달리 민족의 운명과 식민지 현실에 대한 초극의 의지를 노래한 서정적 경향을 드러내고 있다.

시 정신과 감수성의 변화

일본 식민지시대 후반기에 해당하는 1930년대는 일본 군국주의의 확대와 함께 만주사변에서부터 태평양전쟁에 이르기까지 급격한 전란의 상황이 지속된 시기이다. 일본은 전쟁을 수행하기 위해 식민지 조선으로부터 경제적 수탈과 인적 동원을 획책함으로써, 한국 사회는 전반적으로 암울한 분위기를 벗어나기 어렵게 된다. 특히 일본의 강압적인 사상 탄압으로 조선프롤레타리아예술동맹이 해체된 후에는 문화와 예술의 영역에서 민족이니 계급이니 하는 집단적인 이념에 대한 논의가 일절 용납되지 않는다.

이 시기의 시문학은 주로 소규모의 동인 활동을 통해 전개된다. 정지용, 김영랑, 이하윤, 박용철 등이 주도한 《시문학》(1930)의 등장 이후 신백수, 이시우, 정현웅, 조풍연, 장서언 등이 참여한 《삼사문학(三四文學)》(1934)이 발간된다. 그리고 박용철, 김상용, 노천명, 모윤숙, 신석정 등이 참여한 《시원》(1935)에 이어 서정주, 오장환, 김동리, 함형수, 김달진 등이 주도한 《시인부락》(1936)과 김광균, 윤곤강, 이육사, 신석초, 이병각 등의 《자오선》(1937)이 등장한다. 이 밖에도 《단층》(1937), 《맥》(1938)과 같은 동인지들이 잇달아 등장하게 되면서 개인적인 시작 활동 자체가 소그룹 중심의 동인 활동을 기반으로 활발하게 이루어진다.

이 시기 시의 경향은 언어적 기법의 실험과 주지적 태도, 주관적 정서의 절제, 도시적 감각과 시적 심상의 구성 등으로 그 특징이 요약된다. 이러한 시적 경향은 흔히 모더니즘이라는 서구 사조와 관련지어 이해되기도 한다. 모더니즘은 그 용어 자체가 매우 폭넓게 사용되고 있지만, 한국의 시단에서는 최재서, 김기림 등에 의해 소개된 영미문학의 신고전주의와 이미지즘론 등이 그 이론적 기반을 이룬다. 최재서는 영미문학의 새로운 경향 가운데 예술에서 있어서의 신고전주의와 비평의 과학적 방법을 중시한다. 그는 사상과 감정의 지적인 조작에 의해 이루어지는 현대시의 성격을 강조하면서 시에 있어서의 현대성의 인식을 중요한 과제로 내세우기도 한다. 김기림의 모더니즘론은 최재서의 경우와는 달리 한국 현대시에 대한 실천적인 관심에 의해 제기된 것이다. 그의 모더니즘론은 「시작에 있어서의 주지주의적 태도」(1933)와 「모더니즘의 역사적 위치」(1939)로 집약되고 있지만, 「오전의 시론」(1935)을 비롯한 대부분의 시에 대한 비평적 논의가 중심을 이룬다.

김기림은 모더니즘 운동이 문학사적으로 두 가지의 문학적 조류에 대한 부정과 반발임을 강조하고 있다. 하나는 낭만주의의 감상성에 대한 것이며, 다른 하나는 계급문학운동의 정치적 이념적 지향에 대한 것이다. 이 같은 지적은 물론 한국문학에서 문제가 되는 문학적 조류를 근거하여 설명하고 있는 것이므로 모더니즘의 일반적인 특성을 폭넓게 제시하고 있는 것은 아니다. 그러나 시가 언어의 예술이라는 자각을 분명히 인식하고 있으며, 문명에 대한 일정한 감수를 기초로 한 다음 일정한 가치를 의식하고 씌어지는 시를 강조하고 있는 점에서 본격적인 시의 모더니즘론에 다가서 있음을 볼 수 있다.

〈모더니즘〉은 두개의 否定을 準備했다. 하나는 〈로맨티시즘〉과 世紀末 文學의 末流인 〈쎈티멘탈 로맨티시즘〉을 위해서고 다른 하나는 傾向派 詩의 內容偏重을 위해서였다. 〈모더니즘〉은 詩가 爲先 言語의 藝術이라는 自覺과 詩는 文明에 대한 一定한 感受를 基礎로 한 다음 一定한 價値를 意識하고 씌어저야 한다는 主張 우에 섰다.

(1) 西洋에서도 오늘의 文明에 該當한 眞正한 意味의 새 文學이 나온 것은 20世紀에 드러슨 다음의 일이다. 20世紀 속에 남어 있는 19世紀的 文學 말고 眞正한 意味의 20世紀 文學의 重要性은 여기 있는 것이다. 英國에 있어서는 죠지안은 아직도 19世紀에 屬하며 文學에 있어서의 20世紀는 이마지스트에서 시작되였던 것이다. 佛蘭西에서는 立體詩의 試驗 以後 다다, 超現實派에, 伊太利의 未來派 等에 20世紀 文學의 徵候가 나타났다.

朝鮮에서는 모더니스트들에 이르러 비로소 20世紀의 文學은 始作되었다고 나는 본다. 낡은 센티멘탈리즘은 다만 詩人의 主觀的 感傷과 自然의 風物만을 노래하였다. 오늘의 文明의 形態와 性格에 對해서도 그것이 그 속에 사는 사람들의 心情에 이르키는 相異한 情緖에 對해서도 完全한 不感症이였다.

모더니즘은 위선 오늘의 文明 속에서 나서 新鮮한 感覺으로써 文明이 던지는 印象을 붙잡었다. 그것은 現代의 文明을 逃避하려고 하는 모든 態度와는 달리 文明 그것 속에서 자라난 文明의 아들이였다. 그 일은 바꾸어 말하면 우리 新詩史上에 비로소 都會의 아들이 誕生했던 것이다. 題材부터 우선 都會에서 구했고 文明의 뭇 面이 風月 대신에 登場했다. 文明 속에서 形成되어 가는 새로운 感覺, 情緖, 思考가 나타났다.

(2) 西洋에 있어서도 20世紀 文學의 特徵의 하나는(特히 詩에 있어서) 말의 價値 發見에 前에 없던 努力을 바친 데 있다. 過去의 作詩法에 依하면 말은 주장 韻律의 高低, 長短의 單位로서 생각되였고 朝鮮에서는 音數

關係에서만 平價되였다.

　말의 音으로서의 價値, 視覺的 映像 意味의 價値, (끝으로 가장 重要한) 이 여러 가지 價値의 相互作用에 依한 全體 效果를 意識하고 一種의 建築學的 設計 아래서 詩를 썼다. 詩에 있어서 말은 單純한 手段 以上의 것이다. 모더니즘은 이리하야 前代의 韻文을 主로한 作詩法에 對抗해서 그 自身의 語法을 지어냈다. 말의 含蓄이 달러졌고 文明의 速度에 該當하는 새 리듬을 물결과 帆船의 行進과 기껏해야 騎馬行列을 描寫할 정도를 넘지 못하던 前代의 리듬과는 딴판으로 汽車와 飛行機와 工場의 燥音과 群衆의 叫喚을 反射시킨 會話의 內在的 리듬 속에 發見하고 또 創造하려고 했다.[6]

　김기림이 강조했던 모더니즘의 시적 경향은 앞의 인용에서 전반적인 특징이 요약적으로 제시되어 있다. 김기림의 모더니즘론은 시적 모더니티에 대한 추구 작업으로부터 출발한다. 그러나 여기서 드러나는 현대 문명에 대한 긍정이 결과적으로 일제 식민지 지배에 의해 이루어지고 있는 종속적인 자본주의 문명에 대한 비판적 인식을 결여하게 됨은 물론이다. 김기림 자신은 이 같은 문제성을 극복하기 위해 현실 속에서의 지식인의 대중적인 역할을 강조하기도 하고 풍자와 조소를 기조로 하는 문명 비판의 주제를 시 속으로 끌어들이는 실천적 작업에도 관심을 기울인다. 특히 그는 시의 모더니즘이 그 출발에서 볼 수 있었던 시대정신을 외면한 채 언어적 기교의 말초화에 빠져들어 가고 있는 것을 비판하기도 한다. 그렇지만, 1930년대 김기림의 모더니즘론은 그 의의가 모더니티의 시적 구현에 있음은 부인할 수 없는 일이다. 그는 제작(製作)으로서의 시를 강조하면서 시가 사물을 재구성하고 독자적인 객관성을 구비하는 그러한 가치의 세계를 드러내야 할 것을 주문한다. 그렇기 때문에 그는 시의 비평에 있어서도 순수비평이라는 이름으로 내세워진 인상주의적 접근법을 벗어나서 방법론의 과학적 근거를 확립하고자 노력한

김기림

다. 그는 비평이 철학이기 전에 과학이어야 한다는 신념을 분명히 하였으며, 「과학으로서의 시학」(1940)과 같은 평문에서 과학적 합리주의에 집착하고 있는 그의 문학적 태도를 확인해 볼 수 있다.

1930년대 한국 시에서 모더니즘적 경향을 중심축에 놓고 볼 때, 가장 중요한 경향의 하나는 모더니티의 시적 추구 작업이다. 언어적 감각과 기법의 파격성을 바탕으로 자의식의 시적 탐구, 이미지의 공간적인 구성에 의한 일상적 경험의 동시적 구현, 도시적 문명과 모더니티의 추구 등을 드러내는 모더니즘적 시의 경향이 바로 그것이다. 정지용의 『정지용시집(鄭芝溶詩集)』(1935), 『백록담(白鹿潭)』(1941), 김기림의 『기상도(氣象圖)』(1936) 등을 비롯하여 이상, 김광균, 장만영 등이 추구했던 시의 경향이 여기에 속한다고 할 수 있다.

그런데 이러한 경향과는 다르게 모더니티에 대한 시적 극복에 더욱 관심을 보였던 또 다른 부류의 시인들이 자리하고 있음을 주목할 필요가 있다. 《시인부락》(1936)을 중심으로 활동했던 서정주, 오장환, 유치환, 김광섭, 신석초, 김현승 등이 여기에 해당한다. 이들은 각각 그 작품 활동의 배경을 달리하고 있으며, 서로 구별되는 독특한 시적 개성을 지니고 있다. 하지만 현대 과학 문명의 비인간화의 경향에 반발하면서 인간의 본능에 대한 시적 추구 작업에 몰두하기도 하였고, 현대 사회에서의 통합된 개인적 주체의 붕괴에 도전하여 인간의 생명 의지를 시적으로 구현하고자 하였다. 그러므로 이들의 시에는 공통적으로 비판적 모더니티의 담론이 자리하고 있으며, 인간의 존재와 삶, 생명과 죽음의 문제, 고독과 의지와 같은 관념적인 주제가 자주 등장하고 있다. 이들의 문학 활동은 모더니즘의 시적 경향과는 다른 각도에서 그 위치가 규정되고 있는 것이 보통이지만, 모더니즘 운동의 넓은 범주 안에서 드러나는 모더니티의 시적 지향 자체를 본질적인 속성으로 하고 있음은 물론이다.

  정지용은 한국 현대시의 전개 과정에서 시적 언어에 대한 자각을 각별하게 드러낸 시인으로 평가되고 있다. 그의 시들은 두 권의 시집 『정지용시집』(1935)과 『백록담』(1941)으로 집약되고 있는데, 시적 대상으로서의 자연에 대한 다양한 감각적 경험을 선명한 심상과 절제된 언어로 포착해 내고 있다. 정지용의 시는 예리하고도 섬세한 언어적 감각을 잘 보여준다. 시의 언어에 대한 자각은 물론 그 이전의 김소월이나 동시대의 김영랑의 경우에도 그 중요성이 인정된다. 이들은 모두 시를 통해 전통적인 정서에 알맞은 율조의 언어를 재창조하였기 때문이다. 정지용의 경우 이들과는 달리 율조의 언어에 매달린 것이 아니라, 언어의 조형성에 대한 탐구에 관심을 집중한다. 그는 시의 언어를 통해 음악적인 가락의 미를 창조한 것이 아니라 공간적인 조형의 미를 창조한다. 이 같은 특징은 언어의 감각성을 최대한 살려내고자 하는 시인의 노력에 의해 가능해지는 것으로, 「바다」, 「유리창」과 같은 작품에서 가장 잘 드러나고 있다.

> 琉璃에 차고 슬픈것이 어린거린다.
> 열없이 붙어서서 입김을 흐리우니
> 길들은 양 언날개를 파다거린다.
> 지우고 보고 지우고 보아도
> 새까만 밤이 밀려나가고 밀려와 부디치고,
> 물먹은 별이, 반짝, 寶石처럼 백힌다.
> 밤에 홀로 琉璃를 닦는것은
> 외로운 황홀한 심사 이어니,
> 고흔 肺血管이 찢어진 채로
> 아아, 늬는 山ㅅ새처럼 날러 갔구나!
>
> —「琉璃窓 1」

『백록담』

앞에 인용한 「유리창」에는 '새까만 밤'으로 표상되는 무한의 세계가 그려져 있다. 그리고 서정적 자아는 유리창을 경계로 하여 거기에 대면해 있다. 여기서 유리창은 무한의 세계를 끌어와 보여주는 하나의 신비로운 예술로 표상된다. 그러므로 유리창에 입을 대고 입김을 불어 보면서 서정적 자아는 지금 이곳의 세계와 저기 밤의 세계를 상상력의 힘으로 서로 연결하게 된다. 창 밖 어둠 속에 빛나는 별빛을 보는 순간 자신의 슬픔과 열망 같은 것은 모두 소멸되고, 밀려오는 밤 속으로 자신도 깊이 빠져들고 있다. 그러나 이 시에서 딸을 잃은 슬픔이라든지 시인 자신의 감정의 동요 같은 것은 엄격하게 절제되어 있다. 다만 유리창이라는 경계를 통해 섬세하게 통어되었던 별빛과의 심정적 거리를 유리창 밖으로 날아가 버린 '새'라는 시적 표상을 통해 극적으로 제시하고 있는 것이다.

정지용이 그의 시에서 활용하고 있는 또 하나의 시법은 주관적 감정의 절제와 정서의 균제라고 할 수 있다. 그는 개인적이고도 감정적인 것들을 철저하게 배제하면서 사물과 현상을 순수 관념으로 포착하여 이것을 시를 통해 표현하고자 한다. 정지용의 시에서 절제된 감정과 언어의 균제미는 시집 『백록담』에 이르러 거의 절정에 이른다. 정지용이 일체의 주관적 감정을 억제한 채 시적 대상을 관조하면서 만들어낸 이 새로운 시의 세계는 자연의 세계와 동화하거나 합일화하기를 소망하였던 전통적인 자연관을 벗어나고 있다. 정지용은 오히려 자연과 거리를 둠으로써 거기에 그렇게 존재하는 자연을 새롭게 발견한다. 자연이라는 것을 철저하게 대상화하면서 그것을 언어를 통해 소묘적으로 재구성한다. 정지용은 자연 그대로의 질서와 자연 그대로의 미를 추구한다. 정지용이 그의 시를 통해 발견한 이러한 자연은 어떤 의미에서 존재 그 자체를 의미한다고 할 수 있다.

김영랑은 동인지 《시문학》(1930)에서부터 본격적인 시 창작 활동을 보여준다. 그의 초기 시들은 『영랑시집』(1935)으로 묶여지고 있거니와 서정적 자아의 깊은 내면에서 우러나오는 비애의 정감을 섬세한 율조의 언어로 형상화하고 있다. 그의 시에는 '슬픔'이나 '눈물'과 같은 시어가 수없이 반복되고 있다. 그러나 과장적인 수사에 의한 영탄이나 감상에 기울지 않고, 오히려 균제된 언어로 표현되는 정감의 시 세계를 잘 보여주고 있다. 김영랑의 시에서 주목되는 것은 섬세한 언어적 감각과 그 언어 감각을 시적 율조로 살려내는 리듬 의식이다. 그러나 김영랑은 깊은 정감을 부드러운 언어로 표현하기 위해 시적 형태의 균제에만 집착하지는 않는다. 그는 「모란이 피기까지는」과 같은 작품에서 언어와 리듬을 보다 개방적으로 변형시킬 수 있는 형태적 자유로움을 추구하였으며, 상실의 비애와 기다림의 정서를 대응시키면서 그것을 아름다운 율조에 의해 순화시켜 놓고 있는 것이다. 그러나 식민지시대의 상황이 점차 견디기 어려운 고통으로 이어지자 그는 이러한 자기 내면의 시적 욕망에 더 이상 집착하지 않고 더욱 분명하게 자기 지향성을 드러내게 된다. 현실과 삶의 문제로 시적 관심을 확대하면서 보다 의지적인 면모를 보여주기 시작한 것이다. 그가 1930년대 후반기에 발표한 「거문고」, 「독을 차고」와 같은 작품을 통해 이러한 변화를 확인할 수 있다.

이상의 시는 기존의 문학적 기법과 양식에 대한 반동으로부터 출발한다. 그의 시에서 두드러지게 드러나고 있는 것은 특유의 공간 감각이다. 이 공간 감각은 「오감도」(1934), 「거울」(1934) 등에서 볼 수 있듯이 주체의 존재론적인 위기 상황을 제시하기 위한 것이지만, 문학적 기법의 면에서 어떤 경우에는 이미지의 확산을 위해, 어떤 경우에는 상징적 의미의 대립적인 관계를 구체화시켜 주기 위해 동원되기도 한다. 흔히 이상의 공간 감각은 그의 개인사적인 체험에 근거하여 기하학적인 것 또는 건축학적인 것으로 이해되고 있다.

이상의 시에서 가장 특징적으로 활용되고 있는 요소 중의 하나가 수학적인 것들임은 널리 알려진 일이다. 「선에 관한 각서」(1931)라든지 「오감도」 등에서 보여주는 수의 배열은 모두가 일종의 수학적인 규칙에 의해 이루어지는 것으로 볼 수 있다. 이 수의 배열에서 중요한 것은 어떤 규칙에 의해 함께 묶이는 요소들과 전체 사이의 구조적인 연관성이다. 어떤 요소가 이 규칙에 의해 전체 속에 묶이면 그 요소는 전체를 이탈하지 못하는 것이 특징이다. 그러나 이상은 전체를 묶는 규칙을 강조하는 것이 아니라, 그 규칙의 무의미성을 강하게 암시한다. 이 부정의 정신을 바탕으로 이상은 전체와 개체 사이의 부조화를 공간적으로 시각화하여 놓고 있다.

이상의 시가 궁극적인 목표로 삼고 있는 것은 모든 근대적인 것에 대한 부정이다. 자아의 절대성과 이성에 대한 신뢰를 중시하는 근대적인 가치 체계를 놓고 볼 때, 이상이 강조하고 있는 자아의 분열 현상은 절대적인 것으로 신뢰되어 온 자아의 의미를 부정하는 것이라고 할 수 있다. 앞에서도 지적한 것처럼, 이상이 자주 활용하고 있는 기하학적인 요소들이나 대수학의 원리는 모두 절대적으로 신뢰되어 온 규칙에 대한 부정을 위해 동원된 것들이다. 기하학적인 원리와 대수학의 규칙을 왜곡시켜 놓으면서 이상은 그러한 원리와 규칙들이 부정될 수 있는 가능성과 그 가능성의 현실을 새롭게 제시한다. 바로 이러한 상상력의 초월성에서 우리는 이상의 시에 드러나 있는 새로운 세계 인식의 가능성을 발견하게 된다.

백석(白石)은 시집 『사슴』(1936)을 통해 일본 식민지 지배 아래 고통스럽게 살고 있던 민중들의 삶의 모습과 그 애환을 소박한 토속적인 사투리를 통해 사실적으로 그려낸다. 백석의 시에서 볼 수 있는 시적 공간은 대체로 고향이라는 토속적인 세계로 채워져 있다. 이것은 고향에 대한 체험이 그만큼 시인의 의식 속에 강렬함을 뜻하는 것이다. 동시에 도시라든지 문명이라든지 하는 근대화의 과정에 대해 가지는 시인의 반근대적인 정서가 크게 작용하고 있음을 의미한다. 백석의 시 속에서 그려지고 있는 고향의 풍경은 아름다운 것만은 아니다. 이미 근대화의 과정에 밀려 훼손되어 가는 모습도 나타난다. 백석은 「고방」, 「가즈랑집」, 「여우난곬족」 등에서 이러한 고향의 풍물에 깊은 애정을 표함으로써, 훼손된 것의 회복에 대한 의지를 표하고 민족의 삶에 깃든 인정에 대한 폭넓은 이해를 구하고자 하였다. 이것은 낡은 고향과 지나간 날에 대한 그리움이라는 차원을 넘어서 그 속에 담긴 인간적인 것의 회복을 간절히 소망하는 시인의 자세를 말하는 것이라고 할 수 있다.

> 마을에서는 세 벌 김을 다 매고 들에서
> 개장취념을 서너 번 하고 나면
> 백중 좋은 날이 슬그머니 오는데
> 백중날에는 새악시들이
> 생모시치마 천진퇴치마의 물팩치기 껑추렁한 치마에
> 쇠주퍼적삼 항라적삼의 자지고름이 기드렁한 적삼에
> 한끝나게 상나들이옷을 있는 대로 다 내입고
> 머리는 다리를 서너 켜레씩 들어서
> 시뻘건 꼬둘채댕기를 삐뚜룩하니 해 꽂고
> 네 날백이 따배기신을 맨발에 바꿔 신고
> 고개를 몇이라도 넘어서 약물터로 가는데
> 무썩무썩 더운 날에도 벌 길에는
> 건들건들 시원한 바람이 불어오고
> 허리에 찬 남갑사 주머니에는 오랜만에 돈푼이 들어 즈벅이고
> 광지보에서 나온 은장도에 바늘집에 원앙에 바둑에
> 번들번들하는 노리개는 스르럭스르럭 소리가 나고
> 고개를 몇이라도 넘어서 약물터로 오면
> 약물터엔 사람들이 백재일치듯 하였는데
> 붕가집에서 온 사람들도 만나 반가워하고

깨죽이며 문주며 섶가락 앞에 송구떡을 사서 권하거니 먹거니 하고
그러다는 백중 물을 내는 소내기를 함뿍 맞고
호주를 하니 젖어서 달아나는데
이번에는 꿈에도 못 잊는 붕가집에 가는 것이다
붕가집을 가면서도 칠월 그믐 초가을을 할 때까지
평안하니 집살이를 할 것을 생각하고
애끼는 옷을 다 적시어도 비는 시원만 하다고 생각한다

―「칠월 백중」

　백석의 시 가운데 민중들의 소박하면서도 생명력이 넘쳐흐르는 삶의 모습을 사실적으로 그려낸 작품으로 「칠월 백중」을 손꼽을 수 있다. 이 작품은 백중날 약물터에 놀이를 나가는 새악시들의 모습을 그 옷치레부터 수선스럽게 묘사한다. 그리고 고개를 넘고 넘어 약물터에 모여든 사람들의 흥거운 모습이 함께 어우러진다. 작품 속에 묘사되는 대상들이 백중날 약물터라는 하나의 구체적인 시적 공간 속으로 집약되면서 시적 감흥도 고조된다. 시인은 감각적인 시적 심상들을 공간적으로 병치시키면서 동시에 그 공간 자체를 한 폭의 이야기로 꾸며낸다. 그는 다채로운 시적 심상을 활용하여 시적 공간을 감각적으로 확장하였으며, 그 속에 고향이라는 원초적인 체험의 공간을 담아 놓고 있다. 이러한 시의 방법은 한국 현대시가 감각적으로 섬세해지고 정서적으로 깊이를 가지게 하는 데에 크게 기여한 것으로 볼 수 있다.

　오장환의 시는 세 권의 시집 『성벽』(1937), 『헌사』(1939), 『나 사는 곳』(1947)에 그 특징이 잘 드러나 있다. 그리고 해방 이후의 『병든 서울』(1946)에서 그의 문학 세계의 정신적 지표가 전환되는 과정을 확인할 수 있다. 오장환의 시의 세계는 시적 주체의 존재를 가능하게 했던 고향으로부터 출발한다. 고향은 그의 시의 가장 근원적인 공간이다. 그러나 고향은 현실 속에 존재하는 것은 아니다. 이미 상실된 공간이기 때문에 그리움의 대상으로 남아 있을 뿐

이다. 오장환에게 있어 고향은 단순한 회고 취향의 산물이 아니며, 감상적인 동경의 대상도 아니다. 그것은 삶의 근원을 다스리는 영역에 속한다. 그러므로 오장환은 「고향 앞에서」, 「나 사는 곳」 등의 시를 통해 완고한 유교적 전통과 관습을 고향을 걸고 부정하기도 하며, 부박한 도시의 인정과 항구의 문물을 비판적으로 바라보며 고향을 통해 그릴 수 있는 공동체의 세계를 꿈꾸기도 한다. 물론 고향에 대한 동경과 부모에 대한 사랑이 간절한 그리움 그 자체로 표현되기도 한다.

오장환이 그의 시에서 노래하고자 한 것은 현실적 공간으로서의 고향으로의 귀환을 의미하는 것이 아니다. 그는 시적 주체가 오롯이 설 수 있는 존재의 근원의 회복을 소망한다. 이것은 그가 지식인으로서의 자신과 자신이 속한 민족의 처지를 동일한 차원에서 인식하고 있음을 말해주는 것이다. 낡은 인습을 벗어던지면서도 근대적 병폐가 범람하고 있는 도시의 뒷골목을 부정하지 않으면 안 되었던 오장환의 입장을 진보적이라고 명명할 수도 있고, 모더니즘의 비판적인 인식이라고 말할 수도 있다.

유치환의 시작 활동은 첫 시집 『청마시초』(1939)와 해방 직후에 펴낸 『생명의 서』(1947)를 통해 정리되고 있다. 초기의 작품들 가운데 「박쥐」, 「깃빨」, 「가마귀의 노래」 등을 보면, 시적 상상력의 역동적 지향과 형태적인 지향이 뚜렷하게 구별되어 나타난다. 그의 시에서 쉽게 확인해 볼 수 있는 동적인 상상력은 '바람'과 '날개'의 이미지를 통해 구체화되고 있다. 그리고 '깃발'과 '새'라는 시적 대상이 그 긴장을 살려내고 있다. 유치환의 대표작으로 손꼽히는 「깃빨」은 시적 상상력의 지향점을 구체적으로 보여주고 있는 작품이다. 이 작품에서 '깃발'은 이상향에 대한 동경을 뜻한다. 이 시는 현실 속에서 실현되기 어려운 이상을 향한 비원을 애수의 정서로 표현하고 있다.

유치환의 시적 상상력은 역동적인 것에만 집중되어 있지 않다. 그는 끊임없는 움직임과 떠돌아다님의 상태를 구하면서도 움직이지 않고 의연하게 자리 잡는 힘의 균형도 겨냥한다. 유치환의 「산」, 「바위」 같은 작품은 형태적 이미지를 중심으로 하고 있다. 이 작품들에는 삶에 대한 개인적 신념과 의지가 시의 주제와 밀착되어 있음을 확인할 수 있다. 특히 자기 의지 또는 생명과 그 존재의 실상에 도달하려는 정신적 자세를 남성적 어조로 표현하고 있는 점이 특징이다. 유치환의 시들이 시적 정서를 직설적으로 토로하거나 격렬한 어조로 표현하고 있다고 평가되는 이유가 여기에 있다고 할 것이다.

시적 저항의 의지와 자기희생

1930년대에 일본 식민지 지배 세력은 군국주의의 확대 과정을 거치면서 더욱 횡포해졌고, 만주 사변 이후 민족의 현실은 이루 말할 수 없는 참혹성에 빠져들게 되었다. 이육사의 시작 활동은 이러한 식민지 현실에 대한 비판적 인식을 시를 통해 구현한다는 커다란 목표를 내세우고 있다. 그는 암흑의 현실 속에서 주체의 정립과 자기 확인을 시작 활동을 통해 철저하게 수행함으로써 식민지 통치에 대한 저항의 형식으로서 자신의 시의 의미를 부각시키고 있다. 자신의 삶의 과정에 대한 고통스런 회고를 담고 있는 「노정기」(1937)의 경우, 이육사가 보여주고 있는 자기 인식의 방법은 행동에의 의지를 끝까지 포기하지 않는 철저한 정신적 자세로 구체화되어 나타난다. 시 「절정」(1940)에서도 현실적 상황과 주체로서의 자아의 날카로운 대응을 확인할 수 있다. 이미 시적 자아가 자리 잡고 있는 현실은 상황의 극한에 도달하여 있기 때문에 '한발 재겨 디딜' 여유조차 용납하지 않는다. 그러나 시인은 이 절박한 상황을 위기의식으로만 받아들이지 않고 자기 초월의 경지를 암시한다. 대표작으로 손꼽히고 있는 「광야」에서도 시적 자아를 통해 구현되고 있는 그 정신적 자세의 의연함을 고절 의식이란 말로 흔히 설명하고 있다. 특히 「광야」에서뿐만 아니라 「청포도」, 「꽃」 등의 시에서도 시적 자아는 먼 미래에 대한 전망과 기대를 노래함으로써 정신적 초월의 의미를 강조하고 있는 것이다. 시인 이육사는 일본 경찰에 투옥되어 만주의 감옥에서 생을 마감

이육사

하게 되지만, 그가 식민지 현실에서 시를 통해 도달할 수 있었던 자기 확인의 과정은 결국 고통의 현실에 대한 정신적 초월의 의지로 구현되고 있는 셈이다.

윤동주의 시는 식민지 현실에 대한 인식의 철저성과 함께 민족적 자기 정체의 시적인 형상화에 성공하고 있다는 점에서 흔히 저항시의 부류로 이해되고 있다. 윤동주 시에서 삶의 현실은 대개 비극적인 상황으로 내세워지고 있다. 민족과 국가라는 절대 개념이 부정되는 식민지 현실은 왜곡된 역사이며 불모의 땅이다. 그의 시는 바로 이 같은 현실에 대한 시적인 도전이며 예술적 비판이라고 할 수 있다. 그의 「쉽게 씌워진 시」를 보면, 식민지 현실에 대한 문제를 우선적인 관심의 대상으로 삼고 있다. 그리고 이러한 상황적 인식을 전제로 하여 그는 스스로 아무런 행동적 실천을 보이지 못하고 있는 자기 존재를 부끄러워한다. 그가 보여주고 있는 자기 성찰은 그것이 실천적인 행동 의지로 외현화하지는 않았지만 자신의 삶에 대한 끊임없는 뒤돌아봄을 통해 현실의 문제에 접근할 수 있는 가능성을 제시한다.

窓밖에 밤비가 속살거려
六疊房은 남의 나라,

詩人이란 슬픔 天命인줄 알면서도
한줄 詩를 적어볼까,

땀내와 사랑내 포그니 품긴
보내주신 學費封套를 받어

大學노―트를 끼고
늙은 敎授의 講義 들으려 간다.

생각해 보면 어린 때 동무를
하나, 둘, 죄다 잃어 버리고

나는 무얼 바라
나는 다만, 홀로 沈澱하는 것일까?

人生은 살기 어렵다는데
詩가 이렇게 쉽게 씨워지는것은
부끄러운 일이다.

六疊房은 남의 나라
窓밖에 밤비가 속살거리는데,

등불을 밝혀 어둠을 조곰 내몰고,
時代처럼 올 아침을 기다리는 最後의 나,

나는 나에게 적은 손을 내밀어
눈물의 慰安으로 잡는 最初의 握手.

―「쉽게 씨워진 시」

　윤동주는 「자화상」, 「서시」 등과 같은 작품에서도 철저한 자기 성찰의 자세를 보여준다. 그의 자기 성찰은 내면에의 몰입, 순수한 자기화의 문제로 귀착되고 있다. 고통의 현실이 그 고통의 아픔만큼 더욱 깊이 의식의 내면에 자리 잡고 있으며 괴로운 역사가 그 무게만큼 의식의 내면을 억누른다. 이처럼 철저한 자기화의 논리 때문에 그는 자신이 내세우고 있는 신념과 그 실천적 의지 사이에 조그마한 간격도 인정하지 않는다. 자신에게 부여하고 있는 도덕적 준엄성을 고수하기 위해 그가 고통스런 삶에 대처할 수 있는 하나의 방법으로 내세우고 있는 것이 순수한 의지이다. 그가 '한 점의 부끄럼'도 자신에게 용납하지 않겠다는 의지는 그 순수함 때문에 더욱 비극적인 의미로 부각된다. 고통스런 현실 속에서 자기 의지의 순수함을 지켜 나가기 위해서는 준엄한 자기 심판이 있어야 하며 어떠한 상황 속에서도 자기의 길을 걸어가야 하는 것이다.

윤동주의 시의 세계는 그가 일본의 형무소에서 불행한 죽임을 당함으로 인하여 더 이상의 진전을 보이지는 못한다. 그러나 그의 시들은 시대적인 고뇌를 시적으로 형상화하는 데에 성공하고 있으며 현실의 괴로움과 삶의 어려움을 철저하게 내면화하여 그 시적 긴장을 지탱하고 있음은 물론이다.

4. 연극운동과 희곡 문학

연극운동과 희곡 문학의 정착

한국 현대문학의 전개 과정에서 문학 양식으로서의 희곡이 등장한 것은 1920년대의 일이다. 이 시기 연극계는 식민지 지배가 시작될 무렵에 일본으로부터 유입된 신파극이 대중적 취향을 바탕으로 공연 무대를 지배하게 된다. 그러나 3·1운동 직후부터 일본 유학생을 주축으로 하는 학생극 운동이 점차 확대되면서 본격적인 연극 공연이 이루어지고 새로운 공연 형식으로서 공연예술로서의 연극에 대한 인식도 바뀌게 된다. 이와 함께 극문학으로서

김기진

의 희곡도 전문적인 극작가의 등장으로 새로운 기반을 확보하게 된다.

1920년대 초기의 연극운동은 학생극 운동을 바탕으로 출발하고 있다. 이 시기에 민중 계몽을 목표로 연극 공연을 기획한 학생 극단 '극예술협회'(1920), '토월회' 등이 등장한다. 이 가운데 극단 '토월회'(1923)는 박승희, 김기진, 김복진, 이서구, 김을한 등의 동경 유학생들이 중심을 이루어 조직하였으며, 학생 연극운동으로 출발하여 뒤에 전문 극단으로 발전하고 있다. '토월회'의 공연은 연극을 통한 민중 계몽을 목적으로 하였으며, 주로 외국 작품을 번역하여 무대에 올린다. '토월회'는 1924년 제3회 공연부터 본격적인 상업 극단으로 변신함으로써, 학생극 운동에서부터 출발하여 전문 극단으로 발전한 초창기의 대표적 극단이 된다. 그렇지만 대개의 학생 극단은 극단의 운영상 제기되는 경영 문제를 쉽게 극복하기 어려웠기 때문에 한두 번의 공연으로 해체된다. 특히 새로운 희곡 작품의 창작 대신에 외국 작품의 번역 공연에 치중하면서 연극 공연의 전문성도 살리지 못하고 있다. 그러므로 학생 극단들이 전문 극단으로 탈바꿈하는 과정에서 초기의 실험 정신을 상실한 채 지나치게 상업주의로 치달으면서 결국 연극운동 자체의 실패를 경험하지 않을 수 없게 된다.

1920년대 문단에서 새로운 관심의 대상이 된 희곡 문학은 이 같은 학생극 운동과 함께 등장한다. 서구적인 공연 형태로서의 연극을 위해 만들어지는 희곡은 그 양식적인 속성 자체가 완전히 외래적인 것이다. 전통적인 공연 형태였던 가면극이나 인형극은 모두 구전적인 전통 속에서 전승되어 온 것이었으므로, 문자로 기록된 대본이 필요하지 않다. 그러나 새로운 연극은 먼저 문학의 양식으로서의 희곡을 그 대본으로 삼아야 한다. 희곡은 언어를 표현 수단으로 하여 인물들의 행위와 사건을 통해 하나의 이야기를 보여준다. 그러나 희곡은 엄밀히 말해서 시나 소설과는 그 성격이 다르다. 희곡은 연극의 대본으로서 무대에서 상연될 것을 전제로 한 문학이기 때문이다. 희곡은 하나의 이야기를 무대 위에서 배우들의 행동을 빌려 직접 관객에게 보여준다. 그러므로 문학성과 함께 연극성이라는 이원적인 특성을 지닌다. 희곡은 연극으로의 무대 상연을 전제하고 있기 때문에, 여러 가지 극적인 특성을 지니게 된다. 우선, 행동과 대사를 통해 직접적으로 하나의 사건을 제시한다. 작가가 직접적으로 대상을 묘사하거나 설명할 수가 없다. 희곡에 나타난 행동과 대사를 통해 극의 진행을 상상해 보아야 한다. 희곡은 시간적 공간적 제약이 많다. 한정된 시간과 공간 속에서 일정한 이야기를 행동화시키기 위해서 압축되어야 하고 극적이라야 한다. 그러나 희곡은 이러한 제약성을 바탕으로 전체의 이야기를 하나의 극적인 구조로 압축시켜 직접적인 효과를 거둘 수 있다는 점이 특징이라고 할 수 있다. 이처럼 대사와 행동이 중심을 이루는 문학으로서 희곡은 당시의 문단적 관습으로 본다면 가장 실험적인 문학 양식이 된다. 한국의 희곡 문학은 3·1운동을 전후하여 유입되기 시작한 여러 가지 사상의 혼류를 호흡하면서 한국 문단에서 나름대로의 새로운 가치와 질서를 세워 나가게 된다.

1920년대 희곡 문학의 새로운 등장 과정에서 우선적으로 지목할 수 있는 것이 조명희(趙明熙)의 활동이다. 조명희는 식민지시대 전반기에 활동한 소설가로 더 많이 알려져 있지만, 동경 유학 시절 김우진, 최승일 등과 함께 '극예술협회'(1920)를 조직하여 초창기 학생 연극운동을 주도하였으며, 희곡 창작에도 관심을 보여 「김영일의 사」(1920), 「파사」(1923) 등을 발표한 바 있다. 특히 창작 희곡으로서 「김영일의 사」는 작품 자체의 극적 성격과 그 의미 못지않게 한국 연극사에서 중요한 위치를 점하고 있다. 이 작품은 궁핍 속에서 이루어진 작가 자신의 유학 체험을 바탕으로 지식인 청년의 사상적 갈등과 윤리 의식 등을 문제 삼고 있다.

조명희의 희곡 「김영일의 사」는 '극예술협회'의 순회공연 무대에 올려진

『김영일의 사』

작품이다. 이 작품은 행위의 극적인 대조를 통해 인간에 대한 신뢰와 윤리 의식을 강조한다. 작품의 주인공은 가난한 유학생 김영일이다. 주인공은 시골에서 소작인으로 어렵게 일하다가, 병든 어머니와 누이를 버려둔 채 일본으로 유학을 온 고학생이다. 이 작품은 가난한 고학생의 정직함과 부유한 인물의 인색함을 극적으로 대비시켜 인간의 윤리 의식의 문제성을 제기한다. 그러나 이 같은 접근법은 식민지 지배 상황 속의 구체적인 민족 현실에 비추어 보면 상당히 추상화된 것이라고 할 수 있다. 특히 주인공의 죽음 자체가 궁핍한 삶에서 비롯된 것인지 억압적 상황에서 연유한 것인지 불분명하다. 결국 이 작품은 새로운 사회 변혁의 가능성이나 그 의지를 구체적으로 형상화하고 있다기보다는 작가 자신의 현실에 대한 관념을 일정하게 반영하고 있는 것으로 볼 수 있다.

한국 현대문학에서 희곡의 문학적 기반을 확립한 것은 극작가 김우진이다. 김우진은 일본 유학 시대에 '극예술협회'를 주도하였고, 학업을 마친 후 귀국하여 희곡 창작에 힘을 기울여 「이영녀」(1925)를 비롯하여 「정오」(1925), 「난파」(1926), 「산돼지」(1926) 등을 발표한 바 있다. 그의 희곡은 주로 전통 사회의 완고한 인습으로 인해 불행한 결말을 맞는 여성 혹은 예술가의 삶에 초점이 맞춰져 있다. 「난파」는 상극적인 부자 관계를 통해 전통 인습과 근대 의식의 갈등을 첨예하게 형상화한 작품이며, 「이영녀」는 한 여성의 기구한 삶의 과정을 극적으로 재구성하여 식민지시대 여성의 삶의 문제를 새롭게 제기한 주제의 선구성이 높이 평가된다. 또한 「산돼지」는 동학혁명을 소재로 하고 있으면서도 사랑을 복선으로 깔고 작가 자신의 고백을 담아 표현주의적 형식과 주제를 잘 구현한 것으로 평가되고 있다. 그가 보여준 당대의 연극운동에 대한 관심은 「소위 근대극에 대하여」(1921), 「우리 신극운동의 첫 길」(1926) 등의 비평에도 잘 드러나 있다. 그는 서구의 연극운동 특히 소극장 운동을 소개하면서 이를 우리 현실에 적용하기 위한 실천적 방법을 모색하고자 하였다. 그리고 당시 한국의 절박하고 암울한 사회와 인생을 묘사하기 위해 표현주의의 방법을 적극 소개하고 자신의 창작을 통해 이를 실천함으로써 근대적인 극문학의 가능성을 열어놓고 있다.

김우진의 희곡 「이영녀」는 작가 자신의 여성에 대한 진보적인 의식을 보여주는 작품이다. 전체 3막으로 구성된 이 작품의 주인공은 극의 진행에 따라 세 가지의 얼굴을 드러낸다. 제1막의 경우 주인공은 생활을 위해 몸을 파는 매춘부로 등장한다. 물질적 욕망에 사로잡혀 있는 포주의 노회한 성격에 대비되어, 주인공은 자신의 고통을 모두 운명적인 것으로 받아들인다. 그러나 주인공이 밀매음의 죄로 경찰에 연행됨으로써 생활을 위한 매춘조차 허용되지 못하고 있음을 보여준다. 제2막에서 주인공은 부잣집 행랑채에 세 들어 살고 있으며, 집주인은 주인공 이영녀의 육체를 탐한다. 이 장면에서는 주인공이 가난한 여성 노동자로서 겪어야 하는 곤궁한 삶의 모습을 부각시키고 있다. 제3막은 죽음을 맞이하는 주인공 이영녀의 모습이다. 이러한 세 가지의 얼굴은 식민지시대 여성의 삶에 질곡으로 작용했던 빈궁, 매춘, 노동의 고통을 그대로 말해주는 것이다. 이러한 점에서 「이영녀」는 여성의 사회·경제적 문제를 극적 주제로 설정하고 있는, 본격적인 근대적 장막극으로 평가할 수 있다.

김우진의 희곡 가운데 대표작으로 지목되고 있는 「산돼지」는 역사적 상황과 개인의 운명을 하나의 무대 위에서 동시적으로 제시하고자 하는 작품이다. 이 작품에서 주인공은 아버지의 의미로 표상되고 있는 동학의 이념과 개인적 운명으로 표상되는 애정의 길 가운데 하나를 선택하도록 강요받는다. 동학의 이념을 구현하기 위해 싸우다가 희생된 아버지의 뜻을 역사 위에서 다시 이어가는 길, 그것은 어쩌면 식민지 상황 속에서 개인의 사회적 역할을 강조하는 것일 수도 있다. 그러나 양부의 유언대로 누이동생처럼 여기는 양부의 딸과 결합하는 것은 진정한 사랑의 길이 아니다. 그러므로 주인공은 자신을 '산돼지'라고 지칭하면서도 산돼지의 야성을 발휘하지 못하고 집 안에 틀어박혀 집돼지처럼 살아갈 것을 강요하는 현실에 대해 반항한다. 이 작품은 사실주의 무대를 뛰어넘는 표현주의적 방법에 따른 무대의 전환과 같은 극적 기법에 의해 그 새로운 면모가 잘 드러나고 있다. 그리고 바로 이러한 극작의 방법과 성과가 새로운 극문학으로서의 희곡의 가능성을 열어놓은 김우진의 선구적인 업적으로 인정되고 있다.

계급 문단의 연극운동

일본 식민지시대의 계급문학운동에서 연극운동과 극문학은 계급의식의 구현과 대중의 조직이라는 계몽적 역할을 담당한다. 프롤레타리아 연극은 계급 이념의 대중적 확대를 위한 목적극으로서의 성격을 지니고 있다. 그러므로 계급투쟁을 대중적으로 선동하기 위해 조직적 차원에서 모든 공연 활동이 기획된다. 이 과정에서 노동자, 농민을 위하여 그들 자신이 주체가 된 연극 공연을 실현시키고자 한 점은 그 의미를 중시할 필요가 있다. 프로 연극은 노동자, 농민을 대상으로 계급적 현실 문제를 소재로 하는 단막극 위주로 창작되고 있다.

조선프로예맹의 조직 이후 본격적인 프롤레타리아 극단인 '불개미극단'(1927)이 조직된 후에는 각 지방에도 비슷한 성격의 극단들이 등장하기 시작한다. 1930년 3월 평양의 '마치극장'을 선두로 하여 서울에서는 1931년 '청복극장'이 결성된다. 그러나 이들 극단은 실질적인 공연 활동을 수행하지는 못한다. 1932년 8월에는 조선프로예맹 조직 내부에 극단 '신건설'사가 설립되어, 레마르크 원작의 「서부전선 이상없다」, 송영의 「신임 이사장」 등을 서울 무대에서 공연한다. 그러나 극단 '신건설'은 3회 공연 준비 중 일본 경찰의 검거령에 의해 모든 단원이 구속되고 계급 문단 자체가 강제 해체되는 '신건설사 사건'(1934)을 맞게 됨으로써, 프로연극운동은 그 막을 내리게 된다.

한국 프로연극운동에서 우선적인 논의의 대상이 되는 극작가가 김영팔(金永八)이다. 김영팔은 동경 유학생 김우진, 조명희 등과 함께 '극예술협회'를 조직하여 연극운동에 가담한 바 있다. 그는 창작 희곡 「미쳐가는 처녀」(1924)를 발표한 후 「싸움」(1926), 「불이야」(1926), 「부음」(1927), 「마작」(1931) 등을 내놓은 바 있다. 그의 작품들은 대체로 그 구성 자체가 멜로드라마적 성격을 띠고 있으며, 계급적 갈등 문제를 과장적으로 강조한 경우가 많다.

김영팔의 희곡 「싸움」은 단막극의 형식으로 구성되어 있으며, 개인의 일상생활 속에서 흔히 볼 수 있는 부부 싸움으로부터 계급의식의 각성이라는 대의를 끌어내고 있다. 「부음」은 김영팔의 대표적인 경향극으로 꼽히는 작품이다. 무산계급을 위해 싸우는 청년과 그를 사모하는 여성 사이의 사랑을 배경으로 계급투쟁을 향한 투철한 사명 의식을 강조하고 있다. 작품의 주인공은 계급 운동에 투신하였다가 일본 경찰에 쫓기며 북쪽으로 먼 길을 떠나게 된다. 때마침 그의 여동생이 찾아와 노모의 부음을 알린다. 주인공은 발길을 돌려 집으로 달려가려 하나 그를 사랑하던 여인이 뒷일을 걱정하지 말고 길을 떠나도록 종용한다. 주인공은 어머니의 임종도 보지 못하고 '어머니의 원수를 갚기 위해서' 길을 떠난다. 이 작품은 주제를 강조하기 위해 목적의식이 구체적으로 드러나도록 행위를 배치하고 있다. 혁명 투쟁이라는 대의를 위해 자식으로서의 부모에 대한 마지막 효도라는 임종도 물리치게 함으로써 극적 갈등을 고조시켜 놓고 있는 것이다.

송영은 조선프롤레타리아예술동맹에 가담하여 계급문학운동을 실천하면서 희곡 「일체 면회를 사절하라」(1930), 「호신술」(1931), 「신임 이사장」(1934), 「황금산」(1936) 등을 발표한다. 송영의 희곡에 나타나 있는 가장 중요한 소재는 그의 소설에서와 마찬가지로 노동자들의 삶의 고통이다. 일본의 착취와 농촌의 궁핍화, 그리고 농민들의 몰락, 노동자로의 변신과 끊임없는 삶의 고통 등이 모두 계급 모순의 차원에서 희곡의 소재로 다루어진다. 그는 극 중의 부정적인 인물이 자신의 결함을 스스로 폭로하는 방식의 풍자 기법을 활용한다. 그가 부르주아 계층의 허위성을 고발하기 위해 자주 동원한 극적 기법이 바로 그것이다.

희곡 「신임 이사장」의 경우에는 신임 이사장의 형상과 특이한 어투를 통해 몰지각한 자본계급의 인물을 희화시켜 놓았고, 「호신술」의 경우에도 여직공들이 임금 투쟁을 벌이고 파업을 하기까지의 역경을 사실적으로 제시하면서, 그 결말을 희화적으로 맺고 있다. 공장주의 가족들이 직공들의 파업과 쟁의에 대비하여 호신술을 연습한다든지, 노동자들의 강력한 요구에 뒷걸음만 치면서 일시적으로 사태를 모면하기 위해 허둥댄다든지, 그러면서도 결국은 노동자들에게 손을 들고 만다는 식의 극적 전개가 이루어지고 있다. 「일체 면회를 사절하라」에서도 사장은 자신만이 조국과 민족을 위해 봉사하고 있다고 자부하며, 자기만이 굶주리는 백성들을 구제하고 있다고 믿는다. 그는 조국과 민족을 위해 일한다고 하면서 사실은 노동력을 착취하고 노동자들을 핍박한다. 이 같은 행태에 반발하여 쟁의가 일어나자 사장은 문을 걸어 잠근 채 낙심에 빠지고 몹시 당황한다. 노동자들의 외침에 질려 버린 사장의 행색에는 이미 민족을 위한 우국지사의 풍모도 사장으로서의 위엄도 모두 없어지고, 한낱 속물적인 왜소한 인간의 모습만이 돋보이고 있다. 이처럼 송영의 희곡은 모순의 현실을 희화적으로 그려냄으로써 그 계급적 모순의 의미를 역전시키고 있다. 계급적인 구조의 모순과 그 모순에 근거하여 노동자를 착취하는 자본계급의 무모한 욕심을 비판하기보다는 오히려 그 비리와 모순의 실상을 보여주고 그것을 제대로 인식하지 못하고 있는 가진 자들의 우둔함을 날카롭게 풍자하고 있는 것이다.

사실주의 극의 확립과 연극의 대중성

유치진은 1930년대의 극문학과 연극운동에서 가장 중요한 위치를 점하고 있다. 그는 서항석, 홍해성, 윤백남, 김진섭, 조희순 등과 함께 한국 연극운동의 기반이 된 '극예술연구회'(1931)를 설립하고 많은 희곡 작품을 발표한다. '극예술연구회'는 극예술에 대한 일반의 이해의 확대, 극예술의 올바른 방향 정립, 진정한 의미의 한국의 신극 수립 등을 목적으로 내세우고 있다. 이러한 목적을 보면 이 단체가 단순한 연극 동호회라기보다는 극예술의 이론과 실제를 포괄해 보려는 의욕을 가지고 있었음을 확인할 수 있다. 실제로 이 단체의 구성원들은 기관지《극예술》을 통해 희곡 문학과 연극에 관한 다양한 이론과 방법을 논의하였으며, 희곡 창작은 물론 전문 극단으로서 본격적으로 공연 활동을 전개하기도 하였다. 유치진은 자신의 창작 희곡 「토막」, 「버드나무 선 동리 풍경」 등을 '극예술연구회'의 공연 무대에 올린 바 있다.

유치진의 희곡 창작은 「토막」(1932)으로부터 시작하여 「버드나무 선 동리 풍경」(1933), 「소」(1935) 등 일련의 농촌 소재의 작품으로 이어진다. 이들 작품은 식민지 치하 농민의 수탈과 좌절을 극적으로 형상화하고 있다. 그는 식민지 말기에 일본의 탄압을 피해서 역사극으로 방향을 바꾸어 「춘향전」(1936), 「마의태자」(1937)와 같은 작품을 남기기도 한다. 그리고 이른바 '국민극 운동'에 가담하여 친일적인 흔적을 남기기도 한다.

희곡 「토막」은 삶의 기반을 모두 잃고 고향을 떠나야 하는 농민들의 비참한 모습을 사실적으로 그려낸다. 이 작품에 등장하는 경선네는 소작농으로 근근이 지내던 중 땅을 빼앗기고 장리쌀 몇 가마 얻어먹은 것을 갚지 못하자 토막마저 차압당한다. 이들은 어느 추운 겨울밤 정처 없이 고향을 떠난다. 이웃인 명서네의 삶 역시 경선네보다 별로 나은 것이 없다. 명서네는 장남이 일본으로 돈벌이를 간 것에 큰 기대를 하고 있다. 그러나 아들의 죽음으로 그들의 모든 꿈이 무산된다. 아들이 일본에서 옥사하여 유골만 돌아오자 어

유치진

머니는 결국 미쳐 버리고 만다.

「소」의 주인공 '국서'는 농사를 천직으로 여기고 살아가는 선량한 농민으로 소를 가진 것을 긍지로 삼고 아들들보다 소를 더 아낀다. 맏아들 말똥이는 우직스런 청년으로 장차 아버지의 뒤를 이어 고향 땅을 지키려 한다. 반면에 작은아들 개똥이는 만주로 가서 일확천금을 모으는 것이 꿈이다. 아버지는 소를 팔지 않으려 하고, 큰아들은 소를 팔아 농사 빚을 갚고 결혼까지 하고 싶어 한다. 작은아들은 소를 팔아 만주로 갈 여비를 마련할 궁리다. 이같은 집안 식구들 간의 갈등이 이 작품의 기본 축을 형성한다. 그러나 마름이 밀린 도지 대신에 소를 끌고 가 버리고, 말똥이가 결혼하고 싶어 했던 색시는 끝내 일본으로 팔려 간다. 말똥이가 지주네 곡간에 불을 지르고 주재소로 잡혀가는 것으로 막이 내린다.

이처럼 「토막」이나 「소」와 같은 작품은 식민지시대 농민들이 겪어야 했던 착취와 패배의 삶을 사실적으로 형상화하고 있다. 이 작품들에 등장하는 인물들은 삶의 터전인 농토를 빼앗기고, 삶의 희망을 빼앗기고, 사랑마저 잃고 생존의 가능성마저 잃게 된다. 그러므로 결국은 고향마저 버려야 한다. 이처럼 작품의 서두에서부터 결말에 이르는 전개의 과정 자체를 착취와 궁핍으로 이어지는 참담한 삶의 모습으로 연결시키고 있다. 이 작품들은 식민지 수탈정책의 잔혹성을 고발하고 있지만, 현실의 고통을 단순히 폭로하는 데 그치지 않고 서민들의 암울한 페이소스를 조명하여 절박한 비극으로까지 이끌어 가고 있다.

함세덕은 유치진의 영향을 받으면서 창작극에 관심을 두고, 희곡 「산허구리」(1936), 「동승」(1939), 「해연」(1940), 「낙화암」(1940) 등을 발표한다. 「동승」은 심산유곡의 작은 산사를 무대로 하여 이루어지는 한 동승의 환속 과정을 담고 있다. 이 절에 서울의 한 젊은 미망인이 불공을 드리러 오게 된다. 하나뿐인 아들을 잃은 그 미망인은 동승에게 특별한 연민과 애정을 느끼고, 동승도 그녀에게서 모성을 느끼며 그녀를 따라가고 싶어 한다. 미망인은 동승을 서울로 데려가고자 한다. 동승과 미망인의 애원에도 불구하고, 주지는 동승이 부모의 죄업까지 보속해야 하므로 속세로 내보낼 수 없다며 이를 강력하게 반대한다. 결국 동승은 눈 오는 어느 날 몰래 절을 떠나기로 한다. 산문을 향해 정중히 고별의 절을 한

『동승』

후 소년은 방랑의 비탈길을 내려선다. 이 작품에서 인간적 욕망과 사랑, 이별, 꿈과 동경을 그린 함세덕의 낭만주의적 성향을 확인할 수 있다. 함세덕이 발표한 역사극 「낙화암」은 백제 멸망의 애사(哀史)를 극적 무대로 옮겨 놓고 있다. 이 작품에는 서두에서 '젊은 나그네 하나 수양버들나무에 기대서서 회고에 잠겨 금강과 반월성의 폐허를 바라보고 있다.'고 하는 한 장면을 설정하고 있다. 이것은 백제의 패망이라는 망국의 역사를 과거의 사실로 국한시키지 않고 현재의 시점에서 일본 식민지 현실에 빗대어 보고자 하는 의도를 드러내고 있는 것으로 볼 수 있다.

오영진은 그의 창작극에서 민속의 소재를 자주 차용하면서 전통적인 희극 정신을 살리는 데 힘쓴다. 그의 작품 세계는 현세의 물욕과 어리석음을 비웃고 꾸짖는 강렬한 주제 의식을 담고 있는데, 한국인의 해학과 풍자를 잘 표현한 것으로 평가받는다. 「맹진사댁 경사」(1943)는 전통에 대한 반성과 확대 작업으로 씌어진 시나리오 「배뱅이굿」(1942), 그리고 해방 후의 「한네의 승천」(1972)과 함께 3부작을 이루며, 전래의 관혼상제인 혼례, 상례, 제례 중에

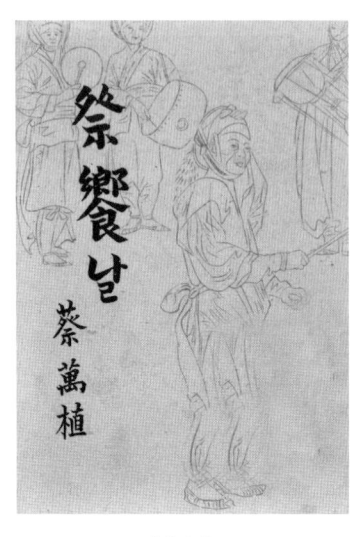

『제향날』

서 혼례를 다룬 작품에 해당한다. 이 작품은 구습 결혼제도의 모순과 우매한 양반들의 허욕을 희화화한 것이다. 돈으로 진사를 얻은 맹 진사는 가문이 좋은 김 판서 댁과 사돈을 맺게 되나 김 판서 댁 신랑이 병신이라는 소문을 듣고 계획을 바꿔 딸 갑분 대신 하녀 입분이를 시집보내기로 한다. 그러나 초례청에 나온 신랑 미언은 훤칠한 미남이다. 진실한 마음을 점쳐 보려 하였던 신랑 쪽의 계획에 맹 진사가 말려든 것이다. 일이 이렇게 꼬이지만, 신랑 미언과 몸종 입분이는 백년가약을 맺는다. 맹 진사 입장에선 경사 아닌 낭패가 되고 만다. 맹 진사는 전형적인 희극적 풍자의 대상이 되는 인간형으로, 계략을 써서 위기를 해결하려는 기만적 인물이다. 그러므로 관객으로 하여금 맹 진사의 허욕과 명예욕을 조소하고 야유하게 함으로써, 인간의 보편성에 호소하는 희극적 포용력도 불러일으킨다. 이 작품은 인간에게 내재된 위선을 해학과 풍자로 매도하면서 소박한 인간의 진실을 강조하고 있는 것이다.

채만식은 식민지시대를 대표하는 소설가이지만 자신의 창작 세계의 확대를 꾀하면서 여러 편의 희곡을 발표한 바 있다. 개화기 지식인의 삶을 풍속화처럼 그려내고 있는「제향날」(1937)은 역사극의 발상법을 취하면서도 회상 기법을 동원함으로써 무대의 현재화를 가능하게 하고 있다. 할머니와 외손자 영오가 함께 음식 마련을 하는 제삿날에, 최 씨의 남편으로 동학당 접주였던 김성배의 얘기가 회상됨으로써 제1막이 구성된다. 제2막에서는 최 씨의 아들인 영수가 '만세' 시위를 주동하다 거사에 실패, 중국으로 피신하게 되기까지의 과정을 보여준다. 제3막에서는 사회주의자인 최 씨의 손자가 영오에게 프로메테우스 신화를 들려줌으로써 우의적이나마 역사 속에서의 실천이 갖는 의미를 전달한다는 형식을 취하고 있다. 이 같은 조건으로 인하여 당시 상황에서 무대 상연에는 여러 가지 무리가 따를 수밖에 없었을 것으로 생각된다. 이 작품은 현대극으로서의 전위 기법을 수용하고 있는 점으로 말미암아 형식상으로 오히려 주목될 만한 요소를 가진다고 할 수 있다. 장편소설 「탁류」와 유사한 의미 구조를 가진 희곡 「당랑의 전설」(1940)도 비슷한 관점에서 주목할 만하다.

미주

1 계급문학운동은 김윤식, 『한국근대문예비평사연구』(일지사, 1976), 권영민, 『한국계급문학운동사』(문예출판사, 1998) 등에서 조직 운동으로서의 실체가 전반적으로 검토된 바 있다.
2 안확, 「조선의 문학」, 《학지광》 6호(1915. 7).
3 이광수, 「문학이란 하(何)오」, 《매일신보》(1916. 11. 10~23).
4 이광수, 「민족개조론」, 《개벽》 제23호(1922. 5).
5 염상섭, 「개성과 예술」, 《개벽》 제22호(1922. 4), 8쪽.
6 김기림, 「모더니즘의 역사적 위치」, 《인문평론》(1939. 10), 83~84쪽.

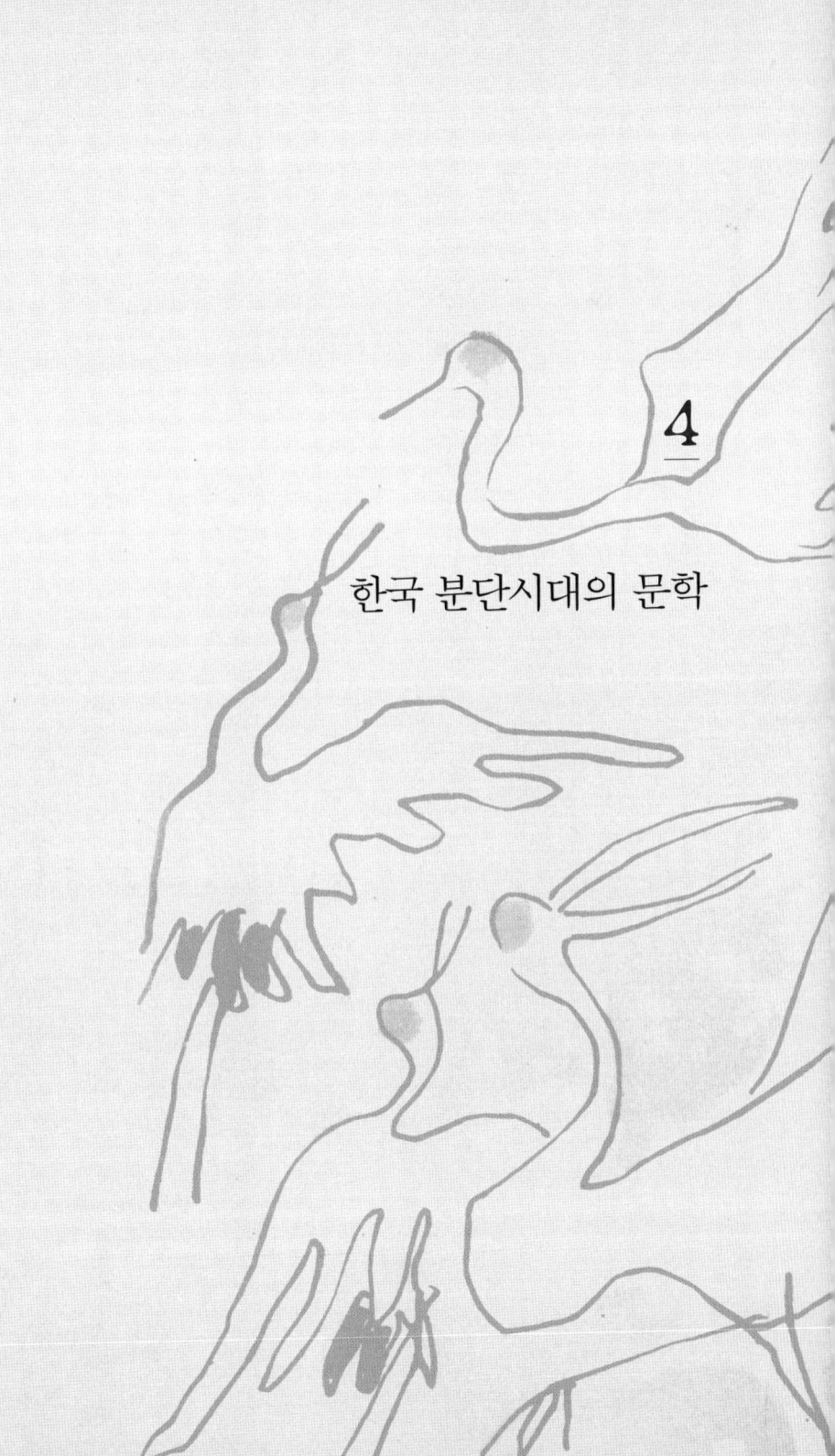

4

한국 분단시대의 문학

1. 한국문학과 민족 분단

민족 분단시대의 문학 | 분단 문학의 정신적 지표

2. 분단시대의 소설

민족 해방과 국토 분단 | 현대소설과 산업화와 민주화 과정 | 여성소설의 확대

3. 분단시대의 현대시

민족 분단 상황과 현대시 | 순수와 서정의 세계 | 시의 현실 참여 | 민중시와 민중적 상상력 | 시적 기법과 서정성

4. 분단시대의 희곡 문학

민족 분단과 극문학의 분열 | 민속극의 현대적 변용

5. 문학비평의 논리와 형태

비평의 방법과 논리 | 민족문학의 이념적 갈등 | 참여론과 순수론 | 민족문학과 민중론 | 순수론과 분석주의 비평 | 역사주의 비평과 문학사 연구

1. 한국문학과 민족 분단

민족 분단시대의 문학

　한국문학은 해방과 함께 식민지 지배로부터의 해방과 민족의 분단이라는 두 가지의 상반된 역사적 변화를 체험한 바 있다. 해방은 식민지시대의 노예적인 문학적 관습에 대한 비판과 민족문학에 대한 새로운 인식을 가능하게 하고 있다. 식민지 문화 잔재를 청산하고 새로운 민족문학을 확립해야 한다는 시대적 요구가 해방 직후에 문학의 목표로 설정되었던 사실이 바로 이러한 상황을 입증해 주는 것이라고 하겠다. 그러나 한국 사회는 열강의 대립 속에서 강요된 민족의 분단을 피할 수 없게 된다. 그리고 분단 상황과 이데올로기의 대립 갈등이 지속되면서 한반도에서 진정한 민족공동체의 확립이 불가능하게 된다.

　1945년 해방을 기점으로 하여 6・25에 이르기까지 문단에서는 민족문학의 새로운 인식과 그 확립의 문제가 핵심적 과제로 제기되고 있다. 식민지 문화 잔재에 대한 청산과 함께 민족문화의 기반을 확대하기 위한 문단의 조직 정비, 새로운 문인들의 등장과 그 문학 활동 등이 주목된다. 민족문학의 본질과 그 방향에 대한 논의가 이루어지면서 창작 방면에서의 문학적 성과가 나오게 되지만, 민족과 국토의 분단으로 인하여 민족의 삶에 대한 총체적인 인식과 그 형상화 방법으로서의 민족문학의 개념이 불구성에 직면한다. 1950년의 6・25 전쟁은 한국의 남북 분단을 고정시켜 놓은 비극적인 계기가 되고 있으며, 분단 상황 자체의 문제성이 전후의 한국 사회를 조건 지어 놓고 있다. 그러므로 한국문학은 6・25 전쟁을 겪은 후부터 심각한 이념적 분열을 드러낸 채 분단 논리를 벗어날 수 없게 된다. 전쟁의 메커니즘에 대한 저항과 인간 존재에 대한 근본적인 질문이 문학을 통해 제기되기도 하였으나, 1950년대 전후 문학은 삶의 전체적인 인식에 도달하지 못한 채 개인적인 삶과 현실 세계의 갈등과 괴리가 두드러지게 드러난다. 1950년대 후반에 접어들면서 한국 사회가 전쟁의 혼란으로부터 점차 벗어나기 시작하자, 전쟁을 불러일으켰던 이념과 체제에 대한 거부와 반항이 문학의 영역에서 싹트기도 하였고, 새로운 삶의 지표와 가치의 정립을 위한 몸부림도 나타나게 된다. 전후 문학이 보여주고 있던 피해 의식과 정신적 위축은 1960년 4·19 학생혁명을 거치면서 현실적으로 극복되기 시작한다. 이 시기의 문학은 개인적인 삶 가운데서의 자기 존재의 의미를 추구하면서 현실 사회의 문제성에 대한 인식에 도달하기에 이른 것이다. 이러한 문학적 자기 인식이 사회적 현실에 대한 관심으로 확대되기 시작하자, 문학의 사회참여 문제가 문단의 관심사로 제기된다. 이 시기에 《문예》(1949), 《문학예술》(1954), 《현대문학》(1955), 《자유문학》(1956) 등 종합문예지가 등장하면서 문학의 경향이 더욱 다양해졌으며, 《사상계》(1953) 와 같은 종합지가 한국 사회의 지성을 대변하는 대중 매체로 성장하게 된다.

한국문학은 1960년 4·19 혁명을 겪으면서 문학 정신과 기법의 새로운 전환을 보여준다. 전쟁의 상처와 분단의 고통이 현실적인 삶에 내재화하면서, 전쟁의 현장에서 눈을 돌린 작가들이 관심을 기울이기 시작한 것은 자신을 포함한 모든 인간들의 삶의 방식과 그 사회적 연관성을 검토하는 작업이다. 한국 사회는 1970년대 군부 독재에 의한 정치적 폭력과 함께 산업화 과정에 따라 급격한 사회 변동을 체험하게 된다. 문학은 이러한 시대적인 상황과 첨예한 정신적 대립을 노정한다. 민족문학론이 재론되면서 리얼리즘의 정신을 문제 삼게 되고, 뒤이어 민중문학론이 대두되어, 분단 논리에 대한 도전이 시작된다. 산업화의 부산물로서 문학의 대중화 현상이 나타나게 되고, 사회적 계층의 빈부 격차와 그 갈등이 문학적 관심사로 등장한다. 이 시

 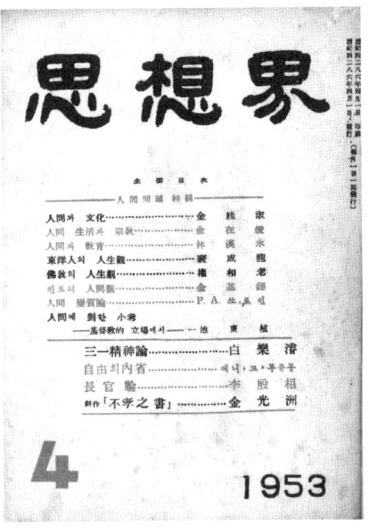

《문예》　　　　　　　《사상계》

기에 《창작과 비평》(1966)과 《문학과 지성》(1970) 등이 계간 문학지로서의 위치를 확고히 하고, 문단의 비평적 쟁점을 주도하였고, 《세계의 문학》(1976), 《문예중앙》(1977) 등이 계속 간행되어 오고 있다. 종합문예지로서 출발한 《문학사상》(1972)의 발전, 《현대문학》(1955)의 성장과 《시문학》(1971), 《현대시학》(1969), 《심상》(1973) 등의 시 전문지의 등장은 문학 활동의 기반을 확대시켜 놓고 있다.

　1980년대 민주화 시대를 거치면서 한국문학은 더욱 다양한 변화를 드러내고 있다. 이념의 해체와 개방이라는 전환기적인 변화 속에서 한국문학은 분단 상황의 새로운 접근, 광주 민주화 운동의 문학적 형상화 등에 관심을 기울이게 되었고, 문학의 대중성에 대한 논의와 그 확대 과정을 거치게 되었다. 문학 자체의 미적인 가치에 대한 논의가 탈구조적인 경향으로 자리하기 시작하면서 한국문학은 양식과 문체, 기법과 정신의 변주를 요구하기도 하였다. 문단에서는 급격한 세대교체가 이루어지고 있으며, 여성문학의 확대가 눈에 띄게 드러나고 있다.

분단 문학의 정신적 지표

해방 이후 반세기에 걸쳐 한국문학이 걸어온 과정은 문학 외적인 상황의 변화에 따라 그 방향이 바뀌어져 왔다. 이와 같은 문학의 지향과 시대적 변화를 중시할 경우 해방 이후의 한국 현대문학은 (1) 해방과 민족문학의 확립 → (2) 전후의 현실과 문학의 분열→ (3) 산업화 과정과 문학의 사회적 확대라는 세 단계를 거쳐 발전해 왔음을 확인할 수 있다. 이를 구체적으로 설명하면 다음과 같다.

첫 단계는 해방을 기점으로 하여 한국전쟁에 이르기까지의 문학이 이에 해당한다. 이 시기는 민족문학의 새로운 인식과 그 확립의 문제가 문학적 관심사로 제기되고 있다. 식민지 문화 잔재에 대한 청산과 함께 민족문화의 기반을 확대하기 위한 문단의 조직 정비, 새로운 문인들의 등장과 그 문학 활동 등이 주목된다. 민족문학의 본질과 그 방향에 대한 논의가 이루어지면서 창작 방면에서의 문학적 성과가 나오게 되지만, 민족과 국토의 분단으로 인하여 민족의 삶에 대한 총체적인 인식과 그 형상화 방법으로서의 민족문학의 개념이 불구성에 직면한다.

둘째 단계는 한국전쟁을 겪은 1950년대부터 1960년대 후반까지의 문학이 이에 해당한다. 이 시기의 문학은 현실의 상황적 불모성으로 인하여 그 이념적 분열을 심각히 드러낸 채 분단 논리에 빠져든다. 전쟁의 메커니즘에 대한 저항과 인간 존재에 대한 탐구 작업이 이루어지긴 하였으나, 삶의 전체적인 인식에 도달하지 못한 채 자아와 세계의 갈등만이 강조된다. 시의 경우에는 전통적인 서정시의 방법에 대한 반발이 야기되면서 모더니즘적 지향이 나타나기 시작하고, 전통에 대한 자기 부정과 실존적인 인식이 문제시되기도 한다. 전후의 문학이 보여주고 있던 피해 의식과 정신적 위축은 4·19 혁명을 통해 현실적으로 극복되기 시작하고, 문학은 새로운 감수성의 변화를 보여준다. 한글세대의 작가들이 소시민적인 삶과 그 내면 의식에 대한 추구 작업을 전개하면서, 문학은 개인적인 삶 가운데서의 자기 존재의 발견에 도달하기에 이른 것이다. 이러한 문학적 자기 인식이 사회적 현실에 대한 관심으로 확대되기 시작하자, 문학의 사회참여 문제가 문단의 관심사로 제기된다.

셋째 단계는 1970년대부터 산업화 과정과 민주화 과정을 거치면서 한국 사회의 급격한 변동에 대응하고 있는 오늘의 문학이 이에 해당한다. 한국 현대문학은 현실 정치의 폭력에 저항하면서 첨예한 정신적 대립을 노정한다. 민족문학론이 재론되면서 리얼리즘의 정신을 문제 삼게 되고, 뒤이어 민중문학론이 대두되어 분단 논리에 대한 도전이 시작된다. 산업화의 부산물로서 문학의 대중화 현상이 나타나게 되고, 사회적 계층의 빈부 격차와 그 갈등의 해소 방안이 문학적 관심사로 등장한다. 소설의 경우에는 그 방법과 정신의 측면에서 볼 때 리얼리티에 대한 신념이 기반을 이루고 있다. 여기서 말하는 리얼리티에 대한 신념이란 개인과 현실에 대한 적극적인 관심은 물론이고, 인간의 존재와 삶의 방식에 대한 총체적인 인식을 문제 삼고 있음을 뜻하는 것이다. 시의 경우에도 개인적인 정서와 순수한 시 정신을 바탕으로 하는 서정적 전통이 기반을 이루고 있는 가운데 실험적인 시가 없지 않았으며, 삶의 현실에 대한 비판적 의지를 노래하고자 하는 시도 적지 않았다. 그렇기 때문에 어떤 경우에는 순수와 이념의 대립이 시적 과제로 제기되기도 하였고, 전통과 실험의 변주가 시단의 관심사가 되기도 하였다. 한국문학은 격동의 현실 속에서 한국 사회의 정신적 지표를 제시해 왔다는 점에서 중요한 의의를 인정할 수 있다.

2. 분단시대의 소설

민족 해방과 국토 분단

　1945년 한국 민족은 일본 식민지 지배로부터 해방되면서 잃어버린 언어를 되찾고 위축되어 있던 민족정신을 다시 불러일으킬 수 있게 된다. 한국이 해방을 통하여 얻어낸 독립과 자유는 당시의 사회적 상황이나 민족적 이념으로 보아 거의 절대적인 가치를 지닌다. 한국인들은 바로 그 자유의 사상을 바탕으로 새로운 민족국가를 건설해 나아갈 수 있는 기회를 가지게 된다. 그러나 해방 직후 미국과 소련의 개입으로 한반도는 남북 분단이 이루어지고 남한과 북한에 각각 다른 사상과 이념을 지향하는 정치체제가 수립된다. 이러한 사상적 대립과 분열로 말미암아 사회적 불안과 혼란이 계속되고, 1950년 한국전쟁이 일어난다. 이 전쟁은 남북 분단을 고정시켜 놓은 결정적인 계기가 된다. 전후의 한국 사회는 남북의 적대적 대치 국면이 지속되는 가운데 분단 상황 자체가 전후의 한국 사회의 성격을 더욱 폐쇄적인 방향으로 이끌어 가게 된다.

　이러한 격변의 상황 속에서 한국문학은 일본 식민지시대의 정신적 상처를 극복하기 위해 일본어의 폐기와 같은 식민지 문화 잔재의 청산에 앞장선다. 그리고 한편으로는 민족 분단을 극복하기 위해 민족 전체의 조화로운 삶을 모색할 수 있는 문학의 새로운 정신을 추구하게 된다. 민족의 분열과 대립 그리고 전쟁을 초래한 정치적 이념에 대한 거부와 반항이 문학을 통해 드러나기 시작하였으며, 분단의 상황을 극복하기 위한 민족 화합의 새로운 좌표가 문학의 영역에서 모색되기도 한다.

황순원, 『학』

　황순원의 창작 활동은 해방 이후 한국 현대소설의 전체적인 경향을 구획지을 수 있는 여러 가지 특징을 보여주고 있다. 그는 해방을 전후하여 1950년대 초반까지 단편소설을 위주로 한 작품 활동을 전개한다. 그의 작품집 『목넘이 마을의 개』(1948), 『기러기』(1951), 『곡예사』(1952) 등에 수록된 「소나기」, 「곡예사」, 「독 짓는 늙은이」 등은 모두 이 시기에 이루어진 것들이다. 황순원은 한국전쟁 이후 장편소설 「카인의 후예」(1954) 이후 「인간접목」(1957), 「나무들 비탈에 서다」(1960), 「일월」(1964), 「움직이는 성」(1968), 「신들의 주사위」(1978) 등을 잇달아 발표한다. 이것은 황순원 작품 활동이 단편소설에서 장편소설로 장르적 확대를 이루면서 그 소설적 주제가 삶의 총체적인 인식이라는 확장된 주제로 변화하고 있음을 말해준다. 황순원의 단편소설은 대부분 일상적인 생활공간에서 이루어지는 하나의 사건을 짤막한 삽화로 처리하고 있다. 그렇기 때문에 대상의 사실적인 인식보다 묘사의 집중력과 특유의 서정성을 바탕으로 한 정서적 감응력이 중시된다. 이것은 그가 활용하고 있는 작품 구조의 개방적 결말 형식, 응축된 문장과 감각적인 언어를 통해 실현되는 전체적인 분위기와도 연관된다.

　황순원의 장편소설 「카인의 후예」는 해방 직후 북한에서 체험했던 살벌한 테러리즘을 소재로 삼고 있다. 격동기를 살아가는 인간의 의지와 그것을 여지없이 짓밟아 버리는 맹목적인 이데올로기의 횡포가 당대적 현실 상황에 대한 비판적인 재인식을 촉구하는 요건이 되고 있다. 「인간접목」과 「나무들 비탈에 서다」는 전쟁의 참상과 그 상처의 극복 과정을 문제 삼고 있다. 죽음과 맞선 전쟁을 체험한 젊은 세대들이 전쟁이 끝난 후에 겪게 되는 정신적 방황과 갈등을 통하여 삶의 의미와 구원의 문제를 다룬다. 「나무들 비탈에 서다」의 경우, 전쟁으로 인한 인간의 파멸 과정을 등장인물의 대조적인 운명을 통하여 그려낸다. 이 소설에서 전쟁은 인간이 통과할 수 없는 절대적인 장벽에 해당한다. 전쟁으로 인해 겪는 고통은 살인에 대한 죄의식이나 인간적 순수의 상실에서 오는 좌절에서 끝나는 것이 아니라 결과적으로는 자살로 이어지고 끝없는 방황으로 귀결된다. 그러므로 전쟁은 인간이 스스로 회복해야 할 순수와 이상과 진실을 모두 가로막는 엄청난 죄악이라는 것을 이 작품은 암묵적으로 제시하고 있는 셈이다. 전후의 상황을 직시하고 있는 작가의 폭 넓은 관점과 휴머니즘의 정신이 더욱 돋보인다. 장편소설 「일월」은 인간의 존재 의미를 그 운명의 극복 과정 속에서 새롭게 천착한다. 이 소설의 주인공은 자신이 백정의 후손이라는 사실을 알게 된 후 심각한 자기 정체성의 혼란을 겪으며 방황한다. 그러나 주인공은 자기 운명에 끌려가지 않고 시련 끝에 일어선다. 인간의 삶이라는 것이 스스로의 힘에 의해 이루어내는 자기 구원이라는 점을 보여주고 있는 이 작품에서 작가의 인간주의적 태도를 읽어볼 수 있다.

　황순원의 소설에서 전쟁과 일상의 체험이 예술적 양식으로 고양되고 있는 것은 그 소재의 속성이나 주제 의식에 의해 이루어지는 것만이 아니다. 이 창조적 변화는 그의 특이한 주제 의식과 함께하는 언어의 형식, 서술의 방법에 의해 결정된다. 그는 체험을 통해 선택한 다양한 삶의 양상을 자신만이 지니고 있는 언어의 힘을 통해 서술하고 소설적으로 형 상화한다. 그에게 있어서 언어란 이야기의 내용을 전달하는 서술적 수단만이 아니라, 그 문학적 가능성을 결정짓는 중요한 요소이다. 황순원만이 지니고 있는 언어, 작가 황순원만이 표현할 수 있는 문장과 그 서술의 힘, 이 모든 것을 '문체'라고 할 수 있다면, 우리는 황순원의 소설을 보면서 사실은 그의 이야기의 흥미보다 문체의 감응력에 빠져들고 있는 셈이다. 뿐만 아니라 황순원의 문체는 그 자신의 정

안수길

서적 체험의 깊이를 나타내어 준다. 그리고 정신적 통찰의 높이를 뜻하기도 한다. 그가 구사하는 언어적 표현에 의해 그의 인간적 애정과 삶에 대한 폭넓은 이해가 소설적으로 실현되고 있는 것이다. 그의 문체는 서사적 속성을 살려내는 특이한 감응력을 지니고 있기 때문에, 한국 현대소설에 있어서 산문 문장의 또 다른 전형을 보여주고 있는 것으로 평가되고 있다.

안수길의 장편소설 「북간도」(1959)는 조선 말기부터 일본 식민지시대에 이르기까지의 민족사의 단계를 조선 반도를 떠나 북간도에 이주해 살고 있는 한 가족을 중심으로 서술해 놓고 있다. 이 작품은 한국의 농민들이 지니고 있는 땅에 대한 애착과 그 저류에 흐르고 있는 민족의식을 대하적인 구성을 통해 구체적으로 형상화하고 있다. 이 소설의 이야기에서 주도적인 역할을 담당하고 있는 것은 한두 사람의 영웅적인 인물이 아니라 북간도에서 민족적 자긍심을 잃지 않고 살아온 한국인 이주민들 전부라고 할 수 있을 것이다. 물론 이 소설에서는 땅을 지킨다는 명분에만 매달려 중국인 지주와 일본인들에게 굴복하고 타협하면서 현실을 살아가고자 했던 인물들의 소극성을 비판한다. 그리고 자기 정체를 지키지 못하면 결국 어느 것도 그 존재 가치를 인정받을 수 없게 된다는 사실을 강조하기도 한다. 이 소설에서 특히 주목되는 것은 식민지시대에 일어난 한국 민족의 유이민의 역사를 소설적으로

손창섭

재현함으로써 한반도를 벗어난 새로운 공간으로서 만주라는 지역이 차지하는 시대적 의미를 강조하고 있는 점이다.

손창섭은 「혈서」(1955), 「미해결의 장」(1955), 「유실몽」(1956), 「잉여인간」(1958) 등에서 어두운 현실을 배경으로 정신적으로나 육체적으로 비정상적인 인간의 모습을 그려낸다. 이러한 왜곡된 모습은 인간 자체의 결함에서 온 것이 아니라 전후 현실의 상황에서 비롯된 것이다. 작가는 이러한 부정적인 인간상의 창조를 통하여 인간의 존재에 대한 냉소 어린 모멸감을 불러일으키기도 하고, 어떤 경우에는 상황성의 중압감을 선뜻 감지할 수 있도록 해주기도 한다. 전쟁의 상황과 그 상황 속에서 피해자가 되고 있는 인간을 절실하게 보여주고 있는 것이다. 「미해결의 장」은 일기체로 씌어진 일인칭 소설이다. 작품의 주인공은 허무주의에 빠져 있는 인물이다. 그는 삶의 본질에 대한 존재론적인 허무에 빠져 있다기보다는 생활의 권태에서 비롯하는 허무주의의 늪에 빠져 있다. 소설의 주인공은 일상적 삶 자체를 무의미한 것으로 파악함으로써 사회와 절연된 개별자의 위치에 선다. 그가 허무주의로부터 벗어나기 위해서는 일상성의 의미를 재발견하고 그것에 적극적으로 참여하여야만 할 것이지만, 「미해결의 장」은 그러한 방향으로 나아가려는 어떠한 노력도 담고 있지 않다. 소설 「잉여인간」은 전후의 사회상과 그 사회에 적응하지 못하는 소시민의 몇 유형을 사실주의적 기법으로 제시한다. 이 작품에 등장하는 인물들은 모두가 한국전쟁이라는 민족적 비극을 경험한 인물들이며, 동시에 한국전쟁의 후유증이 산재해 있는 비정상적인 사회구조에서 배태된 인물들이다. 작가는 전후의 현실과 그 속에서 음지식물처럼 서식하는 인물 유형을 제시함으로써 전쟁이 남긴 참상을 고발한다. 그러나 이 소설에 등장하는 여러 가지 인간형 가운데 자기 능력대로 성실하게 살아가고, 침착한 기품과 교양을 잃지 않는 인물이 이야기의 한복판에 자리 잡고 있다. 이러한 인간형을 통해서 현실과 인간에 대한 병적 회의주의로부터의 탈출을 모색할 수도 있을 것이다.

이범선은 「학마을 사람들」(1957)에서 일본 식민지시대부터 한국전쟁에 이르는 기간 동안 수난과 비애 속에서도 끈기 있게 살아가는 한국인의 모습을 그려낸다. 그리고 「미꾸라지」(1957), 「오발탄」(1959), 「냉혈동물」(1959) 등에서 전후 현실과 인간의 타락을 비판한다. 「오발탄」은 전쟁 당시 월남한 실향민 일가의 궁핍한 생활을 사

『오발탄』

실적으로 그린 작품이다. 작가는 이 작품에서 전쟁으로 인해 불행해진 사람들의 정신적인 황폐와 물질적인 빈궁의 문제를 제기하고 있으며, 좌절감과 패배 의식이 만연되고 있던 전후의 현실을 집약적으로 고발하고 있다. 특히 주인공의 삶을 통해, 현실의 부조리를 비판하면서도 고통 속에서 인간의 진실성을 끝까지 수호하는 태도를 보여주고 있는 점도 주목된다.

전광용은 단편 「흑산도」(1955)를 발표하면서 본격적인 작품 활동을 시작하여, 역사적 격동기를 체험한 노세대인 이인국 박사의 패배적인 역정을 풍자적으로 묘사함으로써 민족의 수난사를 더욱 부각시킨 「꺼삐딴 리」(1962)를 통해 그 자신의 작가적 관심을 집약해 놓고 있다. 그리고 전후 현실과 인간 세태를 그려낸 「나신」(1964), 4·19 혁명의 과정을 통해 혼란기를 극복해 가는 젊은 세대의 의지를 그린 「젊은 소용돌이」(1966) 등을 내놓고 있다. 소설 「꺼삐딴 리」에는 일제 식민지시대, 해방, 한국전쟁이라는 역사적 격동기를 겪으면서 민족사적 비극과 역경을 정신으로 이겨낸 승자가 아니라, 자기 일신만을 위한 처세술로서 위기를 넘겨온 기회주의자가 주인공으로 등장한다.

전광용

주인공은 일제시대에 제국대학을 나온 의사로서, 자신의 보신을 위해 철저한 친일파가 된다. 그의 성격은 해방 후 평양에서의 소련 점령 아래에서도 그대로 이어진다. 그는 친일파라는 죄목으로 체포되어 감방에 갇히게 된다. 그는 새로운 지배자에 접근하기 위해 그 말부터 습득하는 것이 자기를 보신하는 최선의 방법이라는 것을 터득하고 있었으며, 소련인 장교의 혹 수술을 성공리에 끝냄으로써, 그의 아들을 소련 유학까지 시키게 된다. 그 후 1·4 후퇴 때 서울에 오게 된 주인공은 가난한 사람은 진찰하기조차 꺼리는 의사가 된다. 그리고 미 국무성 초청 케이스를 할당받기 위해 대사관 직원에게 고려청자를 선물하는 것이다. 이 작품에서 그려지고 있는 주인공은 교활한 기회주의자로서, 비굴한 권력 지향적인 인물이며 위선적인 개인주의자이기도 하다. 작가는 이러한 문제의 인간형이 한국의 상류층 사회에 널리 포진해 있음을 풍자하고 있는 것이다.

이호철은 그 초기 작품인 「나상」(1956), 「파열구」(1959) 등에서 황폐한 전후의 상황과 삶의 허무를 그리고 있지만, 소설 「판문점」(1961)을 발표하면서 역사적 현실 문제에 관심을 기울이게 된다. 그리고 단편소설 「닳아지는 살들」(1962), 「큰 산」(1970) 등과 장편소설 「소시민(小市民)」(1964), 「남풍북풍」(1973), 「문」(1988) 등으로 이어지는 역작을 내놓고 있다. 「소시민」은 한국전쟁 당시 이북에서 남하하여 부산의 피난 생활을 거치는 소년의 체험담이 중심을 이룬다. 제면공장을 둘러싸고 일어나는 갖가지 사건과 그 사건에 연루되는 여러 유형의 인간들을 통해 작가는 전쟁으로 인해 파생되고 있는 사회 저변의 여러 문제와 시대상의 변화를 추적하고 있다. 이호철의 장편소설 「문」은 정치적 폭력과 그 폐쇄성의 한계를 잘 보여준 바 있는 1970년대 군부독재 체제의 사회적 상황을 배경으로 한다. 소설의 주인공은 일본 재일교포 사회에 기반을 둔 어느 잡지사의 초청을 받고 일본 여행길에 오르게 된다. 그런데 뜻밖에도 그곳에서 이북의 고향 학교의 동창을 만나게 된다. 그 후 주인공은 민주화 운동에 앞장섰다가 구속되었고, 일본 방문 때 북한 인사와 접선했다는 이유로 간첩의 누명을 쓰기에 이른다. 물론 주인공은 이 모든 조치가 정치적 탄압임을 알고 있었기 때문에 자기 의지를 조금도 굽히지 않는다. 이 소설은 주인공이 감방 안에서 간첩 사형수를 만나면서부터 더욱 긴장이 고조된다. 주인공은 동일한 죄목으로 구속되어 있는 두 사람 사이의 미묘한 입장을 놓고 이념이라는 것에 대해 깊이 생각한다. 그러고는 결국 닫혀 있는 이데올로기와 폐쇄된 정치 상황의 문을 남한과 북한에서 동시에 열어야만 한다는 결론에 도달하게 된다. 이처럼 이호철의 소설적 작업은 실향의 체험에 대한 소설적 형상화 작업에서부터 민족 분단과 전쟁의 역사적 의미에 대한 추구 작업으로 확대되면서 민족 분단의 모순된 상황에 대한 비판적 인식으로 이어지고 있다.

　최인훈의 소설 「광장」(1961), 「회색인」(1963), 「총독의 소리」(1967) 등은 분단의 현실에 대한 부정적 인식을 바탕으로 지식인의 고뇌와 방황을 특이한 소설적 구도를 통해 형상화한다. 장편소설 「광장」은 민족의 분단을 이데올로기의 대립과 갈등으로 파악하고 있으며, 이념적 선택의 기로에서 방황하는 인간상을 제시하고 있다. 이 소설의 주인공은 젊은 철학도이다. 그가 해방 공간의 혼란 속에서 감행하게 되는 가치 선택을 위한 지적 모험이 이 소설의 참 주제와 연결된다. 주인공은 서울에서 공부하며 이상을 키워 나가지만, 아버지가 북에서 활동하는 공산주의자임이 판명되면서 경찰의 혹독한 취조를 받게 된다. 자신의 삶과는 무관하게 관념적 상태에서만 의식하고 있던 남북의 분단과 이념적 갈등이 현실적인 삶의 문제로 대두되어 주인공에게 정신적인 고통을 가하게 된다. 그는 남한 사회가 자유당 정권의 부조리와 사회적 부패로 혼란에 빠져 있으며, 개인적으로 누리는 행복에서 삶의 가치와 의미를 찾는 사회 풍조로 인하여 진정한 공동체의 삶을 이룰 수 없는 개인주의가 팽배해 있음을 냉엄하게 비판한다. 그리고 자신이 꿈꾸던 참다운 삶의 광장을 찾아 배편으로 북한으로 넘어간다. 그러나 주인공은 북한에서도 사회주의가 내세우는 공식적인 명령과 그에 대한 복종만이 있을 뿐임을 알게 된다. 그가 그리던 진정한 삶의 광장은 북에도 없었던 것이다. 결국 작품의 주인공은 남과 북을 놓고 스스로의 판단에 의해 자신이 꿈꾸었던 이념을 선택하고자 하지만, 어느 곳에서도 인간의 삶의 참다운 의미를 발견하지 못한다. 이러한 허무주의적 사고로 인하여 주인공은 이 소설의 결말 부분에서 남과 북을 모두 버리고 제3국을 선택한다. 물론 이 같은 선택은 자기 주체에 의해 삶의 가치를 확립할 수 없는 시대적인 강요로 이루어진 선택이라는 점에서 비극적인 의미를 가진다. 이 작품에서 작가는 북쪽의 사회구조가 갖고 있는 폐쇄성과 집단의식의 강제성을 고발하면서 동시에 남쪽의 사회적 불균형과 방일한 개인주의를 비판한다. 제삼자적인 입장에서 볼 때 남과 북 어느 쪽도 진정한 인간의 삶을 충족시키기 어렵다는 판단이 이에서 비롯된다. 이 소설은 결말에서 주인공의 자살을 암시함으로써 이념 선택의 기로에서 개인의 정신적 지향의 한계를 극적으로 제시하고 있다. 그리고 이러한 비극적 구도를 통해 완강하게 고정되고 있는 분단 상황에 대한 비판적 인식을 가능하게 하고 있는 것이다. 소설 「총독의 소리」는 연작의 형태를 취하고 있는데, 소설적 공간을 지탱하고 있는 주인공도 없고 사건도 없이 독특한 어조로 이어지는 담화 형식이 그 전부이다. 이 소설에서 화자는 조선총독부 지하부의 총독이다. 총독은 정체를 드러내지 않고 담화를 통하여 한국 국민들에게 메시지를 전달하고 있다. 물론 그 내용은 한국의 당대적인 정치 현실과 연관되는 여러 가지 문제들이다. 이 작품에서 활용하고 있는 담화의 방식이 청자의 입장과는 관계없이 이루어지는 일방적인 전달 방식을 취하고 있는 것은 매우 중요하다. 불특정한 청중들로 상정되어 있는 청자들의 반응에 의해 이 작품의 성패가 결정될 것이기 때문이다. 「총독의 소리」의 서사적 장치는 작가 자신이 현실 세계에 대해 가지고 있는 정치적 이념과 태도를 위장하기 위한 하나의 수사적 고안이라고 할 수 있다. 1960년대 후반의 한국의 정치 현실을 가상의 역사적 상황 속에 재현시켜 놓고 있는 이 작품에서 작가는 현실 정치의 모순을 폭로하고 희화화하고 있으며, 현실의 문제성을 역설적으로 비판하고 있는 것이다.

현대소설과 산업화와 민주화 과정

한국 사회는 1960년대를 지나면서 산업화의 과정에 돌입하여 급격한 사회 변동을 겪게 된다. 1970년대 초부터 주목되기 시작한 경제 개발의 성과에도 불구하고 북한의 남침 위협이라는 안보 문제를 빌미 삼아 '유신체제'라는 군부독재 체제가 지속되면서 정치·사회적 통제가 확대된다. 이 시기에 도시 노동 계층의 성장과 불합리한 삶의 조건에 대한 반발, 농촌의 소외와 지역 간의 격차에 따른 갈등, 산업 시설의 확대와 공해 문제 등이 새로운 사회문제로 대두되면서 사회 전반에 걸친 불만과 갈등이 심화된다. 그러나 '광주민주화운동' 이후 한국 사회는 민주화 과정을 거치면서 극단적인 대립과 분열을 극복하고 사회 통합의 과정을 모색할 수 있게 된다.

한국의 산업화 과정에서 현대소설은 사회 변화와 그 갈등 양상을 곧바로 주제의 영역으로 끌어들이고 있다. 이러한 경향은 개인과 현실, 더 나아가서는 인간과 사회의 균형 있는 발전과 조화를 추구하는 정신적 노력에 해당되는 것으로 그 문학사적 의미를 충분히 인정할 수 있다. 특히 이 시기에《창작과 비평》(1966),《문학과 지성》(1970),《세계의 문학》(1976),《문예중앙》(1977) 등의 계간 문학지가 등장했고, 문예종합지《월간문학》(1968),《문학사상》(1972),《한국문학》(1973) 등이 발간되어 폭넓은 문학 활동이 이루어지게 된다.

최일남의 소설 세계는 작품집『서울 사람들』(1975),『타령』(1977)에서 볼 수 있는 세태 묘사와 현실 풍자가 중심을 이루고 있다. 그의 소설에는 산업화 과정에서 소외되고 있는 서민층의 삶의 애환, 근대화의 물결을 외면할 수밖에 없는 농민들의 궁핍한 현실 등이 풍자적인 언어와 비판적인 시각으로 그려진다. 특히 『타령』에 수록된 작품들은 도시 서민들의 생활을 냉철한 시각으로 꿰뚫어 보고 그 다양한 일상의 이야기들을 치밀하게 묘사하고 있다. 도시 변두리의 시장 거리를 배경으로 서민들의 힘든 하루하루의 생활을 그려내고 있는 소설 「타령」에는 삶에 대한 그들의 집착과 끈기가 과장되지 않고 나타나고 있으며, 훈훈한 인정미까지도 느낄 수가 있다. 최일남은 '출세한 촌놈'들의 허황된 자기 과시를 희화적으로 그리기도 하고, 물질적인 것에 집착하면서 삶의 참다운 가치를 상실해 버린 왜곡된 세태를 비판하기도 한다. 그의 소설에서 가장 자주 등장하고 있는 것은 농촌을 떠나 서울에 근거를 마련하고 살면서 어느새 서울 사람이 되어 버린 소시민들이다. 「서울 사람들」(1975), 「차 마시는 소리」(1978), 「우화」(1978), 「고향에 갔더란다」(1982) 등은 모두 그 같은 출세한 촌놈들의 졸부 행세나 위선적인 자기 과시 등을 풍자하고 있다. 최일남의 소설에는 「고향에 갔더란다」에서 확인할 수 있듯이 낭만적인 향수의 대상이 되는 고향은 존재하지 않는다. 이와 동시에 그의 소설에서는 날카로운 역사적 감각, 현실에 대한 비판 의식이 전면에 드러나기 시작한다. 그의 1980년대 작품들을 담아 놓은 작품집 『누님의 겨울』(1984)에서 『그때 말이 있었네』(1989)에 이르기까지, 그는 역사와 현실에 대한 민감한 정치적 감각을 유창한 문체로 형상화해 내고 있다. 그가 비판의 대상으로 삼고 있는 타락한 정치, 위선적인 지식인의 모습, 물질 만능의 세태 등은, 그러나 직접적이라기보다는 역설과 풍자의 언어로 표현된다. 그것은 그의 문학 정신이 가지고 있는 유연함과 탄력성의 산물이다.

　김승옥은 「생명연습」(1962), 「무진기행」(1964), 「서울 1964년 겨울」(1965), 「60년대식」(1968)과 같은 작품에서 전후 세대의 젊은이들이 전쟁의 체험으로 인해 위축된 의식 상태를 벗어나게 되는 과정을 밀도 있게 그려내고 있다. 그가 관심을 기울이고 있는 것은 소시민적인 삶과 그 존재 양식에서 볼 수 있는 개인적 욕망의 억압 구조이다. 소설 「무진기행」은 귀향 모티브를 활용하여 일상의 현실과 그로부터의 일탈을 꿈꾸는 한 중년 사내의 내적 욕망을 그려낸다. 소설의 주인공이 겪었던 전쟁의 상처, 고향으로부터의 탈출, 고통스런 성장 과정, 일상인으로의 안주 등은 이 작품 서두의 의식의 흐름 속에 겹쳐 있다. 주인공은 자기의식의 내면에 숨겨져 있는 이 장면들을 하나씩 넘기면서 자기를 확인하기 위한 귀향의 길에 오르게 된다. 그러나 주인공의 귀향은 결코 고양된 자기 인식의 경지에 이르지 못한다.

이청준

일상의 현실은 어디서도 벗어나기 어려운 삶의 틀로 자리 잡혀 있기 때문이다. 이 작품은 추억이라든지 꿈과 낭만 같은 것에 일정한 거리를 둔 채 일상적 삶의 공간에서 개별화된 삶을 살아야 하는 현대인의 모습을 형상화하고 있다. 김승옥은 감각적인 문체를 통해 개인의 감성에 의해 포착되는 현실의 문제를 치밀하게 묘사함으로써 스타일리스트로서의 자신의 독자적인 작품세계를 확립하고 있다.

이청준은 「병신과 머저리」(1966), 「과녁」(1967), 「매잡이」(1968) 등에서 인간과 인간의 부조리한 상호 관계를 구조적으로 파악하고자 한다. 그는 경험적 현실의 문제를 관념적으로 해석하고 상징적으로 표현하는 경향이 있지만, 1970년대에 들어서면서 현실 세계의 부조리와 불합리를 냉정하게 포착해내고 있다. 이청준이 「소문의 벽」(1971), 「조율사」(1972), 「떠도는 말들」(1973), 「당신들의 천국」(1976), 「잔인한 도시」(1978) 등에 이르기까지 지속적으로 관심 대상으로 삼고 있는 것은 정치사회적인 메커니즘과 그 횡포에 대한 인간 정신의 대결 관계이다. 특히 언어의 진실과 말의 자유에 대한 그의 집착은 이른바 언어사회학적 관심으로 심화되고 있다. 소설 「소문의 벽」은 삶의 진실을 말할 수 있는 자유가 허용되지 않는 현실적인 상황에서 작가가 글을 쓰는 것이 무엇을 의미하는 것인가를 질문한다. 소설의 주인공은 소설가이고,

황석영

그는 억압된 상황과 작가의 사명 의식 사이에서 절망한 후, 일체의 진술을 거부하는 의식의 병리 현상을 겪고 있는 인물이다. 소설의 이야기는 이 주인공의 정신적인 병리 현상을 분석해 들어가면서 그러한 현상의 요인을 찾아내는 과정으로 이어진다. 그리고 이 인물의 의식의 심층에 자리 잡고 있는 한국전쟁 당시의 충격에서 비롯된 공포증의 원인을 밝혀낸다. 하지만, 이 소설에서 문제 삼고 있는 것은 이 같은 병리적 현상의 심층적인 요인을 밝히는 것이 아니다. 오히려 그러한 심층적인 요인에 의해 잠복되어 있던 증세가 왜 다시 나타나게 되었는가가 중요하다. 작가 이청준은 언어의 진실성이 거부되던 전쟁의 극한상황에서와 비슷한 상황적 위기의식을 바로 군부독재에 의해 자행되고 있는 폭력적인 정치 상황에서 다시 발견하고 있다. 이 소설은 진실이 거부되고 거짓된 언어가 인간의 의식을 마비시키고 있는 폭력적 정치 상황을 우회적으로 비판하면서, 언어의 자유가 차단된 닫힌 현실에서 드러나고 있는 사회 병리적 현상을 상징적으로 표현하고 있는 것이다.

황석영은「객지」(1971),「한씨 연대기」(1972),「삼포 가는 길」(1973),「장사의 꿈」(1974) 등에서 산업화 과정에서 삶의 터전을 잃어버린 채 떠도는 실향민들과 도시로 밀려나온 노동자들의 어두운 삶의 모습을 그려낸다. 이 작품에 등장하는 인물들은 모두 자신의 고향을 꿈꾼다. 고향이란 그들에게는 이미 해체되어 버린 공동체적 삶을 표상한다. 물론 그들 중에는 인간적 가치를 파괴하는 현실적 조건 속에서도 자기 나름대로 삶의 건강성을 유지하고자 하는 인물도 있고, 집단적인 힘을 통해 현실의 폭력과 대응하고자 하는 투쟁적 의지를 보여주기도 한다. 단편소설「삼포 가는 길」은 산업화의 과정에 접어든 1970년대 한국 사회의 한 단면을 상징적으로 묘사하고 있다. 눈 내리는 겨울날 감옥에서 출감하여 고향을 찾아가는 사내, 그리고 그와 우연히 동행하게 된 떠돌이 노동자와 밤에 주점에서 도망을 친 작부가 함께 소설에 등장한다. 삶의 뿌리를 잃고 밑바닥 생활을 하며 떠도는 이들의 곤궁한 모습은 황폐한 현실 상황을 통해 형상화되면서 시대적 전형성을 획득하고 있다. 황석영은 1980년대에 대하소설 「장길산」(1984)과 장편소설 「무기의 그늘」(1985)을 내놓고 있다. 「무기의 그늘」은 미국이 주도한 월남전이 자유와 민주를 지키기 위한 신성한 전쟁이 아니라 미국 패권주의의 무모한 살육전에 불과하다는 점을 비판하면서 그 인간 파괴의 현장을 고발한다. 「장길산」은 조선시대 민중들이 지배층의 억압을 견디면서 끈질기게 삶을 이어가는 과정을 보여주면서 그 안에 미륵 신앙의 형태로 존재하고 있던 유토피아적 의식을 치밀하게 묘사한다. 이 소설은 '의적 서사'의 형태로서 조선시대 전설적인 의적 장길산의 활약을 이야기의 중심에 놓고 있지만, 조선시대 봉건적인 사회상의 모순 구조를 총체적으로 그려내면서 민중의 삶과 그 의지를 내세워 역사적 주체로서의 그들의 위상을 새롭게 제시하고 있다.

최인호는 「술꾼」(1970), 「타인의 방」(1971), 「돌의 초상」(1978), 「깊고 푸른 밤」(1982) 등을 통해 산업화의 과정에서 삶의 중심으로 자리 잡고 있는 도시적 공간과 그 속에서 자기 존재의 의미를 잃어버린 채, 정체성의 위기를 맞고 있는 인간의 모습을 그려낸다. 「타인의 방」은 도시의 일상적인 현실 속에서 겪게 되는 현대인의 소외를 상징적으로 묘사하고 있다. 출장에서 돌아온 소설의 주인공은 갑작스럽게 자신의 삶의 근거를 이루고 있던 모든 것들과 거리를 느낀다. 자신의 방에서도 우울하고 고독해 하는, 그리고 불편하고 불안해 하는 주인공의 내면은 마침내 주위의 사물에까지 투영되어 그 사물들을 움직이게 한다. 가구들이 어제의 가구가 아닌 것처럼 그 방은 자신의 방이면서도 낯설고 불편하다. 곧 타인의 방인 것이다. 주인공은 거기서 도망갈 수도 없다. 유일한 방법은 체념하는 것이지만, 그러한 상황은 또다시 반복된다. 이 작품의 상징적인 이야기는 자신을 둘러싸고 있는 환경으로부터 철저한 소외감과 고립감을 맛보는 현대인의 의식 일반에 대한 비유로 읽힐 수 있다. 「돌의 초상」은 도시에서의 노인의 소외 문제를 밀도 있게 그려내고 있다. 이 소설의 구성 원리는 행위의 유형화라고 할 수 있다. 길바닥에 버려진 노인을 자신들의 아파트로 데려왔다가, 그것을 감당하지 못하고 다시 노인을 내다버리는 것으로 이야기가 구조화되어 있기 때문이다. 도시의 비정함과 냉혹성을 상반되는 두 가지의 행위를 통해 그려내고 있는 이 작품에서 작가는 인간 감정의 이중성까지도 교묘하게 포착해 내고 있다. 가치관의 상실, 삶의 현실에서의 좌절, 그리고 방황으로 이어지는 충동적 정서를 치밀하게 묘사하고 있는 「깊고 푸른 밤」도 당대의 상황의 한 단면을 보여주는 작품이라고 할 수 있다. 최인호의 장편소설 「별들의 고향」(1973), 「바보들의 행진」(1973), 「적도의 꽃」(1979), 「고래사냥」(1983), 「겨울 나그네」(1984) 등은 극적인 사건 설정을 통한 이야기의 흥미와 함께 도시적 감수성을 바탕으로 하는 섬세한 심리묘사 등의 덕목을 갖춤으로써 소설 문학의 독자 기반을 대중적으로 확대시켜 놓고 있다.

이문구는 단편소설 「암소」(1970)를 비롯하여, 연작소설 「관촌수필」(1977), 「우리 동네」(1981) 등을 통해 산업화 과정에서 소외된 농촌의 암울한 현실과 농민의 고통스런 삶을 여러 각도에서 조명하고 비판한다. 「관촌수필」은 산업화 과정에서 이루어진 농촌의 급작스런 변모와 그 전통적인 질서의 와해 과정을 추적하고 있다. 연작소설의 형태로 발표된 이 소설은 새로운 현실 속에서 어쩔 수 없이 거쳐야 하는 농촌의 변화를 회상적인 진술로 그려낸다. 이러한 「관촌수필」은 그 문체의 탄력성에 의해 더욱 주목되고 있다. 그런데 작가 이문구는 「으악새 우는 사연」(1978)에서부터 직접 농촌의 한가운데에서 농민들이 겪고 있는 삶의 고통을 그려내게 된다. 과거의 추억담 속에서 회상의 방식으로 진술하던 농촌의 풍경이 아니라 당대적 현실의 한 장면을 차지하는 농촌의 면모를 보여주고 있다. 그가 제시하고 있는 농촌의 현실과 농민들의 모습은 연작의 형태로 발표된 「우리 동네」에서 집약되고 있다. 이들 작품에서는 농촌의 황폐화 현상이 세 가지 측면에서 비판적으로 제시된다. 첫째는 각종 공해로 인한 자연 환경의 오염을 들 수 있다. 둘째는 농촌 경제의 궁핍화 현상이다. 도시 상업자본의 농촌 침투는 물론이며, 소비문화에 대한 동경과 환상이 낳는 부작용도 함께 포괄하고 있다. 셋째는 농촌의 삶에서 자랑으로 여겼던 인간관계가 점차 단절되면서 상호 불신 풍조가 확대되는 현상을 지적하고 있다. 농협의 횡포, 농촌 지도자들의 독선이 농민들의 신뢰를 받기 어려운 상태여서 농민 자신들도 서로를 불신하는 상황에 직면하고 있다는 것이다. 이문구가 그의 소설에서 지적하고 있는 이러한 문제들은 오늘의 농촌이 내적인 붕괴를 일으키고 있음을 말해주는 것들이다.

조세희의 「난장이가 쏘아올린 작은 공」(1976)은 도시 변두리에서 노동으로 살아가는 난쟁이 일가의 수난사를 삽화적으로 결합시켜 보여주는 전형적인 연작소설의 형태에 해당한다. 억눌리고 짓밟힌 계층을 표상하는 난쟁이 가족은 도시로부터 밀려오는 변화의 바람, 도덕적 규범의 불안정성, 사회적인 질시와 소외 등으로 인하여 삶의 기반이 근본적으로 파괴된다. 작가 조세희는 난쟁이 가족을 둘러싸고 있는 삶의 외양과 사회적 분열을 이완된 형식으로서의 연작소설을 통해 정밀하게 묘사하고 있다. 그는 욕망과 행위, 빼앗는 자와 빼앗기는 자, 노동자와 고용주, 어둠과 밝음, 의지와 좌절 등으로 대별되는 현실의 이중적 국면을 작품의 구조와 문체의 원리로 활용한다. 그리고 갈등의 양상만이 아닌, 대립과 투쟁을 통한 자기 인식과 거기에 근거한 보다 높은 차원에서의 화해를 꿈꾸고 있는 것이다. 이 소설에서 작가가 주목하고 있는 문제는 난쟁이로 대표될 수 있는 가난한 노동자들의 삶의 세계와 재벌로 대표되는 가진 자들의 악덕의 세계의 대립이다. 이 두 세계는 현실 속에서 양립하면서도 결코 하나로 통합되지 못한다. 작가는 현실의 분열을 극복하기 위한 여러 가지 도전적인 방법들을 동원하지만, 「난장이가 쏘아올린 작은 공」(1976)의 세계에서 그것은 한낱 이상에 불과하다. 노동자들은 분열된 현실의 통합을 꿈꾸지만, 자기 세계의 절대성에 안주하고자 하는 가진 자들의 횡포로 인하여 모두 좌절되고 만다. 난쟁이 일가의 구성원들은 개인적인 안위만을 위해서가 아니라 인간 세계에서의 공동체적인 삶의 가능성을 향한 독특한 신념을 유지하고 있다. 그러나 물신주의의 욕망, 비뚤어진 개인적 이기심 등이 난쟁이 일가의 사랑에 대한 기대를 모두 짓밟아 버리는 것이다. 물론 작가는 이 같은 갈등의 현실을 극복하기 위해 새로운 사회 계층의 등장에 대해서도 나름대로의 희망을 갖고 있다. 이른바 중산층의 등장과 그 형평성을 잃지 않은 시각이 바로 거기에 해당된다. 「난장이가 쏘아올린 작은 공」에서 드러나 있는 중산층의 관점은 사랑과 화해와 통합으로 통한다. 그러나 그것이 역동적으로 작용할 만큼 사회적 기반을 형성하지 못하고 있기 때문에 하나의 가능성만을 상정하고 있는 셈이다. 「난장이가 쏘아올린 작은 공」의 후문(後聞)의 형식으로 이루어진 소설 「시간여행」(1983)은 소설적 긴장은 적어졌지만, 주제 의식의 경직성에서 벗어나고자 하는 작가의 실험적 기법이 주목되고 있다.

김원일의 장편소설 「어둠의 혼」(1973), 「노을」(1978), 「불의 제전」(1983), 「겨울 골짜기」(1987), 「마당 깊은 집」(1988) 등은 한국의 민족 분단과 그 역사적 비극을 배경으로 하고 있는 것이 대부분이다. 그러나 그의 작품 세계는 분단 문제를 형상화하는 방식에 있어서 크게 두 가지로 나누어진다. 첫 번째 계열은 국토가 분단되고 민족의 이념적 분열과 대립이 이루어지는 과정을 총체적으로 재현하고자 하는 「불의 제전」과 「겨울골짜기」 등이 있다. 이 작품들은 이념적 요구와 그 맹목성이 인간의 존엄성을 파괴하고 공동체의 가치를 훼손시키며 궁극적으로 동족 간의 전쟁에 이르는 과정을 치밀하게 형상화해 낸다. 두 번째 계열은 남북 분단과 전쟁의 피해자들이 타인에 대한 사랑과 이해를 통해 그 상처를 극복해 내는 과정을 그려낸 「어둠의 혼」, 「노을」, 「마당 깊은 집」 등이 있다. 이 작품들은 이데올로기의 잔혹성을 비판하면서 그 문제성을 극복하고 인간 자체에 대한 사랑과 이해를 추구하고자 하는 열망을 담고 있다. 장편소설 「노을」은 한 개인의 삶에 깊숙하게 각인되어 있는 분단의 상처를 확인하면서 그 상처의 치유 방법을 진지하게 모색하고 있다는 점에서 분단 문학의 새로운 지평을 연 작품으로 평가된다. 이 작품은 분단의 상처가 한국인의 가슴 깊숙한 곳에 여전히 자리 잡고 있다는 사실을 확인해 주면서 동시에 그 상처의 치유 없이는 인간다운 삶을 영위할 수 없다는 점을 강조하고 있다. 그리고 남북 분단의 상처를 극복하는 방법으로서 사랑과 용서를 통해 인간다운 본성을 회복하는 길을 제시하고 있다.

조정래는 「청산댁」(1972), 「유형의 땅」(1981) 등에서 식민지시대의 고통과 한국전쟁의 비극이 한국인들의 삶에 어떤 방식으로 영향을 미치고 있는지를 서술하고 있다. 비극의 역사와 그 역사에 의해 파괴된 개인의 삶의 비극성은 장편소설 「불놀이」(1983)에서도 강조되고 있다. 이 소설은 신분적인 차별로 인해 생겨난 개인적인 증오와 적개심이 한국전쟁에서 이념적인 갈등으로 확대 재생산된 과정을 추적하고 있다. 대하적 장편소설 「태백산맥」(1989)은 작가 조정래 문학의 정점이면서 동시에 해방 이후 분단 문학의 역사가 일구어 낸 하나의 성과라고 할 수 있다. 이 작품은 민족 분단을 고정화시킨 6·25전쟁을 작품 내용의 절정 단계에 배치함으로써, 해방 직후의 정치·사회적 혼란과 민족 내부의 계급적 모순이 이 전쟁을 통해 어떻게 폭발하고 있는지를 극명하게 제시하고 있다. 그러므로 이 작품의 내용이 이념적 금기지대를 넘어서면서 분단 상황의 객관적인 인식을 문제 삼고 있다고 할 것이다. 여순반란사건과 지리산 빨치산 활동 등으로 이어지는 좌익 운동의 실상을 그 근원적인 것에서부터 철저하게 파헤치고 있는 이 작품은 6·25전쟁의 비극성을 우리 민족 내부의 모순을 통해 더욱 적나라하게 표출시켜 놓고 있다. 「태백산맥」은 이데올로기의 갈등과 그 대립의 실상을 첨예하게 드러내고 있으면서도 결코 그것을 관념적인 이념 논의로 끌고 가지 않는다는 점이 중요하다. 이 작품에서 모든 인물들은 이념에 대한 낭만적 전망을 갖고 있지 않다. 그들은 봉건적인 사회 제도의 약점과 모순 구조를 벗어나기 위해 방황하다가 이데올로기의 대립 과정 속으로 함몰되고 있을 뿐이다. 그리고 그것이 바로 민족의식의 분열로 나타났으며, 분단의 단초가 되어 6·25와 같은 전쟁의 불꽃으로 폭발한 것이다. 민족 내부의 모순에서부터 분단 상황의 문제성을 비판적으로 재조명하고 있는 이 작품이 보다 철저한 객관적인 사실에의 접근을 시도하고 있는 것은 당연한 일이다. 소설「아리랑」(1994)은 본격적인 의미의 대하 역사소설이다.「태백산맥」이 역사적 상상력의 상황적 집중의 효과를 최대한 거두고 있다면,「아리랑」은 역사적 상상력의 시대적인 확산을 통해 소설적인 성과를 거두고 있다. 이 소설은 한국의 근대화 과정을 식민지적 근대성의 형태로 왜곡시킨 일제 식민지시대에 대한 비판적 인식을 근거로 하고 있다. 이 작품에서 작가는 소설적 상황 공간을 역사적으로 확산시키면서, 민족 내부의 자기모순이 어떻게 폭발되고 있는지를 추적하고 있다. 이 작품이 거두어들이고 있는 역사적 상상력의 진폭은 숨겨진 역사적 사실의 복원이라든지 실체의 규명이라든지 하는 방법론적인 의미만을 뜻하는 것은 아니다. 그는 식민지시대를 살다 간 민중들의 삶의 모습을 요약적으로 제시하고 사회·역사적인 조건에 연결시켜 설명함으로써 자연스럽게 식민지시대의 역사적 상황을 확산시켜 보여주고 있다. 그러므로 이 작품에서 민족사의 왜곡된 전개 과정과 그 속에 노정된 민중의 궁핍한 삶의 조건, 그리고 증대되고 있는 삶의 위기를 극복하기 위한 치열한 투쟁의 과정을 충분히 인식할 수가 있다. 바로 이 같은 상황 인식이 이 소설의 역사적 의미를 주목하게 하는 셈이다.

  이문열의 소설은 작가 의식의 지향과 소설적 기법 등을 놓고 볼 때 크게 세 가지의 경향으로 대별해 볼 수 있다. 첫째는「사람의 아들」(1979),「들소」(1979),「황제를 위하여」(1980) 등에서처럼 신화와 역사의 한 부분을 자신의 소설 속에 끌어들여 일종의 대체 역사 또는 우화적 형식으로 소설을 만들어 놓고 있는 경우이다. 이 작품들은 작품 내적 현실 자체가 다분히 당대의 현실 상황을 우회적으로 비판하거나, 상징적으로 대체하고 있다는 점에서 소설적인 흥미를 더욱 고조시키고 있다.「사람의 아들」은 주제의 관념성을 기법에 의해 극복하고 있으며,「들소」의 경우에는 상황의 상징성이 주제 의식을 살려낸다. 「황제를 위하여」는 가공의 역사를 현실 위에 펼쳐 보임으로써, 역사의 본질과 우연에 대한 작가 나름의 해석을 현란한 의고체의 문체로 제시하고 있다. 이문열의 능란한 장인적 솜씨가 이들 작품에서 돋보인다. 둘째는 「영웅시대」(1984), 「변경」(1988), 「우리들의 일그러진 영웅」(1987), 「구로 아리랑」(1987) 등과 같이 분단의 상황과 당대적 현실을 포괄하고 있는 작품들을 들 수 있다. 이 작품들은 모두 작가 의식의 치열성을 우선 주목하지 않을 수 없지만, 무엇보다도 이문열 문학의 필생의 주제들이 담겨 있다고 할 것이다. 사회주의 이념의 선택과 이데올로기의 갈등을 정면으로 다룸으로써 분단 문학의 새로운 차원을 개척하고 있는 「영웅시대」, 그리고 당대의 현실과 그 삶의 역사를 소설의 세계에 끌어들이고 있는 「변경」 등은 이문열 문학의 폭과 깊이를 가늠하게 하는 대표적인 작품이다. 셋째는 작가 자신의 개인적인 체험과 예술에 대한 신념을 소설화한 「젊은 날의 초상」(1981), 「그대 다시는 고향에 가지 못하리」(1980), 「금시조」(1983), 「시인」(1990) 등을 들 수 있다. 이 작품들은 스타일리스트로서의 이문열의 면모를 확인시켜 주고 있다. 이문열 소설의 예술적 감각과 낭만적인 요소가 이들 작품에 두루 나타나 있다. 이문열의 소설은 무엇보다도 현실을 하나의 비유 체계로 인식하고 있다는 점이 특징이다. 기존의 작가들이 보여주고 있는 소설적 경향과는 달리, 그의 소설에는 리얼리티의 추구보다는 오히려 낭만성이라고 이름 붙여도 좋을 관념적인 것들이 자리하고 있다. 그는 치밀한 묘사와 유려한 문체를 통해 바로 그 관념적인 것에 접근한다. 그의 소설이 고급 문학의 품격을 지키면서도 광범위한 대중적 호응을 받고 있는 것은 문체의 감응력과도 관계된다고 할 수 있다. 이문열의 소설들은 대개가 자신의 개인적 체험이나 가족에 얽힌 이야기들을 다루고 있다. 젊음의 이상과 그 이상을 찾아 방황하는 인간의 모습을 그려내고 있는 「젊은날의 초상」은 이문열 자신의 청년 시대의 방황을 소재로 하고 있는 작품이다. 이념의 허위성을 한 혁명주의자의 인생을 통해 그려내고 있는 「영웅시대」는 이문열의 숨겨진 가족사가 이야기의 동기가 되고 있으며, 그의 삶의 뿌리가 되었던 문중은 고향이라는 이름으로 기억되어 「그대 다시는 고향에 가지 못하리」속에서 되살아나고 있다. 그는 자신의 가족사를 현실의 역사와 함께 견주는 대작 「변경」을 쓰기도 하였고, 자아의 형상을 기초로 하여 미적 주체의 새로운 가능성을 꿈꾸면서 「시인」을 발표하였다. 소설 「영웅시대」와 「변경」은 보다 직접적으로 작가 이문열의 개인사에 모든 이야기가 얽혀들어 있다. 「영웅시대」는 부성(父性)의 존재에 대한 질문의 형식을 취한다. 소설 속의 주인공은 작가 이문열이 허구적 장치 속에 재현한 그의 아버지의 모습을 담고 있다. 일본 식민지시대 양반 지주의 아들로서 신학문을 배우고 새로운 이념을 찾아 사회주의자로 변신한 주인공은 보다 적극적인 사회 변혁의 꿈을 실현하기 위해 혁명주의자가 된다. 해방 직후의 사회적 혼란 속에서 이 혁명주의자가 선택한 것은 사회주의 이념이다. 이 소설은 한 지식인의 이념 선택과 그 파멸의 과정을 보여주는 셈인데, 여기에는 이념성과 탈이념성의 대립 속에서 비극적인 결말에 이르는 혁명주의자의 고뇌가 깃들어 있다. 「변경」은 작품의 규모와 문제의식이 앞의 두 소설과는 서로 구별된다. 이 작품은 비록 이야기의 내용이 부성이 부재하는 가족의 삶의 과정을 중심으로 하고 있지만 그 문제의 범위는 거의 세계사적인 흐름을 내포한다. 서구 제국주의의 지배 전략과 한국의 대응이라는 정치적인 과제까지 생각해야 한다면, 이 작품의 의미를 지나치게 과장하고 있는 것처럼 보일 수도 있다. 그러나 작가 이문열은 한 가족 구성원들이 보여주는 삶의 형태를 통해 서구 제국주의의 거대한 문화 침략과 그 모순의 현실적 의미를 제시한다. 신식민주의의 논리를 전제할 때, 이 문화 충돌은 언제나 변두리로 밀려 있는 한국 문화의 자기 정체성의 훼손 과정에 해당된다. 작가 이문열이 이러한 문제에 관심을 집중시키고 있는 것은 자기의식의 역사적 확대라고 할 수 있다.

여성소설의 확대

손소희

한국의 현대소설이 새로운 소설적 기법과 감각을 키우면서 새로운 인간상을 소설 속에서 창조할 수 있게 된 것은 여성 작가들의 창작 활동에 힘입은 바 크다. 이들의 활동은 소설적 기법과 감각, 문체의 면에서 새로운 소설 미학의 확립에 기여하고 있다. 이들은 1950년대 전후 사회의 혼란 속에서 살아가는 인간들의 존재 의미를 추구하고, 그 의식의 내면을 치밀하게 묘사함으로써 새로운 인간형의 탐구에 주력하기도 한다. 손소희, 강신재, 한말숙, 박경리 등이 대표적인 작가들이다.

손소희는 초기 작품들에서 일본과 만주 등을 배경으로 민족의식의 일단을 치밀하게 그리기도 하고, 남녀 간의 애정을 여성 작가 특유의 감수성으로 섬세하게 그리기도 한다. 전후에는 단편소설 「창포 필 무렵」(1956), 장편 「태양의 계곡」(1959) 등의 작품을 통해 여성의 내면 심리를 지적으로 추구하여 그것을 하나의 성격적인 패턴으로 제시하고 있다. 손소희의 작품에서는 정밀한 관찰과 인물 성격의 부각, 미묘한 심리적 갈등의 정확한 포착 등이 두드러진다. 이와 함께 내면적 갈등을 초월하는 순수한 사랑의 아름다움을 보여주고 있다는 점에서 여성 작가다운 면모를 엿볼 수 있다. 강신재는 기성의 도덕률에 얽매인 여성의 운명과 여성적 사랑의 심리를 섬세하고 감각적인 문체로 묘사하고 있다. 독특한 가정환경 속에서 오뉘 아닌 오뉘 관계에 놓인 두 남녀가 순수한 사랑을 느끼게 되는 과정을 그린 「젊은 느티나무」(1960), 전쟁의 시련 속에서 고뇌하는 젊은이의 비극적인 애정을 그린 장편 「임진강의 민들레」(1962)를 발표한 후 대중적인 장편소설의 창작에 주력했다. 한말숙은 인간 심리의 내밀한 양상을 섬세하게 그려낸 작품들을 발표하고 있다. 전후 세대의 반항적 모럴의 추구, 치밀한 인간 심리의 묘사, 다양한 제재와

박경리

문체상의 실험 등은 모두 그의 작품에서 볼 수 있는 특색이다. 「신화의 단애」(1957)는 오직 현재적인 삶에만 집착하고 있는 전후 여성의 생태와 모럴을 추구한 작품이다. 이 작품에서 작가는 가난한 미술학도인 한 여대생의 생활을 통해 당시로서는 상상하기 힘든 여성 생활의 일면을 제시하고 있는데, 한국 전쟁 직후에 나타난 물질적, 정신적 황폐 속에서 삶의 목표를 상실한 채 방황하는 인간의 모습을 극단적으로 그려내고 있다. 「노파와 고양이」(1958)는 온 가족에게 소외된 고독한 노파의 정신 구조를 파헤치고 있으며, 1960년에는 기성세대의 속물성과 위선에 대항하는 신세대의 인간형을 그린 장편소설 「하얀 도정」을 발표한 바 있다.

박경리의 초기 작품 가운데 「불신시대」(1957)는 한 여성의 눈을 통해 감지되는 현실 사회의 타락상을 비판적으로 그리고 있다. 이 작품은 주인공이 배금주의에 물든 사회 현실에 대해 환멸을 느끼고, 그것들에 대해 항거할 수 있는 생명력이 자신의 내부에 남아 있다는 것을 확인한다. 그리고 불의의 인간에 대한 증오감을 폭발시킴으로써 부정과 위선과 허위로 가득 찬 현실의 상황을 비판하고 있는 것이다. 박경리는 장편소설 「김약국의 딸들」(1962), 「시장과 전장」(1964) 등을 발표하면서 일상적인 무대에서 역사적 현실로 소설의 무대를 확대시킨다. 특히 「시장과 전장」은 한국전쟁이라는 민족사의 비극을 시장의 일상성과 전장의 역사성이라는 두 가지 시각에서 총체적으로 형상화하고 있다. 박경리의 대하 장편소설 「토지」(1994)는 조선 말기부터 일제 식민지시대를 거치기까지 한 세기에 이르는 역사의 변화 속에서 한 양반 가문의 몰락과 그 전이 과정을 그려놓고 있는 작품이다. 이 소설은 가족이라는 혈연 단위와 그 확대를 역사적인 시대의 교체와 맞물리도록 고안함으로써, 조선 말기 이후 한국 사회의 근대화라는 격변기를 살아가고 있는 전형적인 인물들의 창조에 성공하고 있다. 소설적 무대의 역사성에도 불구하고 역사를 소설적으로 재현하고자 하는 것이 아니라 삶의 현장에 대한 포괄적인 인식을 문제 삼고 있다는 점도 주목할 만한 특징이다. 이 작품에서 행위의 공간을 이루고 있는 소설적 무대는 특정한 개인의 삶만이 아니라 한 시대의 생활양식의 집결체로서의 의미를 갖고 있다. 「토지」에서 문제시되고 있는 봉건적인 가족제도의 해체와 계급의 해체, 서구 문물의 수용과 식민지 지배의 과정, 간도 생활과 민족 이동의 문제 등은 소설적인 무대 위에서 살아가고 있는 인물들의 삶에 그대로 반영되어 나타나고 있다. 이것은 「토지」가 구현하고 있는 삶의 전체적인 인식이 모두 역사성의 의미를 획득하고 있으며, 그만큼 진실성을 안고 있음을 뜻하는 것이다.

박완서는 중산층의 생활양식에 대한 비판과 풍자에 주력한다. 박완서가 중산층의 가정을 무대로 하여 관심을 기울이고 있는 부분은 매우 다양하다. 사회적 단위 집단으로서의 가족 구성의 원리와 그 구성원들 사이의 관계를 통해 현실 사회의 변화와 삶의 문제성을 비판적으로 그려내고 있기 때문이다. 박완서는 가족 내적인 문제를 중심으로 하여 새로운 사회 윤리적 판단기준을 제시하기도 하고, 가족 구조의 변화를 역사적인 사회 변동의 한 양상으로 파악하기도 한다. 박완서의 대표작으로 손꼽히고 있는 소설 가운데에는 도시 중산층의 삶의 양식을 소재로 하여 세태와 풍속을 사실적으로 형상화하고 있는 「도시의 흉년」(1979), 「휘청거리는 오후」(1976) 등이 있다. 이 작품들은 한 가족을 중심으로 벌어지는 일상적인 생활을 치밀하게 그려내면서도, 사회적 가치와 규범의 변모를 날카롭게 지적하고 있음을 보게 된다. 작가 박완서가 관심을 기울이고 있는 일상적 현실은 인간적 가치와 도덕적 규범이 무너지고 있는 타락한 공간이다. 박완서는 식민지 상황과 분단과 전쟁을 거치면서 가족의 윤리와 가치 규범이 전도되고 있음을 지적한다. 한국 사회를 지탱해 온 가족주의적 윤리관이 여지없이 무너지면서, 물질주의와 출세주의가 인간을 타락시키고 있는 현실은 박완서의 소설에서 자주 접할 수 있는 문제이다. 박완서는 「엄마의 말뚝」(1980), 「미망」(1990) 등과 같은 작품에서 식민지시대의 고통과 분단의 비극을 전면에 내세우지 않으면서도 이 왜곡된 역사로 인하여 고유한 삶의 관습이 무너지고 가치관이 붕괴되는 과정을 잘 드러내고 있다. 이 작품들이 일상의 현실을 통해 삶의 가치에 대한 새로운 감각을 되살릴 수 있게 된 것은 박완서의 도덕적 상상력의 힘이라고 할 수 있다.

오정희의 소설 세계는 일상의 현실과 고립되어 있는 인물들의 파괴적인 충동을 그려놓고 있는 작품들이 많다. 그러한 충동은 육체적 불구와 왜곡된 관능, 불모의 성 등의 모티브로 표현된다. 소설 「저녁의 게임」(1979)은 이러한 특징을 가장 잘 보여주고 있는 작품이다. 이 소설에서 가장 돋보이는 것은 의식의 흐름을 따라 진행되는 심리묘사의 기법이다. 주인공의 의식을 통해 아버지와의 갈등, 정신병을 앓다가 죽은 어머니와 가출한 오빠에 대한 기억들이 스쳐 지나간다. 이러한 단편적인 이야기에 통일성을 부여하는 것은, 이들 모녀의 저녁 풍경을 둘러싸고 있는 퇴영적이고 더러는 절망적인 분위기이다. 1980년대에 들어서서 소설집 『유년의 뜰』(1981), 『바람의 넋』(1986) 등에 수록된 무의미한 일상에 드리워진 허무 의식을 추적한다. 물론 「유년의 뜰」이나 「중국인 거리」(1979) 같은 작품에서는 전후의 황량했던 어린 시절의 체험들을 단편적으로 그려내기도 하지만, 그 정서적 기반은 크게 다를 바 없다. 「별사」(1981)와 같은 작품에서는 소설의 주인공이 현실적인 삶의 조건에 의해 규정된 자신의 모습을 확인하는 과정 자체가 짙은 허무 의식으로 채색되고 있음을 볼 수 있다.

서영은의 작품 속에서 가장 큰 자리를 차지하고 있는 것은 삶에 대한 허무 의식과 인간의 영혼의 순결성이다. 「사막을 건너는 법」(1975)에서는 월남전의 상처를 딛고 일상으로 되돌아오고자 하는 인물의 내면 의식을 환상 속에서 살아가는 노인과의 교감을 통해 표현하고 있다. 속물적인 삶과 무기력에 대응하면서 고통을 내면화하고 있는 순수하고도 애처로운 인간의 모습은

「관사 사람들」(1980)에서 찾아볼 수 있다. 소설 「먼 그대」(1983)에는 한 여성 주인공이 겪는 고통의 삶과 거기 드러나는 허무 의식을 보다 긍정적이고 순정한 형태로 그려낸다. 이 작품에 깔려 있는 허무 의식은 세계에 대한 부정의 방식이 아니라 오히려 적극적이고 절대적인 긍정으로 나타나고 있다. 자신에게 부여되고 있는 모든 고통을 사다리 삼아 그것을 넘어서고자 하는 내면의 힘이 사막을 건너가는 '낙타'의 이미지로 한 차원 높게 승화되어 표현되고 있는 것이다.

3. 분단시대의 현대시

민족 분단 상황과 현대시

한국 현대시는 일본의 식민지 지배로부터 해방(1945)을 맞이하면서 잃어버렸던 언어와 정신을 함께 되찾는다. 이 시기의 시인들은 새로운 국가의 건설을 위해 사회적 혼란과 무질서를 극복해 나아가기 위한 방법을 정치적인 것에서 찾을 수밖에 없다고 믿는 사람들이 많았다. 이 시대의 시적 경향이 이데올로기의 대립을 노정하면서 정치주의 시를 중심으로 논란을 벌이게 된 것은 이 시대가 바로 '정치의 시대'였음을 뜻하는 것이다.

해방 시단에서는 박종화, 김광섭, 서정주, 박두진, 박목월, 조지훈 등이 우파 시단을 주도하고, 임화, 박세영, 박팔양, 김기림, 정지용, 오장환 등이 좌파 시단을 대표하면서 자연스럽게 좌우 대립의 양상을 보여주게 된다. 이들은 해방 직후 한국 민족이 경험하게 된 감격과 열정을 실감 있게 보여주는 두 권의 사화집을 간행한 바 있다. 『해방기념시집』(1945)과 『햇불―해방기념시집』(1946)이 바로 그것이다. 이 두 권의 시집은 물론 해방 직후 문단이 이념적인 성격에 따라 좌우 세력으로 분열되는 과정을 보여주는 것이지만, 새로운 국가 건설과 민족의 삶의 방향을 놓고 고심하고 있었던 시인들의 심정을 확인해 볼 수 있다. 『해방기념시집』은 '건설 도정에 있는 새로운 시의 지표'를 제시한다는 의도에서 만들어진 것으로 해방 직후 한국 시단을 대표할 수 있는 시인들이 대부분 참여하고 있다. 그러므로 이념적 색채보다는 해방의 감격을 노래한 작품들을 주로 싣고 있다. 그러나 『햇불』의 경우에는 좌익 문단 조직인 조선문학가동맹에 관여하고 있던 시인들이 엮은 시선집이다. '조국 해방을 위해 싸운 혁명 투사에게 바친다.'는 발간 목적을 밝히고 있으며, 계급투쟁과 연계하여 정치 현실에 관한 주장을 내세운 작품들이 많다.

해방 시단에서 가장 커다란 주제로 부각되었던 것이 시와 정치의 문제이다. '정치시'의 가능성에 관한 논쟁이 일어날 정도로 현실 정치에 대한 관심이 고조되었던 것이다. 그러나 이러한 모든 이념적 논쟁은 한국의 남북 분단과 한국전쟁으로 중단된다. 시와 정치의 결합을 주장했던 상당수의 시인들은 이 대혼동의 시기를 이용하여 월북하였기 때문이다. 한국의 현대시는 해방과 민족 분단과 전쟁을 모두 경험하면서 비로소 모국어의 감각과 기법을 회복하고 새로운 가능성을 타진하게 된다. 시가 민족의 삶 가운데 끊임없이 생성되는 노래이며, 그 자체의 언어와 형식도 시의 정신에 따라 스스로 갱신해 나아가게 된다는 사실을 해방 후 한국 현대시의 역사를 통해 확인할 수 있다.

순수와 서정의 세계

해방에서부터 한국전쟁을 거치는 동안에 겪어야 했던 상황적 혼란에도 불구하고, 시에 있어서 서정성의 전통은 지속적으로 전개되고 있다. 서정주, 유치환, 신석정, 박두진, 박목월, 조지훈, 박남수 등은 자신들이 키워 온 서정시의 전통과 시적 신념을 일관되게 지켜 왔다고 할 수 있다. 이들은 각각 특이한 개성을 지니고 있는 시인들이긴 하지만, 자연과 인간의 삶의 조화를 지향하고 있다든지, 전통적인 서정성에 바탕을 두고 언어의 리듬을 살려내고 있다든지 하는 점에서는 대체로 일치된 경향을 보여준다.

서정주는 식민지시대에 발간한 첫 시집 『화사집』(1941)에서 사물에 대한 관능적 감각을 보여주면서도 삶을 바라보는 허무주의적 자세를 드러낸 바 있다. 그러나 시집 『귀촉도』(1948)에 이르러서는 사변적이거나 관념적인 요소보다는 서정성

『귀촉도』

이 균형을 찾고 있으며, 감각적인 것보다는 전통적인 정서를 폭넓게 깔고 있다. 서정주의 시적 변모 과정에서 중요한 계기를 이루는 이러한 시적 전환은 전통적 정서의 한복판에 그의 시가 자리하고 있음을 보여준다. 그가 「국화 옆에서」, 「밀어」 등의 시에서 확인할 수 있는 고전적인 격조를 더욱 심화시키면서, 한국적인 고유 정서에 탐닉하면서 토착 세계 속으로 자신의 시 정신을 이끌어 간 것은 바로 여기에서 기인한다고 하겠다.

> 눈물 아롱아롱
> 피리 불고 가신 님의 밟으신 길은
> 진달래 꽃비 오는 서역 삼만리
> 흰 옷깃 여며 여며 가옵신 님의
> 다시 오진 못하는 파촉(巴蜀) 삼만리.
> 신이나 삼아줄걸 슬픈 사연의
> 올올이 아로새긴 육날 메투리

은장도 푸른 날로 이냥 베혀서
부질없는 이 머리털 엮어드릴걸.

초롱에 불빛 지친 밤하늘
굽이굽이 은하물 목이 젖은 새,
차마 아니 솟는 가락 눈이 감겨서
제 피에 취한 새가 귀촉도 운다
그대 하늘 끝 호올로 가신 님아

―「귀촉도」

　서정주의 시는 한국 전쟁 이후 토착어의 시적 탐구, 시적 형식과 율조의 조화 등을 보여주면서, 달관의 자세로 전통의 현장이며 불교적인 신비가 곁들여 있는 '신라'라는 신화적 세계로 발을 내딛기 시작하고 있다. 이러한 자기 변화는 시집 『신라초』(1961)에서부터 『동천』(1968)으로 요약된다. 시집 『신라초』는 서정주의 시적 세계가 전통적인 것과 동양적인 불교의 세계에 대한 새로운 관심이 구체화되고 있음을 보여준다. 여기서 시인이 가장 전통적이고 이상적인 시적 세계로 상정하고 있는 것이 바로 '신라'이다. 그의 '신라'에 대한 관심이 반역사적 지향을 드러내고 있는 것으로 지적되는 경우도 없지 않지만, 그것은 서정주만이 발견해 낸 상상력의 고향과도 같다는 점에서 매우 중요한 의미를 지니는 것이다. 서정주의 '신라'는 정서적인 폭에 의해서가 아니라 그 깊이에 의해서 시적 의미를 부여받는다. 불교적인 설화의 세계는 윤회적인 삶과 그 내밀한 의미를 통하여 하나의 조화로운 영원의 공간으로 표상된다. 설화적 세계의 시적 수용이라는 점에서 보자면, 서정주의 상상력으로 재구되고 있는 '신라'는 역사적인 것이 아니라 신화적이다. 더구나, 불교적 취향이 덧붙여지고 있기 때문에 신비감마저 흐르고 있다. 그리고 그 자신이 추구하고 있는 영원회귀의 공간이 어떤 면에서 자기 소멸의 허무

『청록집』   『해』

주의를 낳고 있음도 사실이다. 서정주가 설화적인 공간을 벗어나 현실적인 고향에로 안착하고 있는 것은 시집 『질마재 신화』(1975)에 이르러서인데, 이것은 그가 「귀촉도」를 노래 불렀던 시절에서 무려 서른 해에 가까운 긴 여정을 거친 후의 일이다.

한국 현대시의 전개 과정에서 『청록집』(1946)의 세 시인 박두진, 박목월, 조지훈이 보여준 시의 세계는 한국 현대시의 역사를 그대로 담고 있다. 식민지시대 말기에 시단에 등장하여 해방 직후 우파 문단을 주도하게 된 세 시인의 공동 시집 『청록집』은 한국적 자연의 새로운 발견이라는 명제로 그 의미가 규정된 바 있다. 그리고 식민지시대와 해방 이후의 시에서 서정시의 맥락을 역사적으로 보여준다는 평가를 받기도 한다. 이 시집에서 볼 수 있는 박목월의 향토성, 박두진의 이데아 지향, 그리고 조지훈의 고전적 정신 등은 각 시인의 시적 개성으로 더욱 확대 심화된다.

박두진은 『오도』(1953), 『박두진시선』(1956) 등의 시집에서 반복적인 율조와 절창의 언어를 통해 자기 의지를 표출하고 있다. 그는 자연의 생명력을 노래하기도 하고, 자연을 통하여 인간의 의지를 노래하기도 한다. 이 시기의 「해」,

박두진

「청산도」와 같은 작품을 보면, 자연을 대상으로 읊어지는 그의 시들이 존재의 심연을 헤매는 기도로 나타나기도 하고, 생명에의 경외감으로 채워지기도 한다는 점을 알 수 있다. 그의 시에 과감하게 활용되고 있는 의성, 의태어나 직유적인 표현, 파격을 이루는 산문 형태의 시적 진술 등은 격렬한 정서의 충동을 시적으로 형상화하는 데에 기능적으로 작용하고 있다.

박두진의 시가 현실적인 삶의 공간에 대한 비판적 인식에 주력하기 시작하는 과정은 시집 『거미와 성좌』(1962), 『인간 밀림』(1963)에서 확인된다. 현실의 격동을 체험하면서 그는 초월적인 신념보다 오히려 삶의 의지와 적극적인 비판 의식을 중요시한다. 「기」, 「봄에의 격」, 「꽃과 항구」 등에서 볼 수 있는 시적 의지는 시인 박두진이 4·19 혁명을 체험하면서 얻은 새로운 영감을 구체화한 것이다. 그의 시는 보다 격조 있게 정서를 해방시키고, 보다 절실하게 실천적 행동을 요구하고 있다. 시적 형식은 더욱 자유로워지고, 언어의 파격도 더욱 심해진다. 그리고 바로 그러한 형식의 개방성이 충일하는 정서를 만남으로써, 보다 설득력을 지닌 의지적인 시를 빚어내고 있다.

박두진은 시대의 부정적 가치를 비판하는 내용을 다루면서, 이념적으로는 절대적 가치의 추구를 멈추지 않고 있다. 이러한 가치 추구의 정신을 바탕으로 그의 후기 시편들에서는 세속적 삶을 순화하며 혁신하는 자세가 더욱 심화되고 있다. 그의 시는 『인간 밀림』(1963)에서부터 『수석열전』(1973) 등에 이르러 내밀한 자기 인식에 근거하면서도 무한의 시간과 무한의 공간을 두루 섭렵하는 절대적인 경지를 이루어낸다. 특히 시집 『수석열전』에 이르러 '수석'이라는 구체적인 자연의 형상에 시 정신이 조응하고 있다. 시인은 '수석'을 우주 생성의 시초에 형성된, 시간적인 비의를 지닌 하나의 온전한 대상으로 그려낸다. 박두진의 시적 세계는 자연의 조화와 신비를 담고 있는 수석의 형상을 인간의 삶과 그 격동의 과정과 융합시켜 새로운 가치로서의 시적 표현을 가능하게 하고 있다.

박목월은 『산도화』(1954)에서 『난·기타』(1959)에 이르기까지 고유의 정서와 리리시즘을 섬세한 감각으로 재현하면서, 일상의 현실과 삶의 체험을 자신의 시 세계로 끌어들이고 있다. 박목월이 『청록집』에서 노래한 순수한 자연은 시 「청노루」, 「자하산」에서 볼 수 있듯이 하나의

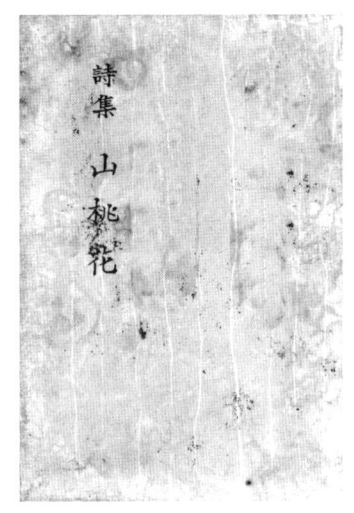

『산도화』

감각적인 공간으로 제시된다. 그러나 그가 삶의 현실로 시선을 돌리면서 새롭게 발견하고 있는 것은 가난하지만 소박한 삶과 거기에 깃들인 인정미이다. 「소찬」, 「당인리 근처」와 같은 시에서 그는 애환이 담긴 삶이지만 소탈한 일상에 만족한다. 특히 그는 초기 시에서와 같이 자연이라는 시적 대상을 관조하는 입장에 있는 것이 아니라 일상의 현실에 자리 잡고 그 생활 속에서 작은 기쁨을 누리는 인간의 위치에 서 있는 것이다. 이 시기의 시에는 자신의 일상의 한복판에 자리하고 있는 가족들과의 삶의 모습을 솔직하게 그려낸 것이 많다. 그러므로 현실에서 살아가는 삶의 모습과 그 소박한 정서를 꾸밈없이 표현함으로써 더 큰 호소력을 얻고 있는 것이다. 그의 언어는 토착어의 리듬을 따라 자연스럽게 이러한 시 세계의 변화를 포괄하고 있으며, 자기 삶의 본바닥인 고향으로 회귀하고 있는 것이다.

박목월의 후기 시는 『경상도 가랑잎』(1968)에서처럼 삶에 대한 달관의 자세를 더욱 잘 보여준다. 그는 경상도 방언을 시의 언어에 적극적으로 수용하면서 자신의 고향 경상도의 토속적인 세계를 돌아보고 있다. 이 시집에서 드

러나고 있는 두드러진 특성은 시인 자신의 고향인 경상도 사투리와 가락을 시적 표현의 장치와 기법으로 차용하고 있다는 점이다.

> 뭐락카노, 저편 강기슭에서
> 니 뭐락카노, 바람에 불려서
> 이승 아니믄 저승으로 떠나는 뱃머리에서
> 나의 목소리도 바람에 날려서
>
> 뭐락카노 뭐락카노
> 썩어서 동아밧줄은 삭아내리는데
>
> 하직을 말자 하직 말자
> 니 흰 옷자라기만 펄럭거리고……
>
> 오냐, 오냐, 오냐,
> 이승 아니믄 저승에서라도……
>
> 이승 아니믄 저승에서라도
> 인연은 갈밭을 건너는 바람
>
> 뭐락카노, 저편 강기슭에서
> 니 음성은 바람에 불려서
>
> 오냐, 오냐, 오냐,
> 나의 목소리도 바람에
>
> ―「이별가」

앞의 시에서 볼 수 있는 것처럼, 박목월은 경상도 방언 자체의 음성적 자질의 시적인 가능성에 도전하고 있다. 이러한 노력은 궁극적으로 시인 자신이 지니고 있는 토착어의 정서에 대한 자기 탐구에 해당되는 것이다. '니 뭐락카노'라는 경상도 방언의 어조는 매우 복잡한 내면적인 정서의 표출을 가능하게 한다. 그것은 당위적인 것에 대한 반문이기도 하고, 자기 스스로에 대한 확인이 되기도 한다. 어떤 경우에는 강한 부정을 의미하기도 하는 이 말의 언어적 함축이 시「이별가」의 전체적인 정서를 지배하고 있다. 박목월은 그의 시에서 삶에 대한 깊은 애정을 달관의 자세로 보여주면서, 경험적 현실의 갈등을 내면화하는 데에도 힘을 기울이고 있다. 그는 고향 사람들의 말투와 가락을 빌려 그들의 순박함과 인정을 표현하고 있지만 이 같은 기법을 통해 시인이 그려내고자 하는 것은 토속의 세계 자체가 아니다. 오히려 시인은 인간 본래의 삶의 자세에 관심을 집중한다. 삶과 죽음의 관계를 보다 여유 있게 바라보고자 하는 그의 시에서 짙게 풍기는 것은 허무의 페이소스이다. 그러므로 이 시집에는 죽음에 대한 의식과 허무감이 짙게 드러나고 있다. 그의 언어는 토착어의 리듬을 따라 자연스럽게 이러한 시 세계의 변화를 포괄하고 있으며, 자기 삶의 본바닥인 고향으로 회귀하고 있는 것이다.

조지훈은 시단에 등단하면서부터 전통과 역사에 대한 인식에 철저하고자 하였고, 특히 시적 형식의 균형과 정서의 절제에 남다른 특징을 드러내고 있다. 박목월, 박두진과 함께 펴낸 공동 시집 『청록집』에 수록된 시뿐만 아니라, 해방 직후의 여러 작품에서 질서와 조화의 세계를 시를 통해 구현하고자 했던 그의 의욕을 확인할 수 있다. 초기 시를 대표하는 「고풍의상」(1939)은 한국인의 생활문화에서 발견한 전아한 고전미를 노래하고 있으며, 「승무」(1939)에서는 현세적 삶의 고뇌가 불교적 교리에 승화되는 정신의 아름다움을 승무의 춤사위를 통해 서정적으로 표현하고 있다. 그런데 조지훈이 노래하고 있는 시적 대상은 동적인 이미지보다는 정적인 이미지에 치중하고 있는 경우가 많다. 그의 시에는 대상에 대한 관조의 태도가 강하고, 다양한 정

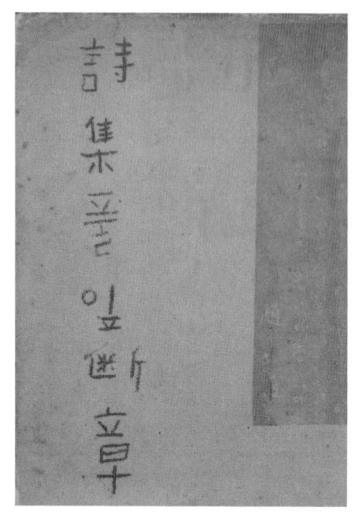

『풀잎 단장』

서적 충동을 동시에 포괄하고자 하는 시적 긴장이 자리 잡는다. 절제의 언어와 정서의 균형을 통해 이지와 정열의 조화에 이르기가 얼마나 어려운 일인가를 쉽게 짐작할 수 있다.

조지훈은 『풀잎 단장』(1952) 이후 『조지훈시선』(1956), 『역사 앞에서』(1959) 등의 시집으로 전후의 자기 세계를 정리하고 있다. 고전적인 정신의 추구를 내세우면서 해방 직후의 혼란을 헤쳐 나온 조지훈은 절제와 균형과 조화의 시를 통해 자연을 노래하고 자기 인식에 몰두한다. 시「풀잎 단장」에서는 자연과 생명의 의미를 새롭게 해석한다. 풍설, 풀, 바위, 구름과 심지어는 사람까지도 모두가 평범하고도 일상적인 자연현상에 속하지만 신비스러운 원리에 의하여 생명적인 것으로 존재한다는 것은 마찬가지이다. 그러나 조지훈은 전쟁의 고통 속에서 사회적 현실에의 관심을 더욱 확대하면서「다부원에서」와 같은 작품을 남기기도 한다. 이 작품은 전쟁의 참상을 현실감 있게 그려낸 참전시의 대표작으로 평가받기도 한다. 하지만 조지훈은 변화의 시인은 아니다. 그는 자연을 노래하거나 지나간 역사를 더듬거나 간에, 그리고 현실을 바라보거나 자기 응시에 몰두하거나 간에 언제나 비슷한 어조를 지킬 뿐이다. 조지훈이 지니고 있는 하나의 목소리, 그것은 그의 시의 가장 중요한 특징이면서 동시에 그의 시를 고정시켜 놓고 있는 징표임이 분명하다.

한국의 현대시는 한국전쟁을 겪은 후에 고은, 구상, 구자운, 김관식, 김광림, 김규동, 김구용, 김남조, 김수영, 김윤성, 김종문, 김종삼, 김춘수, 박봉우, 박인환, 박재삼, 박태진, 박희진, 성찬경, 이동주, 이형기, 전봉건, 정한

모, 조병화, 홍윤숙, 황금찬 등의 등장으로 다양한 시적 경향을 자랑할 수 있게 된다. 이들 가운데 어떤 시인들은 전통적인 서정의 세계를 더욱 넓히고자 노력하며, 어떤 시인들은 새로운 언어와 새로운 시 정신의 구현에 몰두하기도 한다. 이들 새로운 세대의 시인을 당대 문단에서는 '전후파'라고 명명한 적도 있지만, 이들의 시에서 가장 특징적인 한 시대의 정신적 징후를 확인해 볼 수 있다.

김춘수

김춘수는 첫 시집 『구름과 장미』(1948)에서부터 시적 대상의 존재론적 의미를 언어를 통해 찾고자 하는 시적 탐구 작업을 시작한다. 그의 시는 자연스럽게 존재와 그 가치의 문제로 주제가 집중된다. 『꽃의 소묘』(1959)에 이르면, 자기 존재에 대한 인식을 현실의 영역으로 확대하고자 하는 시인의 노력도 나타난다. 물론, 김춘수가 주목하고 있는 것은 대상에 대한 시적 인식의 문제이다. 그는 감각을 통해 관념을 붙잡으려 하였고, 그것이 바로 시의 본령이라고 생각하였다. 시집 『꽃의 소묘』를 통해 그가 추구하던 관념의 세계는 시적 형상화의 가능성을 이미 드러내고 있다. 시인 김춘수는 관념의 세계가 시의 형상을 통해 표시될 수 있다고 믿었고, 관념이 언어의 피안에 있다는 사실도 알게 되면서, '존재의 집'으로서의 언어에 매달리게 된다.

김춘수의 시집 『타령조 · 기타』(1969)를 보면 관념을 지향하던 언어가 어느 장면에서 기교로 떨어지고 어느 장면에서 의미를 해체시킨다. 그러면서도 그는 언어의 자연스러움의 회복을 위해 내적 추구 작업에 몰두하고 있었던 것이다. 그 결과 그는 관념의 탐구에 이은 감각의 실험을 거쳐 그의 시 세계를 크게 장악하고 있는 '무의미의 시'에 도달한 것이다. 시집 『처용』(1974)에서 김춘수는 설화 속의 인물 '처용'을 만남으로써 자기의 목소리를 가다듬게 된다. 언어에 모든 것을 맡겨 버릴 때 의식은 무한의 공간에서 자유로울

박재삼

수 있다. 김춘수 자신은 '자유 연상'이라는 말로 이를 지적한 적이 있지만, 사실 「처용단장」이라는 연작시는 시인의 무의식의 결정체라고 할 수 있을 것이다. 시인이 시를 쓰는 것이 아니라, 언어가 시를 이루고 있다고 할 정도로, 김춘수는 자신의 작품에 어떤 자각을 드러내려 하지 않는다. 사물의 존재란 그냥 있는 것이지, 의식된 것도 아니며 의미화된 것도 아니다. 김춘수는 시를 통해 존재에 도달하고자 하지 않고, 그 존재가 스스로 열려서 드러나기를 믿고 있는 것이다.

박재삼은 고전적인 정서의 세계와 향토적인 감각으로 일찍부터 전통시의 영역을 확대해 오고 있다. 그의 시 가운데에서 「피리」, 「울음이 타는 강」, 「추억에서」 등은 인간의 삶과 그 속에 내재해 있는 허무 의식, 그리고 거기서 비롯되는 비애의 정서를 율조의 언어로 재현한다. 그가 노래하고 있는 삶의 비애는, 물론 삶 자체에 대한 부정이나 절망 등과는 다르다. 오히려 그것은 삶의 근원적인 정서라고 할 수 있을 것이다.

박재삼의 첫 시집 『춘향이 마음』(1962) 가운데에는 판소리 「춘향가」에서 모티브를 취한 「춘향이 마음 초」라는 연작시가 있다. 그중에서도 「수정가」, 「바람 그림자를」, 「매미 울음에」, 「자연」, 「화상보」 등이 뛰어난 시적 형상성을 보여준다. 한국인 모두가 잘 알고 있는 춘향이의 이야기를 시화하는 일은 시인 자신이 춘향이라는 한 여인의 삶에서 시적 모티브를 차용하고 있음을 말한다. 여기서 춘향이는 전통적인 윤리, 가치와 미의식, 한과 사랑의 정서 그 자체에 해당한다. 시인은 여기에 그치지 않고 춘향의 이야기에 새로운 시적 감각을 덧붙인다. 그것은 전통 윤리를 넘어서는 당돌한 욕망이 되기도 하고, 고전적인 아름다움에 더해지는 현대적인 관능이 되기도 한다. 특히 한의 정서를 최대한 확장하여 눈물의 미학을 살려내고 있다.

박재삼의 시 창작 활동은 시집 『햇빛 속에서』(1970), 『어린 것들 옆에서』(1976), 『내 사랑은』(1985), 『다시 그리움으로』(1996) 등으로 이어진다. 그가 오랜 동안 이어져 오는 시의 여정 가운데에서도 자연이라는 대상을 벗어난 적이 없다. 그의 시에 있어서 자연은 삶의 이치를 완벽하게 구현하는 것, 그리하여 영원하고 지순한 아름다움을 보여주는 세계이다. 그는 그 자연에 의지하여 위로와 지혜를 얻지만, 때로는 자연의 완벽한 아름다움과 인간과의 거리 때문에 절망하기도 한다. 박재삼의 시는 한국어에 대한 친화력과 전통적인 정서에 대한 깊이 있는 해석 등을 통해 한국전쟁 이후 서정시의 한 절정을 이룬 것으로 평가되고 있다.

김남조는 첫 시집 『목숨』(1953)을 발간하면서 본격적인 시 창작 활동을 전개한다. 그가 발표한 시 「황혼」, 「낙일」, 「만가」 등은 인간성에 대한 확신과 왕성한 생명력을 통한 정열의 구현을 소화해 내고 있다. 특히 『목숨』은 가톨릭 계율의 경건성과 뜨거운 인간적 목소리가 완전하게 조화된 시집으로 평가받고 있다. 김남조의 시는 제3시집 『나무와 바람』(1958)에서부터 초기 시에서 보이고 있던 자아에 대한 집착을 벗어나 정서의 균형을 보이기 시작한다. 김남조는 시집 『정념의 기』(1960)에서 초기 시의 세계를 결산하고 있다. 이 시집에 수록된 작품을 일관하는 정서의 주조는 사랑의 탐구이다. 그러나 이것이 인간적인 데에 머무르지 않고 영혼에 귀의함으로써 위안과 안식을 얻으려 하고 있다. 특히 시 「정념의 기」, 「너에게」, 「가을의 기도」 등은 인생의 고뇌를 극복하고자 하는 격렬한 몸짓이 시적 언어 속에 매끄럽게 용해되어 있다는 것을 특징으로 하고 있다. 인간의 고뇌와 삶에 대한 욕망을 기구하는 자세로 노래하고 있는 김남조의 시는 어떤 경우에 종교적인 신앙의 경지에 도달하고 있는 간절한 기도처럼 들리기도 한다. 이것은 한층 더 심화된 신앙적 경건성을 드러내면서 시적 감응력을 높이고 있다. 시집 『겨울바다』(1967)에 이르러 김남조의 시는 정감의 세계를 상상력의 풍요로움을 통해 묘사해 내면서 더욱 정갈해진다. 감각적인 언어와 동적인 이미지들이 함께 어우러져 일구어 내고 있는 시 정신의 풍요로움은 정념의 시를 추구해 온 이 시인의 가장 큰 미덕이다. 김남조의 시는 『김남조 시전집』(1983)을 통해 하나의 매듭을 이루지만 이후에도 섬세한 감각과 정서를 종교적인 경지로 끌어올린 많은 작품을 발표하고 있다.

시의 현실 참여

한국 현대시는 4·19 학생혁명과 함께 커다란 변화를 겪게 된다. 이 시기에 문학에 대한 인식이 크게 전환되고 있는 것은 사회적 체제 변동에 따른 현실 인식의 방법의 변화에 따른 것이라고 할 수 있다. 시 자체에 대한 인식도 바뀌고, 시인의 태도 역시 변모되기에 이른다. 시는 오로지 시일 뿐이라고 믿었던 순수시에 대한 관념이 무너지면서, 생명력과 의지와 감동을 지닌 시가 요구되기도 한다. 시단의 일부에서는 전후 시가 보여준 정서적 폐쇄성을 거부하면서 이른바 '현실 참여'의 목소리를 높이기 시작한다. 여기서 말하는 '참여'는 진실한 삶의 가치를 구현하기 위한 의지의 표현이라고 할 수 있다.

김수영은 시의 현실 참여를 실천적으로 보여준 시인이다. 그는 김경린, 박인환 등과 공동 시집 『새로운 도시와 시민들의 합창』(1949)을 간행하면서 모더니스트로의 면모를 드러낸다. 그의 첫 시집 『달나라의 장난』(1959)은 전후 현실에서 살아가는 소시민적 비애와 슬픔을 모더니즘적인 감각으로 노래하고 있는데, 이 시기의 작품으로는 「헬리콥터」, 「폭포」 등이 대표작이다. 김수영의 시 세계는 1960년 4·19 혁명 이후 상당한 변화를 드러낸다. 그의 전후 시에서 자주 드러나던 냉소적인 어조와 허무 의식이 사라지고, 현실에 대한 자기주장이 적극적으로 시를 통해 표출되기 시작한다. 「육법전서와 혁명」, 「푸른 하늘을」 등은 이러한 시적 경향을 그대로 보여주고 있다. 그의 시에서 궁극적으로 노래하고 있는 것은 사랑과 자유이다. 그가 노래하고 있는 사랑과 자유라는 주제가 자기 내면으로 응축될 경우 「나의 가족」과 같은 시편을 낳았고, 사회적 현실로 확대될 때에는 「절망」, 「어느 날 고궁을 나오면서」와 같은 작품으로 구체화되고 있다.

김수영

김수영의 시에서 드러나게 되는 참여 의지는 자유의 개념에서부터 비롯된다. 그는 한국 문화의 다양성과 활력을 깨뜨리는 무서운 폭력을 정치적 자유의 결여라고 규정하고 있다. 자유의 참뜻을 4·19 혁명을 통해 현실적으로 체득했던 그는 4·19 혁명이 군사정권에 의해 좌절되는 것을 보면서 짙은 회의에 빠져들기도 한다. 그는 자유의 실현을 불가능하게 하는 '적'에 대한 증오와 그 적을 수락할 수밖에 없는 현실 사이에서 갈등하면서 「그 방을 생각하며」, 「적」 등을 쓰고, 역사에 대한 깊은 관심과 사랑을 노래한 「거대한 뿌리」, 「현대식 교량」, 「사랑의 변주곡」 등을 발표한다. 그의 시 「풀」은 1970년대 민중시의 길을 열어놓은 대표작의 하나로 평가되고 있다. 김수영의 시적 참여에 관한 주장은 「시여, 침을 뱉어라」(1968), 「반시론」(1968)과 같은 평론을 통해 더욱 분명하게 드러난다. 김수영은 시를 쓰는 것은 '머리'와 '심장'으로 하는 것이 아니라 '온몸으로 밀고 나가는 것'이라고 주장한다. 그는 참여시라는 것이 정치적 자유와 개인의 자유를 인정하지 않는 사회에 대한 시적 대응 방법임을 분명히 한다. 그리고 내용의 자유를 인정하지 않는 사회에서는 형식의 자유도 인정하지 않는다고 말한다. 그러므로 시 쓰기는 모험의 의미를 띤 '자유의 이행'이 된다. 이러한 주장은 사실상 시인으로서 자기 풍자의 극단적인 진술에 해당하는 것인데, 혁명의 좌절을 초래한 소시민들의 소극성을 겨냥하고 있다.

신동엽은 전통적인 서정성과 역사의식의 결합을 시를 통해 실현한다. 그의 첫 시집 『아사녀』(1963)에 수록되어 있는 「진달래 산천」, 「그 가을」, 「내 고향은 아니었었네」 등을 보면 한국 민족이 유지해 온 전통적인 공동체적 삶의 양식이 역사의 격변으로 붕괴되고 있는 과정을 추적하고 있다. 그는 서사적 장시 「금강」(1967)을 발표하기까지 「누가 하늘을 보았다 하는가」, 「조국」, 「껍데기는 가라」 등을 발표하면서 민족공동체의 삶이 역사적 상황의 격변에 따라 붕괴되는 과정을 시적으로 형상화하고 있다. 특히 「껍데기는 가라」는 한스러운 역사를 노래하지 않는다. 오히려 그러한 한의 역사를 극복하기 위한 의지를 구현하기 위해 역사와 현실의 허구성을 폭로하면서 민중적 이념의 실현을 주장한다. 그는 역사의식과 예술적 형상이 가장 절정의 상태에서 통합된 서사적 장시 「금강」(1967)을 발표하면서 현실의 한복판에 서게 된다. 이 시는 동학 농민 혁명 운동을 중심으로 하고 있지만, 식민지시대의 역사로부터 4·19 혁명에 이르기까지의 한국 근대사의 흐름을 민중적 관점에서 조망하고 있다. 물론 이 작품은 서사적인 요건으로서의 객관적인 거리의 문제라든지, 시적 주제의 전개 방식의 불균형이라든지, 어조의 변화 문제 등이 없는 것은 아니다. 그러나 하나의 역사적 사건을 전체적으로 파악하고 거기에 시적인 긴장과 균형을 부여하고 있는 상상력의 힘을 주목하지 않으면 안 된다.

김수영과 신동엽은 서로 다른 시적 출발을 보이면서 그 지향을 같이했던 특이한 존재라고 할 수 있다. 김수영의 도회적 풍모와 지적인 언어는 토착 정서에 뿌리를 두고 있는 신동엽의 서정적 속성과 전혀 다른 느낌을 주기도 한다. 그러나 이 두 시인은 구체적인 삶의 현실을 발견하고 그것을 자기 내면으로 끌어들여 형상화함으로써, 결국은 하나의 귀착점에 도달하고 있다. 그리고 이들이 도달한 시적 지표를 중심으로 새로운 시인들이 모여들어 시적 현실 참여의 실천에 임하게 된다.

민중시와 민중적 상상력

한국 현대시에서 최대의 쟁점이 되었던 시의 현실 참여 문제는 산업화시대에 들어서면서 시적 대상과 시적 인식의 범주를 정립하기 위한 노력으로 확대된다. 이러한 현상은 시인 자신이 경험적 진실성에 대한 추구 작업에 관심을 두고 있음을 말해 주는 것이다. 산업화시대의 시단에서는 민중 지향적인 시적 작업이 두드러진 경향으로 자리 잡는다. 민중시는 사회적 상황이 정치 문화의 폐쇄성과 급격한 산업화의 물결에 의해 혼돈을 거듭하고 있는 여러 가지 특징을 드러낸다. 현실에 대한 비판과 풍자가 시를 통하여 표출되기도 하였고, 소외된 민중의 삶의 모습이 시를 통해 그려지기도 한다. 시인 자신이 현실에 대해 지니고 있는 도덕적 열정이 진취적인 시 정신과 과격한 언어로 묶여져서, 때로는 지나치게 이념적인 색채를 드러내고 있는 것처럼 보였던 경우도 적지 않다. 민중시의 시적 가능성은 신경림, 이성부, 조태일, 최하림, 정희성 등의 실천적인 활동을 통해 확립되고 고은의 시적 변모와 김지하의 풍자와 비판을 통해 더욱 활발하게 확대된다.

  김지하는 산업화시대 군사정권에 의해 자행된 부정과 부패의 사회상을 날카롭게 풍자한 장시 「오적」(1970)을 발표한 후 첫 시집 『황토』(1970)를 간행함으로써 새로운 민중시의 중심 영역에 자리하게 된다. 「오적」으로 인해 시인 자신은 군사정권에 의한 탄압의 표적이 되었지만, 이 작품은 전통적인 운문 양식인 가사, 타령, 판소리 사설 등을 대담하게 변용함으로써 새로운 풍자적 장시의 가능성을 열어놓게 된다. 이 작품에서 비판의 대상으로 삼고 있는 대상은 재벌, 국회의원, 고급 관료, 장성 등이다. 김지하는 한국 사회의 상류층이 보여주고 있는 도덕적 불감증과 부정부패, 호화 사치 등을 신랄하게 비판하고 있으며, 정치적인 폭력에 의해 탄압을 받으면서도 이러한 시적 자세를 굽히지 않는다.

  김지하의 문학이 사회 윤리적 가치 기준에서가 아니라 문학성의 의미에서 다시 관심을 모으게 된 것은, 그가 오랜 동안의 투옥 생활을 겪으면서 적은 시들을 중심으로 묶어낸 시집 『타는 목마름으로』(1982)의 출간과 때를 같이 한다. 이 시집의 시들은 비판과 저항의 의지가 보다 깊이 내면화되면서 정서의 응축을 통한 시적 긴장을 잘 살려내고 있다. 특히 고통을 감내하면서도 체념에 떨어지지 않고, 깨어 있는 의식을 고양시키기 위해 힘쓰는 시인의 처절한 투쟁이 잘 나타나 있다.

저 청청한 하늘
저 흰구름 저 눈부신 산맥
왜 날 울리나 날으는 새여
묶인 이 가슴

밤새워 물어뜯어도
닿지 않는 밑바닥 마지막 살의 그리움이여
피만 흐르네
더운 여름날의 썩은 피

땅을 기는 육신이 너를 우러러
낮이면 낮 그여 한번은
울 줄 아는 이 서러운 눈도 아예
시뻘건 몸뚱어리 몸부림 함께
함께 답새라
아 끝없이 새하얀 사슬소리여 새여
죽어 너 되는 날의 아득함이여

낮이 밝을수록 침침해가는
넋 속의 저 짧은
여위어가는 저 짧은 볕발을 스쳐
떠나가는 새

>   청청한 하늘 끝
>   푸르른 저 산맥 너머 떠나가는 새
>   왜 날 울리나
>   덧없는 가없는 저 눈부신 구름
>   아아 묶인 이 가슴
>
>   —「새」

김지하의 시적 감수성은 언어의 절제에서 그 빛을 발휘한다. 풍자는 상황성이 제거될 경우 자칫 웃음으로 전락될 우려가 있지만, 정서적 긴장과 서정성에 바탕을 둔 시적 감흥은 언제나 상황성을 넘어서는 것이다. 김지하의 옥중 시에는 상반되는 두 가지의 이미지들이 대조를 이룬다. 밝은 것과 어두운 것, 높은 것과 낮은 것, 움직이는 것과 움직이지 못하는 것 등이 미묘한 충돌과 긴장을 불러일으키면서 시에 배치되고 있다. 그리고 그것은 삶과 죽음, 영원과 순간, 의지와 굴욕, 선과 악 등의 가치를 내포한다. 이러한 이미지의 대립과 그 내포된 의미의 갈등은 시적 자아의 내면적 고통과 갈등을 그대로 드러내고 있다. 시적 자아의 형상에서 확인되는 비극적 정황에도 불구하고, 김지하의 시들은 그 비극성을 넘어서는 의지를 잃지 않고 있다. 그는 확신할 수 없는 미래를 노래하지 않으며, 죽음을 앞에 두고서도 싸우고 견뎌야 할 현실이 있다는 것을 강조하고 있는 것이다.

김지하가 『대설 남』(1984)에서 그의 문학적 양식에 대한 실험을 다시 시작한 것은 담시 「오적」의 경우와 유사한 점이 없지 않다. 그는 천박해진 산문의 언어와 감상에 빠진 시의 언어를 거부하고 서정 양식과 서사 양식 사이의 긴장을 지탱할 수 있는 새로운 담론의 형태를 만들어내고 있다. 이 새로운 도전은 그 낯선 형태로 인하여 크게 주목되지 못하였지만, 일종의 제도와 관습으로 고정되어 버린 문학 양식의 틀을 허물어 버림으로써, 그 제도와 관습을 통해서만 인정되어 온 문학적 양식의 보수성에 대한 반발을 정당화시키고 있다. 김지하의 시 창작은 시집 『애린』(1986), 『검은 산 하얀 방』(1986), 『별밭을 우러르며』(1989) 등으로 이어진다. 시집 『애린』에 수록된 시들은 현실에 대한 비판보다는 보다 본질적인 인간의 조건으로서 사랑의 문제를 내세운다. 시집 『별밭을 우러르며』의 경우에도 사회 현실에 대한 비판보다는 개인적인 내면의 독백과 자연에 대한 동화 등 서정적인 내용을 담고 있다. 이것은 김지하가 새로운 시적 주제로 내세우고 있는 생명에 대한 외경과 환경에 대한 관심 등으로 나아가기 위한 변화임을 알 수 있다.

신경림의 시적 출발은 급속한 산업화 과정에서 소외된 농민들의 삶의 현장을 노래하는 것으로 이루어진다. 그의 첫 시집 『농무』(1973)에 수록된 시들을 보면 숙명적으로 땅에 기대어 살 수밖에 없는 농민들의 가난과 고통을 외면하지 않고, 농민들의 삶의 현장에서 우러나오는 소리를 그대로 담아놓고 있다. 그는 농촌을 하나의 풍물적인 자연으로 다루거나 전원적인 것으로 그리는 것을 반대한다. 투박하고 거칠지만, 진실미가 바로 소박함에서 솟아나기도 하는 삶의 현장으로서의 농촌이 그가 즐겨 다루는 시적 대상이다.

  징이 울린다 막이 내렸다
  오동나무에 전등이 매어달린 가설무대
  구경꾼이 돌아가고 난 텅빈 운동장
  우리는 분이 얼룩진 얼굴로
  학교 앞 소줏집에 몰려 술을 마신다
  답답하고 고달프게 사는 것이 원통하다
  꽹과리를 앞장세워 장거리로 나서면
  따라붙어 악을 쓰는 건 쪼무래기들뿐
  처녀애들은 기름집 담벽에 붙어서서
  철없이 킬킬대는구나

>보름달은 밝아 어떤 녀석은
>
>꺽정이처럼 울부짖고 또 어떤 녀석은
>
>서림이처럼 해해대지만 이까짓
>
>산구석에 처박혀 발버둥친들 무엇하랴
>
>비료값도 안나오는 농사 따위야
>
>아예 여편네에게나 맡겨두고
>
>쇠전을 거쳐 도수장 앞에 와 돌 때
>
>우리는 점점 신명이 난다
>
>한 다리를 들고 날나리를 불꺼나
>
>고갯짓을 하고 어깨를 흔들꺼나
>
>― 「농무」

농촌의 현실을 시적으로 형상화하고자 하는 신경림의 노력은 시집 『새재』(1979), 『달 넘세』(1985), 『민요기행 1』(1985) 등으로 이어진다. 신경림의 시에서 사실적으로 그려지고 있는 농촌의 모습과 농민들의 삶은 그것을 그려내고 있는 언어의 일상성과 그 진솔함으로 인하여 실감을 불러일으킨다. 물론 시적 자아는 대상과 거리를 두고 있는 것이 아니라, 바로 그 시적 대상이 되고 있는 농촌의 한복판에 서 있다. 신경림이 그의 시적 작업에서 가장 힘들인 것은 현대시와 민요 정신의 결합이다. 물론 이러한 시도는 기왕의 한국 현대시에서 볼 수 있는 민요적 정조나 율격의 재현을 의미하는 것이 아니다. 그는 민요 속에 살아 있는 집단적인 민중의 삶과 그 의지를 더욱 소중하게 생각하고 있으며, 생활의 체험을 바탕으로 하여 형성되고 있는 실감의 정서를 더욱 귀하게 여기고 있다. 신경림의 장시 「남한강」(1987)은 민중적 서정성을 민요의 정신 속에서 찾고 있는 그의 노력의 결산에 해당한다. 그는 이 작품에서 자신의 체험과 현장 감각을 바탕으로 민중의 삶을 총체적으로 그려내고 있다. 이 작품에서 신경림은 지금은 오히려 제대로 쓰지 않아 낯선 말이 되어 버린 고유한 낱말들을 찾아내어 다듬어 쓰기도 한다. 그러므로 그의 시의 언어는 그 폭이 상당히 넓다. 군데군데 삽입되어 있는 민요의 형태도 전체적인 시적 구조에서 결코 이질적인 요소처럼 느껴지지 않는다. 오히려 민요는 그 가락이 살아나고 있기 때문에, 단조롭게 이어지기 쉬운 장시의 형태 속에서 집단적인 역사 체험이나 민중적인 정서를 충동적으로 환기시키고 있다.

고은의 초기 시들은 시집『피안감성』(1960), 『해변의 운문집』(1964) 등에 실려 있는데, 대체로 삶에 대한 허무 의식이 그 정서의 바탕을 이루고 있다. 그리고 시적 언어도 지나치게 탐미적이고 감상성을 벗어나지 못하고 있다. 그러나 그의 시 세계는 1970년대 중반에 발간된 시집『문의마을에 가서』(1974) 이후 시집『입산』(1977), 『새벽길』(1978) 등을 통해 새롭게 변모된 모습을 보여준다. 그의 시는 시적 자아에 대한 자기혐오나 허무 의식을 떨쳐 버리고 역사와 현실 앞에 자기 의지를 내세우기 시작한다. 고은의 시적 변모는 자의식의 그림자를 완전히 벗어 버린 후 시적 자아의 확립을 재확인하는 일에서부터 이루어지고 있다. 그가 자기 인식에 기초하여 현실을 보고 역사와 대면하기 시작하면서 발표한 시들은 불의의 현실에 대한 격렬한 투쟁 의지를 노래한 것들이다. 그는 폭력의 정치에 온몸으로 저항하면서도 참담한 현실을 절망하지 않는다. 그의 시에는 신념과 의지가 살아 움직인다. 이 무렵에 발표된 시「나 자신을 위하여」, 「조국의 별」 등을 보면, 역사에 대한 신념을 강하게 드러내고 있다. 투쟁이 필요하던 시대에 고은의 시는 그 자체를 이루고 있는 언어 하나하나가 모두 그의 시의 한 제목처럼 날카로운 '화살'이 되어 현실의 과녁을 향해 던져지고 있다. 그러므로 고은은 군사정권에 저항하면서 몇 차례 투옥되는 곤욕을 치르면서 그 절망의 시대를 극복한다. 그리고 그의 시 세계는 보다 폭 넓고 깊은 역사의식을 포괄할 수 있는 상상력의 힘을 지니게 된다. 그의 연작시「만인보」와 장시「백두산」은 민중적 상상력의 시 성과에 해당된다. 「만인보」는 그 규모의 방대성과 시적 정신의 포괄성에서 단연 돋보이는 작품이다. 민족의 삶의 모습을 시간과 공간의 제약 없이 다채롭게 엮어 가고 있는 이 시에서 연작성의 효과는 그 반복과 중첩의 묘미에서 찾아진다. 이 작품은 시적 테마의 확대와 심화를 위해 서정시의 형식을 연작의 기법으로 확장하고 있으며, 인간과 그 삶의 현실에 대한 시인의 관심이 얼마나 폭이 넓고 깊은 것인가를 잘 보여준다. 이 연작시에서 시인은 서정의 세계가 포괄할 수 있는 삶의 모든 가능성을 그려내고, 자신이 그려내는 모든 것들에 대한 지극한 사랑을 표시한다. 그러므로 민중의 다양한 삶과 그 총체적인 인식을 시적 테마로 다루고 있는 「만인보」야말로 삶의 언어 그 자체라고 할 수 있다.

시적 기법과 서정성

한국 현대시 가운데 민중시가 민중적 정서에 바탕을 두고 민중의 삶의 현실에 관심을 집중해 왔다면, 시 정신 자체를 개인적 정서에 근거하여 새롭게 확립하고자 노력을 기울여 온 시인들도 적지 않다. 시적 언어와 대상에 대한 인식 문제에 관심을 기울여 온 황동규, 정현종, 김영태, 오규원, 이승훈 등이 이러한 경향을 보여준다. 그리고 이들과 함께 시의 서정적 전통에 집중하면서 일상적 삶의 모순을 시를 통해 규명하고자 하는 정진규, 오세영, 김종해, 이건청, 이수익 등의 시적 성과도 중요한 의미를 지닌다. 김후란, 허영자, 유안진, 신달자, 김초혜, 문정희, 김승희 등의 여성 시인들에 의해 한국의 현대시가 그 감수성의 세련을 기할 수 있게 된 점도 주목된다. 이들의 시적 작업은 때로는 순수주의로 비판되기도 하고 때로는 관념적 현학 취향으로 지적되기도 하였지만, 산업화 과정에서 소외되고 있는 인간의 존재와 그 본질의 문제에 대한 질문을 계속하고 있다. 그러므로 이들의 시에서는 왜곡된 인간의 모습이 왜곡된 언어에 의해 그려지기도 하며, 현실을 초월하고 있는 고양된 정서가 드러나기도 한다. 도시적인 것, 문명적인 것들이 지니는 비인간적인 요소는 대부분 이들의 시에서 기지의 언어로 매도된다. 그렇지만 이들은 결코 목청을 돋우어 소리치지 않으며, 언어의 베일을 통한 감정의 은폐 작업을 계속하고 있다.

　황동규의 초기 시들은 첫 시집 『어떤 개인 날』(1961)과 둘째 시집 『비가』(1965)를 통해 정리되고 있다. 이들 시집에 수록된 「시월」이나 「즐거운 편지」 등과 같은 작품은 그리움과 기다림이 담긴 적막하고 쓸쓸한 내면 풍경을 담고 있다. 그리고 「비가」를 통해 우울한 내면세계의 묘사에서 현실의 고뇌를 껴안으려는 정열을 드러낸다. 방황하는 자, 혹은 내몰린 자의 언어를 통해 자아와 현실 사이의 갈등을 드러내고 있는 이 작품은 시인이 구체적인 현실 세계로 그의 관심을 돌리고 있음을 암시하기도 한다. 황동규는 김영태, 마종기와 함께 『평균율』이라는 공동 시집을 몇 차례 묶어내면서 시적 세계의 내면 공간을 외부적인 현실로 확대하고 있다. 그의 시는 자아와 현실 사이의 갈등, 꿈과 이상을 억압하는 현실에 대한 부정 등을 통해 보다 역동적인 상상력을 발동한다. 그의 시 「태평가」를 비롯해 「삼남에 내리는 눈」, 「열하일기」는 이러한 문제의식에서 출발하고 있는데, 감정을 통어하는 시인의 목소리가 반어적 울림으로 드러난다. 그의 시집 『삼남에 내리는 눈』(1975)을 보면, 긴장감을 잃지 않고 있는 모순어법을 통해 상황적 문제성을 극명하게 제시하는 여러 시편들이 수록되어 있다. 그가 즐겨 활용하고 있는 언어의 패러독스가 극적으로 현실과 대면하게 되는 것은 정치적인 폭력과 그 무자비성에 대한 비판적 인식에 접근하면서부터이다. 그는 정치적 폭력이 어떻게 한 인간의 순수한 꿈과 사랑을 파괴시키고 있는가를 보여주기 위해, 꿈과 사랑이 성립될 수 없는 냉혹한 현실과 어둠의 세계를 시적 정황으로 구체화시켜 놓고 있다. 한국 사회의 산업화 과정에서 황동규는 시집 『나는 바퀴를 보면 굴리고 싶어진다』(1978), 『풍장』(1984), 『견딜 수 없는 가벼운 존재들』(1988) 등을 발간하면서 현실의 문제보다는 본질적인 세계에 대한 관심을 심화시키고 있다. 이 과정에서 그가 내놓은 절창의 노래가 연작시 「풍장」이다. 이 시에서 황동규는 역사와 현실에서 한걸음 물러서 그 역사와 현실 인식을 넘어서는 새로운 공간의 시학을 창조하고 있다.「풍장」은 죽음에 대한 명상을 노래한다. 시인은 죽음에 대한 시적 체험을 통해 삶의 무게를 덜고 삶과 죽음이 적대적 요소가 아님을 확인한다. 이 연작시는 세속의 옷을 벗고 한없이 자유롭고 가벼워지려는 시인의 의지를 담고 있기 때문에, 자유분방한 시어로 육체를 탈속시킨 정신의 높은 경지를 보여준다. 이러한 정신적 경지는 삶과 죽음에 대한 남다른 숙고가 있었기에 가능한 것이라 생각된다.「풍장」은 시간의 멈춤, 또는 시간의 감각 자체를 뛰어넘는 긴장을 수반한다. 그러므로 삶도 초월하고 죽음도 벗어난다. 이 몰아의 경지는 황동규의 시가 추구하고 있는 궁극의 자리라고 할 수 있다. 무위의 자연과 그 자연의 본연으로 돌아가고자 하는 시인의 노력은「풍장」이후에도 시집 『몰운대행』(1991), 『미시령 큰바람』(1993) 등으로 이어지고 있다.

정현종은 첫 시집 『사물의 꿈』(1972)에서부터 사물의 세계와 정신의 세계 사이에 내재되어 있는 유추론적 의미의 연관을 언어를 통해 포착하는 데에 몰두한다. 그는 사물의 다양한 형상과 움직임과 그 존재의 의미를 상대적인 이미지로 바꾸어 놓는다. 낮은 것과 높은 것, 어두운 것과 밝은 것, 움직이지 않는 것과 움직이는 것, 단단한 것과 부드러운 것 등의 이미지의 충돌이 그의 시에서 자주 일어나고 있다. 그러나 이러한 시적 이미지의 긴장 관계는 사물의 세계와 정신의 현상이 서로 하나가 되는 과정에서 나타나는 것이지, 시인의 언어적 횡포는 아니다. 그의 시는 존재하는 사물과 그것을 지향하는 의식이 이미지의 언어를 통하여 하나가 되는 과정을 그대로 보여주고 있다. 시집 『나는 별아저씨』(1978)에서는 역동적인 이미지들이 더욱 복잡하게 얽혀 새로운 의미를 창조한다. 그것들은 때때로 대상을 왜곡시키고, 바로 그 왜곡된 대상으로 인하여 시적 자아의 형상을 왜곡시킨다. 현실에 대한 발언들이 함의적으로 담겨지기도 하지만, 이미지는 더욱 생동한다. 정현종은 언어의 개념이 가지는 자의적인 의미와 그 횡포를 거부한다. 그는 언어로 지시되는 관념을 거부하기 위해 오히려 이미지의 구체성을 추구하는 것처럼 보이기도 한다. 정현종은 제3시집인 『사랑할 시간이 많지 않다』(1989)를 고비로 하여 현실과 꿈의 갈등보다는 생명 현상과의 내적 교감, 자연의 경이감, 생명의 황홀감을 노래하면서 갈등보다는 화해의 세계를 지향하는 새로운 경향을 보여주고 있다. 이러한 시적 관심의 변화는 자연에 대한 새로운 인식을 통해 더욱 분명하게 드러난다. 시「자」는 문명과 인공이 인간을 억압하는 반면, 자연만이 인간을 구원할 수 있는 유일한 척도임을 제시하고 있는 대표적인 작품이라고 할 수 있다.

　시인 오세영은 첫 시집 『반란하는 빛』(1970)에서부터 사물에 대한 지적인 통찰력을 보여주면서 시적 서정성의 확립에 더 큰 비중을 두고 자신의 개성을 가꾸어 온 시인이다. 그는 전통적인 시적 정서를 외면하지 않으면서, 도시적 감각도 살려내고, 체험에 바탕을 둔 삶의 진실을 시의 세계에 포괄하고자 노력한다. 그의 시가 펼쳐 보이는 개인적인 서정의 세계는 세속의 생활 감정에서 선(禪)의 경지에 이르는 고아한 정신의 상태까지 폭이 넓다. 오세영은 시집 『가장 어두운 날 저녁에』(1983)를 내면서 초기 시의 모더니즘적인 감각을 벗어나고 있다. 1970년대의 정치적인 격동과 혼란한 사회 현실을 통과하면서 그의 시들은 일상성에 대한 관심으로 인식의 폭이 확대되고 있으며, 삶의 본질을 보다 깊이 있게 성찰하고자 하는 철학적인 분위기를 드러내기도 한다. 여기서 철학적이라는 말은 이성적인 판단이나 논리적인 사유를 말하는 것이 아니라, 사물의 현상과 그 본질을 인식하는 방법의 깊이를 뜻한다. 철학적이라는 말은 오히려 종교적이라는 말로 바꾸어 말할 수 있을지도 모르겠다. 사물은 결국 그것이 만들어진 본래의 형상으로 돌아가고 만다는 평범한 종교적인 회귀의 원리가 오세영의 시에서 빛을 발한다. 모든 사물의 생성과 소멸의 원리를 일원적으로 파악하고 있는 이 시인의 언어가 모순의 어법처럼 느껴지는 것은 당연한 일이다. 오세영은 연작시「무명연시」(1986)에서 불교적인 '무명'의 주제에 매달리면서 더욱 종교적인 사색에 깊이 빠져들고 있다. 그리고 그의 깨달음의 길에 이르기 위한 노력이 일상의 현실과 부딪치고 있는 모습은 시집 『불타는 물』(1988)에서 더욱 심화되어 나타나고 있다.

4. 분단시대의 희곡 문학

민족 분단과 극문학의 분열

한국 사회가 해방 직후 이념적 갈등을 겪는 동안 극문학과 연극 분야도 커다란 변혁의 과정을 거치고 있다. 조선연극건설본부와 조선프롤레타리아 연극동맹 등의 좌익 연극운동을 주도한 극작가 가운데 송영, 신고송, 함세덕, 박영호 등은 국토의 분단과 함께 활동 무대를 평양으로 옮긴다. 그러나 유치진, 오영진 등은 새로 조직된 '극예술협회'를 중심으로 활동을 재개한다.

유치진은 희곡 「자명고」(1947), 「조국」(1948), 「원술랑」(1950) 등을 무대에 올림으로써 명성을 되찾고 있다. 유치진의 「자명고」는 과거 역사 속에 남아 있는 설화적인 요소를 극적으로 확대시켜 역사극의 새로운 가능성을 확보하고 있다. 그러므로 사실적인 성격보다는 오히려 낭만적인 요소가 더 강하게 드러나 있다. 희곡 「조국」은 3·1운동을 소재로 하고 있다. 이 작품에는 독립운동가였던 남편을 잃고 홀로 살아가는 아낙네와 그녀의 외아들이 등장한다. 이들은 일본 경찰의 탄압에도 굴하지 않고 만세운동에 나서며, 끝까지 항일 투쟁의 의지를 굽히지 않는 것으로 그려지고 있다. 극적인 구성 요소는 약하지만, 작가 자신이 일제 말기의 자기 과오를 작품을 통해 청산하고자 하는 의욕이 담겨 있다고 할 수 있다.

오영진은 해방 직후 혼란기의 사회 현실에 대한 비판과 풍자를 극적인 언어로 표현하는 데에 성공하고 있다. 그의 희곡 「살아있는 이중생 각하」(1949), 「정직한 사기한」(1949) 등은 모두 현실 사회의 비리와 모순에 대한 날카로운 비판을 주제로 하고 있다. 「살아있는 이중생 각하」는 친일 사업가 이중생이 해방 직후의 혼란을 틈타서 더 큰 재산을 모으고 일신의 영화를 도모하다가 끝내는 자멸한다는 이야기이다. 진정한 삶의 가치가 전도되어 버린 당대의 혼란상에 대한 야유와 조소가 돋보인다. 「정직한 사기한」의 경우에도, 선과 악이 제대로 구별되지 않고 있는 사회 현실이 역설적으로 그려지고 있다.

한국의 극문학이 현대적인 면모를 갖추게 된 것은 한국전쟁을 겪고 난 뒤의 일이라고 할 수 있다. 본격적인 무대예술의 활성화를 기할 수 있는 공연 무대의 확충이 국립극장의 개관과 함께 이루어지고 있으며, 극단 '신협'의 등장, '제작극회'의 활발한 연극 활동 등에 힘입어 극문학이 활기를 되찾게 된다. 특히 극작가들 가운데 송영, 함세덕 등이 월북한 후에 유치진, 오영진, 김진수 등이 극문학계의 재건에 힘을 기울였고, 차범석, 임희재, 하유상, 이용찬, 김자림, 박현숙, 이근삼 등의 신인 극작가들이 등장하여 주제 의식의 확대와 극적 기법의 다양성을 추구하게 된다. 차범석과 하유상의 작품에서 볼 수 있는 전통 의식과 리얼리즘의 기법은, 임희재와 이근삼의 작품에서 잘 드러나고 있는 현실 의식이라든지 세태 비판을 위한 아이러니의 설정 등과 좋은 대조를 이루고 있다.

차범석은 희곡 「나는 살아야 한다」(1959)에서 한국전쟁의 상처를 극복해 가는 삶의 과정을 보여줌으로써, 인간의 삶에 대한 애착과 집념 어린 인간미의 한 단면을 제시한 바 있다. 그러나 이 작품보다 더욱 주목된 것은 희곡 「불모지」(1957)이다. 차범석의 작품 세계의 한 윤곽을 그려 보이고 있는 「불모지」에서 작가가 노리고 있는 것은 갈등의 극적 양식이다. 전후 한국 사회의 격변 과정에서 전통적인 생활양식과 가치관이 붕괴되는 과정을 세대 갈등이라는 새로운 극적 요소를 통해 그려내고 있기 때문이다. 전후의 궁핍한 현실을 배경으로 하고 있는 이 작품의 중심인물은 낡은 한옥에서 구시대의 생활 풍습을 고집하며 살고 있는 늙은이다. 그의 주변에는 변화의 현실에 무턱대고 따라가다가 스스로 파멸의 길에 빠져드는 자녀들의 모습이 극적인 대조를 보이고 있다. 이 작품과 비슷한 주제를 역사의식을 가미하여 새롭게 해석한 작품이 1960년대 중반에 발표한 「청기와집」(1964)이다. 이 작품은 구시대의 삶의 방식에 매달려 새로운 현실 변화를 제대로 이해하지 못하는 노인의 절망과 새로운 시대의 요구를 잘못 받아들여 오히려 파멸에 이르는 자식들의 관계가 그려져 있다. 물론 작가는 구시대의 몰락에 관심을 기울이고 있지만, 이 작품의 핵심은 오히려 새로운 시대 질서에 적극적으로 대응하여 가는 적극적인 인간형을 요구하는 데에 있다고 할 것이다.

사회 현실과 이념의 괴리를 보다 적극적으로 그려 보고자 하는 차범석의 의욕과 그의 인간주의적 작가 의식이 극적으로 대응하고 있는 작품이, 그의 대표작으로 손꼽히고 있는 희곡 「산불」(1961)이다. 이 작품은 토속적인 공간을 무대로 설정하고, 그 속에서 인간의 본능적인 욕망과 이데올로기의 관념성을 대조적으로 보여주고 있다. 마을에 숨어 들어온 공비와 그 공비를 숨겨 두고 있는 아낙네의 욕망을 사실주의적인 기법으로 묘사하고 있는 이 작품의 극적인 성과는 무엇보다도 이데올로기의 도식성을 인간의 본능적인 요구로 극복하고 있는 점이라고 할 것이다.

하유상은 그의 첫 작품인 「딸들의 연인」(1956)에서부터 신세대의 새로운 윤리 감각과 구세대와의 갈등을 통해 한국 사회의 세태 변화를 극적으로 포착하고 있다. 그의 초기 작품 가운데 주목되고 있는 희곡 「젊은 세대의 백서」(1959)는 세태와 인정에 관심을 기울이고 있는 작가의 작품 세계의 특징을 잘 보여주고 있다. 이 작품은 젊은 세대인 개방적인 자녀들과 낡은 세대인 보수적인 부모를 대비시켜, 결혼 문제를 둘러싸고 벌어지는 충돌을 세대 갈등의 문제로 극화하고 있다. 1960년대에 들어서면서 하유상은 황폐한 사회 현실과 고통스런 인간의 삶에 관심을 기울이면서, 「종착지」(1960), 「절규」

(1961) 등의 작품을 발표하고 있다. 「종착지」의 극적 구성에서 가장 주목되는 것은 도시 변두리의 무허가 판자촌에 모여든 하층민들의 다양한 모습을 통해 삶에 대한 절망감을 극적으로 보여주고 있다는 점이다. 직업을 잃어버린 실직자, 날품팔이, 떠돌이 장사꾼, 노름꾼, 몸을 파는 창녀, 4·19 혁명 대열에 나섰다가 부상당한 대학생 등이 등장하는데, 이들은 각기 철거 명령이 내려진 판자촌에서 자신들의 삶의 방향을 찾지 못하고 방황한다. 이들의 모습에서 느낄 수 있는 허망함은 극적인 분위기를 통해 독특한 페이소스를 자아내고 있다. 「절규」의 경우에도 미군을 상대로 하는 접대부와 그의 남동생인 대학생을 등장시켜 이들이 겪는 삶의 고통과 절망을 그려낸다. 현실 정치의 불의에 항거하여 4·19 혁명에 가담했다가 총탄에 쓰러져 버린 남동생의 좌절과, 동생에게 모든 기대를 걸고 자신의 몸을 팔아 학비를 만들었던 누이의 절망이 이 작품의 정조를 지탱하고 있다.

임희재의 희곡 「복날」(1956), 「고래」(1956) 등은 모두 전후의 각박한 현실을 무대 위에 옮겨놓고 있다. 「복날」의 경우는 무허가 판잣집을 강제 철거당한 철거민들의 어처구니없는 죽음을 통해 삶 자체를 희화적으로 그려내고 있으며, 비슷한 소재의 「고래」에서는 오히려 끈질긴 삶에 대한 의욕을 보여주고 있다.

한국 극문학은 이근삼의 등장과 때를 같이하여 풍자극의 새로운 양상을 보여준다. 그는 희곡 「원고지」(1960)를 발표하면서 전통적인 리얼리즘 극을 중심으로 전개되어 온 한국의 극문학에 새로운 바람을 불러일으키고 있다. 「원고지」는 지식인의 자기 풍자를 단막극의 형식을 통해 형상화하고 있는 작품이다. 작품의 주인공은 영문학 교수이지만 학문의 열정보다는 일상의 현실에 쫓기며 돈을 벌기 위해 번역에나 매달리고 있는 중년의 사내이다. 따라서 학자로서의 품위도 지키지 못하고 존경도 받지 못한다. 가정에서도 별 볼일없는 가장에 불과하다. 가족의 생계를 위해 돈을 버는 일에 매달리고 있는 이 허망한 주인공에게 남은 것은 황폐한 삶뿐이다. 자동 번역기계로 전락해 버린 이 교수의 행태에서 느낄 수 있는 것은 웃음이 아니라 참담함이다. 물질적인 것에 의해 여지없이 무너지고 있는 정신적인 가치를 이 작품에서 쉽게 확인할 수 있다.

　작가 이근삼의 풍자적인 기법과 예리한 현실 인식은 상류층의 삶에 대한 비판으로 이어지고 있다. 희곡 「위대한 실종」(1963)에서는 명예욕과 허영심에 의해 파멸해 가는 인간들을 향해 비판의 화살을 던지기도 하고, 「광인들의 축제」(1969)에서는 지식인들의 기회주의적인 속성과 위선적인 태도를 꼬집기도 한다. 특히 「위대한 실종」에서 드러나고 있는 풍자성은 작품 구성에서 볼 수 있는 스토리의 역전을 통해 신랄함을 더하고 있다. 그의 작품은 정치 현실에 대한 비판과 풍자로 발전하면서 「제18공화국」(1965)이라든지, 「대왕은 죽기를 거부했다」(1962)와 같은 화제작을 내놓고 있다. 「제18공화국」은 자유당 정권에서부터 군사정권에 이르기까지의 정치 현실을 풍자한다. 이 작품의 등장인물은 모두 동물과 곤충의 이름을 거꾸로 바꿔 달고 있으며, 정치적 폭력과 부정과 부패로 이어지고 있는 정치사회의 비리가 이야기의 골격을 이룬다. 이 작품의 결말은 부정과 불의의 정권이 다시 군사 쿠데타로 무너지는 것으로 되어 있는데, 당대의 현실에 대한 야유가 덧붙여지고 있다. 영구 집권을 꿈꾸는 독재 군주의 망상과 그 허욕을 풍자하고 있는 「대왕은 죽기를 거부했다」는 백성들의 신망을 잃어버린 군주의 최후의 모습이 당대 한국 사회의 한 단면을 연상케 하고 있다.

민속극의 현대적 변용

　한국 사회가 산업화 과정에 들어선 1970년대 이후의 극문학은 전문적인 매체로서 《연극평론》(1970), 《현대연극》(1971), 《드라마》(1972), 《한국연극》(1975) 등의 창간으로 창작 활동의 기반이 확대된다. 그리고 연극 공연 무대가 확충되고, 특히 소극장 운동이 활발하게 전개되면서 전문적인 극단도 여

럿 창설되어 극예술 전반의 활성화가 가능해진다. 극문학의 경우에는 서구적인 극 양식과 전통적인 민속극의 구성 원리를 새로이 결합시켜 보고자 하는 움직임이 일어나면서, 전통적인 탈춤과 판소리의 기법이 연구되고 그 미학적인 요건들이 새롭게 조명되기도 한다. 그 결과로 외래적인 양식으로 출발한 한국 현대 극문학이 전통적인 것과 접맥될 수 있는 새로운 가능성을 확보하게 된다. 이러한 움직임은 1980년대의 민중극이 지향하던 반체제적인 속성으로 귀결되기도 하였지만, 한국 현대 극문학의 정체성 확립이라는 의미에서 그 문학사적 성격이 인정될 수 있을 것이다.

오태석의 작품 세계는 1970년대 극문학의 변화 과정을 가장 잘 보여주고 있다. 오태석은 그의 작품 「환절기」(1968)에서부터 인간 내면의 미묘한 심리적 갈등을 집요하게 파고든다. 「환절기」는 평범한 남녀 간의 애정 갈등을 극적 구성의 표면에 내세우고 있다. 그러나 이 작품의 핵심은 삼각관계의 애정 갈등이 어떤 결말에 이르는가에 달려 있지 않다. 작가는 일상적인 현대인들의 삶에서 인간에 대한 불신과 자기소외가 얼마나 무서운 결과를 초래할 수 있는가를 보여준다. 애정 갈등이라는 외관 속에는 현대인들의 정신적 병리 현상이 적나라하게 펼쳐지고 있다. 작품의 무대가 되고 있는 외딴 산장은 닫혀 있는 인간의 현실 공간을 상징한다. 그리고 거기에 등장하고 있는 세 인물은 모두 자기 정체성을 상실하고 있는 인간들이다. 이들이 벌이고 있는 갈등은 행위의 반전에 따라 발전되고 해소되는 것이 아니다. 오히려 상호 소통이 단절되어 버린 소외 상태에서 의식의 추이에 따라 확대되고 심화된다. 이 작품과 유사한 패턴을 보여주고 있는 「유다여, 닭이 울기 전에」(1969)에서도 오태석은 부조리한 상황 속에서 파멸해 가는 여인의 모습과 그 내면적 고통을 극적으로 포착해 내고 있다.

오태석이 인간의 내면을 추구하는 심리적 기법에 역사의식과 전통에 대한 감각을 덧붙이기 시작한 것은 1960년대를 지나면서부터이다. 「초분」(1973), 「태」(1974), 「춘풍의 처」(1976) 등에서 오태석은 한국인들의 전통적인 삶의 양식을 통해 인간의 원시적 생명력과 그 본능을 확인하고 있다. 문명적인 것에서 원시적인 것으로, 심리적인 것에서 본능적인 것으로, 현실에서 역사적 과거로 관심을 돌리기 시작한 오태석의 작품 세계는 전통적인 마당극의 연극적 정신을 추구하기 시작한 1970년대의 새로운 연극운동과 미묘하게 조응하고 있음을 보게 된다. 오태석이 새로이 창안하고 있는 이 같은 극 양식에는 우선 극적 장면의 다양성과 변화를 유도하기 위한 춤의 도입이 두드러진 특징으로 나타난다. 그리고 많은 노래가 극중에 삽입됨으로써 춤의 시각적 효과와 함께 극적 사건의 진전을 도모하고 있다. 물론 대사의 경우에도 대담하게 판소리나 타령조의 사설을 활용한다. 놀이 형태로서의 극 양식에 대한 그의 새로운 시도는 마당놀이의 무대적 확대로서의 의미를 지니는 것이라고 할 수 있다.

이재현은 「신시」(1972), 「성웅 이순신」(1973), 「썰물」(1974) 등과 「화가 이중섭」(1979) 등에서 인간의 내면에 깃들어 있는 이상을 향한 의지를 극적으로 구현하는 데에 성공하고 있다. 「성웅 이순신」과 같은 작품은 이미 널리 알려진 소재이지만, 영웅적 인간상으로서의 이순신에 대한 관심보다는 일상적 인간으로서의 이순신의 내면을 치밀하게 묘사하고자 하는 시도를 보여준 작품이다. 이러한 방법은 「화가 이중섭」에서도 확인된다. 「썰물」의 경우에는 극중의 모든 대사를 전통적 율문 형태로 바꾸어 놓음으로써, 판소리나 가사 등이 낭창되는 방법을 현대적으로 재현하고자 하는 시도를 보여주기도 한다. 이러한 관심은 1970년대에 관심이 고조된 전통적인 민속극의 현대화 작업에 영향을 받은 것이라고 할 수 있다.

윤대성은 「망나니」(1969)에서부터 전통적인 탈춤의 구성 원리를 활용한 바 있다. 그의 「노비 문서」(1973)는 민속극 형식의 현대적 수용에 있어서 극적인 효과를 거두어들인 대표적인 작품에 속한다. 이 작품에서 작가가 관심을 기울이고 있는 것은 등장인물의 성격이나 사건의 추이가 아니다. 오히려 극 양식 자체의 완결성에 대한 관심이 더욱 크다. 그러므로 전체적인 극의 구성과 그 표현 기법에 대한 배려가 더 큰 비중을 지니는 것임을 알 수 있다. 「너도 먹고 물러나라」(1973)와 같은 작품은 무대의 개방을 통하여 극중의 현실과 무대 밖의 청중 사이의 거리를 제거하는 방식을 택하고 있다. 마당놀이의 극적 변용이라고 할 수 있는 이러한 기법은 1980년대에 이르기까지 많은 극작가들에 의해 널리 활용되고 있다.

5. 문학비평의 논리와 형태

비평의 방법과 논리

한국문학은 3·1운동 직후 1920년대부터 다양한 비평적 담론을 통해 문학비평의 독자성을 확보하고 있다. 한국의 문학비평은 그 출발점에서 전통적인 심미 사상을 제대로 계승하지 못하였지만, 스스로 어떤 방법을 창조하기 위해 여러 가지 시험을 거쳤다. 일본의 식민지 지배를 벗어난 해방 이후에는 서구 문예이론의 폭넓은 수용이 이루어지면서 방법론 자체에 대한 이해와 함께 문학적 현상에 대한 새로운 분석과 해석을 가능하게 하였다. 그렇기 때문에 오늘의 한국 문학비평은 방법론의 자기 모색 단계를 벗어나고 있다.

한국의 문학비평은 그 방법과 형태가 비평의 정신적 지향과 맞물려 대부분 문학 외적인 현실 이념에 깊이 연관되어 있다. 이것은 문학 자체가 시대적 조건이나 상황 변화에 밀착되어 있는 데에서 비롯된 현상이 아닌가 생각된다. 물론 문학비평은 그 방향이 어떠한 속성을 드러내고 있든지 간에, 한국문학의 존재 의미를 정당화해 나아가기 위해 필요한 방법과 정신을 대변해 온 것이 사실이다.

해방 이후 민족 분단의 역사적 상황을 배경으로 하는 한국 현대문학에서 지속적인 관심사로 제기된 비평적 쟁점은 문학의 가치에 대한 인식을 둘러싸고 이루어진 일련의 논쟁들이다. 해방 직후 민족문학의 새로운 건설을 놓고 문단의 좌우 세력이 서로 갈등하면서 제기한 계급·순수론, 60년대 중반 이후 문학과 사회 현실의 관계를 재정립하기 위해 논했던 순수·참여론, 70년대 중반부터 문학과 민족 전체의 삶에 대한 인식의 방법을 중심으로 논란을 거듭한 민족문학론 등이 모두 여기에 속한다. 이들 논쟁은 그 성격상 가치론의 범주에 속하는 것인데 문학 외적인 시대 상황의 변화에 따라 그 방향이 결정되고 있다.

민족문학의 이념적 갈등

　해방 직후의 문단에서 제기된 중요한 비평적 담론은 새로운 민족문학의 건설 문제이다. 이것은 한국문학의 정신적 좌표를 설정하기 위한 비평적 작업과 직결된다. 그러나 그 구체적인 실천의 방법에 있어서는 문단적 분위기를 지배하고 있던 이데올로기의 요구에 따라 서로 다른 지향을 드러내고 있다. 문단의 조직이 좌익과 우익으로 분열되면서 그 이념적 대립이 심화되었던 것이다.

　좌익 문단의 경우, '조선문학건설본부'가 결성된 후 '조선프롤레타리아문학동맹'이 다시 조직되어 문학운동의 이념적 정통성과 노선 문제를 놓고 갈등을 드러내게 된다. 조선문학건설본부는 '인민에 기초한 새로운 민족문학'을 내세웠고, 조선프롤레타리아문학동맹은 '계급에 기초한 프롤레타리아문학'을 주장하면서 문학운동의 방향을 설정하고 서로 조직의 우위를 점하기 위한 활동을 전개한다. 그러나 좌익 문단의 조직 분열은 조선공산당이 장안파와 합류하면서 정치 운동의 단일 노선을 구축하게 되자 곧 해소되기에 이른다. 두 조직의 통합으로 '조선문학가동맹'의 결성을 보게 되면서 좌익 문단의 조직 분열과 이념적 갈등도 극복되고 있는 것이다.

좌익 문단의 민족문학에 대한 논의는 조선문학가동맹의 결성과 동시에 새로운 단계에 접어들고 있다. 조선문학가동맹은 그 강령에서 ① 일본 제국주의 잔재 소탕, ② 봉건주의 잔재의 청산, ③ 국수주의 배격, ④ 진보적 민족문학의 건설, ⑤ 조선문학의 국제 문학과의 제휴 등을 내세우고 있다. 여기서 진보적 민족문학의 이념적 성격은 민족문학이 노동계급의 이념에 기초한다는 점을 밝힌 임화의 주장을 통해 분명하게 규정된다. 임화는 좌익 문단의 조직을 주도하면서 인민에 기초한 문학, 진보적인 민족문학, 민주주의적 민족문학이라는 개념들에 내포되어 있던 이념적 불투명성을 제거하고, 민족문학의 건설이 노동계급의 이념성에 의해 규정되는 계급문학임을 분명히 하고 있는 것이다. 이들이 각기 다르게 내세운 바 있는 '진보적', '민주주의적' 등의 관형어들은 모두 문화통일전선 운동을 전개하기 위한 방편으로 동원된 것이라고 할 수 있는데, 노동계급을 민족 해방의 동력으로 내세우고 있는 이념주의자들의 정치 운동이 문학운동의 노선을 완전히 장악하고 있다는 점도 간과할 수 없는 사실이다.

그렇지만, 좌익 문단의 민족문학론은 미군정 당국에 의해 조선공산당의 모든 정치 활동이 금지되자, 조선문학가동맹의 중요 구성원들이 대부분 월북해 버림으로써 점차 그 영향력이 좁아지게 된다. 그리고 민족문학에 대한 논의 과정 자체도 정치 운동과 문화 운동의 접근을 시도했던 이념론자들의 논리에 의거한 것이었기 때문에, 계급문학으로서의 민족문학은 현실적인 정치조직의 기반이 와해되기 시작하면서 실천적인 입지를 잃고 있다고 할 것이다.

민족 계열의 우익 문단에서는 조선문학가동맹을 통해 좌익 문단의 통합이 이루어지자, 이에 대응하여 문단을 정비하고 '전조선문필가협회'를 조직하게 된다. 그리고 소장파 문인들이 중심이 되어 '조선청년문학가협회'를 조직하면서부터 민족문학에 대한 새로운 논의를 전개하고 있다. 전조선문필가협회와 조선청년문학가협회의 문학 노선은 문학의 자율성과 순수성에 대한 주장을 통해 공식주의적인 문학의 경향을 배격하고 문학의 독자적인 영역을 강조하고 있다. 특히 문학의 순수성을 강조함으로써 그 이념적 편향을 경계하고 있으며, 표현론적 관점에 입각하여 문학의 본질적인 미적 가치 자체를 중시하고 있다. 그러나 이 같은 순수문학론은 역사와 현실로부터의 문학의 초월적인 입장을 고수한다는 점에서 좌익 문단으로부터 반역사적인 문학주의로 매도되고 현실도피적인 문학으로 비판되기도 한다. 그렇지만 김동리, 조지훈, 조연현 등에 의해 순수문학에 대한 논의가 거듭 제기되면서 그 영향력을 확대하고 있다.

김동리는 민족문학과 순수문학을 등질적인 관계로 설명한다. 문학의 본질적인 속성이란 김동리의 주장에 의하면 인간성 옹호, 개성 향유를 전제로 한 인간성의 창조 의식의 신장 등으로 요약된다. 그는 이러한 정신이 휴머니즘에 맞닿는 것이기 때문에, 휴머니즘의 정신에 바탕을 둔 순수문학이 민족문학의 실체임을 강조하게 되는 것이다. 김동리는 민족정신이라는 것을 민족 단위의 휴머니즘이라고 주장함으로써 임화가 내세웠던 노동계급의 이념으로서의 민족의 이념이라는 개념에 정면으로 충돌하고 있다. 민족 단위의 휴머니즘을 민족정신이라고 할 경우, 민족에 대한 계급적 인식을 초월하는 포괄적인 관점을 취할 수밖에 없다는 것은 당연한 일이다.

그런데 김동리가 주장하고 있는 순수문학론은 이헌구, 조연현, 조지훈 등에 의해 다시 강조되면서 한국문학의 새로운 지표로 귀결된다. 김동리를 중심으로 하는 조선청년문학가협회가 정부 수립 후에 문인 집단의 중심을 이루게 되었으며, 그 문학적 지표가 모두 김동리의 순수문학적 입장과 동일선상에 놓여 있었던 점이 바로 이를 입증해 주고 있다. 당시의 상황으로 보아 이러한 방향 정립은 정치적 판도에 따른 것이지만, 민족문학 자체의 속성이나 그 역사적 의미에 대한 논의가 문학의 순수 본질론으로 대치되었다는 점을 알 수 있다.

결국 해방 직후의 문단에서 제기된 새로운 민족문학의 건설 문제는 민족문학의 본질 개념을 놓고 문단의 좌우 분열에 따라 상반된 이념과 가치를 지향한다. 일제의 식민지 지배로부터의 해방과 민족, 국토의 분단으로 이어지는 상반된 역사 체험을 놓고 볼 때, 이 같은 현상은 문학운동 노선 자체가 이미 이데올로기의 대립과 민족 분단의 논리에 자연스럽게 편승하고 있음을 알 수 있다. 그 결과로, 좌익 문단의 민족문학은 계급문학으로 귀착됨으로써 계급적 이념을 추종한 문인 집단의 월북을 낳았고 그 문학적 파탄을 초래하게 된다. 우익 문단의 순수문학론은 한국 사회의 변혁 과정에서 역사적 현실로부터의 초월과 이데올로기로부터의 도피를 당연시함으로써 문학의 사회적 기능을 협애한 것으로 만들어 놓게 된 것이다.

참여론과 순수론

한국의 현대문학은 민족과 국토의 분단이라는 역사적 질곡과 한국전쟁이라는 고통의 현실을 겪으면서 인간의 삶과 그 존재 방식에 대한 회의와 비판을 중요한 문학적 경향으로 드러낸다. 그리고 1960년 4·19 학생 혁명을 거치면서 전쟁의 피해 의식에서 벗어나게 된다. 한국 사회에서 자유와 권리에 대한 자기 각성, 사회적 현실에 대한 비판적인 인식, 민족의 역사에 대한 신념을 다시 불러일으켜 놓은 4·19 혁명은 자유민주주의에 대한 거대한 열망과 부정부패에 대한 단호한 비판을 동시에 내포함으로써, 정치사회적인 측면만이 아닌 삶의 모든 영역에서 하나의 중대한 정신사적인 전환점을 이루게 되는 것이다.

4·19 혁명은 전후 문학이 빠져들었던 위축과 나태와 무기력에서 벗어날 수 있는 기회를 제공하고 있다. 순수의 언어를 꿈꾸던 시인도, 대중의 삶에서 등을 돌렸던 작가도 모두 이 힘찬 물결 속에서 자기 영역만을 고집할 수가 없게 된다. 모든 문학인들은 현실적 상황에 대한 구체적인 인식이 가능해지면

서 자기 각성과 새로운 변모를 꾀하기 시작했으며, 문학의 세계가 보다 적극적으로 포괄의 힘을 발휘해야 한다는 사실도 인지할 수 있게 되었던 것이다.

1960년대 중반을 지나면서 한국문학에는 문학과 현실에 대한 새로운 역사적 인식이 자리 잡게 된다. 우선 문학이 역사와 현실에 대한 신념을 표출할 수 있어야 한다는 당위론이 제기되면서 현실 지향적인 문학의 정신이 고양되기 시작한다. 이러한 변화는 비평의 영역에서 이른바 참여론과 순수론의 갈등으로 노정되기도 하였지만, 문학이 삶의 영역을 초월하는 것만으로 만족될 수 없다는 것은 당연한 주장으로 받아들여진다. 그리고 민족문학의 정통성에 대한 새로운 각성과 함께 단절의 논리로만 해석되었던 전통론의 방향이 전통의 계승과 극복이라는 변화와 발전의 의미로 이해되기에 이른다. 문학이 개인적인 정서 영역에서 자족적인 것으로만 존재할 수 없다는 주장도 나오고, 민족문학이라는 이름 아래, 민족 전체의 삶을 총체적으로 형상화할 수 있는 방법이 모색되기도 한다.

전후 의식의 극복 과정에서 가장 커다란 진폭을 남기고 있는 비평적 쟁점은 문학의 현실 참여와 관련된 문단의 분파적 논쟁이다. 1960년대 중반 혼란한 현실 속에서 인간의 삶과 그 존재 방식에 대한 회의와 저항이 노골화되자, 현실적 상황에 대응할 수 있는 문학의 힘이 요구되기 시작한다. 문학이 사회 현실과 역사에 대해 적극적인 관심을 갖고 능동적으로 참여해야 한다는 것은 당대적 상황에 대한 비판적 인식에서 비롯된 것이지만, 그러한 지적인 분위기는 2차 대전 이후 사르트르를 중심으로 하는 프랑스 실존주의자들의 앙가주망 운동에 간접적으로 영향 받은 바 크다.

문학에서의 현실 참여는 우선적으로 작가 자신이 현실에 대해 각별한 관심을 표명하는 데에서 출발한다. 그리고 현실에 입각하여 시대와 상황에 대한 문학의 역할을 자각하는 것이 필요하다. 이러한 문학의 기능을 '저항의 문학'이라는 테마로 규정한 것이 이어령이다. 그러나 보다 적극적인 문학의 사회 참여를 주장하며, 현실의 부조리를 비판하고 고발하는 문학 정신을 강조하는 견해들이 4·19 혁명 이후 문단의 관심을 모으게 된다. 김우종, 홍사중, 김병걸, 장백일, 임중빈 등이 내세운 참여문학론은 순수문학의 예술지상주의가 지니고 있는 허구성을 지적 비판하면서 새로운 파문을 일으키고 있다. 이들은 문학의 비판 정신을 리얼리즘의 정신과 연결시키기도 하고, 역사의식에 바탕을 둔 작가의 사회적 태도와 그 책임을 모럴 의식으로 내세우기도 한다. 문학의 현실 참여론이 문단의 관심사가 되자, 이에 대한 비판론도 만만치 않게 등장하고 있다. 문학의 순수성과 그 예술적 가치를 옹호하고 나선 김동리, 조연현 등의 구세대는 물론이고, 김상일, 이형기, 김양수 등이 이에 동조하게 되어, 순수론과 참여론의 논쟁이 확대된다. 문학의 사회 참여론이 문학의 사회적 역할이라는 효용적 기능론에서 벗어나게 된 것은 김붕구에 의해 앙가주망 운동의 이데올로기적 편향에 대한 경고가 있은 뒤부터이다. 정치적인 사회 참여의 경향을 따르기 시작한 한국 문단에서는 이 무렵에 작가의 글쓰기 행위가 지니는 의미를 본질적으로 검토할 수 있는 기회를 갖게 된다.

참여론의 문단적 파장이 문화 전반에 걸쳐 확대된 것은 김수영의 자유주의적인 참여론이 제기되는 것과 때를 같이한다. 김수영은 4·19 혁명의 좌절과 군사정권의 등장 이후 나타난 언론의 무기력과 지식인의 퇴영성에 대한 비판으로부터 그의 참여론의 단서를 끌어낸다. 그는 정치적 이데올로기에 의해 획일화되고 있는 문화 현상을 우려하면서, 문학의 자유와 그 전위적 실험성이 억압당하고 있는 상황의 위기를 극복하기 위해 문학의 현실 참여가 요청된다고 주장한다. 이러한 주장과 각도를 달리하여 이어령은 문화 자체의 응전력과 창조력의 고갈을 먼저 문제 삼아야 함을 강조하면서, 시대 상황과 현실의 논리만 추종하는 참여론의 한계를 지적하게 된다.

참여론은 문화의 자율성에 대한 인식문제와 충돌하면서 문학의 효용과 가치에 대한 새로운 미학적 기반을 요구하게 된다. 그리고 표현론적 차원의 순수성을 절대적 기준으로 설정하고 있던 순수문학에 대한 반발이라는 점에서보다는 문학의 사회적 기능과 작가의 양심이라는 사회 윤리적 가치론의 차원을 리얼리즘의 정신과 방법에 연결시키고자 한 것이 중요한 의미를 가지는 점이다. 물론 이 논쟁은 전후문학의 폐쇄적인 분위기를 극복할 수 있는 정신적 충격을 가져온 것도 사실이고, 4·19 혁명의 좌절 이후 지성의 위축과 정신문화의 피폐에 빠져든 사회 현실에 비판을 가하고 있는 것도 사실이다. 특히 1970년대 이후의 민족문학론의 단서를 제공하고 있는 점도 주목된다. 그러나 문학을 참여/순수로 나누어 버리는 이분법적 사고를 일반화시킴으로써, 문학의 본질과 그 포괄성을 단순화시켜 버린 점을 지적할 수 있을 것이다.

민족문학과 민중론

한국 사회의 산업화가 급속하게 추진된 1970년대 이후 한국의 문학비평은 순수·참여론의 연장선상에서 민족문학론과 그 뒤를 이은 민중문학론이 그 쟁점을 이루고 있다. 민족문학론은 신문학 60년을 정리하기 위한 일련의 작업 가운데에서 관심사가 되었던 전통론과도 맥락을 같이한다. 그리고 한국문학의 새로운 진로를 모색하기 위한 것이었다는 점에서 문학의 당대적 가치성에 관심을 부여했던 순수·참여론의 시각에서도 벗어날 수 있는 계기를 마련하게 된다. 민족문학의 개념이나 그 성격, 민족문학의 방향 등에 대한 대부분의 논의는, 순수문학론의 연장선상에서 민족문학의 의미를 규정하고 있는 이형기, 민족문학의 국수주의적 경향을 반대하는 김현 등의 견해가 있었지만, 이데올로기에 의해 훼손된 민족의 동질성을 회복하고, 민족적 독자성과 삶의 총체성을 구현할 수 있는 민족문학의 확립을 천명하게 된다. 민족문학론은 백낙청에 의해 '민족의 주체적 생존과 인간적 발전'에 긴밀하게 연관되는 문학으로 그 개념이 규정된 후 민중 의식의 구현이라는 정신적 지향점을 분명히 하게 된다.

1970년대 초반부터 평단의 관심을 모았던 민족문학의 본질과 그 방향에 대한 논의는 염무웅, 백낙청, 신경림, 임헌영 등에 의해 적극적으로 확대되었으며, 김현, 이형기, 천이두, 김주연 등의 소극적인 견해를 수렴하면서 자체의 논리를 정비하게 된다. 백낙청은 민족문학의 개념을 철저히 역사적인 성격의 것으로 규정하면서 민족문학의 주체가 되는 민족이 있고, 그 민족의 온갖 문학 활동 가운데에서 그 민족의 주체적 생존과 인간적 발전을 위해 요구되는 문학을 민족문학이라고 범주화하고 있다. 그리고 민족문학의 역사적 실체는 식민지 체험 속에서 성장한 반봉건·반식민지의 민중적 의식의 문학적 표출에서 구체적으로 드러나고 있기 때문에 그와 같은 전통 위에서 우리의 민족문학은 민중적 의식을 반영할 뿐만 아니라 민족 생존권의 수호와 함께 민중의 각성된 인식과 실천을 이끌어갈 수 있는 특유의 능동성을 지니지 않으면 안 된다고 주장한다. 특히 민족문학의 성립에 필수적으로 따르는 자기 인식과 자기 분열 극복의 작업이 반드시 전제되어, 민족문학이 세계문학으로서의 선진성을 획득해야 한다는 것이다. 이 같은 백낙청의 주장은 당시 문단에서 일어나고 있던 민족주의 논의의 관념성과 보수성을 극복하면서 문학적 보편성에 집착해 있던 자유주의적인 견해의 비현실적인 속성도 비판하고 있는 것으로 보인다.

　민족문학론의 논리적 전개 과정은 민족문학의 방법과 그 실천 방향에 대한 논의로 이어진다. 이 단계에서 가장 주목되는 것은 민족문학의 방법으로서의 리얼리즘론과, 민족문학을 보는 관점으로서의 제3세계문학론, 문학적 실천의 주체로서의 민중론의 확대이다. 백낙청의 경우는 방법으로서의 리얼리즘론과 관점으로서의 제3세계문학론, 그리고 주체로서의 민중론은 모두 민족문학의 틀 속에 포괄시키고자 하는 의욕을 보이지만, 이 가운데에서 민중론이 1970년대 말엽부터 점차 독자적인 문학론으로 발전하여 새로운 이론 틀을 갖추고 민족문학론의 논리에서 벗어나기 시작하는 조짐을 보이게 되는 것이다. 그러나 1970년대 민족문학론은 그 방법적 실천으로서의 리얼리즘론을 근거로 구체적인 문학적 성과를 낳게 되었으며, 민족문학에 대한 논의의 시각도 제3세계문학론에 입각하여 새로운 전망을 획득하고 있음은 사실이다. 특히 민족문학의 실천적 방법으로서의 리얼리즘론은 염무웅, 백낙청, 김병익, 구중서, 김종철, 김현, 유종호 등에 의해 현실적인 삶에 근거한 경험적 진실의 추구라는 어느 정도 합의된 지표에 도달한다. 그리고 역사의식의 문학적 인식이 중요시되면서 구조주의적 관점이나 신화적 해석이 갖는 반역사주의적 맹점이 지적되기도 한다.

1970년대 민족문학론에서 그 이념적 실체와 실천의 주체 문제에 대한 인식의 확대를 요구하면서 등장한 가장 진보적인 성격의 문학론이 바로 민중론이다. 민중론은 문학적 이념으로서의 민중의식과 그 실천의 주체로서의 민중의 존재를 문제 삼는 데서 출발하여, 민족문학의 수용기반으로서의 민중과 그 문학적 양식 개념으로서의 민중적 양식 창조에 이르기까지 폭넓게 논의되어 오고 있다. 특히 1980년대 이후의 민중론은 실천 개념으로서의 민중문학 운동을 가장 중요시하고 있으며, 1970년대 민족문학론이 확대시켜 온 민중적 기반을 바탕으로 그 논리적 자생력을 키우고 있음은 물론이다.

민중론은 민족문학론에서 비롯되어 그 속에서 지지 기반을 넓혔고, 민족문학론의 논리적 한계를 극복하고자 하는 데에서 그 독자성의 의미를 가능하게 하였지만, 아직도 이 두 가지 개념 사이에는 동어반복적인 속성이 개재되어 있다. 그 이유는 민족문학론의 출발 자체가 민중 의식이라는 역사적인 개념을 내세우는 과정으로 이어졌고, 그 문학적 기반을 민중적인 삶에서 찾고자 했다는 사실에서도 쉽게 확인할 수 있는 일이다. 실제로 민중에 대한 논의는 민족문학론의 출발 단계에서부터 자연스럽게 민족문학과 민중문학의 등질적인 상관관계가 중시되었고 민중문학으로서의 민족문학이 논의의 초점이 되곤 하였던 것이다. 민족문학론의 틀 속에서 민중론이 차지하고 있던 비중은 리얼리즘론이 안고 있는 실재성의 의미와 가치 추구와 동일시된다. 말하자면, 문학은 민중적인 삶의 현실을 진실하게 그려내야 하며, 그 속에서 민중적인 삶이 요구하는 인간성의 회복을 강조해야 한다는 것 등으로 요약될 수 있을 것이다. 이 같은 논리는 1970년대 민족문학론이 지향하고 있던 가치론의 성격을 가장 명료하게 제시해 주는 대목이기도 하지만, 민족문학을 적극적으로 실천해 나아갈 수 있는 주체로서의 민중과 그 기반에 대한 명확한 인식이 결여되고 있음을 알 수 있다. 그리고 바로 이러한 문제적인 상황의 비판적 인식이 민중론의 출현을 가능하게 했다고 할 것이다.

민중론은 민중적인 삶과 그 정신의 문학적 형상화를 지향한다는 점에서 민족문학론의 논리적 기반을 바탕으로 출발하고 있다. 이 경우에 문제가 되는 민중의 개념은 민족문학에서의 민족개념보다 훨씬 더 역사적 현실적 구체성을 지닌다. 그러나 민중문학은 단순히 소시민적 지식인에 의해 이루어지는 '민중을 위한 문학' 또는 '민중의식을 형상화한 문학'으로 만족될 수 없다는 새로운 주장에 직면하게 된다. 1980년대에 들어서면서 일어나기 시작한 민중문학 운동은 '민중의 문학'을 지향하고 있다. 민중 자신이 생산 주체가 되는 문학이 민중문학의 바람직한 방향이라는 주장이 나오면서 문학적 전문성에 대한 논란이 일어나고, 운동으로서의 문학이라는 실천논리가 강조된다. '노동해방문학'이라는 슬로건이 나오고, 집체 창작이 시도되고, 창작 주체 논쟁이 일어나기도 한다. 이러한 논리적 과격성은 기존의 문학적 제반 요건에 대한 충격적 효과를 겨냥할 수는 있으나, 실제적인 창작적 성과를 끌어들이지 못한 채, 비평가 자신의 신념이나 세계관만을 강조하는 것으로 만족하는 경우도 적지 않게 발견된다. 특히 문학과 사회 현실의 관계 양상에 있어서도 극단적인 결정론적인 해석에 치우침으로써, 가치론적 해석과 그 평가에 치중할 수밖에 없는 한계를 드러내고 있다.

순수론과 분석주의 비평

한국 현대문학의 비평적 담론 가운데 순수론은 이데올로기의 대립과 정치적 이념의 분열이 이루어지는 동안, 정치와 이념으로부터 문학의 순수성을 지켜야 한다는 현실적 요구에 의해 제기된 것이다. 순수문학에 대한 지향은 분단이 고착화되면서 상당한 세력으로 확대되었고, 분단 상황에 대한 비판적 인식과 이데올로기에 대한 논의 자체가 불가능해지면서 문학의 방법과 관점을 규정하는 가장 중요한 논리가 되어 버렸다. 문학과 이데올로기를 전혀 무관한 것처럼 단절시켜 버린 이 같은 태도는 결국 분단 논리의 범주 안에서 문학의 자율성과 자족성에 만족하고자 하는 경향으로 고정되기에 이른 것이다. 그 결과 분단 이데올로기의 정체를 문학의 영역에서 문제 삼는 일은 금기처럼 여겨졌고, 정치권력의 횡포를 조장해 온 분단 상황의 구조적 모순은 당위성의 현실로 인정되어야 하였다. 그렇기 때문에, 순수론은 그 자체가 문학의 자율성을 강조하면서 그 순수 미적 가치를 절대개념으로 내세우고 있다 하더라도, 이미 분단 논리 위에 안주하면서 그 논리에 의해 구축되고 있는 정치 이데올로기를 암묵적으로 추종하는 또 다른 하나의 이데올로기로 확대되는 아이러니를 드러내게 되었다. 다시 말하면, 정치와의 무관을 강조하거나 이데올로기를 배격한다는 신념 자체가 다른 각도에서 볼 때 또 하나의 정치적인 이데올로기로 자리 잡게 되었다는 것이다.

한국문학에서 문학의 자율성과 순수 예술적 가치의 중요성은 분석주의 비평 방법에 의해 그 영향력을 확대해 왔음을 확인할 수 있다. 1950년대부터 본격적으로 적용되기 시작한 비평의 분석적 방법은 『문학의 이론』(르네 웰렉, 오스틴 워렌)이 백철에 의해 번역 소개되면서 한국적 적용 가능성을 인정받고 있다. 특히 분석주의 비평의 실천적 모델이 된 미국의 신비평은 영문학자인 김용권의 이론 소개 작업과 함께, 송욱 『시학평전』(1963), 김종길 『시론』(1965) 등에 의해 이론적 해명이 가해지고, 유종호 『비순수의 선언』(1962) 등을 통해 한국문학에 폭넓게 적용된다. 국문학 연구에서는 60년대 이후 신동욱『한국현대문학론』(1972), 김용직『한국문학의 비평적 성찰』(1974) 등이 신비평의 이론에 기초한 분석주의 비평을 문학작품의 분석과 해석에 적용하면서 여러 가지 성과를 거둔 바 있고, 박철희, 오세영, 이승훈 등도 현대시 연구에서 이 같은 비평 방법론을 상당 부분 차용하고 있다.

분석주의 비평은 작품 자체에 대한 분석과 해석을 문학 연구의 출발이자 그 목표라고 주장한다. 그 이유는 작품 자체만이 그 작품을 창조해낸 작가와 그 작가의 삶, 그리고 작가의 사회적 환경에 대한 모든 관심을 정당화하고 있기 때문이다. 분석주의 비평가들은 문학작품에 대한 연구에서 작가를 제거하고, 작품과 그 사회적인 연관성을 단절시키며, 문학적 전통을 거부한다. 그 대신에 문학작품의 내재적 요소를 분석한다. 작품의 내적 구조의 원리에 입각하여 그 구성 요소의 상호관계를 파악하고, 작품 발전의 과정이나 단계를 이해하고자 한다. 이 경우에 작품의 내용과 형식과 구조는 하나의 전체로 이해된다. 작품의 전체적인 구조의 개념은 부분의 통일을 통해 확립되며, 부분의 다양성이 또한 문제시된다. 물론 여기서의 부분적 다양성과 그 통일은 작품 내적인 미학상의 원칙에 근거하여 판단되는 것이지만 철저하게 역사적 현실과 단절된 상태에서 그 기준이 성립됨을 알아야 할 것이다.

한국 현대문학비평에서 분석주의 비평의 수용은 분석적 방법의 실천성을 확보하고 문학의 본질적 의미를 문학 내적 원리로 이해할 수 있는 방법을 제공한다. 그러나 순수론의 비평적 지향과 분석주의 비평 방법의 만남은 문학의 의미를 지나치게 협소하게 제한하는 반역사주의의 입장을 강화시켜놓고 있다. 문학의 미적인 본질 개념에 집착한 나머지 삶의 조건과 역사적 현실로부터 문학이 일정한 거리를 두도록 하는 결과를 초래하기도 하였고, 문학의 연구에서 문학 외적인 사회 현실과 이념의 문제를 배제함으로써 이른바 '분석주의 또는 형식주의의 오류'에 빠져든 경우도 적지 않다. 특히 민족 분단의 현실적 모순을 극복하기 위한 의지를 제대로 구현하지 못한 채, 분단의 현실에 안주하며 문학의 순수와 초월을 강조했던 점을 비판적으로 돌아보지 않을 수 없게 하고 있다.

한국문학에서 분석주의 비평 방법은 1960년대 후반에 들어서면서부터 구조주의 문학비평의 수용과 함께 더욱 논리적인 성격을 갖추게 된다. 김치수에 의해『구조주의와 문학비평』(1980)으로 정리된 구조주의 문학비평은 60년대 말부터 이상섭, 김현, 김화영, 곽광수 등의 이론 소개에 힘입어, 기호학, 러시아 형식주의, 문학사회학 등의 새로운 비평 이론을 끌어내는 선도적 역할을 담당하게 된다. 한국문학 연구의 영역에서는 김열규『한국 민속과 문학연구』(1971), 조동일『한국 소설의 이론』(1977), 이승훈『시론』(1979) 등이 구조주의 문학비평의 방법을 수용하고 있는 대표적인 업적이라고 하겠다.

구조주의 문학비평의 수용은 문학 연구 방법의 조직화 또는 과학화를 가능하게 하는 중요한 계기가 되고 있다. 구조주의적 방법의 비역사적 성격이나 추상적 보편주의에 대한 비판에도 불구하고, 문학작품의 내재적 원리와 구조를 해명함으로써, 그 의미 해석의 객관성에 접근하고 있는 점은 방법론으로서의 구조주의가 갖고 있는 미덕이다. 실제로 한국문학 연구와 비평에서 구조주의적 방법은 서사 양식에서의 신화소, 기능 단위, 모티프, 테마 등에 대한 새로운 인식을 심어놓고 있다. 시의 경우에는 리듬의 분석, 이미지와 상징의 기법에 대한 인식 등이 새롭게 강조되고 있다. 그러나 구조주의 문학비평은 그 이론의 출발점이 되는 언어학의 이론에 대한 이해를 전제로 한다는 점에서 고도의 논리성을 필요로 한다. 구조주의 문학비평과 맥락을 같이하는 기호학의 방법이 한국에서 제대로 수용되지 못하고 있는 점은 하나의 시사점이 된다고 할 것이다.

역사주의 비평과 문학사 연구

한국 현대문학비평은 구조주의 문학비평의 수용과 함께 방법론의 다양한 추구 과정에 돌입한다. 문학비평의 쟁점도 참여론의 확대를 계기로 점차 그 폭이 넓어지고 있다. 참여문학론은 50년대 후반부터 비평적 관심의 대상이 되어 온 것이다. 전후 혼란의 현실 속에서 인간의 삶과 그 존재 방식에 대한 회의와 저항이 문학의 주된 내용을 이루게 되었으며, 4·19를 겪으면서 현실에 대한 적극적인 참여의 문제가 문학인들의 새로운 의식을 일깨우게 된다. 그러나 문학의 순수성과 자율성을 강조하는 순수문학론이 이에 대응하게 되면서 문학의 본질적 가치와 사회적 가치에 대한 인식의 차이가 노정된다. 순수·참여라는 이분법은 문단의 분파를 초래하면서 문학의 범주도 양분하게 되었고, 비평의 방향에 있어서 작품의 해석보다 가치판단에만 매달리게 만드는 편향성을 피할 수 없게 된 것이다.

순수·참여론의 양분법적 대립의 논리를 극복하기 위한 노력은 1970년대 이후의 비평에서 구체화되고 있다. 1970년대 벽두부터 재론되기 시작한 민족문학론은 문학의 현실적 기능과 가치에만 매달렸던 참여론의 과격성과 문학의 본질적 의미만을 강조했던 순수론의 편협성을 극복하고 민족적 동질성의 회복이라는 새로운 지표를 내세우게 된다. 민족의 당대적 현실 문제에 관심을 기울이면서 산업화 시대의 문학에 대한 논의가 다양하게 전개된 것이라든지, 민족 개념의 역사적 현실의 구체성을 천명하기 위해 민중문학론이 제기된 것도 모두 이 시기 민족문학론의 포괄성을 말해주는 것이라고 할 수 있다. 1980년대의 민중문학 운동은 문학의 민주화를 궁극적인 목표로 내세움으로써 기존의 문학적 장치의 제반 요건에 충격을 가하고 있으나, 문학의 전문성에 대한 부정과 문학의 심미적 가치에 대한 무관심 등 논리적 과격성에 빠져들면서, 민족문학론의 방향에서 점차 벗어나고 있다.

그런데 순수·참여론에서 민족문학론, 민중문학론으로 이어지는 비평적 쟁점은 공통적으로 문학의 사회적 역사적 가치 문제에 집중된다. 문학비평의 방법 자체도 역사주의적 방법 또는 문학사회학적 방법이 다양하게 활용되고 있다. 백낙청의 『민족문학과 세계문학』(1978), 염무웅의 『민중시대의 문학』(1979) 등이 문학을 삶의 현실 전체와의 연관성 속에서 논의하면서 민족문학론을 내세우는 동안, 김윤식 『한국 근대문예비평사 연구』(1973) 등 사회학적 역사주의적 방법의 중요한 연구 성과가 나오게 된다. 문학과 문학 외적 현실의 상호 연관성을 중시하는 사회학적 역사주의적 비평은 아놀드 하우저 『문학과 예술의 사회사』가 번역 발간된 후 더욱 그 영향력을 확대하고 있다. 발생론적 구조주의 입장에서 문학과 사회의 상동 구조를 규명한 루시엥 골드만의 문학사회학이 김우창, 김치수, 오생근 등에 의해 연구되어 한국문학 연구에도 그 방법론을 적용할 수 있게 된다. 게오르그 루카치의 마르크스주의 미학이론이 한국문학 연구의 방향을 가치론의 차원으로 전환시키는 데에 결정적인 영향을 미치고 있다.

그런데 민족문학론의 전개 과정에서 논의된 문학사회학의 방법, 가치론적 관점, 리얼리즘의 정신 등은 그 성과에도 불구하고 몇 가지 문제성을 드러내고 있다. 문학작품에서 그 내재적 원리나 미적 요소보다 삶의 실상이나 사회적 현실을 중시하는 소재주의적 태도가 나타나기도 한다. 또한 문학작품이 어떠한 내용을 통해 어떻게 사회 현실에 영향을 미칠 수 있는가 하는 문제가 중심 테마가 되는 경우가 많다. 문학의 사회적 의미를 강조하는 데에서 그치지 않고, 삶에 충실한 방향으로 문학의 실천을 유도해야 한다는 주장도 나오고 있다. 이 경우에 특히 주목되는 것은 문학작품에 담겨져 있는 사회적 사실의 인식을 위해 문학과 사회의 관계가 강조되는 것이 아니라, 삶의 전체적 조망을 가능하게 하게 위해 사회성을 중시하고 있다는 점이다. 결국 문학은 문학의 고유 영역에 있는 것이 아니라 하나의 폭넓은 사회현상으로 취급되는 것이다. 이러한 비평 방법은 작품에 대한 이해보다는 작품의 사회적 의미나 가치에 대한 판단에 관심을 기울이며, 거기에 평자 자신의 주관적 세계관이나 개인적 신념을 내세우는 데에 문제가 있다. 이러한 문제성을 극복하기 위해서는 문학과 사회의 외적 연관성만을 중시할 것이 아니라 그 내적 관계를 중시해야 한다. 문학과 사회는 어떤 의미에서 소재 내용의 관계만은 아니다. 그 사회적 내용이 문학 속에서 어떻게 미학적으로 구체화되는가 하는 것이 더욱 중요한 일이라고 할 것이다.

한국 현대문학비평에서 제기된 민족문학론이 문학사회학이나 마르크스주의 미학 등의 사회학적 역사주의적 비평방법에 의해 그 논리를 정립하는 동안 한국문학의 역사적인 정리 작업이 비평적인 관심과 결부되어 새롭게 실천된다. 김윤식, 권영민의 비평사 연구, 이재선, 조남현, 최원식, 김영민의 소설사 연구, 정한모, 김용직, 오세영, 김재홍의 시문학사 연구, 유민영, 서연호의 희곡사 연구 등은 한국 현대문학의 사적 체계화를 위한 기본적인 작업으로 평가되고 있다. 특히 1980년대 이후 한국의 비평계는 한국 사회가 직면해 있는 전환기적 국면에 대응하여 문학의 영역에서도 새로운 관점과 방법의 전환을 요구하고 있다. 여기서 말하는 방법과 관점의 전환은 궁극적으로 비평의 논리와 그 방법의 확대로 귀결된다. 비평의 논리와 그 방법의 확대는 한국적인 비평 방법의 모델을 확립하고자 하는 의욕과는 별도로, 비평의 대상인 문학에 대한 관점과 그것을 이해하고자 하는 논리를 어떻게 다양화할 수 있는가 하는 문제에 관계되는 개념이다. 말하자면 비평 대상인 문학의 독자성 또는 특수성에 의해 비평의 시각과 논리가 특정의 가치에 의해 규정되어서는 안 된다는 것을 의미한다. 한국 현대문학은 한국 민족의 특수한 역사적 조건 속에서 형성된 것이지만, 그 같은 조건을 주체적으로 인식하고 문제화하면서도 문학의 보편적인 가치를 찾아가는 폭넓은 관점과 논리를 부여하는 일이 필요하다. 그러므로 정과리, 김성곤, 성민엽, 이동하, 김재용, 정호웅, 이남호, 구모룡 등이 보여주고 있는 방법론의 새로운 모색만이 아니라, 비평 대상에 대한 다양한 접근 태도에 우선적인 관심을 기울여야 할 것이다. 이들은 한국문학이 직면하고 있는 여러 가지 과제를 주체적으로 인식하고, 거기에 따라서 관점과 논리를 부여하기 위해 노력하고 있다.

5

북한의 문학

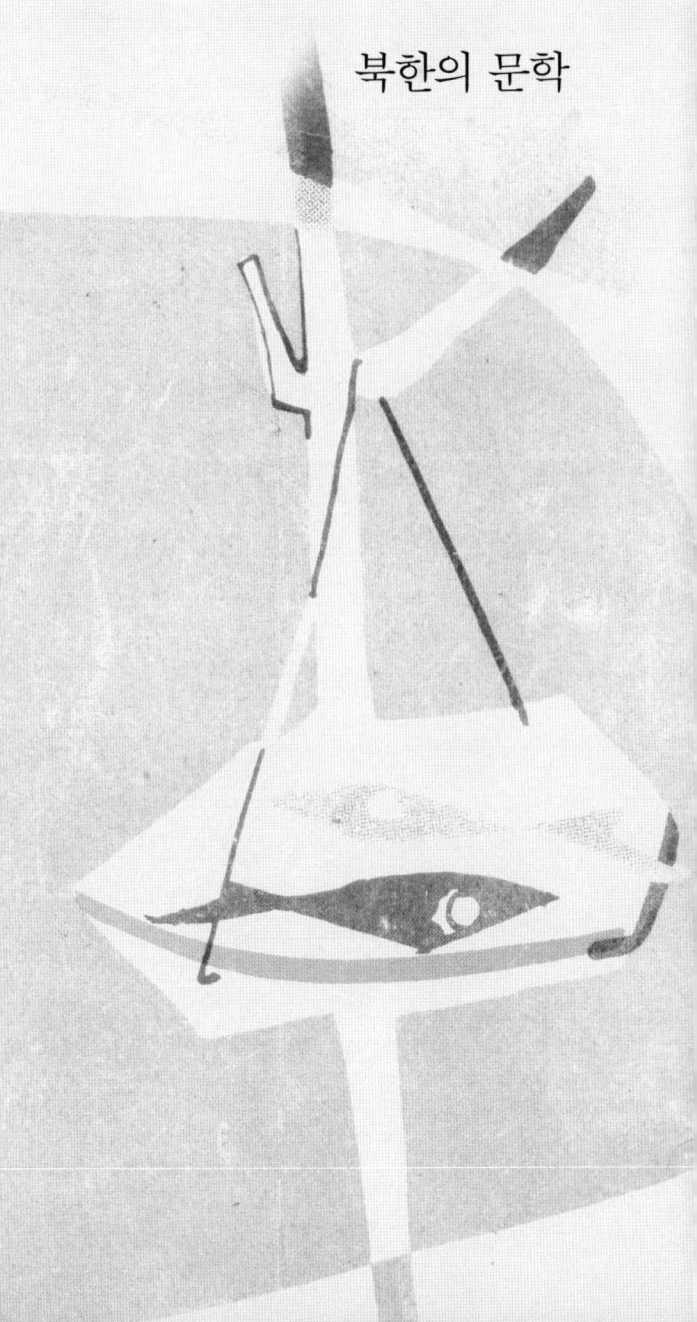

1. 북한 문학의 성격
민족 분단과 북한 문학 | 문인 월북과 북한 문단의 형성 | 북한 문학의 역사적 변화

2. 북한 문학의 전개 양상
문학과 사회주의 국가 건설 | 전후의 북한 문학 | 주체시대의 문학

3. 북한 문학의 문예 정책과 문예이론
북한 문예 정책의 성격 | 주체사상과 이념적 요건 | 북한 문학과 혁명성의 전통

1. 북한 문학의 성격

민족 분단과 북한 문학

　1945년 일본 식민지 지배로부터 해방된 한국 현대사회의 역사적 변화를 가장 극명하게 규정해 주는 포괄적인 용어는 한국 민족과 국토의 분단이다. 민족과 국토의 분단은 한국인들의 요구와는 아무 상관없이 강대국의 지배 논리와 이데올로기의 대립에 의해 강요된 것이라는 점에서 문제적인 것이라고 할 수 있다. 특히 이러한 타율적인 요구가 냉전시대의 상황론에 의해 남북 분단을 기정사실로 인정하도록 만들었고, 분단의 논리가 사회 전반에 널리 자리 잡을 수밖에 없도록 구조화되고 있다는 점은 주목을 요한다. 한국의 남북 분단은 6·25 전쟁으로 더욱 공고화되었으며 그 뒤를 이어 지속된 냉전 체제에 의해 분단 의식을 일상화하는 민족사적 모순을 노정하고 있다. 북한은 김일성의 독재 체제를 유지하기 위해 남반부 해방을 내세우며 분단의 논리를 이용하였고, 남한의 경우는 안보의 논리를 내세워 민주화의 추진에 제동을 걸어왔다. 그 결과로 남북 분단의 상황 속에서 이념과 체제를 달리하는 정치권력의 확대를 초래하였고, 각각의 정치권력이 자체의 모순을 은폐하기 위해 분단의 상황을 더욱 과장해 왔음을 쉽게 확인할 수 있다. 실제로 분단의 현실 속에서 노정된 정치사회적 모순이 거듭되는 동안 남북한 사회의 모든 영역에 분단의식이 일상적인 것으로 확대되었고, 그로 인한 의식의 편향이 두드러지게 드러나고 있다. 그리고 6·25 전쟁을 겪은 뒤부터 이데올로기의 적대적인 대립 양상은 냉전의 논리에 따라 자연스럽게 고정되었다. 북한은 자유 민주주의의 사상을 자본주의의 모순과 부르주아의 타락을 의미하는 것으로 배척하면서 마르크스 – 레닌주의의 전체주의적 변형에 다름 아닌 김일성의 주체사상을 모든 가치 개념의 정점으로 내세워 놓고 있다. 남한의 경우에는 이데올로기에 대한 극심한 피해 의식을 벗어나지 못한 채 사회주의 이념을 철저히 배제하게 되었다. 그 결과로 진보적인 사회사상이 지지 기반을 갖지 못한 채 반체제의 논리로 비판되기도 하였고, 분단의 상황에 안주할 수밖에 없는 의식의 편향이 초래되기도 하였다.

한국 현대문학의 경우에도 이러한 현상은 비슷하게 나타났다. 북한의 문학은 해방 직후부터 이미 집단성의 이념에 매달렸고, 남한의 문학은 개인성의 추구에 더 많은 관심을 기울였다. 실제로 북한의 문학은 사회주의 예술에서 요구하는 이념성에 근거하여 당의 정책에 따라 변화해 왔다. 1970년대 후반에는 주체사상에 입각하여 '주체의 문예이론'을 확립하였고, 그 논리를 문학의 기본 방침으로 내세우고 있다. 남한의 경우는 해방 직후 탈이데올로기를 지향한 순수 문화예술에 대한 주장이 표면화되었고, 이 경향은 문화예술의 영역을 정치사회적인 현실과 분리하고자 하는 순수주의를 낳은 바 있다. 그런데 1960년대 중반 이후, 이러한 태도는 민족문학에 대한 새로운 인식을 근거로 하여 극복되기 시작하였다. 사회 현실에 대한 문예 영역의 비상한 관심이 제기되면서 통합론적 관점에서 문학의 방향을 새롭게 논의하고자 하는 다양한 시도가 이루어지고 있는 셈이다. 이것은 한국 민족의 문학이 분단의 상황 속에서 체제와 이념의 논리에 의해 남북한의 문학으로 양분되어 왔음을 말해 주는 것이다.

북한의 문학을 어떻게 볼 것인가 하는 질문을 제기할 경우, 그것은 분단시대의 문학에 대한 논의에 있어서 피할 수 없는 여러 가지 문제를 제기한다. 우선 북한 문학의 실체에 대한 인정이 전제되어야 하고, 그 객관적인 실상의 파악이 이루어져야 한다. 그리고 남북한의 문학을 통틀어서 분단시대라는 하나의 민족사적 시대 단위의 개념 속에 포괄해 볼 수 있는 관점이 확립되어야 한다. 이 경우에 한국 문단에서 흔히 사용되고 있는 분단 문학이라는 말을 보다 넓은 개념으로 확대시켜 분단 상황에서 이루어진 이질적인 남북한의 문학을 통칭하는 개념으로 활용할 수도 있을 것이다. 말하자면, 분단 문학이라는 하나의 문학사적 단위 개념을 설정하고, 그 속에서 북한의 문학을 논의할 수 있다면 북한 문학을 보는 새로운 시각과 논리가 정립될 수 있을 것이 아닌가 생각된다. 물론 이러한 관점의 확립은 궁극적으로 분단 문학을 극복하고 새로운 민족 공동체 의식을 구현하는 민족문학의 정신을 추구해야 한다는 시대적 요구가 뒷받침되어야 할 것이다. 특히 남북한 문학이 이질적인 속성을 극복하고 그 동질성을 확립해야 한다는 당위론적 전제를 바탕으로, 남북한 문학 모두에 대한 비판적 재인식이 요청되는 것이다.

문인 월북과 북한 문단의 형성

해방 직후의 한국문학은 남북 분단과 정치 세력의 좌우 분열이 노정되자, 그 지향 자체가 자유민주주의적 경향과 사회주의적 경향의 충돌을 야기하기에 이른다. 그 구체적인 예가 바로 문단 조직의 좌우 분열과 민족문학의 개념을 둘러싸고 이루어진 이념적 대립이라고 할 것이다. 당시의 문단 조직의 분열 과정을 보면, 좌익 문단의 조직과 그 세력화 과정이 두드러지게 드러난다. 임화, 김남천, 이태준 등에 의한 '조선문학건설본부'(1945. 8)의 등장에 이어, 이들의 문화 운동 노선에 불만을 품은 이기영, 한설야, 송영, 한효 등의 '조선프롤레타리아문학동맹'(1945. 9)이 결성된다. 그런데 이 두 조직은 사회주의 문화 운동의 단일 노선을 의미하는 이른바 문화통일전선의 구축을 위해 '조선문학가동맹'(1946. 2)으로 통합되면서 좌익 문단의 조직 정비를 완료하고 있다. 이 같은 좌익 문단의 조직화 과정에 대응하기 위해 김광섭, 박종화, 이헌구는 문단의 민족 세력을 규합하여 '중앙문화협회'(1945. 9)를 결성하였고, 뒤에 '전조선문필가협회'(1946. 3)와 '조선청년문학가협회'(1946. 4)의 조직이 이루어지면서 문단의 좌우 대립이 노골화되기에 이르는 것이다.

이와 같은 문단의 좌우 분열은 민족문학의 건설과 그 실천적 지표를 확립하는 과정에서 이념적 대립과 혼란을 야기한다. 새로운 민족문학의 건설이라는 당위론적 과제를 놓고, 이에 임하는 좌우 문단의 태세는 계급과 민족의 개념을 둘러싼 상반된 논의를 통해 갈등과 혼란을 거듭하고 있다. 좌익 문단에서 내세우고 있는 민족문학에는 언제나 '진보적', '민주주의적'이라는 관형어가 붙어 있다. 민족 계열의 문단에서는 '전통적'이라는 말을 통해 민족적 특수성에 대한 인식을 강조하거나, 아예 '순수'를 내세워 가치론적 차원에서의 민족문학에 대한 논의를 외면해 버리기도 한다.

그런데 1945년 12월 조선문학건설본부와 조선프롤레타리아문학동맹이 조선문학가동맹으로 통합되는 과정에서 그 조직의 주도권을 상실한 이기영, 한설야 등이 그들의 활동 기반을 평양으로 옮겨 버렸다. 이들은 북한 지역에 거주하고 있던 남궁만, 한재덕, 한식, 김우철, 김북원, 최명익, 최인준 등과 평양 중심의 또 다른 문단 조직을 결성하였으며, 뒤따라 월북한 송영, 이동규, 윤기정, 안막, 박세영 등과 합류하고 있다. 1945년을 넘기면서 1946년까지 사이에 이루어진 이 같은 문인 집단의 제1차 월북은 주로 조선프롤레타리아문학동맹의 맹원들에 의해 주도되었고, 이들이 뒤에 북한 문단의 주류를 형성하였음도 사실이다.

문인 집단의 제2차 월북은 1947년부터 1948년의 대한민국 정부수립 때까지 사이에 일어났다. 정판사 위폐사건(1946. 5)과 철도 파업(1946. 9) 등으로 이어지는 각종의 사회 혼란 사건이 공산당의 선동과 지령에 의해 이루어지고 있다는 판단을 갖게 된 미군정 당국은 박헌영의 체포령을 발표하면서 공산당의 정치 활동에 규제를 가하기 시작했다. 이 같은 객관적 정세의 변화 속에서 남로당의 주체 세력이 월북하자, 조선문학가동맹의 중심인물이었던 이태준, 임화, 김남천, 이원조 등이 북으로 가 버렸고, 뒤따라 많은 문인들이 자취를 감춰 버렸다.

1948년 정부 수립 이후에 서울에 남아 있던 조선문학가동맹의 일부 문인들은 조선문학가동맹을 해체하고 사상적 전향을 선언하였다. 그들은 보도연맹에 가담하여 자신들의 전향 의지를 실천해 보이기도 하였다. 그러나 1950년 6 · 25 전쟁이 발발하면서 문단은 다시 혼미 속에 빠져들었고, 보도연맹에 가담해 있던 김기림, 정지용, 박태원, 설정식 등을 비롯하여, 이용악, 정인택, 송완순, 임서하 등이 모두 행방을 감췄다. 일부는 자진하여 북행을 택하였으며, 일부는 강제로 북에 끌려가게 되었다.

문인 집단의 월북 행위와 관련하여 그 이념적 성향을 분별할 수 있는 구체적인 자료나 근거는 별로 없다. 그러나 식민지시대 사회주의 문학운동 조직이었던 카프에 직접적으로 연관되어 있던 인물들이 월북 문인의 주축을 이루고 있음을 확인할 수 있다. 이기영, 송영, 한설야, 임화, 김남천, 이원조, 권환, 윤기정, 안막, 한효, 이북명, 박세영 등이 모두 카프의 핵심 인물이며, 안함광, 이갑기, 엄흥섭, 박아지, 신고송, 이동규 등도 모두 이에 가담했던 인물이다. 이들 중의 이기영, 한설야, 송영 등은 특히 카프의 해산에 동조하지 않았던 이른바 카프 비해소파의 중심인물로서 이념적 강경파에 속한다고 할 수 있다. 이들 카프 계열의 문인들에 동조하였던 또 다른 부류의 문인들은 1930년대 문단에서 순수파 또는 기교파로 분류되었던 이태준, 박태원, 최명익, 안회남, 허준, 현덕, 김기림, 정지용, 오장환, 이용악, 박팔양 등이다. 이들의 문학적 경향으로 보아 해방 직후의 사상적 선회가 납득하기 어려운 일이라는 지적이 나오기도 하였지만, 조선문학가동맹을 중심으로 하여 이루어진 좌익 사상운동에 이들이 참여했던 사실은 부인할 수가 없다. 그렇기 때문에 이들의 월북을 우선적으로 그 사상성에 의해 쉽게 판단해 버릴 수밖에 없음은 물론이다. 하지만, 문인 집단의 월북은 그들의 이념적 경향이나 이데올로기의 선택으로 규정해 버리기 어려운 측면도 있다. 우선 이들이 가담했던 조선문학가동맹이 그 정치 사상적 입장을 따지기 전에, 해방 직후 거의 유일한 본격적인 문단 조직체였음을 생각할 필요가 있다. 조선문학가동맹은 그 조직의 배경이 어떠하든지 간에 범문단적으로 그 구성원을 규합하기 위해 1946년 2월 전국문학자대회를 개최한 바 있으며, 당시 문단에서 활동하고 있던 중진 문인들 가운데 친일 문학인으로 비판되었던 사람들을 제외하고는 거의 다 조선문학가동맹의 조직에 가담하고 있음을 볼 수 있다. 게다가 정치사회적 혼란이 거듭되는 과정에서 민족국가 건설에 대한 전망을 요구하는 비판적 지식인들이 진보적인 성향을 드러내게 되었던 점도 인정해야 할 것이다. 그리고 월북 문인의 상당수가 생활 근거와 연고를 북한 지역에 두고 있었다는 점도 다시 검토해야 할 문제라고 할 수 있다. 분단의 고정화에 따라 남북의 통행이 단절되면서, 북쪽의 생활 근거를 버리지 못하고 그냥 머물러 있었던 문인도 적지 않으며, 가족 등의 연고를 찾아 서울을 떠나 북으로 가 버린 문인들도 있었음을 확인할 수 있기 때문이다.

그런데, 월북 문인의 사상성에 대한 판단을 가능하게 하는 가장 직접적인 근거는 월북 후의 행적에서 확인되고 있다. 월북 문인 가운데 북한 문단의 핵심세력으로 자리 잡고 오랫동안 문단적 권위를 누렸던 인물들은 대체로 제1차 월북파 문인들이다. 이들이 북한 문단을 어떻게 조직화했는가를 살펴보면, 그 구체적인 사실이 그대로 드러난다. 해방 직후 북한 지역의 정치사회적인 판도는 1945년 8월 20일에 소련군 선발대가 평양에 들어오고, 그 일부가 다시 38선을 차단하기 위해 남하하면서부터 긴장 상태에 빠져들고 있다. 건국준비위원회의 활동은 평양 지역에서부터 이미 소련군에 의해 저지당했고, 새로이 인민정치위원회가 등장하면서 정치사회운동의 주도권이 공산주의자들에게 넘어가고 말았다. 문화예술의 영역에서도 자유주의적인 경향의 문인 집단이 해체되고, 소련군의 지원을 받는 '조·쏘문화협회'(1945. 11)의 창립과 더불어 지역별로 '프롤레타리아예술동맹'의 조직이 이루어졌던 것이다. 제1차 월북파 문인에 속하는 이기영, 한설야 등이 주동이 되어 '북조선문학예술총동맹'을 조직한 것은 1946년 3월이다. 이 조직은 서울의 '조선문학가동맹'과 관계를 끊고 월북한 안막, 송영, 윤기정, 이동규, 박영호 등이 가세하면서 더욱 확장되었으며, 공산주의 정치노선에 맞춰 그 이념을 정비하고 있다. 북조선문학예술총동맹의 주도권을 쥐게 된 이기영, 한설야 등은 자신들의 문학 이념과 노선이 일제 식민지시대부터 계급문학 운동의 정통을 계승하고 있음을 내세우고 있지만, 제2차 월북파인 이태준, 임화, 김남천 등이 대거 월북하자 조직 내부에 새로운 갈등이 생기게 된다. 그러나 북조선문학예술총동맹은 1947년 3월 당 중앙위원회에서 채택한 「북조선에 있어서의 민주주의 민족문화 건설에 관하여」라는 결정에 따라 엄격한 통제를 받게 되었기 때문에, 조직의 내분이 표면화되지는 않는다. 프롤레타리아 독재하에서는 문화예술이 사회주의 정신으로 인민을 교화하는 목적을 갖는다는 원칙에 따라, 이른바 건국사상동원운동을 위해 문학예술의 사상성을 제고하고, 사회주의적 사실주의의 규범을 엄수하도록 문학예술 활동에 모든 문학예술인들이 동원되었던 것이다. 그런데 전쟁을 통한 남한의 적화 공작이 실패로 돌아가자, 그 책임이 남로당에게 전가되어 남로당에 대한 숙청이 이루어지자, 남로당의 보호를 받았던 조선문학가동맹 계열의 제2차 월북파 문인들 가운데 임화, 김남천, 이원조, 설정식, 이태준 등이 모두 숙청되기에 이른다. 북한 공산당이 문학예술인에 대한 조직적인 통제를 위해 문단 조직을 재정비한 것은 1961년 3월인데, 당시는 이미 문단의 숙청과 사상적 통제의 강화, 전후 복구 사업을 통한 공산사회 체제의 정착이 이루어진 시기이다. 당 조직의 산하기관으로서 당의 정책과 노선을 실천하기 위한 문예 단체로 새로이 등장한 '조선문학예술총동맹'은 김일성의 개인적 우상화와 사회주의 계급혁명의 이념에 대한 선전을 그 주요 사업으로 전개하고 있다.

북한 문학의 역사적 변화

북한 문학예술은, 1945년 해방에서부터 1960년대 초반까지 해방 직후의 혼란과 6·25 전쟁, 그리고 전후의 사회 복구 사업 등으로 이어지는 북한의 사회상의 변화와 대응한다. 이 시기에 북한에서는 사회주의 이념을 내세운 공산체제의 확립을 위해 문학예술의 민중적인 교화 기능을 강조하고, 문학예술인들의 조직 동원, 사회주의 문예 정책의 수립, 문예 활동을 통한 사회주의 이념의 계몽 강화 등을 추진하고 있다. 사회주의 이념의 예술적 실천을 목표로 조직된 '북조선문학예술총동맹'(1946. 3)이 문예운동의 방향을 공산당의 정치 노선과 연계시키면서 건국사상 동원운동을 전개하고 문학예술을 통한 사회주의 이념의 선전 계몽에 앞장선다. 이 조직은 해방 직후 북한 지역에 남아 있던 재북 문학인, 남한에서 월북한 문학인, 그리고 만주와 소련 지역에서 북한으로 귀환한 문학인들이 주축을 이루고 있다.

북한의 문학예술이 조직적인 당의 통제를 받기 시작한 것은 1947년 3월부터이다. 당 중앙위원회 제29차 회의에서 채택한 「북조선에 있어서의 민주주의민족문화건설에 관하여」라는 결정에는 문학예술이 조국과 인민에게 복무해야 한다는 전제가 제시되어 있으며, 프롤레타리아 독재하에서 민족 문화는 사회주의의 개념과 정신으로 인민 대중을 교양하는 것이 그 목적이라고 규정되어 있다. 북조선문학예술총동맹은 이 규정에 따라 창작적 규범을 내세우고, 사회주의적 사실주의의 원칙에 의거한 문학예술의 창작을 문학예술인들에게 요구하게 된다. 그 결과로 북한의 문학예술 창작 활동은 6·25를 거치면서 더욱 그 이념적 지향성을 분명히 하고 있다. 우선 작가, 예술가들에게 조직의 당적 통일성을 파괴하려는 종파적 파괴 행위를 거부할 것을 요구한다. 그리고 철저한 혁명적 투쟁 의식을 구현해야 한다는 주장을 내세우고 있으며, 인민대중의 혁명 의식을 마비시키는 개인주의적 반동 부르주아 문학 사상을 철저히 분쇄해야 한다는 결의를 하고 있는 것이다. 이러한 결의가 있은 뒤 몇 차례에 걸친 문단인 숙청이 이루어졌고, 문예의 계급적 원칙과 혁명적 전통을 강화하고 있음은 물론이다. 6·25 전쟁 직후 북한 문단은 남로계 문인으로 지목된 임화, 김남천, 이태준, 설정식 등의 숙청을 통한 조직의 재정비를 거치면서 문예운동의 노선과 방향을 사회주의 이념으로 강화한다. 그리고 이른바 '천리마운동'으로 규정된 바 있는 전후 복구 사업과 경제 발전 계획의 추진에 문학예술인들을 조직적으로 동원하여 근로 인민을 선동 고무하게 된다. 1961년 3월에는 '조선문학예술총동맹'의 재조직을 꾀함으로써, 북한의 문학예술이 사회주의 이념을 기반으로 하여 성장할 수 있는 요건을 완비하게 된다.

1960년대 이후 북한의 문학예술은 사회주의적 사실주의의 미학적 요건을 김일성의 주체사상에 입각하여 새롭게 규정함으로써 주체성과 혁명성이 더욱 고양되는 변모를 보여준다. 1960년대 이전의 문학예술이 사회주의의 이념, 계급적 요소, 인민성의 요건 등을 중시하고 집단적인 것과 전형적인 것의 창조를 강조했다면, 1960년대 이후의 문학예술에서는 주체적인 것과 혁명적 투쟁 의식이 내세워짐으로써 그만큼 이념성이 강화되고 있다고 할 것이다. 그러므로 사회주의적 사실주의의 개념도 인민대중이 선호하며 향수하고 있는 민족적인 문예의 형식을 통해 사회주의의 이념과 노동계급의 혁명적 의식을 구현하고 형상화하는 방법으로 인식된다. 이것은 물론 노동계급의 혁명적 세계관인 마르크스주의를 기초로 하여, 혁명적인 것의 승리를 지향하는 역사 발전의 합법칙성을 정확히 반영하기 위한 것이라고 설명된다. 사회주의적 사실주의가 계급적 존재로서의 인간의 투쟁을 구체적인 사회 역사적 환경과의 통일 속에서 묘사한다는 본질 개념이 정식화되어 있는 것처럼, 북한에서는 사회주의적 사실주의 문학예술이 특정한 국가의 사회 역사적 조건에 따라 달라질 수밖에 없음을 강조한다. 북한 사회가 추구하고 있는 사회주의적 국가건설의 혁명적 수행이라는 과업에 따라 문학예술도 그 요구를 실천해 나아가기 위한 독자적인 요건을 갖추어야 한다는 것이다. 그렇기 때문에 북한의 문학예술은 노동계급의 문학예술이 추구하는 국제주의적인 속성보다 오히려 민족적인 것, 주체적인 것이 강조된다. 말하자면, 민족적 주체성에 대한 요구가 강조되고 있다고 할 것이다.

북한의 문학예술이 주체사상의 요구에 따라 그 혁명적 개념을 재정립하게 된 것은 '주체의 문예이론'이라는 문학예술에 대한 일종의 교조적 강령이 확립되면서부터이다. '주체의 문예 이론'은 1970년대 초반에 그 전체적인 범주가 이미 구체화되었던 것인데, 문학예술에서 주체 확립의 본질적인 내용을 과학적으로 밝히고, 그것이 문학예술을 시대의 현실적 조건과 문학예술 자체 발전의 요구에 맞게 창조해 나아가는 올바른 길임을 밝힌다는 데 목표를 두고 있다. 문학예술에서의 주체 확립의 본질적 내용은 "자기 인민의 정서와 감정에 맞게 문학예술을 건설하는 것"이다. 여기서 말하는 자기 인민의 정서와 감정에 맞는 문학예술이란 인민의 예술적 재능과 창조적 지혜가 깃들어 있는 '민족적 문예 형식'을 뜻한다. 그리고 바로 이 민족적 문예 형식을 통해 사회주의 국가 건설의 혁명적 이념을 구현하는 것이 주체의 문예 이론의 목표라고 할 것이다.

　북한의 '주체의 문예이론'은 그 논리적인 성격으로 볼 때, 문학예술의 민족적 형식과 사회주의적 혁명 이론이라는 내용을 통합론적으로 재해석하고 있는 것처럼 생각된다. 예술 형식의 민족적 특수성을 내세우면서 동시에 그 내용에서 혁명적 이념이라는 사회주의적 사상의 보편성을 강조하고 있기 때문이다. 그러나 실제로 '주체의 문예이론'과 그 이론에 입각하여 창작된 문학예술을 보면, 몇 가지 중요한 개념의 변질을 확인할 수가 있다. 우선 '주체의 문예이론'에서 강조하고 있는 문예의 민족적 형식이라는 것이 전통적인 민족 문학예술의 형식에 대한 현대적 재인식과는 거리가 멀다. 사회주의적 사실주의의 미학적 원칙보다는 김일성의 혁명 사상에 근거하여, 혁명적 이념을 구현하고 있는 '혁명적 문예 형식'을 민족 문학예술의 전형으로 내세우고 있기 때문이다. 혁명적 문예 형식이란 일제 식민지시대 김일성의 항일 무장투쟁 시기에 김일성의 지도 아래 창작되었다고 하는 항일 혁명 문학예술(「꽃파는 처녀」, 「피바다」, 「한 자위단원의 운명」, 「조건의 노래」 등)의 형식을 지칭한다. 이 작품들은 노동계급의 영도 아래 진행되는 혁명 투쟁을 마르크스-레닌주의의 혁명적 입장에서 형상화함으로써, 인민대중의 계급적 각성을 가능하게 하고 혁명 투쟁에 참여할 수 있도록 혁명적 세계관의 형성에 적극적으로 기여하고 있으며 인민대중의 요구와 참여에 의해 이루어졌다는 점에서, 사회주의 문학예술이 본받아야 할 불멸의 전형으로 평가되고 있는 것이다. '주체의 문예이론'에서 민족적 문예 형식이 문예의 민족적 전통이 아니라 혁명적 투쟁의식의 표현 형태로 고정되고 있는 것처럼, 사회주의적 이념이라는 그 내용적 요건도 사실은 김일성의 혁명 사상으로 귀결되고 있다. 당의 유일한 지도 사상인 김일성의 혁명 사상이 혁명 투쟁의 승리와 건설사업의 성과를 위해 문학예술을 통해 구현된다는 것은 당연한 일이다. 특히 '주체의 문예이론'의 창작적 실천을 위해 문학에서는 문학예술의 혁명적 사상성의 요건을 강조하는 창작지도 방법으로서의 '종자론'을 내세우고 있으며, 집단적 혁명의식의 형상화를 효과적으로 수행하기 위한 '집체창작'과 '속도전'의 방법을 널리 활용하고 있다.

1970년대 이후 '주체의 문예이론'이 일반화되면서 북한의 문학예술은 그 내용이 크게 세 가지 방향으로 나뉘어 전개된다. 첫째는 김일성의 항일 무장 투쟁의 혁명적 위업을 찬양한 것, 둘째는 북한의 사회주의 국가 건설의 위대성을 선전하는 것, 셋째는 남한에 대한 혁명적 통일의 과제를 강조하는 것 등이다. 이 가운데서 가장 중시되고 있는 것은 '항일 혁명 문학예술'의 전통을 이어받고 있는 첫째 경향이다. 김일성의 생애를 소설화하고 있는 「불멸의 역사」가 나왔고, '항일 혁명 문학예술'의 형태가 혁명적 대작으로 재창작되어 혁명 가극, 혁명 소설, 혁명 영화 등의 이름으로 널리 선전되고 있다. 그러므로 항일 혁명 문학의 전통은 북한의 문학예술에서 핵심적인 요소가 되고 있으며, 분단의 상황에서 특히 남한 해방을 위한 혁명 투쟁을 위해서도 그 이념적 요건이 중시되고 있다.

이 같은 북한의 문학예술의 경향에서 특히 주목해야 할 것은 혁명적 이념성과 배치되는 일체의 내용을 거부하는 일종의 절대적 배제론, 단절론의 원칙이 고수되어 왔다는 점이다. 문예운동의 조직에서 거듭되었던 문단인 숙청, 혁명적 이념에 입각한 문학예술의 혁명적 정리와 평가, 창작적 경향에 대한 엄격한 규제 등은 모두 사회주의적 혁명의 이념을 강조하고, 그 이외의 경향을 단절 배제시키기 위한 것이었음은 물론이다.

2. 북한 문학의 전개 양상

북한의 문학은 사회주의 문화 건설을 목표로 하는 북한 정권의 문화 정책에 의해 그 성격과 방향이 결정되고 있다. 북한의 사회주의 체제가 확립되는 과정 속에서 형성된 북한 문학은 사회주의 문화의 이념적 가치를 일관되게 추구하고 있지만, 시대적 변화에 따라 그 전개 양상에 차이를 드러낸다. 북한에서는 사회주의 국가 건설과 문화 건설이라는 기본적인 목표에 따라, 북한 사회의 변모 과정과 연관되는 문학의 전개 양상을 크게 네 가지 단계로 구분하고 있다. 첫째, 평화적 조국 건설기(1945.8~1950.6), 둘째, 위대한 조국해방전쟁 시기(1950.6~1953.7), 셋째, 전후 복구건설과 사회주의 기초 건설을 위한 투쟁 시기(1953.7~1960), 넷째, 사회주의의 전면적 건설과 사회주의의 완전 승리를 앞당기기 위한 투쟁 시기(1961년 이후~)가 바로 그것이다. 이러한 시대 구분은 북한 사회의 역사 발전 단계를 그들 나름의 관점과 방법에 의해 구획 짓는 원칙에 따른 것이라고 할 수 있으며, 북한의 문학예술 연구서가 대부분 비슷한 시대 구분의 방식을 지키고 있다.

북한의 문학은 그것이 지향하고 있는 이념적인 속성에 근거하여 볼 경우, 1960년대 중반을 분기점으로 하여 상당한 변화를 겪고 있음을 확인할 수 있다. 해방 직후부터 1960년대 초반까지 북한의 문학은 사회주의 이념의 예술적 실천을 위해 당과 인민에게 복무할 것을 요구받게 된다. 해방 직후의 사회적인 혼란과 격동, 한국전쟁, 그리고 전후의 사회 복구 작업을 벌이기까지, 북한 사회는 사회주의 체제의 확립을 위해 모든 노력을 기울였고, 문학은 북한 사회의 체제 확립과 그 이념적 정비를 위한 가장 중요한, 일종의 선동적 무기로 이용되고 있다. 문학인들이 사회주의 문화의 건설을 목표로 하는 당의 문예 정책에 따라 조직 동원되어 사회주의 이념을 계몽하고 선전하게 되었음은 물론이다.

1960년대 중반에서부터 북한의 문학은 김일성의 독재 체제를 합리화하고 김일성을 영웅화하는 데에 더욱 관심을 기울이기 시작한다. 당의 유일사상 체계가 확립되고 뒤이어 김일성의 주체사상이 내세워지면서, 주체사상에 입각한 문학이 새롭게 강조된 것이다. '주체의 문예이론'에서는 김일성의 혁명 투쟁과 혁명 사상을 혁명 전통의 규범으로 내세우고 있으며, 당의 유일사상인 수령의 혁명 이념을 기리는 것으로서 주체 문학예술의 꽃을 피워야 한다는 주장이 일반화되어 있다.

결국, 북한의 문학은 해방 직후부터 1960년대 초반까지 사회주의 이념을 예술적으로 실천하고자 했으며, 1960년대 중반 이후 김일성의 주체사상에 의해 그 개념과 가치가 새롭게 규정되었다고 할 수 있다. 주체사상의 등장과 함께 사회주의적 사실주의의 미학적 원칙보다 주체사상에 입각한 혁명성의 이념을 더욱 강조하고 있다. 그렇기 때문에, 북한 문학의 근본적인 목표가 사회주의 이념의 예술적 실천에서 주체사상에 근거한 혁명성의 구현으로 바뀌어졌다고 할 것이다.

문학과 사회주의 국가 건설

북한의 문학이 사회주의 국가 건설과 그 체제의 정립을 위해 사상과 이념에 대한 선전 계몽에 앞장선 것은, 1945년 해방 직후 북한 지역에 소련군이 주둔하고 김일성이 권력을 장악하면서부터의 일이다. 이 시기에 북한에서는 사회주의 정치체제의 확립을 위해 토지개혁을 비롯한 각종 개혁 사업을 전개하고 있었기 때문에, 사회주의 사상 이념의 선전 계몽이 무엇보다도 중시되었다고 할 것이다. 사회주의 문예 정책의 확립과 그 실천을 위해, 문화예술인들이 조직 동원되었고, 모든 문학예술 활동이 당과 인민에게 복무하기 위해 사회주의 이념의 대중적 선전 계몽에 바쳐졌던 것이다.

북한에서 사회주의 이념의 예술적 실천을 목표로 하여 조직된 본격적인 문예 단체는 '북조선예술총연맹'(1946. 3)이다. 이 조직은 그해 10월 '북조선문학예술총동맹'으로 개편되고, 예술의 각 영역의 동맹체로서의 성격을 분명히 하게 된다. 남북한의 분단이 점차 고정되자, 북조선문학예술총동맹은 이미 서울에서 결성된 '조선문학가동맹'(1946. 3)과 분리되어 평양을 중심으로 하는 북한 지역의 독자적인 문예 활동을 장악하는 단체로 등장한 것이다. 이 조직의 중심인물들은 대부분 서울에서의 활동을 포기하고 사회주의 이념에 입각한 새로운 문예 활동을 위해 월북한 이기영, 한설야, 안함광, 송영, 박세영 등을 들 수 있다. 그리고 북한 지역에 남아 있던 일부 문인과 만주와 소련 지역으로부터 귀환한 문인들이 여기에 합세한 것으로 볼 수 있다. 이들은 '진보적 민주주의에 의한 민족문화의 수립, 반봉건 반민족적 예술 세력과 관념의 소탕, 민족 문화유산의 비판적 계승' 등의 슬로건을 내세우며 북한 지역의 모든 문예 활동을 장악하게 된다.

북조선문학예술총동맹은 문예운동의 방향을 사회주의적 사실주의의 미학을 바탕으로 공산당의 정치 노선에 종속시키고, '중앙예술공작단'(1946. 5)을 조직하여 그 이념의 선전 활동을 적극적으로 전개한다. 이른바 건국 사상 동원운동은 당시 북한 주민의 사상을 공산주의로 개조하기 위한 의식 개혁 운동이었다고 할 수 있는데, 문화예술가들이 선봉에 나서서 교화 계몽운동을 담당했던 것이다. 그리고 당 조직 내에서도 문예운동의 노선과 그 정책의 방향을 고정시키기 위해 자체 내의 이론과 정강을 정리하게 된다. 1947년 3월 당 중앙위원회 제29차 회의에서 채택한 「북조선에 있어서의 민주주의 민족문화건설에 관하여」라는 결정은 북한의 공산당이 문예운동에 대한 규제를 구체적으로 제시한 것이다. 이 결정에는 문화예술이 조국과 인민에게 복무해야 한다는 전제가 내세워져 있으며, 문화예술이 프롤레타리아 독재 아래에서 대중을 사회주의의 정신으로 교양하는 데에 목적을 두어야 한다고 규정되어 있다. 이러한 규정은 곧바로 북한의 모든 문학예술인들에게 하나의 복무 조항으로 강요되었음은 물론이다. 그 결과로 북한 문학은 해방 직후부터 사회주의 체제의 확립을 위한 사상의 선전과 계몽에 주력하게 된다. 이 시기의 북한 문학은 새로운 사회주의 국가 건설에 열렬한 지지와 긍정을 보내면서, 이른바 혁명적 낭만성이라고 부르고 있는 사회 변혁에 대한 낙관적 전망을 풍부하게 드러내고 있다.

　북한의 초기 시단에서는 박세영, 박팔양, 이찬, 김조규, 이정구, 오장환, 이용악, 조벽암, 조영출, 민병균, 김상훈, 백석 등이 활동한 바 있다. 그리고 소련 거주 한인 2세로 해방 직후 평양 문단에 등장한 조기천과 본격적인 시작 활동을 처음 시작한 강승한 등이 문단의 각광을 받고 있다. 조기천은 시 「두만강」, 「땅의 노래」 등을 발표하고, 장편 서사시 「백두산」(1947)을 내놓음으로써, 북한 시단의 한복판에 자리하게 된다. 그의 「백두산」은 일제시대 북만주 일대에서 항일 투쟁을 벌인 김일성의 혁명적 업적을 찬양하고 있는 작품이다. 이 작품 속에서 김일성의 혁명 투쟁은 영웅적인 형상으로 묘사되고 있으며, 민중의 적극적인 지지와 호응을 얻고 있는 것으로 기술된다. 일본 제국주의의 탄압을 극복하고 투쟁을 승리로 이끌어가는 과정을 통하여 시인은 김일성의 혁명적 투쟁이 조국의 해방이라는 역사적인 승리에 도달하고 있음을 역설하고 있다. 이러한 시적 주제는 북한의 시문학이 김일성을 영웅화하기 위해 그의 항일 투쟁을 어떻게 묘사해야 하는가를 구체적으로 예시하고 있는 셈이다. 북한 문단에 새로이 등장한 강승한은 서사시 「한라산」(1948)을 발표하면서 문단의 주목을 받게 된다. 이 작품은 4·3 사건으로 알려져 있는 제주도의 공산주의자 폭동사건을 서사적인 시적 형식에 담아 놓고 있는데, 특정의 개인을 영웅적으로 묘사한 것이 아니라 집단적인 주체로서의 인민의 계급적 단합과 그 투쟁 의지를 표출하고 있다는 점에서 「백두산」의 경우와 대조를 보인다. 물론 이러한 작품들은 특정의 이념에 따라 역사를 왜곡하거나 과장하고 있다는 점에서, 역사적 사실의 객관적 인식과 그 서사적인 기술이라는 서사시의 기본적인 요건을 벗어나고 있다. 그러나 이 같은 문제성을 제외하고 본다면, 시적 형식으로서의 서사시의 가능성을 해방 직후에 새로이 시도하고 있다는 점을 인정할 수 있을 것이다.

북한의 소설 문단은 일제 식민지시대부터 프롤레타리아 문학을 주장해 온 이기영, 한설야, 이북명, 이동규, 송영, 이근영, 엄흥섭 등과 해방 직후 북한 지역에 머물러 있던 최명익, 허준, 현경준 등과 새로운 작가로 등장한 황건, 천세봉 등의 활동이 중심을 이루고 있다. 이북명의「노동일가」(1947)는 이 작가가 꾸준히 써 온 노동소설의 연장선상에 놓여 있는 작품이다. 그러나 이 작품에서는 사회주의 국가 건설이라는 당면의 현실이 적극적으로 긍정되고 있기 때문에, 노동계급의 극렬한 투쟁을 그려내고 있지는 않다. 해방 직후 흥남비료공장 노동자들의 노동 현장을 통해, 작가는 사회주의 국가 건설을 위해 개인적인 이기심을 극복하고 집단적인 계급의식을 확립해 가는 과정을 보여준다. 노동계급의 창조적인 노동 생활을 적극적으로 긍정하고 있다는 평가를 받고 있긴 하지만, 이 작품의 저변에는 노동계급이 주인이 되는 사회를 실현한다는 사회주의 이념을 선전하고자 하는 의도가 짙게 깔려 있다. 이동규의「그 전날 밤」(1948)은 5·10 총선거를 치르고 있는 남한의 정치 상황을 비판하고 있는 작품으로, 단독정부의 수립에 반대하는 노동자들의 정치투쟁이 이야기의 중심을 이룬다. 이기영의「땅」(1949)은 북한의 토지개혁 운동을 배경으로 하여 무산계급의 사회적 성장과 사회주의 체제의 확립을 역사적인 필연성으로 해석하고 있다. 이 작품 속에서 작가는 일제 식민지시대에 악덕 지주의 집에서 머슴살이를 하며 고난을 겪던 주인공이 해방과 함께 토지개혁이 실시되자 진정한 땅의 주인공이 되어 농촌 건설에 헌신적으로 나선다는 이야기를 들려준다. 소설 구성의 도식성에도 불구하고, 전체 이야기 속에서 지주의 횡포 아래 착취당하고 있던 농민의 모습은 해방 후 새로운 사회주의 국가에서 땅의 주인이 되어 자유와 권익을 누리는 농민의 형상과 극적으로 대조를 이루고 있다. 이 소설이 민주적 국가 건설기에 알맞은 새로운 인간형의 창조에 성공하고 있다는 평을 받고 있는 것은 바로 이 때문이다.

전후의 북한 문학

1950년 한국전쟁을 겪으면서 북한의 문학은 새로운 변화를 겪게 된다. 전쟁이 끝난 뒤에 휴전과 함께 사회적 혼란이 어느 정도 평정되자, 북한에서는 문학예술인에 대한 대대적인 숙청이 단행된다. 남로당의 정치적 몰락과 함께 월북 문인들 가운데 임화, 김남천, 이태준, 설정식 등 상당수의 문인들이 문단에서 제거된 것이다. 전쟁 직후의 복구 작업에 들어서기 전에 이루어진 문인 숙청은, 문학예술가들의 당적 통일성을 파괴하려는 일체의 종파주의적 행위를 거부하고, 대중의 혁명 투쟁 의식과 전투 의식을 마비시키는 부르주아 문학 사상을 분쇄해야 한다는 당의 지시에 따른 것이다. 문단 숙청과 사상 통제를 실현한 후에, 북한 당국은 전후 복구 사업과 경제발전을 위해 문학예술인들을 다시 조직 동원하게 된다. '천리마운동'으로 지칭되고 있는 전후 복구 사업의 수행은 북한에서 사회주의 체제의 정착을 가능하게 하였으며, 대중에 대한 사상적 통제를 쉽게 할 수 있도록 하였던 것이다.

한국전쟁이 끝난 후부터 북한 문학에서는 김일성을 찬양하고, 그 지도력을 선전하는 작품들이 많이 등장하고 있는 점이 또 다른 특징의 하나로 지적될 수 있을 것이다. 김일성의 항일 무장투쟁의 혁명성을 찬양하거나, 한국전쟁 당시의 지도력을 과장적으로 선전하고 있는 시와 소설들이 이 무렵부터 북한 문학의 주류를 이루게 된 셈이다. 그리고 미국과 미군에 대한 증오와 비난, 남한의 현실에 대한 비판도 중요한 문학적인 내용이 되고 있다.

전시 문단에서 시인 이용악은 「피발 선 새해」(1951)를 발표하여 조국 해방을 위한 투쟁의 필연성을 내세워 전쟁을 합리화하고 있으며, 백인준은 「얼굴을 붉히라, 아메리카여」(1951)에서 참여한 미국을 격렬하게 비난하고 있다. 조기천의 장시「조선은 싸운다」(1951)는 혁명 투쟁의 과정으로서의 전쟁과 그 승리를 다짐하는 작품이며, 민병균의 서사시「어러리벌」(1952)은 평범한 농촌의 아낙이 전쟁에서 남편과 가족을 잃고 적개심에 불타서 구월산의 유격대에 가담하여 투쟁의 길에 나선다는 줄거리를 담고 있다.

이러한 시적 경향은 전후의 시단에서도 그대로 지속되고 있다. 조벽암의 시「광장에서」(1953)는 김일성의 영도력에 의해 조국해방전쟁에서 승리했음을 노래한다. "우리 수령님 따라/험산준령도 넘었고/물결 센 강하도 건너/물불도 헤아리지 않았다//그럴 때마다 우리는/이날 있기를 기약했거니"라는 구절에서 그러한 주제 의식이 드러나고 있다. 그는「삼각산이 보인다」(1957)에서 남녘 하늘을 바라보며 통일을 기리는 노래를 부르기도 한다. 정문향의 시「새들은 숲으로 간다」(1954)는 전후 복구 사업에 동원되고 있는 노동자들의 결의를 노래하고 있는 작품이다. "아, 모든 것을 다시 추켜세운 구내 우로/새들이 난다/그 모진 싸움 속에서도 가슴 드높지 않던/제철공들의 무쇠의 가슴을 치며"라고 이어지는 이 작품은 작업 교대 시간을 알리는 고동소리에 놀라서 하늘로 날아오르는 새들의 모습을 통하여, 노동자들의 고양된 의지를 비유적으로 표현하고 있다.

소설의 경우는 주로 전후 복구 사업에 노동자들을 동원하고 그 성과를 선전하는 작품들이 전후에 많이 발표되고 있다. 이른바 천리마운동으로 일컬어졌던 노동의 현장을 그린 작품으로는 황건의「개마고원」(1956), 윤세중의「시련 속에서」(1957), 천세봉의「석개울의 새봄」(1958) 등이 주목되었던 것들이다. 이 작품들은 그 내용이 공통적으로 전후 복구 사업의 성공적인 사례에 해당되지만, 개인주의의 불식을 통한 집단의식의 고양과 계급적 단결의 중요성 등을 강조하고 있다.「개마고원」의 무대는 북부 산간지대이다. 해방 직후부터 전쟁을 거치기까지 산간 마을에서 이루어진 사회주의 계급 사상에 대한 선전 활동과 그 투쟁 과정을 보여주고 있다.「시련 속에서」의 경우는 전후 복구 작업에 나선 공장노동자들의 결의와 의지를 다루고 있다. 미군 폭격으로 파괴된 제철소를 다시 복구하기 위해 노동자들이 더욱 결속하여 고난을 극복해 나아간다는 것이 그 줄거리이다. 농촌의 복구 작업은 「석개울의 새봄」에서 그려지고 있다. 이 작품은 전쟁으로 황폐화된 농촌을 다시 건설하기 위해 모든 농민들이 개인적인 이기심을 버리고 협동조합을 결성하여 생산 활동에 적극 참여하는 것을 그 내용으로 하고 있다.

이 시기의 소설 가운데 가장 주목되는 작품은 최명익의 「서산대사」(1956)와 이기영의 「두만강」(1961)이다. 임진왜란 당시의 평양성 전투를 배경으로 하고 있는 「서산대사」는 서산대사를 중심으로 하는 승병과 의병들이 왜적의 침략에 대항하여 싸우는 영웅적 기상을 강조하고 있다. 이 소설은 그 제재 자체를 역사적인 사실에서 빌려온 것이고, 왜군의 잔학상과 조선 민족의 투쟁 의식을 대비시키고 있지만, 한국전쟁 당시 유엔군의 평양 입성 과정을 우회적으로 비판하고 있다고 할 수 있다. 이기영의 대하 장편소설 「두만강」은 전쟁 직후 제1부가 발표되었고, 1961년에 제3부까지 완결된 작품이다. 이 소설의 전체적인 내용은 작가가 일제시대에 발표한 소설 「봄」(1941)의 연장선상에 놓인다. 19세기 말 봉건적인 조선 사회의 붕괴와 일제의 침략, 그리고 식민지시대로 이어지는 근대사의 격동을 배경으로 하고 있는 이 작품에서 작가가 관심을 기울이고 있는 것은 농민들의 계급적 성장 과정이다. 계급적 모순과 봉건적인 사회 제도를 타파하기 위해 고통 속에서도 투쟁하는 농민들의 모습을 형상화하기 위해 작가는 사회주의 리얼리즘의 이념적인 요건에 충실하고 있다. 그리고 김일성의 혁명 투쟁을 농민들의 계급투쟁 속으로 끌어들이면서 그 승리의 역사적 필연성을 강조하고 있다.

주체시대의 문학

1960년대 이후 북한의 문학예술은 사회주의적 사실주의의 미학적 요건을 김일성의 주체사상에 입각하여 새롭게 규정함으로써 주체성과 혁명성이 더욱 고양되는 변모를 보여준다. 1960년대 이전의 문학이 사회주의의 이념, 계급적 요소, 인민성의 요건 등을 중시하고 집단적인 것과 전형적인 것의 창조를 강조했다면, 1960년대 이후의 문학에서는 주체적인 것과 혁명적 투쟁의식이 내세워짐으로써 그만큼 이념성이 강화되고 있다고 할 것이다.

북한의 문학이 주체사상의 요구에 따라 그 혁명적 개념을 재정립하게 된 것은 당의 유일사상 체계를 확고히 하고 모든 사회를 주체사상화한다는 당의 방침과 밀접한 연관을 갖는다. 문학의 경우에는 1970년대부터 등장한 '주체의 문예이론'에서 그 윤곽과 전체적인 성격을 확인해 볼 수 있다. '주체의 문예이론'은 논리상으로 문학예술의 민족적 형식과 사회주의적 혁명이념이라는 내용을 통합론적으로 재해석하고 있는 것처럼 생각된다. 예술형식의 민족적 특수성을 내세우면서 동시에 그 내용에서 혁명적 이념이라는 사회주의적 사상의 보편성을 강조하고 있기 때문이다. 그러나 실제로 '주체의 문예이론'과 그 이론에 입각하여 창작된 문학예술을 보면 몇 가지 중요한 개념의 변질을 확인할 수가 있다. '주체의 문예이론'에서 강조하고 있는 문예의 민족적 형식이라는 것이 전통적인 민족 문학예술의 형식에 대한 현대적 재인식과는 거리가 멀다. 사회주의적 사실주의의 미학적 원칙보다는 김일성의 혁명 사상에 근거하여 혁명적 이념을 구현하고 있는 '혁명적 문예형식'을 민족 문학예술의 전형으로 내세우고 있기 때문이다. 혁명적 문예형식이란 일제 식민지시대 김일성의 항일 무장투쟁 시기에 김일성의 지도 아래 창작되었다고 하는 항일 혁명 문학예술의 형식을 지칭한다. 항일 혁명 문학예술은 노동계급의 영도 아래 진행되는 혁명 투쟁을 마르크스-레닌주의의 혁명적 입장에서 예술적으로 형상화한 것으로 평가되고 있다. 그리고 그것은 인민대중의 계급적 각성을 가능하게 하고 혁명 투쟁에 참여할 수 있도록 혁명적 세계관의 형성에 적극적으로 기여하고 있으며, 인민대중의 요구와 참여에 의해 이루어졌다는 점에서 사회주의 문학예술이 본받아야 할 불멸의 전형으로 평가되고 있는 것이다. '주체의 문예이론'에서 민족적 문예 형식이 민족적 전통에 기초한 것이 아니라 혁명적 투쟁의식의 표현 형태로 고정되고 있는 것처럼, 사회주의적 이념이라는 그 내용적 요건도 사실은 김일성의 혁명 사상으로 귀결되고 있다. 당의 유일한 지도 사상인 김일성의 혁명 사상이 혁명 투쟁의 승리와 건설사업의 성과를 위해 문학예술을 통해 구현된다는 것은 당연한 일이다.

'주체의 문예이론'에서는 사회주의적 사실주의의 개념도 인민대중이 선호하며 향수하고 있는 민족적인 문예의 형식을 통해 사회주의의 이념과 노동계급의 혁명적 의식을 구현하고 형상화하는 방법으로 인식된다. 이것은 물론 노동계급의 혁명적 세계관인 마르크스주의를 기초로 하여 혁명적인 것의 승리를 지향하는 역사 발전의 합법칙성을 정확히 반영하기 위한 것이라고 설명하고 있다. 사회주의적 사실주의는 계급적 존재로서의 인간의 투쟁을 구체적인 사회 역사적 환경과의 통일 속에서 묘사하는 것으로 그 본질 개념이 정식화되어 있지만, 북한에서는 사회주의적 사실주의 문학예술이 특정한 국가의 사회 역사적 조건에 따라 달라질 수밖에 없음을 강조한다. 북한 사회가 추구하고 있는 사회주의적 국가 건설의 혁명적 수행이라는 과업에 따라 문학예술도 그 요구를 실천해 나아가기 위한 독자적인 요건을 갖추어야 한다는 것이다. 그렇기 때문에, 북한의 문학예술은 노동계급의 문학예술이 추구하는 국제주의적인 속성보다 오히려 민족적인 것, 주체적인 것을 강조하고 있다. 말하자면 민족적 주체성에 대한 요구가 강조되고 있다고 할 것이다.

'주체의 문예이론'을 창작적 실천에 적용하기 위해, 북한에서는 문학예술의 혁명적 사상성의 요건을 강조하는 창작 지도 방법으로서의 '종자론'을 내세우고 있으며 집단적 혁명 의식의 형상화를 효과적으로 수행하기 위한 집체창작과 속도전의 방법을 널리 활용하고 있다. 종자라는 것은 작품의 기본적인 핵이라고 규정된다. 북한의 문학자들은 종자를 작품의 가치를 규정하는 데에 있어서 가장 근본적인 문제로 취급하고 있다. 작품을 창작하기 위해서는 종자를 똑바로 잡아야 자기의 사상, 미학적 의도를 정확히 전달할 수 있고, 작품의 철학성을 보장할 수 있다는 것이다. 그렇기 때문에, 모든 문학예술 작품에는 반드시 작가의 개성적이고도 독창적인 종자가 드러나 있어야 하며, 거기서 예술적인 형상화가 이루어져야 한다고 주장하고 있다. 이러한 주장에서 본다면 문학예술 작품에서의 종자란 작품 속에 담겨지는 가장 핵심적인 미적 요소이며, 동시에 사상적 요소라고 할 것이다. 종자에는 작가가 말하고자 하는 핵심적인 주제와 사상적인 근본 요소가 담겨 있기 때문이다. 그리고 여기서 작품의 주제와 사상이 모두 종자에 의해 규정되며, 예술적 형상마저도 종자에 따라 좌우된다는 논리가 나오게 되는 것이다.

　종자론에서 가장 중요한 것은 두말할 필요도 없이 사상성의 문제라고 할 것이다. 여기서의 사상성이란 당의 정책을 정확히 반영하고 당의 노선과 정책에 철저하게 의거하여 시대가 제기하는 사회 정치적인 과제에 올바른 사상적 해답을 제기할 수 있는 것을 뜻한다. 종자에 관한 인식은 주제, 사상, 소재 등과 같은 문제와 직결되며, 작품의 구성이나 형상화의 방법도 이로부터 기초가 서게 된다고 한다. 그러나 무엇보다도 먼저 근로대중을 공산주의 혁명정신으로 교양시킬 수 있는 사상성을 갖지 않으면 안 된다. 그러므로 사상성이야말로 예술 작품의 가치를 규정하는 유일하고도 정당한 기준이 되는 것이며, 바로 이것이 종자를 바로잡는 데에서 비롯된다고 말하고 있는 것이다. 다시 말하면, 종자를 바로잡는 것이야말로 예술의 형상적 창조 과정에서 사상성과 예술성을 올바르게 결합하는 일이며, 문학예술을 참다운 공산주의 인간학으로 만들 수 있다는 것이다.

　북한의 문학인들은 이 같은 종자론의 이론적인 지침을 실천에 옮기기 위해, 사상미학적으로 자신의 예술적 재능을 키워야 한다. 모든 작품은 독자적인 창작 실험을 통해서가 아니라, 김일성의 교시와 그 구현이라고 할 수 있는 당의 정책 노선에 대한 깊이 있는 이해와 참여와 지지를 통해 가능해진다. 문학예술가들은 당의 정책과 노선이 실현되는 사회 현실 속에서 혁명적 열기와 기백을 체험해야 하며, 그 속에서 독창적인 종자를 발견해 내야 한다. 그리고 보다 목적 지향적인 사상 미학적 준비를 거쳐 창작에 임해야 한다. 사회주의 문학예술은 언제나 혁명 투쟁에 앞서 있는 근로인민들의 미학적 요구와 부합되어야 하며, 역사 발전에 대한 전망을 제시해야 하기 때문이다.

그런데 이 같은 종자론의 내용과 직결되는 창작 원칙으로서 속도전의 개념을 주목할 필요가 있다. 속도전이란 종자를 바로잡고 작품에 대한 파악이 생긴 뒤에 높은 창작 속도를 보장해야만 작품의 질도 높아진다는 특이한 창작 방법이다. 속도전의 기본 원칙은 발전하는 혁명 투쟁의 현실에 맞게 작가 예술가들이 답보와 침체를 모르고 언제나 긴장된 상태에서 기동적으로 창작에 임하여 우수한 작품을 더 많이, 더 빨리 창작하는 것이다. 이 같은 속도전의 원칙은 창작의 속도를 높여 창작 기간을 줄이면서도 작품의 사상예술적 질은 높아지게 한다는 데에 그 요체가 있다고 한다. 속도전이 작품의 질을 높일 수 있게 되는 것은 작가, 예술가들에게 고도의 정치적 열의를 집중하고 창조적 사색을 적극적으로 지속시킬 수 있다는 점에 근거한다. 작가 예술가들이 하나의 창조적 열정에 휩싸여 모든 소극적 사고를 극복하고, 당의 유일사상인 수령의 혁명 사상에 집중할 때, 작품의 질을 높일 수 있다는 것이다. 이 같은 속도전의 원칙을 효과적으로 수행하기 위해 북한의 문학예술가들은 집체창작이라는 일종의 공동 창작을 많이 하게 되고, 속도전을 벌이는 과정 자체를 긴장된 창작 전투의 과정으로 생각하면서 창작에 임하고 있는 것이다.

'주체의 문예이론'이 일반화된 1970년대의 문학예술은 그 내용이 크게 세 가지로 대별된다. 첫째는 김일성의 항일 무장투쟁의 혁명적 위업을 찬양한 것, 둘째는 북한의 사회주의 국가 건설의 위대성을 선전하는 것, 셋째는 남한에 대한 혁명적 통일의 과제를 강조하는 것 등이다. 이 가운데서 가장 중시되고 있는 것은 김일성의 혁명 투쟁을 찬양하는 작업으로서, 김일성 일가의 모든 행적이 문학적 형상화의 대상이 되고 있다. 김일성의 혁명 투쟁과 그 과업의 위대성을 찬양하기 위해 기획된 『불멸의 역사』 총서는 1970년대 중반부터 1990년대에 이르기까지 오랜 시간에 걸쳐 창작 간행되고 있다. 이 총서에는 김일성의 혁명 투쟁을 시기별로 소설화한 장편들이 15편이나 포함되어 있는데, 김일성의 행적을 따라 「닻은 올랐다」(김정, 1982), 「은하수」(천세봉, 1982), 「근거지의 봄」(리종렬, 1981), 「고난의 행군」(석윤기, 1976), 「백두산 기슭」(현승걸·최학수, 1978) 등이 이어지고 있다. 이 작품들은 김일성에 대한 절대적인 숭배와 예찬은 물론이고, 그의 모든 행적을 신성한 것으로 그려놓고 있다. 김일성의 부모를 소설의 주인공으로 내세워 김일성 일가의 혁명적인 사상을 강조하고 있는 작품은 「역사의 새벽길」(이기영, 1972), 「조선의 어머니」(남효재, 1970)가 있으며, 김일성의 처 김정숙의 일생을 소설화한 것은 『충성의 한 길에서』라는 총서로 꾸며져, 「유격구의 기수」(천세봉, 1975), 「사령부로 가는 길」(천세봉, 1979), 「광복의 해발」(박유학, 1982), 「그리운 조국산천」(박유학, 1985), 「진달래」(리종렬, 1985) 등 5편의 장편소설이 이어져 있다. 시의 경우에도 1960년대의 작품으로는 김일성의 혁명 투쟁과 그 정신적 기반 위에서 당의 역사가 이루어지고 있음을 노래한 이용악의 「우리 당의 행군로」(1961), 김일성의 혁명 투쟁 전적지를 참배하고 그 과정을 노래한 박세영의 「밀림의 역사」(1962), 그리고 집체작으로 나온 「인민은 노래한다」(1962) 등을 지목할 수 있다. 1970년대 이후에는 북한의 시 형식 가운데 김일성을 찬양하는 시 형식을 송가 형식이라는 독자적인 형식으로 구분하여 부를 정도로 그 영역이 넓어진다.

이 시기의 문학 가운데 사회주의 국가 건설의 위대성을 선전하고 있는 작품도 상당한 비중을 차지하고 있다. 소설의 경우, 권정웅의 「백일홍」(1961), 석윤기의 「행복」(1963), 「시대의 탄생」(1966), 「생명수」(1978), 김규엽의 「새 봄」(1978) 등이 주목된 작품들이다. 「백일홍」은 천리마시대의 인간상을 창조한 것으로 평가되었던 작품인데, 낭림산의 골짜기를 통과하는 철롯길을 오고 가면서 철로 감시원으로 일하고 있는 인물을 주인공으로 하고 있다. 남편의 직업에 불만을 품고 있는 아내가 도시로 나가서 살고 싶어 하지만, 결국은 동료 철로 감시원들의 헌신적인 봉사 정신에 감화되어 아내도 적극적으로 남편을 돕게 된다는 것이 그 줄거리이다. 「시대의 탄생」은 한국전쟁을 그려낸 장편이다. 이 작품에서 작가는 한 광산 노동자가 전쟁에 참여하여 혁명적 투쟁 의지를 가지고 대전전투에서 미군 사단장을 생포하는 과정을 그려놓고 있으며, 작품의 서두에서부터 주인공이 지니고 있는 미국에 대한 적개심을 강조하고 있다. 「평양 시가」는 전후 복구사업 가운데 폐허화된 평양 시가를 복구하는 과정을 한 노동자의 체험을 소재로 하여 소설화하고 있으며, 「생명수」에서는 농촌 관개 사업의 성공담을 늘어놓고 있다. 「새 봄」은 해방 직후의 토지개혁과 인민정권이 들어서기까지의 과정을 여러 계층의 대립과 갈등을 통해 묘사하고 있으며, 혁명의 이념으로 그 갈등을 극복한다는 내용을 담고 있다. 시의 경우는 김일성의 위대한 지침에 의해 전후 복구 사업과 공장 건설이 성공적으로 이루어지고 있음을 노래한 백인준의 「대동강에 흐르는 이야기」(1962), 정문향의 「시대에 대한 생각」(1961), 오영재의 「조국이 사랑하는 처녀」(1961) 등이 비슷한 주제 의식을 보여준다. "마치 아득한 옛말과도 같다/초가집을 놓고/함석과 기와집을 이야기하던 일은//그렇듯 아찔하게 솟아/가슴을 놀래우던 큰 집도/어마어마하게 생각되던 큰 일도/이제는 흔히 있는 보통일로 되었구나!"라고 노래하고 있는 「시대에 대한 생각」은 천리마 운동으로 새로이 변모, 발전하고 있는 삶의 현실을 보여준다. 「조국이 사랑하는 처녀」에서는 농촌 여성의 소박한 눈으로 천리마운동에 의해 발전하는 농촌의 모습을 그려놓고 있다.

　1970년대 후반 이후에 발표된 박태원의 「갑오농민전쟁」(1986)과 홍석중의 「높새바람」(1983)은 각각 전봉준을 중심으로 하는 동학혁명의 과정과, 조선시대 삼포왜란을 소재로 하여 왜적과 대항했던 역사의 현장을 그려내고 있는 역사소설로서 주목되었던 작품들이다. 이 시기에 항일 혁명문학 예술 작품을 대작의 형식으로 재창작하는 작업도 집체적인 방법에 의해 널리 행하여져서 「꽃 파는 처녀」, 「피바다」, 「한 자위단원의 운명」 등이 혁명가극, 혁명 소설, 혁명 영화 등의 이름으로 널리 선전되고 있으며, 북한의 문학예술에서 항일 혁명문학의 전통이 가장 중요한 이념적 요건으로 자리 잡게 되었음을 확인할 수 있게 된다.

북한 문학은 1980년대 이후 두 가지의 특징을 드러내고 있다. 첫째는 주체사상에 근거한 사회주의 문화 건설의 목표를 완수하기 위해 사회주의 문화의 정통성을 확립하고자 하는 데에 관심을 집중하고 있다는 점이다. 다시 말하면, 사회주의 문화의 혁명성을 민족문화의 정통성으로 내세우면서 이를 주체사상에 입각하여 더욱 공고히 하고자 한다고 할 것이다. 특히 주체사상의 계승을 위해 김정일의 영웅적 형상화 과정이 눈에 띄게 드러나고 있다. 둘째는, 1980년대에 들어서는 과정에서 일어난 남한의 정치사회적 현실 변화를 배경으로 하여, 보다 적극적인 남한 현실에 대한 비판이 문화예술 영역에서 일어나고 있다는 점을 지적할 수 있다. 남한 문학비평에 대한 비판, 남한 현실에 대한 비판, 광주 문제를 둘러싼 사회 갈등의 강조 등을 통해 사회주의 문화의 위대성을 선전하고, 그 역사적 정당성을 내세우고 있는 셈이다. 이 같은 현상은 북한 내부에서 문제가 되고 있는 김정일의 후계 체제 구축과 연관되는 것이며, 남한의 사회적 분열과 계층적 갈등을 더욱 강조, 조장하기 위한 정치 문화적 공세와도 관련되는 것이라고 할 수 있다.

북한의 소설에서 김일성을 그 소재로 삼고 있는 것은 헤아릴 수 없이 많다. 수령의 위대성을 강조하기 위한 개인숭배의 차원을 떠나서 김일성의 의미는 거의 모든 영역에 걸쳐 절대적이라고 할 것이다. 이미 앞 장에서도 지적한 것처럼, 4·15 창작단에 의해 김일성의 생애 자체가 『불멸의 역사』라는 소설 형식으로 정리되었고, 바로 그 작품을 사회주의 문학의 불멸의 전형으로 내세워지고 있는 것만 보아도 그 실상을 충분히 짐작할 수 있다. 그런데, 1980년대 이후에는 새로운 지도자로서 김정일의 형상을 그려내고 있는 작품이 증가되고 있으며, 김정일의 문화예술 영역에 대한 지침이 자주 인용되고 있다. 김정일을 소재로 하고 있는 소설을 추려보면, 박현, 「아끼시는 마음」(1984.1), 리대상, 「다시 쓴 논문」(1984.3), 현승걸, 「대지」(1985.2), 김영근, 「영생」(1985.2), 김성관, 「안녕」(1987.2), 백은팔, 「사랑의 샘」(1988.2), 최학수, 「눈부시다」(1988.10) 등 많은 작품을 지목할 수가 있다. 이들 작품에서 그려지고 있는 김정일은 혁명적 투사라기보다는 온후한 인격자로 형상화되고 있는 것이 보통이다. 김정일이라는 특정의 인물이 보여주는 행위는 모두 북한 사회 내부에서 벌어지는 갖가지 문제들에 대한 김정일의 세심한 배려와 지도 활동이다. 그렇기 때문에, 소설 속의 김정일은 주인공이 아니라 주인공의 바로 곁에서 사태를 수습하는 갈등의 해결사가 되고 있으며 인간 사랑의 화신으로 내세워지고 있다.

《조선문학》에 수록된 시의 경우에도 김정일의 지도자적 인격을 찬양하는 작품이 적지 않다. 김정일이 태어났다고 하는 백두산에 '정일봉'이라는 지명을 만들어 놓고 이를 찬양하기도 하고, '김정일화'라는 꽃을 정해 두고 그 아름다움을 노래하기도 한다. 소설의 경우와 마찬가지로 김정일은 위대한 주체의 시대에 등장한 인민의 지도자로서 추앙되고 있는 것이다.

(가) 륭성 번영하는 조국과
인민의 행복을 위해 솟은
혁명의 표대
누리의 등대
아 정일봉이여!

— 전명구, 「아 정일봉이여」(1989. 2)

(나) 오 이 꽃은 무엇을 주는가
꽃처럼 아름답게 살기를 원하는

세계의 모든 인간
혁명하는 사람들의 심장마다에
투쟁의 불을 주더라

— 유성옥, 「꽃은 무엇을 주는가」(1989.3)

　이러한 작품은 1980년대 이후 김정일의 위대성을 찬양하는 작품으로 흔히 찾아볼 수 있는 것들이다. 김정일이 김일성의 혁명 사상을 계승하고 그것을 종합하여 완전한 사회주의의 승리를 향해 전진하는 혁명의 지도자라는 것이 대개 그 내용이다. 김정일의 지도자적 인격의 고상함을 찬양한 작품 속에서도, 혁명적 전통의 계승자로서의 존재가 언제나 강조되고 있다. 김정일의 권력 승계를 공식화하고 있는 북한 사회에서 그의 지도자로서의 위치를 더욱 확고히 하기 위해, 이 같은 작품들이 정책적으로 만들어지고 있다고 할 것이다.

　1980년대 이후 북한의 소설과 시에서 특이하게 드러나고 있는 현상 중의 하나는 남한 사회 현실에 대한 비판이다. 1980년 초반의 사회 정치적인 갈등의 한복판에서 돌출한 광주 민주화 운동을 배경으로, 남한 사회의 문제를 부각시키고자 하고 있다. 소설 「봄우뢰」(석윤기, 1984.4)와 「행진곡」(리경숙, 1988.12)이 바로 이에 해당한다. 「량심의 길」(리경숙, 1988.7)과 같은 작품은 대학생의 노동운동을 소재로 하고 있다.

　소설 「봄우뢰」는 광주에서 부상당한 남자 주인공이 중심을 이룬다. 부상 이후 그는 사회운동의 영역에서 벗어나 과학을 전공하여 기술자로서 사회에 봉사할 것을 결심한다. 투쟁의 대열에서 벗어나고자 하는 것이다. 그러나 의사 집안의 딸로서 부유한 환경 속에서도 현실 투쟁에 앞장서고 있는 여주인공의 열정 앞에서 결국은 자신의 판단을 바꾸게 된다. 그들은 모두 새로운 혁명적 투쟁의 선봉에 서게 된다는 것이다. 소설 「량심의 길」의 경우에는 공학을 전공하고 있는 대학생이 주인공이다. 빈곤으로 인하여 생활이 곤경에 빠진 주인공은, 아내가 피를 뽑아 판 돈으로 생계를 유지하다가 결국 퇴학 경고까지 받는다. 민주화 투쟁으로 많은 대학생들이 투옥되고, 주인공은 간신히 직장을 얻게 되지만, 공장에서의 직공 해고에 반대하다가 노동운동의 한복판에 서게 된다.

이러한 소설들은 남한 사회의 일면을 과장적으로 확대하여 그려놓고 있기 때문에 그 사실성 자체에 한계가 분명하며, 인물의 형상 자체도 작위적인 것을 쉽게 확인할 수가 있다. 현실의 궁핍에 대한 과장이나 미국에 대한 철저한 비난, 그리고 투쟁의 강조 등은 모두 북한의 문예 정책이 내세우고 있는 사회주의 문화의 우월성을 강조하기 위한 정책적인 고려에서 비롯된 것이라고 하겠다.

시의 경우에는 더욱 직접적인 비난과 선동이 드러나고 있다. 제5공화국의 성립 과정과 광주의 참상을 비난하고 있는 작품들이 특히 많이 눈에 띈다. 「저주」(조성관, 1981.9), 「단죄한다 매국 역적을」(리동후, 1984.11), 「피의 부름」(조성관, 1985.6), 「피흘린 땅에 자유는 오리」(조성관, 1988.5), 「정해진 운명」(안정기, 1989.1) 등은 모두 남한의 정치 현실을 비판하고 있는 시들이다.

> (가) 꽃도 피지 말라
> 새들도 우짖지 말라
> 그 하늘아래서
> 〈유신〉의 그림자조차 깡그리 없애기 전에
> 강물처럼 흐르는 인민의 피값을 받아
> 네놈에게 천벌 죽음 만벌 죽음을 주시기 전에는 삭일 수 없는 아, 삭일 수 없는
> 이 분노, 이 저주
>
> ─ 조성관, 「저주」

(나) 학원을 빼앗긴 청년학도들이여
해고당한 남녘의 로동자들이여
리동의 보짐을 꾸리는 농민들이여
달아오른 마치와 쟁기를 추켜들고 나서라! 하루의 일자리를 찾기 전에 먼저
영원한 민주의 터전을 닦기 위해

— 리영복, 「남녘에 부치노라」

이 같은 인용에서 볼 수 있는 것처럼, 북한의 시들이 남한의 사회 현실을 문제 삼아 선동적인 주장을 내세우고 있는 것은 남한의 해방과 사회주의 혁명의 완수를 내세우고 있는 그들의 정치적 주장과 일치하는 것이다. 남한의 정치 사회적 불안이 그들의 이 같은 주장을 더욱 적극화할 수 있는 명분과 기회를 제공하고 있다는 점도 주목할 만한 일이다.

3. 북한 문학의 문예 정책과 문예이론

북한 문예 정책의 성격

북한의 문예이론과 문예 정책은 북한 사회구조의 특성과 그 이념적 체제의 속성을 이해하지 않고서는 납득하기 힘들다. 북한의 문예이론과 문예 정책에서 특히 주목하고자 하는 것은 다음과 같은 세 가지 문제로 요약된다.

첫째는 민족문화 예술의 주체적인 인식과 그 방향성에 대한 문제이다. 북한의 문예이론은 '주체의 문예이론'이다. 사회주의 예술 미학의 독자적인 원리를 확보한다는 의미에서 꾸준히 연구 선전되고 있는 '주체의 문예이론'

은 달리 말하여 김일성주의 예술 미학이라고 할 수 있을 것이다. 마르크스-레닌주의에 바탕을 둔 사회주의 리얼리즘이 있듯이 김일성주의에 입각한 '주체의 문예이론'과 종자론이 만들어지고 있는 셈이다. 우리는 여기서 '주체의 문예이론'이 왜 필요한 것인가를 묻지 않을 수 없는데, 그 대답은 사회주의 예술 미학의 논리의 주체화를 위한 것이라고 요약할 수 있을 것이다. 사회주의 국가건설과 혁명 투쟁은 그 민족의 역사 발전의 특수성에 대한 인식에 기초[1]해야 하며, 혁명 투쟁에 선전적 임무를 맡고 있는 문예의 경우에도 민족의 고유한 정서와 사상을 문제 삼지 않을 수 없다는 것이다. '주체의 문예이론'에서 '민족적인 것'에 대한 관심이 두드러지게 드러나 있는 점은 바로 이 같은 조건과 깊은 관계가 있다. 북한 조선노동당의 문예 정책에도 민족문화 유산을 시대의 요구에 맞게 비판적으로 계승해야 한다는 원칙이 명시되어 있으며, '주체의 문예이론'의 기본적인 골격도 민족적 문예 형식과 사회주의 이념을 결합시킨다는 원칙이 강조되고 있는 것이다. 그러나 여기서 말하고 있는 '민족'의 개념이 역사적 존재로서의 민족의 개념을 어떻게 범주화하고 있는가가 문제이다. '주체의 문예이론'이나 종자론 등에서 언급되고 있는 민족적인 것은 어디까지나 계급적인 것과의 유기적인 연관 속에서 규정되고 있다. 민족적인 것은 대개 김일성의 항일 투쟁 또는 사회주의 혁명 과업을 요구하는 근로대중의 의식을 통해 나타나는 것으로 되어 있다. 그러므로 민족적인 것은 곧 계급적인 것이 되며, 바로 그 계급적인 요건은 김일성의 주체사상으로 집약된다. 북한의 문학예술이 사회주의 문학예술이 갖추어야 할 계급이나 당성을 우위에 놓고 있으면서도 민족적인 것을 중시하고 있는 점은 특이한 일이다. 물론 민족은 곧 근로인민 계급으로 국한된다. 하지만, 엄격한 의미에서 볼 때, 계급적인 의식은 특정 계급이 특수한 상황에서 대타적인 자기 인식을 갖게 될 때 발생된다. 반대로 민족의식이란 민족의 역사적 전통과 사회적 변화 속에서 민족 전체의 삶에 대해 갖게 되는 역사적 개념으로서의 자기의식이라고 할 수 있다. 북한은 사회주의 혁명을 그 목표로 내세우고 있기 때문에, 혁명의 주도 세력인 노동계급을 언제나 주체 세력으로 인정하며, 민족의 문제를 계급 문제로 국한시키고 있는 것이다.

둘째, 문학예술의 창작적 실천과 그 임무에 대한 문제이다. 북한의 문학과 예술은 당과 인민에 대한 복무를 근본적인 사명으로 내세우고 있다. 사회주의 리얼리즘의 요건으로 내세워지고 있는 당성이라는 것도, 김일성의 교시에 의하면 당에 대한 끝없는 충성이며, 당과 혁명을 보위하고 당 정책을 관철하기 위해 투쟁하는 혁명 정신[2]으로 요약된다. 문학예술은 혁명의 이익과 당의 노선을 떠날 수가 없는 것이다. 이 같은 현실은 북한의 사회체제 속에서 피할 수 없는 것이며, 오히려 그 체제의 논리에 의해 정당화되고 있다. 그런데 1970년대 이후 '주체의 문예이론'이 확립되면서부터, 당의 노선과 이념은 김일성의 주체사상과 혁명 이념의 구현으로 대치되고 있다. 문학예술의 경우에도 당과 인민에 대한 복무라기보다는 김일성에 대한 복무로 그 역할이 바뀌어지고 있는 것이다.

셋째, 문학예술의 창작 활동과 그 집단적 주체화 문제를 지적할 수 있다. 문학예술은 개인의 창조적 상상력에 의해 산출된다. 그리고 그것은 인간 정신이 누릴 수 있는 최대의 자유임에 틀림없다. 하지만 북한 당국은 예술 창작에서의 개인적 정서와 취향과 상상 대신에 인민대중의 이름을 들어 집단성을 강조하고, '주체의 문예이론'을 내세워 상상의 범주까지 규정해 놓고 있다. 북한에서 모든 문학예술인들이 당에 의해 장악되고 있는 조직의 맹원이 되어 부여된 임무로서 창작 활동을 수행하게 되는 것이다. 북한의 문예 정책은 문학예술 활동을 이념화 집단화하는 데에 목적을 두고 있다. 문학예술이 그 자체의 미학적 의미보다 당의 정책과 노선을 우선시해야 한다는 것은 당연한 논리이다.

이와 같은 근본적 요건에 따라 북한의 문화예술은 분단 이후 오늘에 이르기까지 당의 정책을 신봉하면서 사회주의 예술에서 요구하는 이념적 가치를 구현해 오고 있다. 특히 1970년대 이후에는 주체사상에 근거한 '주체의 문예이론'을 확립하고 주체 문예의 창조를 문화예술 영역의 기본 방향으로 규정하고 있는 것이다. 북한은 사회주의 정치 이념과 김일성의 주체사상을 바탕으로 문화예술 창조의 개인적 역량과 성과 대신에 집단화의 논리를 내세워 당의 지도와 통제를 받고 있다. 당은 모든 권력을 장악하고 작가 예술인들은 혁명화·노동계급화의 기수로 내세운다. 그리고 '주체의 문예이론'이니 종자론이니 하는 이념적 원칙에 의해 작가 예술인들의 창작 활동을 규제하고 있다. 이러한 통제는 당의 조직과 문예 단체의 조직을 통해 이루어지고 있으며, 사회주의 혁명 건설을 위한 문예의 사회적 기능을 최대한으로 요구하고 있는 것이다. 그러므로 북한의 문예 정책은 곧바로 조선노동당의 문예 정책을 뜻하며, 김일성의 주체적 문예 사상을 실천 구현한다는 목표를 지닌다. 조선노동당의 문예 정책은 『우리 당의 문예 정책』(사회과학출판사, 1973)이라든지 『사회주의문화건설론』(사회과학출판사, 1985) 등을 통해 주체적으로 제시되어 있다. 북한에서 당은 혁명 사상을 실현하는 정치적 무기라고 할 수 있는데 모든 예술은 당에 의해 통제되며, 모든 예술인들도 정치적인 자각과 열의를 가지고 창작에 참여하도록 당에 의해 지도된다. 그러므로 작가, 예술가 모두 당의 정책과 노선을 정확히 포착해야 하며 이를 창작을 통해 실천적으로 구현하지 않으면 안 된다. 당의 통제 아래에서만이 작가, 예술가는 창작에 임할 수 있는 것이다.

  조선노동당의 문예 정책은 두 가지의 기본적인 전제 조건을 지니고 있다. 그 하나는 문학예술의 본질과 가치에 대한 사회주의적 개념의 규정이며, 다른 하나는 문예 정책의 근본 목표에 대한 규정이다. 북한의 조선노동당에서는 문학예술을 사회적 의식의 한 형태로 규정하고 있다. 여기서 말하는 사회적 의식의 한 형태란 상부구조의 개념을 의미한다고 할 수 있다. 그리고 문학예술이 인간의 사상과 의식 발전에 강력한 작용을 하고 있음을 중시하기 때문에, 당이 문학예술을 바르게 발전시켜야만 혁명과 건설을 이룰 수 있다고 믿고 있다. 이 같은 태도는 문학예술의 사회적 효용성과 기능성을 강조하는 이념주의자들의 공통적인 특징이라고 할 수 있을 것이다.

　북한의 문예 정책의 근본 목표는 제국주의적 사상 문화의 침투를 막고, 김일성의 주체사상에 입각하여 혁명 위업에 힘 있게 복무하는 혁명적 문학예술의 발전을 추구하는 것으로 규정되어 있다. 이러한 근본 목표를 실천하기 위해 조선노동당은 끊임없이 문학예술인들을 동원하고 있다. 그리고 사회주의적 문학예술의 성격과 임무, 그 발전 방향과 창작 방법, 작가 예술가의 창작 역량을 키우는 방법에 이르기까지 문학예술에 대한 당의 정책적 요구를 규정해 놓고 있다.

　북한의 조선노동당이 내세우고 있는 문예 정책의 첫머리에는 당이 의도하고 있는 북한 문학예술의 성격과 임무가 제시되어 있다. 북한의 문학예술은 반드시 조선노동당의 노선과 정책에 의거하여 창작되어야 하며, 혁명 발전의 매 시기에 당의 정책을 높은 예술성을 가지고 진실하게 반영하여야 한다. 그리고 당대의 가장 절실한 사회 정치적 문제들에 예술적 해명을 줌으로써 당의 유일사상, 김일성의 혁명 사상으로 무장시키고 혁명화·노동계급화의 과정에 참여하도록 하여 당의 정책을 관철시키는 데서 선봉이 되어야 한다. 이 같은 문학예술의 임무는 주체적인 입장에서 사회주의적 문학예술의 본질을 규정해 놓은 것으로 선전되고 있는데, 다음과 같은 두 가지 방면의 요구를 포함하고 있다. 그 하나는 대내적인 면에서 문학예술을 철저하게 당에 예속시키고, 김일성에 대한 충성과 찬양을 위해 동원한다는 계략이며, 다른 하나는 문학예술의 차원에서 사회주의적인 사상의 강요를 통해 일체의 자유주의적·제국주의적 사상 문화의 침투 확산을 방지한다는 술책이다. 그렇기 때문에 당에서는 사회주의적 예술의 당성·인민성·계급성의 원칙을 철저히 내세우면서 자연주의, 부르주아적 사상, 유교적 전통 사상, 형식주의 등의 모든 문예적 경향을 거부하며, 오직 김일성의 혁명 사상에 입각한 혁명적 문학예술의 창조를 주장하고 있는 것이다.

　북한의 조선노동당이 밝히고 있는 문예 정책의 두 번째 단계는 사회주의적 문학예술의 발전 방향이다. 그들은 민족 문화유산을 시대의 요구에 맞게 비판적으로 계승하여 사회주의적 문학예술이 민족적 바탕 위에서 발전될 수 있도록 사회주의적 내용과 민족적 문예 형식의 결합을 요구하고 있다. 이러한 요구는 '주체의 문예이론'에서 이미 검토된 바 있듯이, 김일성의 주체사상으로 요약되는 당의 정책 노선과 김일성의 항일 투쟁을 미화시킨 혁명적 문예의 형식을 본받아야 한다는 주장을 그대로 드러내 놓고 있는 셈이다. 북한의 조선노동당이 민족적 문예 형식을 강조하고 있는 이유는 물론 혁명과 건설이 민족국가 단위로 진행되고 있다는 역사적 특수성을 내세우기 위한 것이지만, 보수적인 견해를 문예 정책에서 수용하고 있는 것처럼 위장하기 위한 것일 수도 있다. 그리고 바로 이 같은 방법에 의해 민족문화의 유산을 왜곡하고 그 동질성을 계급혁명의 논리에 의해 훼손시켜 온 것임은 물론이다.

북한의 문예 정책에서 세 번째로 중요시되고 있는 것은 문학예술의 창작 방법을 사회주의적 사실주의로 규정하고, 이에 의거하여 모든 문학예술이 시대의 요구와 인민의 지향에 맞는 사상 예술성을 실현하도록 한다는 원칙이다. 사회주의적 사실주의의 창작방법은 혁명적인 내용, 계급적인 내용을 자기 나라 인민이 좋아하고 그들의 정서와 취향에 맞는 민족적 형식으로 표현할 수 있는 유일한 방법으로 존중된다. 그러나 실제로 사회주의적 사실주의의 창작 방법은 사회주의 예술 미학이 추구하는 전형의 창조와 총체성의 획득과는 상관없이 김일성의 혁명 사상과 그 투쟁의 과정을 형상화하기 위해 동원될 뿐이다. 북한의 문학예술이 궁극적으로 도모하고자 하는 것은 당과 인민의 수령인 김일성의 혁명 역사와 그 영도력을 훌륭하게 형상화하는 것뿐이기 때문이다.

북한의 문예 정책의 네 번째 원칙은 문학예술을 대중적 기반 위에서 발전시킨다는 것이다. 문학예술을 대중의 집체적 지혜와 힘에 의해 창조해 나가야 한다는 김일성의 교시를 그대로 정책방향에 적용시킨 이 조항은 문학예술이 인민대중을 위해 복무한다는 원칙과 다를 바가 없다. 북한 당국은 문화

시설의 대중화를 내세우고, 이른바 '문예소조운동'을 통한 대중의 문예 활동 참여를 크게 선전하고 있다. '문예소조운동'은 근로자들이 문예 활동을 하기 위한 대중조직으로서, 문학소조·연극소조·미술소조·무용소조 등으로 구분되고 있다. 북한의 모든 인민들은 학생·근로자·농민·청년·군대 등의 신분에 따라 각각 취미와 능력에 맞는 문예소조에 가입하도록 강요받고 있다. 그러나 이 '문예소조운동'은 문예 활동의 참여와 증진을 위한 것이 아니라, 김일성의 혁명적 문예 사상을 깊이 연구하고, 자신들의 사상 감정을 거기에 맞춰 개조하는 것을 본질적인 임무로 삼고 있다. 문예 활동을 통한 김일성 사상의 고취운동이 바로 '문예소조운동'임을 알 수 있다.

북한의 문예 정책의 다섯 번째 원칙은 모든 작가, 예술인을 당의 유일사상으로 무장시키고 혁명화·노동계급화한다는 것이다. 작가, 예술인들의 이념적 무장은 혁명적인 문학예술의 창작을 위해 필수적인 요소로 지목된다. 사상적으로 철저하게 무장된 작가, 예술인만이 문학예술을 통해서 인민대중을 당의 유일사상으로 교양할 수 있다고 믿기 때문이다. 그러므로 북한 당국은 문학예술인들을 사상적으로 개조하며, 노동자-농민 출신의 작가 예술인들을 양성하여 이른바 '붉은 문예전사'로 키우고 있는 것이다. 해방 직후에는 조국 건설에 있어서의 문화전선의 투사로 작가, 예술인들이 동원되었으며, 6·25 전쟁 당시에는 전쟁의 승리와 민족 해방의 과업을 완수한다는 목표 아래 문학예술인들을 선전원으로 이용하였다. 전후 복구 사업을 '천리마운동'으로 미화시키면서 혁명적 문예 작품의 창작에 문학예술인들이 참여하도록 강요되기도 하였다. 이처럼 북한 당국은 문학예술인들의 개인적인 창작 활동을 일절 허용하지 않고 오직 당의 정책과 김일성에게 충직한 문학예술인들을 양성해 온 것이다.

북한의 문예 정책에서 볼 수 있는 위와 같은 다섯 가지 원칙은 모두 공통적으로 당과 김일성에 대한 추종만을 강요하는 요건들로 채워져 있다. 그러므로 모든 예술가들의 예술 창작 활동이나 문예 활동의 자율적인 참여는 철저하게 규제하고 있는 대신에, 작가, 예술인들의 동원, 인민대중의 조직을 통해 집단적으로 김일성의 영웅화 작업에 끌어들이고 있는 것이다. 이것은 결국 북한의 문예 정책이 문예 발전의 지원을 위해서라기보다는 문예 활동의 통제를 위해서만 그 권위를 인정받고 있는 것이라고 하겠다.

주체사상과 이념적 요건

북한의 문학예술에서는 사회주의 문화에서 강조되고 있는 당성, 인민성, 계급성 등의 보편적인 요건만이 아니라, 혁명성이라는 이념적 가치가 강조되고 있다. 북한 문예 정책의 기본 방향이 되고 있는 사회주의 문화 건설이라는 과업 자체가 사회주의 혁명이라는 개념으로 설명되고 있으며, 주체사상으로 사회를 변혁 발전시키는 것을 혁명의 당면과제로 내세우고 있다. 그러므로 북한의 문학예술은 이러한 정책 노선에 따라, 사회주의 혁명의 무기로서의 사명을 강요받고 있는 것이다. 특히 혁명성의 이념은 북한 사회의 혁명적 건설이라는 당면과제를 위해서만이 아니라, 그것이 남조선 해방이라는 또 하나의 혁명적 과업으로 이어지고 있다는 점에서 주목을 요한다.

북한의 문학예술에서 혁명성의 문제가 실천적으로 제시되기 시작한 것은 1960년대 초기의 일이다. 1964년 11월에 행해진 「혁명적 문학예술을 창작할 데 대하여」라는 김일성의 연설을 보면 그 성격을 확인할 수 있다. 이 연설은 미국의 패권주의의 확대와 월남전의 발발, 남한의 군사정부의 정권 강화, 소련과 중국의 갈등과 북한의 소외 등 북한이 처하고 있던 대내외적 여건의 변화를 배경으로 남조선 해방이라는 혁명적 임무를 북한의 인민들에게 강요하는 과정에서 발표된 것이다. 남조선 해방이라는 혁명적 대사변을 주동적으로 맞이하기 위해 혁명적 교양의 강화를 목적으로 하고 있는 이 연설에서 김일성이 강조한 것은 다음과 같다.

사람들을 혁명적으로 교양하는 데서 문학·영화·연극·음악·무용 같은 문예부문 일군들의 역할은 매우 큽니다. 우리의 문학예술은 북반부에서의 사회주의 건설에 복무해야 할 뿐만 아니라 남조선 혁명과 조국통일을 위한 전체 조선인민의 투쟁에 복무해야 합니다. (중략) 남조선 사람들에게 혁명 투쟁의 방법을 가르쳐주며 그들의 혁명적 정열을 북돋아주며 계급적 각성을 높여주는 문예작품을 창작하는 데 힘을 기울여야 하겠습니다. 사회주의를 노래하는 문학예술이 물론 필요합니다. 필요할 뿐만 아니라 더 좋은 작품이 많이 나와야 할 것입니다. 그러나 우리에게 매우 절실히 필요한 것은 남반부 인민들과 혁명가들을 교양하며 북반부 인민들을 혁명정신으로 교양하기 위한 문학예술 작품입니다. (중략) 조선의 통일이 어떤 방법으로 되든지 남북 조선인민들을 끊임없이 혁명정신으로 교양하는 것이 가장 중요합니다. 작가, 예술인들은 지난날의 혁명 투쟁 경험, 북반부에서의 혁명과 건설투쟁의 경험을 문학예술 작품에서 그려낼 뿐만 아니라 남반부 인민들과 혁명가들의 투쟁을 그려내야 합니다.[3]

이 연설에서 혁명성의 이념은 북한 사회에서의 사회주의 건설을 위해서만이 아니라 남조선의 혁명과 통일을 위해서도 필요한 것으로 강조되고 있다. 그리고 이를 위해서는 첫째, 북한의 사회주의 건설을 강화하여 정치, 경제, 군사, 문화의 모든 부문에서 혁명적 근거지를 확립하며, 둘째, 남반부의 혁명 역량을 제고하기 위해 북한의 인민들이 남조선 혁명 문제를 자기들의 사활적 혁명 임무로 여기도록 철저히 교양해야 하며, 셋째, 국제 혁명 역량과 단결하여 미제국주의를 고립시키고 반대해야 할 것을 강조하고 있다. 이러한 요구에 따라 북한에서는 1960년대 이후 혁명적 문학예술의 산출에 최대의 관심을 기울이게 된다. 김일성의 혁명 사상을 기초로 하는 '주체의 문예이론'을 만들었고, 김일성의 항일 무장투쟁의 영향 아래 창작, 공연되었다는 1930년대의 항일 혁명 문학예술을 북한 문학의 전통적 기반으로 삼아,

그 이념적 요건에 따라 문학사를 재편하고 창작적 방법까지도 제시하게 되는 것이다.

북한의 문학에서 강조되고 있는 혁명성의 이념은 김일성의 주체사상의 핵심에 해당된다. 전후 복구 사업의 추진 과정에서 김일성은 노동계급의 민족적 임무에 대한 레닌의 주장을 기초로 하여, 민족의 사회주의적 혁명은 인민대중이 주체가 되어 인민대중의 이익을 위해 민족적 현실에 맞게 추진되어야 한다고 주장한 바 있다. 이러한 주장은 인민대중의 자주성과 창조성을 발양시키는 새로운 마르크스-레닌주의적 지도 사상으로 공식화되었으며, 1960년대 중반 이후부터는 사회주의 혁명에서 견지해야 할 근본 입장과 근본 방법을 밝혀 주는 위대한 혁명 사상으로 떠받들어지면서 북한 노동당의 유일사상으로 규정되기에 이르는 것이다. 사상에서의 주체, 정치에서의 자주, 경제에서의 자립, 국방에서의 자위의 원칙을 내세운 주체사상은 오늘날 북한 사회를 주체의 시대로 고정시켜 놓은 확정된 지도이념으로 자리 잡고 있다.

북한의 문학은 이 같은 주체사상에 근거하여 당의 유일사상으로서의 수령의 혁명 사상 체계를 철저히 구현하도록 되어 있다. 문학은 노동계급을 당의 유일사상으로 무장시켜 그들 속에서 혁명적 세계관을 확고히 세우며 그들을 혁명 투쟁과 건설 사업에로 적극 불러일으켜야 할 사명을 지닌다. 북한 문학의 혁명성의 요건은 김일성의 혁명 사상을 문예의 영역에 적용한 이른바 '주체의 문예이론'이 정립되면서 더욱 공고화된다. '주체의 문예이론'은 문예에서 주체 확립의 본질적인 내용을 과학적으로 밝히고 그것이 문학예술을 시대의 현실적 조건과 문예 자체 발전의 요구에 맞게 창조 발전시키는 올바른 길임을 천명한다는 목표를 지니고 있다. 1970년대 초반에 주체사상에 근거하여 그 논리적인 체계의 완성을 본 '주체의 문예이론'[4]은 북한 문예 정책의 원칙을 이루고 있는 동시에 문예 연구와 문예 창작에서도 지도적 지침으로 내세워지고 있다.

'주체의 문예이론'에서 강조되고 있는 문예에서의 주체 확립이란 자기 인민의 정서와 감정에 맞게 문예를 창조하여 자기 나라 혁명과 자기 나라 인민을 위해 적극적으로 복무하는 문예를 건설함을 의미한다. 문예의 창작과 그 향수 과정이 모두 주체 요구에 이어진다는 뜻이다. 그렇기 때문에 '주체의 문예이론'에서는 문예의 문제를 사회주의 리얼리즘의 방법으로 설명하더라도 철저히 주체적인 입장에서 자기 현실과 이익을 염두에 두게 마련이다. 사회주의 리얼리즘의 속성 자체가 민족적 형식에 사회주의적 내용을 담는 것을 원칙으로 하는 문예의 창작 방법으로 규정되고 있는 이유가 여기에 있다.

북한에서는 사회주의 리얼리즘이 혁명적 내용, 계급적 내용을 자기 나라 인민이 좋아하고 그들의 구미와 정서에 맞는 민족적 형식으로 표현함으로써 사람들을 공산주의적 혁명 정신으로 튼튼히 무장시키며 자기 나라 혁명을 위하여 적극 투쟁하는 열렬한 혁명가로, 참된 공산주의자로 교양하는 데 이바지할 수 있다[5]고 설명된다. 그리고 사회주의 리얼리즘의 발생과 그 발전 과정이 특정의 국가와 사회의 구체적인 역사적 조건에 따라 달라지게 된다는 점이 강조되어 있는 것이다. '주체의 문예이론'은 바로 이 같은 사회주의 리얼리즘에 대한 이념적 재해석에 근거하여 그 논리적인 기초가 마련되어 있다. 김일성이 말한 대로 "민족적 형식에 사회주의적 내용을 담는 것"이라는 사회주의 리얼리즘에 대한 정의는 사회주의 리얼리즘의 개념을 북한의 사회 역사적 조건에 맞추어 재해석한 것이다. 이것은 주체적인 입장에서 혁명적인 문화예술의 발전 방향을 제시하는 요건이 되고 있으며, '주체의 문예이론'의 핵심으로 강조되고 있다고 할 것이다.

'주체의 문예이론'에서는 예술의 형상을 민족적인 정서와 감정에 맞는 민족적 문예 형식을 통해 추구하고 있다. 민족적 문예 형식에는 인민의 예술적 재능과 창조적 지혜와 생활 감정이 깃들어 있다고 믿기 때문이다. 그러므로 문예의 예술적 형상성을 높이기 위해서는 민족적 문예 형식을 통해 현실 생활을 진실하게 반영하고 작품의 높은 사상 예술성을 보장할 수 있도록 노력해야 한다는 것이다. 그렇지만 '주체의 문예이론'에서 강조하고 있는 것은 예술적 형상성 그 자체가 아니다. 민족적 문예의 형식을 통해 노동계급의 혁명 사상을 철저하게 구현하고 사회주의 이념을 제시하는 데에서 내용과 형식의 통일을 얻을 수 있기 때문이다. 민족적 형식을 바탕으로 삼고 거기에 사회주의적 내용을 통일시킴으로써 인민대중의 생활 감정에 맞는 혁명적 문학예술을 발전시킬 수 있다는 것이다. 물론 여기서 말하는 사회주의적 내용이란 작가 예술가들이 당적, 노동계급적, 인민적 입장에 서서 생활 현실을 진실하게 반영함으로써 가능한 것이다. 이 같은 성격으로 볼 때, '주체의 문예이론'은 사회주의 이념이라는 내용의 보편성과 민족적 문예의 형식이라는 형식의 특수성을 통일하고자 하는 특이한 논리적 귀결을 보여준다. 북한이 '주체의 문예이론'을 문예학의 최고의 경지로 내세우는 것도 이러한 논리적 성격을 중시하고 있기 때문이다.

그러나 이 같은 외견상의 논리성에도 불구하고 민족적 문예의 형식이라든지 사회주의 이념이라든지 하는 것의 구체적인 내용을 검토해 보면 '주체의 문예이론'의 지향점이 분명히 드러나고 있다. '주체의 문예이론'에서 강조하고 있는 문예의 민족적 형식이란 전통적인 민족 문예의 형식과는 거리가 멀다. 김일성에 의해 일제 식민지시대 항일 무장투쟁기에 지도 창작되었다는 「꽃파는 처녀」, 「피바다」, 「한 자위단원의 운명」, 「조선의 노래」 등 이른바 항일 혁명 문학예술을 혁명적 문예 형식의 규범으로 내세우고 있기 때문이다. 이 항일 혁명 문학예술은 일제의 제국주의적 침략에 대항하여 인민대중이 스스로 혁명의 대열에 참여하면서 인민대중의 투쟁의 현실을 예술적으로 형상화해 낸 것들이다. 그러므로 이러한 혁명적 문예 형식이야말로 인민들이 민족적 요구에 따라 주체적으로 창조하고 스스로 향유한 것이라는 점에서 민족적 문예 형식의 전형에 다름 아니라고 평가되고 있다. 이 작품들은 노동계급의 영도 아래 진행되는 혁명 투쟁과 건설 사업을 마르크스-레닌주의의 혁명적 입장에서 형상화함으로써 인민대중에게 계급적 각성을 가능하게 하고 혁명 투쟁에 참여할 수 있도록 혁명적 세계관 형성에 이바지하고 있다고 평가되고 있으며, 북한의 문학사에서 가장 중요한 위치에 자리하고 있다. 더구나, 이들 항일 혁명 문학예술의 전통을 이어받아, 전 사회의 노동 계급화, 혁명화에 이바지하기 위해, 영광스런 항일 무장투쟁과 그것을 계승하고 있는 장엄한 혁명 위업을 위한 투쟁을 형상화하는 작품들을 지속적으로 창작해야 한다는 것이 당의 정책의 핵심이라고 할 것이다.

결국 '주체의 문예이론'에서 내세우고 있는 민족적 문예 형식은 혁명적 문예 형식을 뜻한다고 할 수 있다. 민족적 문예 형식과 통일을 이루어야 한다는 사회주의 이념이라는 것도 마찬가지로 당의 유일사상인 김일성의 혁명 사상임은 논의의 여지가 없는 일이다. 당의 유일사상인 수령의 혁명 사상과 그 구현인 당의 정책 노선을 정확히 반영하고 거기에 철저히 복무하는 것만이 사회주의 문학예술의 올바른 발전 과정임을 전제하고 있기 때문이다. 이러한 속성을 놓고 볼 때, '주체의 문예이론'이란 김일성의 혁명 사상에 대한 철저한 신봉을 목표로 하는 문예의 교조적인 강령임을 짐작할 수 있는 것이다

북한 문학과 혁명성의 전통

북한 문학에서 강조되고 있는 혁명성의 이념은 김일성의 항일 투쟁 시기에 만들어진 것으로 알려져 있는 항일 혁명 문학예술[6]에 기초하고 있다. 1925년에 결성된 조선공산당의 조직이 1928년 일제의 탄압으로 와해되어 조직적인 계급투쟁을 주도할 수 없게 되자, 김일성은 1926년 독자적으로 결성한 이른바 '타도제국주의동맹'이라는 조직을 기반으로 항일 혁명 투쟁에 나선 것으로 되어 있다. 그러나 1931년 일제의 만주 침략으로 야기된 만주사변의 확대로 인하여 시대적 정세가 더욱 악화되고 사상 탄압이 가중되자, 김일성은 1932년 반일 인민유격대를 조직하여 자신의 항일 혁명 투쟁의 방향을 무장투쟁으로 확대하여 나아가게 된 것으로 알려져 있다.

항일 혁명 문학예술은 이러한 항일 혁명 투쟁의 과정 속에서 김일성의 지도적 지침에 의해 혁명 투쟁에 적극 기여하도록 창작된 가요, 가극, 연극, 무용 등을 말하는 것이다. 항일 혁명 문학예술은 인민대중을 혁명 사상으로 교양하고 일제에 대한 투쟁 의욕을 촉발시키는 데에 필요한 힘 있는 무기로서, 다음과 같이 그 성격이 규정되어 있다.

> 항일 혁명 문학예술은 경애하는 수령 김일성 동지의 위대한 혁명 사상과 그 구현인 조선혁명의 주체적 로선과 전략 전술적 방침들을 여러 가지 예술적 형식으로 해설, 선전하였으며, 문학예술의 력사에서 처음으로 조국해방을 위한 투쟁을 직접 화폭의 중심에서 그려내었으며 수령님의 현명한 령도 밑에 손에 무장을 들고 조국광복과 인민의 자유와 해방을 위하여 몸 바쳐 싸우는 공산주의자 항일 혁명 투사들의 전형을 창조하였다.
> 항일 혁명 문학예술은 경애하는 수령 김일성 동지의 주체적 문예사상을 철저히 구현함으로써 정치성과 예술성을 옳게 결합하여 민족적 형식에 사회주의적 내용을 담은 가장 혁명적이며 인민적인 문학예술로 되었으며, 문학, 음악, 무용, 연극, 미술 등 모든 형태의 예술 분야에서 혁명하는 시대의 요구에 맞는 새로운 예술적 형식을 개척하고 발전, 풍부화시켰다.[7]

항일 혁명 문학예술의 기본적인 성격은 혁명 투쟁을 위한 힘 있는 무기로서의 문학예술이라는 정치적 도구 개념으로 요약된다. 북한의 문학연구가들이 주장하고 있는 대로라면, 항일 혁명 문학예술은 일제와 착취계급의 포악한 지배 방식에 대한 비판 의식을 강하게 드러내고 있다. 그러므로 일제에 대한 혁명적 투쟁의 필요성과 그 정당성을 강조하고, 이에 동참할 수 있도록 대중을 선동하고 고무하는 기능을 수행한다. 말하자면, 항일 혁명 문학예술은 혁명 사상으로 인민대중을 교양시켜 투쟁을 불러일으킬 수 있는 혁명성을 지니고 있다는 것이다.

더구나, 항일 혁명 문학예술은 인민대중의 직접적인 참여에 의하여 만들어진 것이기 때문에, 인민대중의 요구에 따라 그들의 사상과 감정에 맞게 그 정서적 기반 위에서 이루어졌다는 점이 높이 평가되고 있다. 혁명 투쟁에 대한 인민들의 주체적 의욕과 참여를 통해 인민성의 의미가 강조되기도 한다. 그러나 항일 혁명 문학예술에서 강조되고 있는 주체의식이나 계급적 자각, 인민성의 요건이나 혁명적 주제 의식 등이 모두 김일성의 혁명 사상의 위대성을 강조하기 위한 개념임은 두말할 필요도 없다. 항일 혁명 문학예술이 모두 김일성의 창작물이라고 강변하고 있는 사실 하나만으로도 이를 쉽게 알 수 있다.

항일 혁명 문학예술은 혁명가요, 혁명가극, 혁명연극 등이 주류를 이룬다. 항일 혁명가요는 "항일 혁명 투쟁의 준엄한 불길 속에서 수령님의 구체적인 지도 밑에서 창조된 혁명의 노래, 가장 혁명적이며 전투적인 시가문학으로서 인민들의 힘 있는 사상 정신적 무기였다."고 『문학예술사전』에 설명되어 있다. 항일 혁명가요의 형식과 내용이 모두 혁명성과 전투성으로 규정되고 있는 것이다. 항일 혁명가요 가운데에서 가장 중요시되고 있는 작품은 혁명 투쟁의 초기에 창작된 것으로 알려진 「조선의 노래」, 「혁명가」, 「조선의 별」 등이 있다. 이 가요들은 대부분 조국에 대한 사랑과 광복에 대한 열망을 노래하고 있는데, 형식의 단조로움과 직설적 언어를 그 특징으로 하고 있다. 무장투쟁기의 가요로 알려진 「조선광복회 10대 강령가」, 「반일전가」, 「유격대 행진곡」 등은 언어 표현 자체가 이보다 더욱 과격하고 선동적이다. 「조선광복회 10대 강령가」는 조선광복회의 이념적 지표와 실천 강령 등을 10개 조항으로 구분하여 노래로 만든 것이다. 일제에 반대하고 민족 해방을 강조하는 항일 의식과 반봉건적인 계급투쟁 의식을 바탕으로 하고 있다. 「반일전가」, 「조선인민혁명군」 등은 모두 인민혁명군의 전투적 사명과 투쟁 과업을 내세운 것들이다.

아침의 햇빛이 아름답고 곱다고
우리의 이름을 조선이라 불렀네
이처럼 귀하고 아름다운 내 나라
이 세상 그 어데 찾아볼 수 있을까

삼천리 강산에 은금보화 넘치고
반만년 역사를 자랑하는 내 나라
간악한 왜놈들 이 땅에서 내쫓고
해방의 종소리 높이높이 올리자

―「조선의 노래」 1, 2절

일제놈의 발굽소리는 더욱 요란타
금수강산 우리 조국 짓밟으면서
살인방화 착취약탈 도살의 만행
수천만의 우리 군중을 유린하노나

일어나라 단결하라 노력대중아
굳은 결심 변치말고 싸워나가자
붉은기 아래 백색테로 뒤엎어놓고
승리의 개가 높이 만세부르자

―「반일전가」 1, 6절

 앞의 인용에서 볼 수 있는 것처럼 이들 항일 혁명 가요는 형식의 단순성, 주제의 반복성, 표현의 격렬성 등을 활용하여 정치적인 의도와 목표를 직접적으로 드러내고 있다.

항일 혁명연극과 혁명가극에 대해서는 『문학예술사전』에서 가장 적극적인 혁명적 문학예술로 규정하고 있다. 그 이유는 인민대중을 혁명 사상으로 무장시키고 혁명 투쟁의 과업에 참여하도록 고무시키는 데에 연극과 가극의 형태가 가장 큰 성과를 거둘 수 있기 때문이다. 혁명연극으로 손꼽히고 있는 「안중근 이등박문을 쏘다」, 「성황당」, 「피바다」, 「한 자위단원의 운명」과 혁명가극 「꽃파는 처녀」 등은 모두 일제 식민지시대의 지배세력과 피지배 민족인 조선인들 사이에 야기되는 적대적 갈등을 기본적 정서로 하고 있다. 인민대중의 고통스런 생활과 투쟁의 과정을 바탕으로 형성되어 인민대중의 지지 속에서 발전한 것이기 때문에, 집체적인 성격이 강하다.

이들 작품 가운데 「꽃파는 처녀」, 「피바다」, 「한 자위단원의 운명」 등은 일제 식민지 현실의 민족 계급적 모순을 폭로하면서 계급혁명과 항일 투쟁의 당위성을 강조하고 있다는 점에서 그 모티프가 공통적이다. 각 작품들의 주인공들이 좌절과 실의를 딛고 굴욕의 현실에서 벗어나 혁명의 대열에 동참하는 과정 자체가 구조상의 일치를 보이고 있는 것이다.

「꽃파는 처녀」의 경우는 일제시대 농촌의 한 가정을 중심으로 일제의 탄압과 지주들의 횡포로 부모를 잃은 여주인공이 조선혁명군의 대원이 된 오빠의 도움으로 시련의 삶을 벗어나 혁명의 길에 나서고 있다. 「피바다」의 주인공은 일제의 침략으로 남편을 여읜 아낙네이다. 그녀는 혁명 조직의 공작원을 살리기 위해 아들마저 잃게 되지만 강인한 의지로 곤경을 벗어나 혁명 투쟁의 길로 나서게 된다. 「한 자위단원의 운명」은 일제의 강압으로 친일 조직인 자위단에 끌려간 남자주인공이 소극적이고 순응적인 태도에서 벗어나 일제에 대항하여 싸우며 유격대에 참여하는 이야기이다. 이러한 내용에서 볼 수 있는 것처럼 이들 항일 혁명연극은 인민대중을 혁명 대열에 참여하도록 하는 선동적 기능이 가장 강조되고 있으며, 혁명 투쟁의 당위성을 극적으로 제시하고 있다.

항일 혁명 문학예술은 항일 혁명 투쟁이라는 현실적으로 가장 절박한 과제를 수행하기 위한 하나의 수단으로 문학예술을 활용하였다는 점에 그 핵심적 의미가 있다. 인민대중에게 항일 투쟁 의식을 심어주고 계급적 각성에 도달하게 하기 위해 투쟁의 현실을 가장 처절하게 묘사하고 혁명의 당위성을 강조하고 있기 때문이다. 항일 혁명 문학예술은 인민대중의 참여와 지지 속에서 성립되었으며, 항일 혁명 투쟁에 대한 인민대중의 요구를 그대로 반영하고 있다고 평가받고 있다. 인민들의 주체적인 혁명 투쟁을 항일 혁명 문학예술에서 강조하고 혁명성의 이념을 중시하는 이유가 여기에 있다.

　북한의 문학사 연구가들은 항일 혁명 문학예술을 선행한 시기의 모든 문학예술이 드러내고 있던 제한성을 극복해 낸 새로운 노동계급의 혁명적 문학예술로 평가하고 있다. 그 이유는 우선 선행 시기의 문학예술이 그 사상적 기초와 계급적 성격으로 보아 노동계급과 그 당이 건설하는 새로운 사회주의 문학예술과는 거리가 먼 것이라는 사실과 연관된다. 북한의 문학예술 연구가들은 노동계급의 이념과 당의 조직에 의해 영도되지 못한 문학예술은 사회주의 문화의 뿌리가 될 수 없다고 주장한다. 그들은 수령의 혁명 사상을 철저히 구현하고 있는 혁명적인 문학예술만이 새로운 사회주의 문학예술이 될 수 있다고 내세움으로써, 김일성에 의해 창작되고 인민대중이 참여하여 만든 항일 혁명 문학예술이야말로 문학예술의 혁명적 전통의 뿌리가 될 수 있다고 말하고 있는 것이다. 이 같은 관점은 '주체의 문예이론'에서도 다음과 같이 제시되어 있다.

> 위대한 수령 김일성 동지께서는 일찍이 혁명의 진두에 나서시어 조선 혁명의 밝은 앞길을 개척하시고 영웅적 항일 혁명 투쟁을 조직 영도하시는 과정에서 우리 당과 우리 혁명의 깊고도 억센 역사적 뿌리이며 우리 인민이 전면적으로 계승 발전시켜야 할 고귀한 혁명적 재부인 영광스런 혁명적 전통을 창시하시었다. 우리 문학예술의 혁명적 전통은 위대한 수령님께서 이룩하신 우리 당의 빛나는 혁명전통의 중요한 구성부분을 이

룬다.[8]

이러한 평가와 그 성격의 규정에 따라 항일 혁명 문학예술은 북한의 문학사에서 일대 전환을 가져온 역사적 계기를 제공하고 있는 것으로 받아들여지고 있다. 항일 혁명 문학예술이 등장함으로써 진정한 인민의 문학, 혁명적 노동계급의 문학이 발전하게 되었으며, 그 전통에 기초하여 새로운 사회주의 문학예술이 꽃필 수 있게 되었다는 것이다.

해방 이후 오늘에 이르기까지 북한의 문학은 항일 혁명 문학예술의 혁명적 전통을 계승 발전시켜 나아가는 것을 가장 중요한 과제의 하나로 내세우고 있다. 이미 앞장에서 검토한 바와 같이 김일성의 주체사상에 기초한 문예이론에서도 혁명 사상을 핵심적인 요건으로 강조하고 있음을 확인할 수 있다. 더구나 당의 문예 정책 또한 혁명 사상의 구현을 중요한 지표로 내세움으로써, 문학예술의 창작과 그 연구에서 혁명성의 이념이 최고의 가치로 인정받지 않을 수 없게 되는 것이다.

북한에서는 혁명적 문학예술의 불후의 명작으로 떠받들고 있는 「피바다」, 「꽃파는 처녀」, 「한 자위단원의 운명」과 같은 작품들을 이른바 혁명적 대작으로 완성하기 위하여 소설, 연극, 가극, 영화 등의 형태로 재구성하여 놓았고, 그 결과로 항일 혁명 문예의 집체적인 완성을 보게 된다. 그리고 한국전쟁에서의 인민 전사들의 투쟁이라든지, 남한에서의 반체제 활동에 대한 선전 등을 소재로 하는 문화예술 작품들이 지속적으로 창작되기에 이르는 것이다. 특히 김일성의 혁명 투쟁의 과정을 과장적으로 확대해석한 『불멸의 역사』를 대하적 형태로 완성해 놓고 있다.

북한의 문화예술에서 강조하고 있는 혁명성의 이념은 당의 문예 정책에 의해 철저하게 지지받고 있다. 북한의 문예 정책은 곧바로 조선노동당의 문예 정책을 뜻하며, 김일성의 혁명적인 주체적 문예사상을 실천 구현한다는 목표를 지닌다. 북한에서 당은 혁명 사상을 실현하는 정치적 무기라고 규정되고 있다. 모든 예술은 당에 의해 통제되며, 모든 예술인들도 정치적인 자각과 열의를 가지고 창작에 참여하도록 당에 의해 지도된다. 그러므로 작가 예술가 모두 당의 정책과 노선을 정확히 포착해야 하며 이를 창작을 통해 실천적으로 구현하지 않으면 안 된다.

　북한의 문예 정책의 근본 목표는 제국주의적 사상 문화의 침투를 막고, 김일성의 주체사상에 입각하여 혁명위업에 힘 있게 복무하는 혁명적 문예의 발전을 추구하는 것으로 규정되어 있다. 북한의 문화예술은 반드시 조선노동당의 노선과 정책에 의거하여 창작되어야 하며, 혁명 발전의 매 시기에 당의 정책을 높은 예술성을 가지고 진실하게 반영하여야 한다. 그리고 당대의 가장 절실한 사회 정치적 문제들에 예술적 해명을 줌으로써 인민들을 당의 유일사상, 김일성의 혁명 사상으로 무장시키고 혁명화·노동계급화의 과정에 참여하도록 하여 당의 정책을 관철시키는 데서 선봉이 되어야 한다. 작가, 예술인들의 이념적 무장은 혁명적인 문예의 창작을 위해 필수적인 요소로 지목된다. 사상적으로 철저하게 무장된 작가, 예술인만이 문화예술을 통해서 인민대중을 당의 유일사상으로 교양할 수 있다고 믿기 때문이다. 그러므로 북한 당국은 문화예술인들을 사상적으로 개조하며, 노동자-농민 출신의 작가 예술인들을 양성하여 이른바 '붉은 문예전사'로 키우고 있는 것이다.

 미주

1 이 같은 주장은 혁명 건설의 자주성과 창조성을 강조한다는 점에서 주목된다. 김일성은 '조선노동당 제5차 대회'에서 중앙위원회사업총화보고를 통해 이 문제를 집중적으로 거론한 것으로 알려져 있다.
2 『김일성저작선집』 제3권, 159쪽.
3 『문학예술사전』(평양, 과학백과사전출판사, 1972), 956쪽.
4 '주체의 문예이론'은 조선민주주의인민공화국 사회과학원 문학연구소 편, 『주체사상에 기초한 문예이론』(사회과학출판사, 1975)에 종합, 정리되어 있다.
5 『문학예술사전』, 497쪽.
6 항일 혁명 문학예술에 관해서는 『조선문학사』, 제3권(과학백과사전출판사, 1981)에 상세하게 설명되어 있다.
7 『문학예술사전』, 928쪽.
8 『주체사상에 기초한 문예이론』, 42쪽.

찾아보기

인명

ㄱ

강경애(姜敬愛) 179
강승한 323
강신재(康信哉) 253
고은(高銀) 266, 278
곽광수(郭光秀) 303
구모룡(具謨龍) 306
구상(具常) 266
구자운(具滋雲) 266
구중서(具仲書) 299
권덕규(權悳奎) 139
권보상(權輔相) 63
권영민(權寧珉) 306
권정웅 332
권환(權煥) 313
김경린(金璟麟) 270
김관식(金冠植) 266
김광균(金光均) 197
김광림(金光林) 266
김광섭(金珖燮) 200, 257, 311
김교제(金敎濟) 71

김구용(金丘庸) 266
김규동(金奎東) 266
김규엽 332
김기림(金起林) 166, 197, 199, 200, 257, 313, 313
김기진(金基鎭) 21
김남조 266, 269
김남천(金南天) 175, 311, 313, 315
김달진(金達鎭) 196
김동리(金東里) 169, 196, 293, 296
김동인(金東仁) 147
김동환(金東煥) 183
김병걸(金炳傑) 296
김병익(金炳翼) 299
김복진(金復鎭) 212
김북원(金北原) 312
김붕구(金鵬九) 296
김상용(金尙鎔) 196
김상일(金相一) 296
김상훈(金尙勳) 323
김성곤(金聖坤) 306
김성관 335
김소월(金素月) 181, 184, 186

김수영(金洙暎) 266, 270, 296
김승옥(金承鈺) 242
김승희(金勝熙) 279
김시습(金時習) 22
김양수(金良洙) 296
김억(金億) 181, 182
김열규(金烈圭) 303
김영근 335
김영랑(金永郎) 196, 203
김영민(金英民) 306
김영태(金榮泰) 279, 280
김영팔(金永八) 217
김용권(金容權) 301
김용직(金容稷) 302, 306
김우종(金宇鍾) 296
김우진(金祐鎭) 213, 214, 217
김우창(金禹昌) 305
김우철(金友哲) 312
김원일(金源一) 248
김유정(金裕貞) 159, 174
김윤경(金允經) 139
김윤성(金潤成) 266
김윤식(金允植) 305, 306
김을한(金乙漢) 212

찾아보기 359

김이석(金利錫) 168
김자림(金玆林) 284
김재용 306
김재홍(金載弘) 306
김정 332
김조규(金朝奎) 323
김종길(金宗吉) 301
김종문(金宗文) 266
김종삼(金宗三) 266
김종철(金鍾哲) 299
김종해(金鍾海) 279
김주연(金柱演) 298
김지하(金芝河) 273
김진섭(金晋燮) 219
김진수(金鎭壽) 284
김창술(金昌述) 191
김초혜(金初蕙) 279
김춘수(金春洙) 266, 267
김치수(金治洙) 303, 305
김해강(金海剛) 191
김현 297, 298, 299, 303
김현승(金顯承) 200
김화영(金華榮) 303
김후란(金后蘭) 279

ㄴ

나도향(羅稻香) 150
남궁만(南宮滿) 312
남효재 332
노자영(盧子泳) 181
노천명(盧天命) 196

ㄹ

리경숙 335
리대상 335
리동후 337
리봉운 63
리영복 338
리종렬 332

ㅁ

마종기(馬鍾基) 280
모윤숙(毛允淑) 196
문정희(文貞姬) 279
민병균(閔丙均) 323, 326

ㅂ

박경리(朴景利) 254
박남수(朴南秀) 258
박두진(朴斗鎭) 257, 258, 261
박목월(朴木月) 257, 258, 263
박봉우(朴鳳宇) 266
박세영(朴世永) 191, 257, 312, 313, 315, 323, 332
박승희(朴勝喜) 212
박아지(朴芽枝) 313
박영호(朴英鎬) 283, 314
박완서(朴婉緒) 255
박용철(朴龍喆) 196
박유학 332
박은식(朴殷植) 66, 70, 90, 93, 98
박인환(朴寅煥) 266, 270
박재삼(朴在森) 266, 268
박종화(朴鍾和) 178, 257, 311
박태원(朴泰遠) 159, 160, 313, 333
박태진(朴泰鎭) 266

박팔양(朴八陽) 191, 192, 257, 313, 323
박현 335
박현숙 284
박화성(朴花城) 178
박희진(朴喜璡) 266
백낙청(白樂晴) 297, 298, 299, 304
백석(白石) 204, 323
백신애(白信愛) 180
백은팔 335
백인준(白仁俊) 326, 333
백철(白鐵) 301
변영로(卞榮魯) 181

ㅅ

서연호(徐淵昊) 306
서영은(徐永恩) 256
서정주(徐廷柱) 196, 200, 257~259
서항석(徐恒錫) 219
석윤기 332, 335, 313
설정식(薛貞植) 315
성민엽 306

성찬경(成贊慶) 266
손소희(孫素熙) 253
손창섭(孫昌涉) 236
송영(宋影) 158, 216, 217, 283, 311, 312, 324
송완순(宋完淳) 313
송욱(宋稶) 301
신경림(申庚林) 273, 276, 298
신고송(申鼓頌) 283, 313
신달자(愼達子) 279
신동엽(申東曄) 271
신동욱(申東旭) 302
신명균(申明均) 139
신백수(申百秀) 196
신석정(辛夕汀) 196, 258
신석초(申石艸) 197
신재효(申在孝) 123
신채호(申采浩) 66, 67, 70, 87, 90~93, 98, 101

ㅇ

안국선(安國善) 71, 101
안막(安漠) 312, 314

안수길(安壽吉) 235
안정기 337
안함광(安含光) 313, 315
안회남(安懷南) 313
양계초(梁啓初) 99
양주동(梁柱東) 181
어윤적(魚允迪) 63
엄흥섭(嚴興燮) 313, 324
염무웅(廉武雄) 298, 299, 304
염상섭(廉想涉) 150
오규원(吳圭原) 279
오상순(吳相淳) 181
오생근(吳生根) 305
오세영(吳世榮) 279, 282, 302, 306
오영재 333
오영진(吳泳鎭) 221, 284
오장환(吳章煥) 196, 200, 206, 207, 257, 313, 323
오정희(吳貞姬) 256
오태석(吳泰錫) 288
유길준(兪吉濬) 63, 80
유민영(柳敏榮) 306
유성옥 336
유안진(柳岸津) 279

유엽(柳葉) 181
유원표(劉元杓) 70
유종호(柳宗鎬) 299, 301
유치진(柳致眞) 219, 283, 284
유치환(柳致環) 200, 207, 258
유항림(兪恒林) 168
윤곤강(尹崑崗) 197
윤기정(尹基鼎) 312~314
윤대성(尹大成) 289
윤동주(尹東柱) 209
윤백남(尹白南) 219
윤세중 326
윤치호(尹致昊) 63
이갑기(李甲基) 313
이건청(李健淸) 279
이광수(李光洙) 31, 72, 81, 140, 144, 177, 183
이근삼(李根三) 284
이근영(李根榮) 324
이기(李沂) 70
이기영(李箕永) 157, 311, 312~315, 324, 327, 332
이남호 306
이능화(李能和) 63

이동규(李東珪) 312~314, 324
이동주(李東柱) 266
이동하(李東河) 306
이문구(李文求) 246
이문열(李文烈) 250
이범선(李範宣) 237
이병각(李秉珏) 197
이병기(李秉岐) 139, 183
이북명(李北鳴) 158, 313, 324
이상(李箱) 159, 162, 203
이상섭(李商燮) 303
이상화(李相和) 181, 188
이서구(李瑞求) 212
이선희(李善熙) 180
이성부(李盛夫) 273
이수익(李秀翼) 279
이승훈(李昇薰) 279, 302, 303
이시우(李時雨) 196
이용악(李庸岳) 313, 323, 326, 332
이용찬(李容燦) 284
이원조(李源朝) 313, 315
이육사(李陸史) 197, 208

이은상(李殷相) 183
이인직(李人稙) 71, 87, 89, 105, 124, 142
이재선(李在銑) 306
이재현(李載賢) 289
이정구 323
이종일(李鍾一) 63
이찬(李燦) 323
이청준(李淸俊) 243
이태준(李泰俊) 159, 164, 166, 311, 313, 315
이하윤(異河潤) 196
이해조(李海朝) 71, 86, 89, 90, 94, 96, 106, 141, 142
이헌구(李軒求) 293, 311
이형기(李炯基) 266, 296 ~298
이호철(李浩哲) 238
이효석(李孝石) 159, 166
임서하(任西河) 313
임성구(林聖九) 124
임중빈(任重彬) 296
임헌영(任軒永) 298
임화(林和) 191, 192, 257, 293, 311, 313, 315
임희재(任熙載) 284, 286

ㅈ

장백일(張伯逸) 296
장서언(張瑞彦) 196
장지연(張志淵) 66, 67, 70, 83, 98
장지영(張志暎) 139
전광용(全光鏞) 237
전명구 335
전봉건(全鳳健) 266
정과리 306
정문향 326, 333
정인택(鄭人澤) 313
정지용(鄭芝溶) 166, 196, 200, 201, 257, 313
정진규(鄭鎭圭) 279
정한모(鄭漢模) 266, 306
정현웅(鄭玄雄) 196
정현종(鄭玄宗) 279, 281
정호웅(鄭豪雄) 306
정희선 273
조기천 323, 326
조남현(曺南鉉) 306
조동일(趙東一) 303
조명희(趙明熙) 155, 156, 213, 217
조벽암(趙碧巖) 323, 326
조병화(趙炳華) 266
조성관 337
조세희(趙世熙) 247
조연현(趙演鉉) 293, 296
조영출(趙靈出) 323
조정래(趙廷來) 249
조지훈(趙芝薰) 257, 258, 265, 293
조태일(趙泰一) 273
조풍연(趙豊衍) 196
조희순(曺喜淳) 219
주시경(周時經) 63~65, 67, 139
주요한(朱耀翰) 181, 183
지석영(池錫永) 63

ㅊ

차범석(車凡錫) 284
채만식(蔡萬植) 172, 222
천세봉 324, 326, 332
천이두(千二斗) 298
최남선(崔南善) 72, 79, 112~114, 119, 183, 184
최명익(崔明翊) 168, 312, 313, 324, 327
최서해(崔曙海) 155, 156
최승일(崔承一) 213
최원식(崔元植) 306
최인준(崔仁俊) 312
최인호(崔仁浩) 245
최인훈(崔仁勳) 239
최일남(崔一男) 241
최재서(崔載瑞) 197
최정익(崔正翊) 168
최정희(崔貞熙) 180
최찬식(崔瓚植) 71, 107, 143
최치원(崔致遠) 121
최하림(崔夏林) 273
최학수 332, 335

ㅎ

하유상(河有祥) 284, 285
한말숙(韓末淑) 253
한설야(韓雪野) 158, 311~315, 324
한식(韓植) 312
한용운(韓龍雲) 181, 187,

188
한재덕 312
한효(韓曉) 311, 313
함세덕(咸世德) 220, 283
함형수(咸亨洙) 196
허균(許筠) 21
허영자(許英子) 279
허준(許俊) 168, 313, 324
현경준(玄卿駿) 324
현덕(玄德) 313
현상윤(玄相允) 72
현승걸 332, 335
현진건(玄鎭健) 149, 178
홍명희(洪命憙) 177
홍사중 296
홍석중 333
홍윤숙(洪允淑) 266
홍해성(洪海星) 219
황건 324, 326
황금찬(黃錦燦) 266
황동규(黃東奎) 279, 280
황석영(黃晳暎) 244
황석우(黃錫禹) 181
황순원(黃順元) 233
황현(黃玹) 81

작품

ㄱ

「가난한 사람들」 157
「가마귀의 노래」 207
「가을의 기도」 269
『가장 어두운 날 저녁에』 282
「가즈랑집」 205
「감자」 147, 148
「갑오농민전쟁」 333
「강상련(江上蓮)」 107
「개마고원」 326
「개살구」 166, 167
「개척자(開拓者)」 146
「객지(客地)」 244
「거대한 뿌리」 271
「거문고」 203
『거미와 성좌(星座)』 262
「거부오해(車夫誤解)」 103
「거울」 203
『검은 산 하얀 방』 276
「겨울 나그네」 246
「겨울골짜기」 248

『겨울바다』 269
『견딜 수 없는 가벼운 존재들』 280
「견마충의(犬馬忠義)」 86
「경국미담(經國美談)」 86, 93
「경부철도가」 112
『경상도 가랑잎』 263
「계산서」 180
「고난의 행군」 332
「고래」 286
「고래사냥」 246
「고목화(枯木花)」 87, 106
「고방」 205
「고풍의상(古風衣裳)」 265
「고향 앞에서」 207
「고향」 157
「고향에 갔더란다」 242
「곡예사」 233
「과녁」 243
「과도기」 158
「곽어사전(郭御使傳)」 86
「관사(官舍) 사람들」 257
「관촌수필(冠村隨筆)」 246
「광복의 해발」 332
「광야(曠野)」 208

「광염(狂炎) 소나타」 147
「광장」 239
「광장에서」 326
「광화사(狂畵師)」 148
「교대 시간」 158
「구로 아리랑」 251
『구름과 장미』 267
「구마검(驅魔劍)」 87, 106
「구운몽(九雲夢)」 36
『구조주의와 문학비평』 303
「국문관계론(國文關係論)」 66
『국문론(國文論)』 63
「국문(國文)에 관한 관견(管見)」 83
『국문정리(國文整理)』 63
『국어문법(國語文法)』 63
『국어문전음학(國語文典音學)』 63
「국화 옆에서」 259
「귀(鬼)의 성(聲)」 105
「귀촉도(歸蜀途)」 261, 259
「그 가을」 271
「그 방을 생각하며」 271
「그 전날 밤」 324
「그 전후(前後)」 158

「그대 다시는 고향에 가지 못하리」 251
『그때 말이 있었네』 242
「그리운 조국산천」 332
「근거지의 봄」 332
「근금(近今) 소설저자(小說著者)의 주의(注意)」 91
「금강」 272
「금강문(金剛門)」 107, 143
「금따는 콩밭」 174
「금삼(錦衫)의 피」 178
「금수재판(禽獸裁判)」 363
「금수회의록(禽獸會議錄)」 102, 103
「금시조」 251
「금오신화(金鰲新話)」 22
「기(旗)」 262
「기러기」 233
「기문전(紀文傳)」 86
『기상도(氣象圖)』 200
「기아(飢餓)와 살육(殺戮)」 156
『김남조 시전집』 270
「김약국의 딸들」 254
「김영일의 사(死)」 213
「깃빨」 207

「깊고 푸른 밤」 245, 246
「꺼래이」 180
「꺼삐딴 리」 237
「껍데기는 가라」 271
「꽃 파는 처녀」 334
「꽃」 208
「꽃과 항구」 262
「꽃은 무엇을 주는가」 336
『꽃의 소묘』 267
「꽃파는 처녀」 318
「꽃파는 처녀」 349, 356
「꿈하늘」 101

ㄴ

『나 사는 곳』 206, 207
「나 자신을 위하여」 278
『나는 바퀴를 보면 굴리고 싶어진다』 280
『나는 별아저씨』 281
「나는 살아야 한다」 284
「나무들 비탈에 서다」 233, 234
『나무와 바람』 269
「나상(裸像)」 238

「나신(裸身)」 237
「나의 가족」 271
「나의 침실로」 188
「낙동강(洛東江)」 156
「낙일(落日)」 269
「낙화암」 220, 221
『난(蘭)·기타』 263
「난장이가 쏘아올린 작은 공」 246
「난파」 214
「날개」 163
「남녘에 부치노라」 338
「남풍북풍」 238
「남한강」 277
「내 고향은 아니었었네」 271
『내 사랑은』 269
「냉혈동물」 237
「너도 먹고 물러나라」 290
「너에게」 269
「네 거리의 순이」 192, 196
「노다지」 174
「노동일가」 324
『노령근해(露領近海)』 166
「노비 문서」 289
「노을」 248

「노정기(路程記)」 208
「노파와 고양이」 254
「논 갈 때」 178
『농무(農舞)』 276
「농촌 사람들」 156
「높새바람」 333
「누가 하늘을 보았다 하는가」 271
『누님의 겨울』 242
「눈부시다」 335
「능라도(綾羅島)」 107, 143
「님의 침묵」 187

ㄷ

「다부원에서」 266
『다시 그리움으로』 269
「다시 쓴 논문」 335
「단종애사」 177
「단죄한다 매국 역적을」 337
『달 넘세』 277
『달나라의 장난』 270
「달밤」 164
「닳아지는 살들」 238

「당랑(螳螂)의 전설」 223
「당신들의 천국」 243
「당인리 근처」 263
「닻은 올랐다」 332
「대동강에 흐르는 이야기」 333
『대설 남(南)』 275
「대지」 335
「대하(大河)」 176
『대한국어문법(大韓國語文法)』 63
『대한문전(大韓文典)』 63
「도시와 유령」 166
「도시의 흉년」 255
「도화원(桃花園)」 107
「독 짓는 늙은이」 233
「독(毒)을 차고」 203
「돈(豚)」 166, 167
「돌의 초상」 245, 246
「동국거걸 최도통전」 98, 99
「동백꽃」 174
「동승(童僧)」 220
『동심초』 183
『동천(冬天)』 260
「두만강」 323, 327
「들」 166, 197

「들소」 250
「디구셩미래몽」 87
「따라지」 174
「딸들의 연인」 285
「땅 속으로」 156
「땅」 324
「땅의 노래」 323
「땡볕」 174
「떠도는 말들」 243

ㄹ

「라란부인전」 98
「량심의 길」 336
「레디메이드 인생」 172

ㅁ

「마당 깊은 집」 248
「마의태자」 177, 219
「마작」 217
「만가(輓歌)」 269
「만무방」 174
「만세전(萬歲前)」 152

「만월대(滿月臺)」 87, 106
「만인보(萬人譜)」 278
『말의 소리』 63
「망나니」 289
『망우초(忘憂草)』 183
「매국노」 87
「매미 울음에」 268
「매소부(賣笑婦)」 180
「매잡이」 243
「맹진사댁 경사」 221
「먼 그대」 257
「메밀꽃 필 무렵」 166, 167
「명문(明文)」 147
「모더니즘의 역사적 위치」 197
「모란이 피기까지는」 203
『목넘이 마을의 개』 233
「목단병(牧丹屛)」 87, 106
『목숨』 269
『몰운대행(沒雲臺行)』 281
「몽조(夢兆)」 86
「무기의 그늘」 245
「무녀도(巫女圖)」 169, 170
「무명(無明) 연시」 282
「무성격자」 168
「무연(無緣)」 166

「무영탑」 178
「무정(無情)」 145
「무진기행」 242
「문」 238
『문의마을에 가서』 278
『문학과 예술의 사회사』 305
『문학예술사전』 352
『문학의 이론』 301
「물」 175
「물레방아」 150
「미꾸라지」 237
「미망(未忘)」 256
『미시령 큰바람』 281
「미쳐가는 처녀」 217
「미해결의 장(章)」 236
『민요기행 1』 277
『민족문학과 세계문학』 304
『민중시대의 문학』 304
「민촌(民村)」 157
「밀림의 역사」 332
「밀어」 259

ㅂ

「바다」 201
「바람 그림자를」 268
『바람의 넋』 256
「바보들의 행진」 246
「바위」 169, 207
「박돌의 죽음」 156
『박두진시선』 261
「박쥐」 207
『반란하는 빛』 282
「반시론」 271
「반일전가」 352
「밤길」 164
「밤차」 192
「배따라기」 147, 148
「배뱅이굿」 221
「백두산 기슭」 332
「백두산」 278, 323
『백록담(白鹿潭)』 200, 201, 202
「백일홍」 332
「백팔번뇌」 184
「버드나무 선 동리 풍경」 219
「벙어리 삼룡」 150

「변경」 251, 252
「별들의 고향」 246
「별밭을 우러르며」 276
「별사(別辭)」 256
「별을 안거든 울지나 말걸」 150
「병신과 머저리」 243
「병인간친회록」 103
「보은소소(昭昭)」 86
「복날」 286
「복덕방」 164
「봄」 327
「봄·봄」 174
「봄에의 격(激)」 262
「봄우뢰」 336
「봄의 노래」 183
「부음(訃音)」 217
「북간도」 235
「분녀(粉女)」 166, 167
「불」 149
「불놀이」 249
「불멸의 역사」 319, 332, 334
「불모지」 284
「불신시대」 254
「불의 제전」 248
「불이야」 217

『불타는 물』 283
「불효천벌(不孝天罰)」 124
「붉은산」 148
「비가(悲歌)」 280
「비사맥전(比斯麥傳)」 98
『비순수의 선언』 301
「빈상설(鬢上雪)」 87, 106
「빈처(貧妻)」 149
「빼앗긴 들에도 봄은 오는가」 190
「뽕」 150

ㅅ

「사냥」 166
「사람의 아들」 250
「사랑」 147
「사랑의 변주곡」 271
「사랑의 샘」 335
『사랑할 시간이 많지 않다』 282
「사령부로 가는 길」 332
「사막을 건너는 법」 256
『사물의 꿈』 281
「사방공사」 158

『사슴』 204
『사회주의문화건설론』 341
「산」 166, 167, 207
「산골의 공장」 191
「산남(山男)」 179
『산도화』 263
「산돼지」 214, 215
「산불」 285
「산유화」 184
「산제(山祭)」 169
「산제비」 191
「산허구리」 220
「산화(山火)」 169
「살신성의」 86
「살아있는 이중생 각하」 284
「삼각산이 보인다」 326
「삼남에 내리는 눈」 280
「삼대(三代)」 153
「삼포 가는 길」 244
「새 봄」 332, 333
「새들은 숲으로 간다」 326
『새로운 도시와 시민들의 합창』 270
『새벽길』 278
『새재』 277

「생명수」 332, 333
「생명연습」 242
『생명의 서』 207
「서부전선 이상없다」 216
「서사건국지(瑞士建國誌)」 93
「서산대사」 327
「서시」 210
「서울 1964년 겨울」 242
「서울 사람들」 241, 242
「서화(鼠火)」 157
「석개울의 새봄」 326, 327
「석공조합대표」 158
「석양」 166
「선에 관한 각서」 204
「성벽」 206
「성웅 이순신」 289
「성화(聖畵)」 166, 167
「성황당」 354
「세계일주가」 112
「소」 219, 220
「소금」 179
「소나기」 233
「소낙비」 174
「소문의 벽」 243
「소설가 구보씨의 일일」 160

「소설가의 추세」 91
「소시민」 238
「소양정」 106
「소위 근대극에 대하여」 215
「소작촌」 158
「소찬」 263
「쇼경과 안즘방이 문답」 103
「수군제일위인 이순신전」 87, 98, 99
「수궁가(水宮歌)」 123
『수석열전(水石列傳)』 262
「수정가」 268
「술 권하는 사회」 149
「술꾼」 245
「숯장수의 처」 181
「쉽게 씨워진 시」 209
「습작실에서」 169
「승무」 265
「시간여행」 248
「시대에 대한 생각」 333
「시대의 탄생」 332, 333
「시련 속에서」 326
『시론』 301, 303

「시여, 침을 뱉어라」 271
「시월」 280
「시인」 251
「시작에 있어서의 주지주의
  적 태도」 197
「시장과 전장」 254
『시학평전』 301
「신단공안(神斷公案)」 86
「신들의 주사위」 233
『신라초(新羅抄)』 260
「시사문답」 103
「신시」 289
『신월(新月)』 183
「신임 이사장」 216, 218
『신정국문(新訂國文)』 63
「신진사(申進士) 문답기」
  86
「신화(神話)의 단애(斷崖)」
  253
「심문(心紋)」 168
「심청가」 107, 123
「싸움」 217
「쌍옥적(雙玉笛)」 106
「썰물」 289
「씨름」 158

ㅇ

「아 정일봉이여」 335
「아끼시는 마음」 335
「아들의 마음」 156
「아름다운 노을」 180
「아리랑」 250
『아사녀』 271
「안녕」 335
「안서시집」 183
「안의 성」 107, 143
「안중근 이등박문을 쏘다」
  354
「암모니아탱크」 158
「암소」 246
「암야(暗夜)」 152
「애국가」 112
「애국부인전」 98
『애린』 276
「야한기(夜寒記)」 169
「약한 자의 슬픔」 147, 148
「어느 날 고궁을 나오면서」
  271
「어둠의 혼」 248
「어떤 개인 날」 280
「어러리벌」 326

『어린 것들 옆에서』 269
『언문(諺文)』 63
「얼굴을 붉히라, 아메리카
  여」 325
「엄마의 말뚝」 256
「여공」 158
『여수시초(麗水詩抄)』 192
「여우난곬족」 205
「여인 명령」 181
「여인도」 181
『역사 앞에서』 266
「역사의 새벽길」 332
「연(燕)의 각(脚)」 107
「연지」 181
「열하일기」 280
『영랑시집』 203
「영생」 335
「영웅시대」 251, 252
「영월 영감」 164
「예전엔 미처 몰랐어요」
  184
「오감도(烏瞰圖)」 203, 204
『오뇌의 무도』 182
「오도(午禱)」 261
「오발탄」 237
「오적(五賊)」 273

「오전의 시론」 197
「옥중화(獄中花)」 107
「요지경(瑤池鏡)」 175
「용광로」 158
『우리 당의 문예 정책』 341
「우리 당의 행군로」 332
「우리 동네」 246
「우리 신극운동의 첫길」 215
「우리 오빠와 화로」 192, 195
「우리들의 일그러진 영웅」 251
「우화」 242
「운수 좋은 날」 149
「울음이 타는 강」 268
「움직이는 성」(1968) 233
「원고지」 286
「원술랑(元述郎)」 283
「원앙도(鴛鴦圖)」 87, 106
「원효대사」 177
「유격구의 기수」 332
「유격대 행진곡」 352
『유년의 뜰』 256
「유다여, 닭이 울기 전에」 288
「유리창」 201, 202

「유실몽(流失夢)」 236
「유정(有情)」 147
「유형(流刑)의 땅」 249
「육법전서와 혁명」 270
「으악새 우는 사연」 246
「은세계」 105, 108, 124
「은하수」 332
「을지문덕(乙支文德)」 98, 99
「이 땅의 봄」 179
「이별가」 265
「이순신」 177
「이영녀(李英女)」 214, 215
「이차돈의 사(死)」 177
「이태리건국삼걸전」 98, 99
「인간 문제」 179
『인간 밀림』 262
「인간접목」 233, 234
「인맥」 180
「인민은 노래한다」 332
「인텔리와 빈대떡」 172
「일월」 233, 234
「일체 면회를 사절하라」 218
『잃어진 진주』 183
「임거정(林巨正)」 177

「임진강의 민들레」 253
『입산』 278
「잉여인간(剩餘人間)」 236

ㅈ

「자」 282
「자강회 취지문」 83
「자명고」 283
「자연」 268
「자유종(自由鐘)」 107
「자하산」 263
「자화상」 210
「잔인한 도시」 243
「장길산」 245
「장마」 166
「장미 병들다」 166, 167
「장사의 꿈」 244
「장삼이사(張三李四)」 168
「재생」 147
「저기압」 156
「저녁의 게임」 256
「저주」 337
「적」 271
「적도의 꽃」 246

「적벽가」 123
「적빈(赤貧)」 180
「절규」 286
「절망」 271
「절영신화(絕纓新話)」 103
「절정」 208
「젊은 느티나무」 253
「젊은 세대의 백서」 285
「젊은 소용돌이」 237
「젊은날의 초상」 251
「젊은이의 시절」 150
「점경」 192
「접동새」 184
『정념의 기』 269
「정오」 214
『정지용시집(鄭芝溶詩集)』 200, 201
「정직한 사기한(詐欺漢)」 284
「제야」 152
「제향날」 222
「조건의 노래」 318
「조국」 271, 283
「조국의 별」 278
「조국이 사랑하는 처녀」 333

「조선광복회 10대 강령가」 352
「조선은 싸운다」 326
「조선의 노래」 349, 352
「조선의 별」 352
「조선의 어머니」 332
「조선인민혁명군」 352
「조율사」 243
『조지훈시선』 266
「종착지」 286
「중국인 거리」 256
「쥐이야기」 157
「즐거운 편지」 280
「지맥(地脈)」 180
「지주회시」 163
「지하촌」 158, 179
「진달래 산천」 271
「진달래」 332
「진달래꽃」 184, 185
『질마재 신화』 261
「질소비료공장」 158

ㅊ

「차 마시는 소리」 242

「창의가」 112
「창포 필 무렵」 253
「처를 때리고」 175
『처용』 267
「처용단장」 268
「처의 설계」 181
「천개소문전(泉蓋蘇文傳)」 98
「천맥(天脈)」 180
「천변풍경(川邊風景)」 160, 161, 162
「천희당(天喜堂)시화(詩話)」 109
「청기와집」 285
「청노루」 263
『청록집』 261, 263, 265
『청마시초』 207
「청산맥」 249
「청산도」 261
「청포도」 208
「초분(草墳)」 288
「총독의 소리」 239, 240
「최병두 타령」 124
「최후에 온 소식」 191
「추억에서」 268
「추월색(秋月色)」 107

「춘외춘(春外春)」 106
「춘풍의 처」 289
「춘향가」 107, 123, 268
「춘향이 마음 초」 268
『춘향이 마음』 268
「춘향전」 219
「출근 정지」 158
『충성의 한 길에서』 332
「치숙(痴叔)」 172
「치악산」 105
「칠월 백중」 206

ㅋ

「카인의 후예」 233, 234
『카프시인집』 192
「씃두고」 115
「큰 산」 238

ㅌ

『타는 목마름으로』 273
「타락자」 149
「타령」 241, 242

『타령조·기타』 267
「타인의 방」 245
「타작」 191
「탁류(濁流)」 168, 173
「탄금대(彈琴臺)」 94, 106
「탈출기(脫出記)」 156
「태(胎)」 289
「태백산맥」 249
「태양을 등진 거리 우에서」 192
「태양의 계곡」 253
「태평가」 280
「태평천하」 173
「태형(笞刑)」 147
「토끼 이야기」 166
「토막」 219
「토지」 254

ㅍ

「파사(婆娑)」 213
「파열구」 238
「판문점」 238
「패강냉(浿江冷)」 166
『평균율(平均律)』 280

「평양 시가」 333
「폐어인(肺魚人)」 168
「포화」 175
「폭포」 270
「표본실의 청개구리」 152
「푸른 하늘을」 270
「풀」 271
「풀잎 단장」 266
「풍장」 280
「피리」 268
「피바다」 318, 334, 349, 354, 356
「피발 선 새해」 325
『피안감성』 278
「피의 부름」 337
「피홀린 땅에 자유는 오리」 337

ㅎ

「하루의 과정」 192
「하얀 도정」 254
「학규신론(學規新論)」 66
「학(鶴)마을 사람들」 237
「한 자위단원의 운명」 318,

334, 349, 354
『한국 근대문예비평사 연구』 305
『한국 민속과 문학연구』 303
『한국 소설의 이론』 303
『한국 현대문학론』 302
『한국문학의 비평적 성찰』 302
「한귀(旱鬼)」 178
「한글맞춤법 통일안」 139
「한네의 승천」 221
「한라산」 323
「한씨 연대기」 244
「한여름 밤」 156
「해」 261
「해바라기」 166
『해방기념시집』 257, 258
『해변의 운문집』 278
「해안(海岸)」 107
「해에게서 소년에게」 115, 116
「해연(海燕)」 220
「해파리의 노래」 183
「햇빛 속에서」 269
「행복」 332

「행진곡」 336
「향 담화」 87
「향노방문의생」 103
「향수」 191
「향악잡영(鄕樂雜詠)」 121
『헌사』 206
「헐어진 청년회관」 178
「헬리콥터」 270
「혁명가」 352
「현대식 교량」 271
『현해탄』 196
「혈서」 236
「혈(血)의 누(淚)」 105, 106, 108, 142
「호신술」 218
「홍길동전」 21
「홍도화(紅桃花)」 106
「홍수 전후」 178
「홍수」 157
「홍염(紅焰)」 156
「화가 이중섭」 289
「화문보(花紋褓)로 가린 이층」 191
「화분(花粉)」 167
『화사집』 259
「화상보」 268

「화성돈전(華盛頓傳)」 98, 107
「화(花)의 혈(血)」 94, 106
「환절기」 288
「황금산(黃金山)」 217
「황제를 위하여」 251
『황토』 273
「황토기」 169, 171
「황혼」 158, 269
『햇불―해방기념시집』 257
「회색인」 239
「휘청거리는 오후」 255
「흥가」 180
「흑산도」 237
「흥부가」 107, 123
「흥부전」 36
「흥학설(興學說)」 66
「1929년의 어느 도시의 풍경」 192
「60년대식」 242
「B사감과 러브레터」 149

매체

《개벽(開闢)》 134
《경향신문(京鄕新聞)》 35
《국민문학(國民文學)》 138
《그리스도신문》 63
《극예술(劇藝術)》 219
《금성(金星)》 134, 181
《기호흥학회월보》 63
《단층(斷層)》 168, 136, 197
《대한매일신보》 32, 35, 63, 83, 86, 87, 103, 109, 112
《대한민보(大韓民報)》 35, 63, 87, 103
《대한자강회월보》 63
《독립신문》 32, 52, 62, 72, 74, 78, 86, 112
《동아일보》 134
《만세보(萬歲報)》 35, 63, 87
《매일신보(每日申報)》 72, 94, 132
《맥(貊)》 197
《문예(文藝)》 228
《문예중앙》 229, 241

《문장(文章)》 136
《문학과 지성》 229, 241
《문학사상》 229, 241
《문학예술》 228
《백조(白潮)》 134, 150, 181, 188
《사상계(思想界)》 228
《삼사문학(三四文學)》 136, 196
《세계의 문학》 229, 241
《소년(少年)》 63, 72, 79, 113, 114
《시문학(詩文學)》 136, 196, 203, 229
《시원(詩苑)》 196
《시인부락(詩人部落)》 136, 196, 200
《신동아》 136
《심상(心象)》 229
《영대(靈臺)》 134
《월간문학》 241
《인문평론(人文評論)》 136
《자오선(子午線)》 197
《자유문학(自由文學)》 228
《장미촌(薔薇村)》 134, 181
《제국신문(帝國新聞)》 35, 63, 86, 94, 106

《조광(朝光)》 136
《조선문단(朝鮮文壇)》 134
《조선문학》 335
《조선일보》 134
《창작과 비평》 229, 241
《창조(創造)》 134, 147, 181
《청춘(靑春)》 72, 114
《태서문예신보》 181, 182
《폐허(廢墟)》 134, 181
《한국문학》 241
《한글》 139
《한성신보(漢城新報)》 86
《현대문학》 228, 229
《현대시학》 229
《황성신문(皇城新聞)》 35, 62, 86